倉石忠彦◉著

都市化のなかの民俗学

岩田書院

目 次

第一章　民俗学と「都市」

第一節　伝承としての「都市」

一　民俗学における二つの「都市」

日本民俗学研究において、都市に関心を示し始めたのは古いことではない。もっとも柳田國男は『時代ト農政』[1]をはじめとし、『都市と農村』[2]に至る諸論考において、既に都市をも研究対象とはしていた。しかしそのような関心は日本民俗学研究においては特例であって、まずは農村をその研究対象としていた。本格的に都市を研究対象として取り上げるようになったのは、日本社会が高度経済成長に邁進することによって、いわゆる都市化の波を被り、日本全土にわたり生活が大きく変化することになった一九七〇年代後半からであった[3]。

それ以降、都市における民俗事象は様々な分野において研究対象とされるようになり、既に研究対象として特異な存在ではなくなった。その結果、今では民俗学研究において都市における民俗の存在を否定する意見は、聞かれなくなった。しかし、一九八〇年代から一九九〇年代にかけて民俗学研究者の関心をかきたてた「都市民俗学」の存在は、いつの間にか影を潜めてしまった。それはひとえに「都市民俗」という新しい民俗事象に目を奪われ、それにかかわる諸概念や研究方法の検討が十分ではなかったからであろうと思われる。

自民族文化としての日本文化を研究対象とする日本民俗学において、「都市」という概念は必ずしも重視されず、したがって明確に認識されたものではなかった[4]。確かに、村・町・都会などという言葉は、具体的な空間と生活形態を示す語として、古くから日常生活の中に存在していた。しかし、日本において、「都市」と呼ぶことのできるところは「都」以外には、長い間なかったといってよい。近世に至って、江戸・大阪を加えて「三都」という地が認識されるようにはなった。あるいは名古屋・金沢などをはじめとする大規模な城下町が経営され、新たな都市的世界が出現してきた。しかしそこは、日本文化において特別な地域でもあった。したがって、ごく普通の人々の生活文化を主たる研究対象とする民俗学においては、あまり取り上げられることはなかった。ときに「三都」が取り上げられることがあったとしても、それは「都市」という概念のもとに研究対象とされるというより、京都・大阪・江戸という個別具体的な地域として取り上げられ[5]、普遍的な「都市」としての概念と共に認識されることはなかったように思われる。

確かに「都市」の語義としては、都のほかに「一定地域の政治・経済・文化の中核をなす人口の集中地域」などとされている[6]。それとは別に、「都市」を研究対象とする「都市社会学」「都市地理学」「都市人類学」などにおいては、それぞれの学的体系に基づいて、様々に「都市」を把握しようとしている[7]。しかし日本民俗学は、それら隣接諸科学とは異なる学的体系のもとに存在し、独自の科学としてその存在を主張している以上、民俗学独自の「都市」の把握の仕方や定義が必要になるはずである。そうしたものはいまだ明確ではない[8]。

民俗学における「都市」の概念規定がなされていなくても、研究者間に「都市」という存在についてのイメージはあった。私たちは普通、「都市」を、景観・行政区画や規模、あるいは地域の結節点・情報発信基地・中心性などという機能を有するところ、さらには生活形態などによって、イメージすることが多かった。また、日本民俗学においては、村の調査・研究についての蓄積は既に豊富にあり、その概念についての検討も行なわれていた。したがって

「村」と対置される存在としての都市のイメージは、ある意味で容易であったということができる。事実筆者なども、都市に関心を抱き始めた一九七〇年代においては、「都市」は「非村」であると認識していた[9]。

「村」の生活は、一定領域に定住する人間集団が、様々な自然条件の規制のもとに、その「自然」を文化化しながら自らの生を培い、育む生活である。そのため、占有する一定の領域内は居住地・耕作地・山林原野など、幾つかの空間によって構成されている[10]。そこに世代を超えた人々が集団で定着し、生活する。幾世代にもわたる暮らしが、そこには累積していくのである。こうした集団において培われ、機能している生活の仕方を、ここでは「村落的生活様式」と呼んでおきたい。

「都市」が、「村」と同じように一定空間内における集団的生活の場であったとしても、そこは「自然」によって生活が支えられている社会ではない。「都市」は地域の結節点であり、政治・経済・文化の中心地として、外来文化の導入、物資の集散、情報の発信などを行なって生活を営んでいるところであるとされる。人々は自ら「自然」に働きかけて生活物資を得るのではなく、人々と様々にかかわりあうことによって、生活の糧を得るのである。そうした意味で都市の人々は、「自然」よりむしろ「人」の存在を優先しようとする。そのため、「自然」から距離を置くだけではなく、「自然」を排除し、無視しようとさえする。

野外グラウンドなどに屋根をかけて、「ドーム球場」を作って晴雨の差異を無化する。室内などの生活空間は、冷暖房設備によって寒暑の差を平準化する、などというだけではない。クールビズ運動などによって人工的な室温調整をできるだけ排除しようとする動きがある反面、若者などを中心としてファッションという名のもとに、厳冬の最中にミニスカートを身に付けて素足を寒風に曝すかと思うと、真夏にも股引様の肌着を重ね着したり、厚い毛糸の帽子をかぶったりするものも少なくない。自然の制約をできるだけ排除し、自然と人との間に距離を置こうとするのである。もちろんこうした傾向は、多かれ少なかれ全国各地に及んでいるが、それでも都市的地域が優越していることは事実であり、村では今なお冬には冬の、夏には夏の気候に順応した生活が基本であり、「寒さの夏はおろおろ歩」くような、[11]秋の実りが自然現象によって左右される生活には変わりがない。だが都市においても、こうした自然を積極的に排除しようとするようになったのは、それほど古いことではない。[12]自然と共に生きる生活が、つい数十年前までは確実に都市にもあったのである。

また、村の生活では自然を相手にしなければならないために、より自然知を背景とした体験知・経験知が重視される。そのために、特異な思考は慎重に取り扱われる傾向にあった。それに対して都市は、情報や物資の流通を生活の基本とするため、専ら個人の才能や行為を優先しようとするのである。したがって生活体験によって累積される知恵より、個人の独創的・創造的な知識が評価される傾向が強い。皆と同じ生活を営もうとするのではなく、それぞれが競い合い、「群れを抜く力」を発揮しようとする社会であるともいえよう。[13]

このように「村」の生活様式と対置されるいわゆる「都市的生活様式」においては、より社会内部における人間関係を重視し、直接自然と対峙することを放棄してしまった生活が基調となり、人間の作り出した文化だけに価値を見出し、それをさらに追求しようとする、いわば「文化を文化化する」生活様式にならざるを得なくなるのである。そうした意味で、「都市」は「村」とは異なる存在であって、近代とか現代であるとかという、時間とかかわる存在ではないということになる。かつて、都市化と近代化とを同一視し、「都市」は「近代」であるとする見解もあった。しかし近代化は村にも及んでいるが、それで「村」が「都市」になったわけではない。「村」においては基本的に自然との関係を維持し続けており、「村」として存在し続けている。仮に「自然」との関係を放棄してしまったとすれば、そこは既に「村」ではなくなっているはずである。

二　都市研究の意義

民俗学がその研究対象として、このような「都市」を無視できなくなったのは、一九七〇年代日本の社会が、高度経済成長期を経て、都市化が一挙に進展したという背景のあったことは確かである。専業農家の比率は著しく低下し、自然に働きかけることによって生活資材を生産する場面は相対的に少なくなった。それは反面、既に存在する諸文化事象の再生産にかかわり、その恩恵を享受する場面が多くなったということである。それは生活形態を問わない。山村においても、漁村においても、享受する情報や生活物資に大きな差異はなくなった。生活の各場面に、「都市的生活様式」がみられることは、程度の差こそあれ、全国的である。これは、日本人の古い生活文化を復元しようとする傾向の強かった従来の民俗学においては、ほとんど関心を示さなかった文化的状況であるといってよかろう。

しかし、こうした「都市化」と認識されるような生活形態が一般化することによって、日本文化が眼前において変化していく以上、その変化の過程について民俗学が無視することはできない。民俗学が、文化の伝承性にこだわるとしても、その「都市化」という変化は、当然それ以前の文化を踏まえたものであり、伝達・継承の一過程であるからである。現在の生活が過去と切り離され孤立する存在ではなく、常に過去の生活の上に成り立っている以上、過去の生活を無視することはできない。そして過去と現在とを結ぶために、現在の生活実態を把握しなければならないことは自明の理であるともいえよう。

したがって、民俗学において「都市」を対象とする理由として、まずは研究対象の拡大があった。これは否定できないことであるが、それだけではない。村落生活に古い姿を発見することによって、日本の民俗文化の変遷を跡づけようとした日本民俗学が、専ら村落文化に関心を寄せ、それによって再構成してきた日本の民俗文化が、果たして妥当なものであるかどうかを検証することになるはずである。我が国にも、千年以上の長きにわたり都が存在し、近世の生活文化において、三都の役割は小さくはなかった。だが、まずは西欧文化の流入の中で隠滅に瀕した村落文化を調査研究の対象とした。それがより古い日本の民俗文化を明らかにするために優先されたのである。[14] したがって「都市」も視野に入れて、村落の文化と共に検討することによって、より妥当な日本民俗文化の姿が明らかになるはずであると思われる。「都市」の調査・研究は、こうした従来の民俗学の研究成果を補完する役割を果たそうとするのである。

そして、「村」と「都市」の生活形態のあり方の大きな相違から考えれば、新たに「都市民俗」の体系が明らかになるかもしれない。こうした新しい民俗体系が明確になった時に、初めて「都市民俗学」と呼べる学的体系が主張できると筆者などは考えていた。[15] それまでは、「都市民俗研究」であり、せいぜい「都市民俗論」であると考えたのである。そういう意味では、十分な検討も経ずに、実体の伴わない「都市民俗学」という言葉だけが、独り歩きしていたというのが実態であった。しかしともかく、都市の民俗を研究対象とすることは、日本文化の多様性の実態に迫る一つの視角であると考えられていたことも事実である。

そのため、何よりもまず、「都市」地域の民俗調査、つまり地域民俗学としての都市の民俗調査が必要であると考えたのである。資料のないところに実証研究は成り立たないからである。そして当然その段階を経ずして「都市民俗学」という学問体系を確立することはできないはずなのである。同時に「都市民俗学」の確立のためには、そうした新しい調査対象地の調査・研究成果を加えることによって、対象・目的・方法に及ぶ日本民俗学の体系的再検討および従来の民俗学にかかわる諸概念の再検討も行なわれるはずであった。そうすることによって、より確かな日本人像・日本の生活文化像を明確にすることができると思われたのである。

その再検討されるべき諸概念としては、例えば民俗調査・民間伝承・伝承母体、伝承・常民・民俗、ハレ・ケ、ケガレ、文化形成過程などが、まず挙げられよう。それは実は既成の概念の確認でもあったのである。しかし、こうした検討も十分には行なわれなかった。

三　都市研究の方法

それでは、都市の民俗調査・研究はどのように行なわれる必要があるのであろうか。まず、「都市」地域の民俗調査を行ない、新たな民俗世界・民俗像を明らかにしようということになると、その調査の内容は、従来の民俗調査とは必然的に異なるものにならざるを得ないはずである。

従来、民俗学は、地域社会に伝承されていた文化事象である民間伝承を調査対象としていた。つまり民間伝承を育み支える地域集団を伝承母体とし、その集団が帰属する地域間の差異に注目することによって、その歴史的変遷の姿を明らかにしようとしてきた。したがって民間伝承は地域社会と深く結びつくものであり、他の地域の伝承と峻別する必要があった。そのため、調査対象である話者は、調査対象地域で生まれ育った人であることが重要な条件であったのである。

しかし、都市社会における生活は、地縁的な単一の地域集団に限定された、閉じられた社会における生活ではない。広い地域に様々な物や情報を発信すると共に、各地から人や物資や情報をできるだけ多く集め、滞留させ、あるいは流通させることによって、都市の賑わいを実現し、活性化を図ろうとしているのである。そうでなくても、都市においては地域内だけで生活物資を調達できるわけではなく、ほとんどすべて外部からの補給に頼っている。地域社会としても都市を支えているのは、地域内を住まいとしている人々だけではない。それ以外にも、企業や行政の果たす役割は大きく、またその繁栄や賑わいを支えるためには外来者としての客や、様々な情報の果たす役割も大きい（図1-1-1「都市の構成員」）。こうした様々な人や要因が都市社会を支えている。したがってその生活文化を把握するためには、これらの関係者をすべて調査対象者、つまり話者とする必要がある。

こうして都市は、地域住民自らがその社会を形成するだけではなく、外部からの様々な要因によっても支えられ、あるいは変化させている。つまり都市地域の文化のあり方は、まず大きな日本文化であることを保証し特徴づける、民族文化を支える基層文化の上に成立した地域文化である。換言すれば「都市」は、基層文化の上に、まずは地域文化として存在する。その文化は外来者や様々な情報の影響を受けつつ、次々に産みだされ、消費される文化（d）によって特徴づけられている。都市生活の表面に存在するのは、そうした重層的な文化の先端部分に喧騒極まりない都市的様相がa表層文化として出現している。それは確かに地域の人々の生活ではあるが、地域住人だけで形成されているものではない。地域を訪れて賑わいを作り出すb外来者の存在や、その地域に関する情報を発信し、あるいは、当該地域に

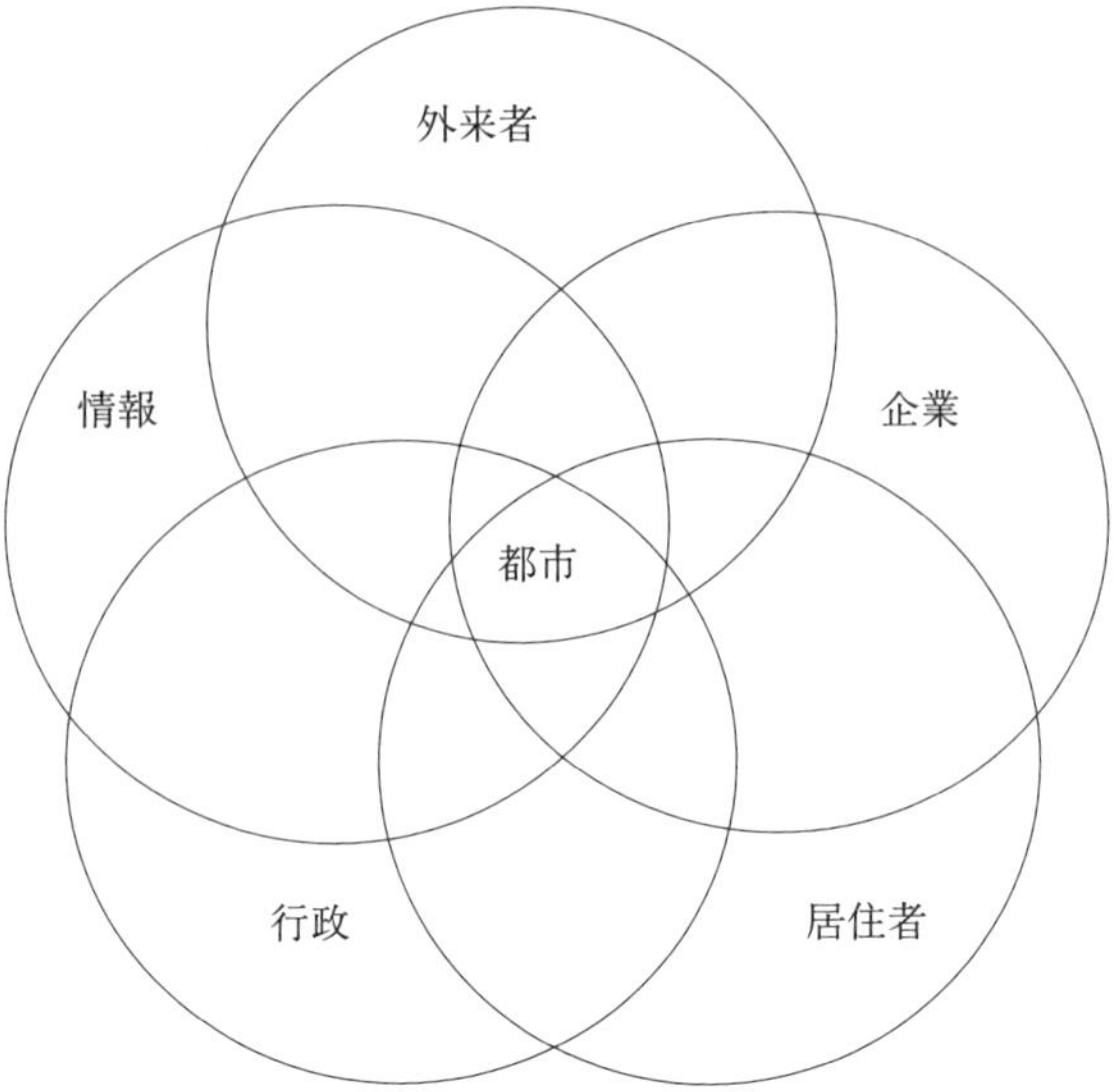

図1-1-1　都市の構成員

もたらされる様々なマスコミ・口コミのｃ情報も、その文化を形成するための大きな要因となっている（図1-1-2「都市の文化」）。

都市の民俗調査は、その生活文化の実態を把握するために、まずこうした都市の表層に展開する多様な文化事象を把握することから行なわれなければならない。そうした文化事象の中には伝承性の希薄なものもあるであろうし、時間の表層を掠めるだけの風俗的な事象もあるであろう。「都市の民俗」と認定するためには、伝承性が重要な要因であると考えられるが、それは個々の事象について確認する必要がある。そのためにもまずは、いわゆる都市地域における具体的な文化事象を把握する必要がある。

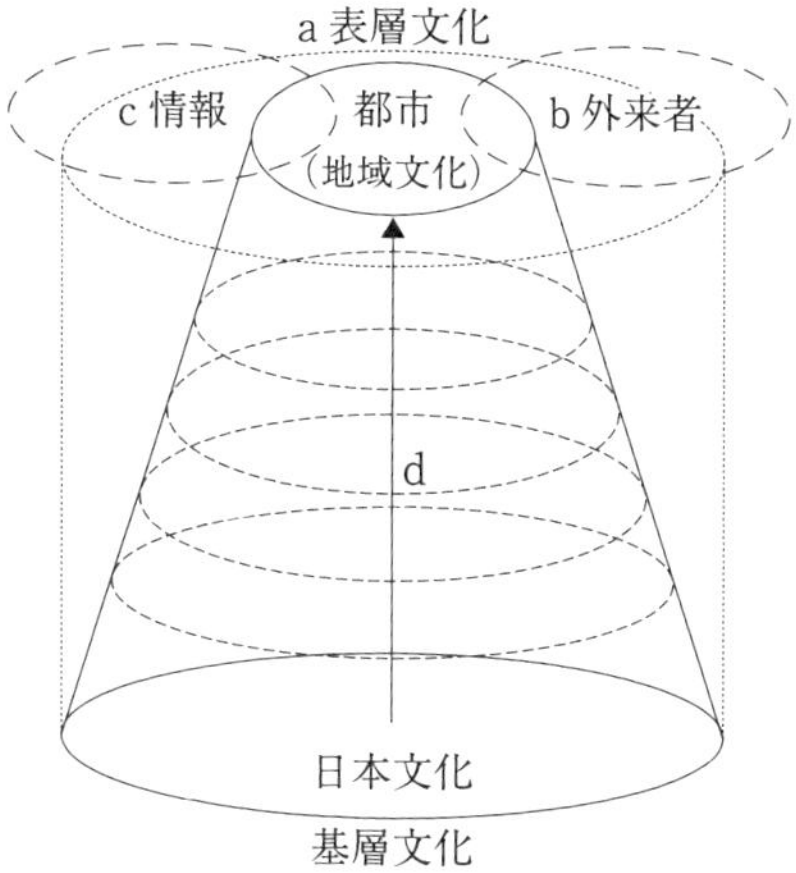

図 1-1-2　都市の文化

注意すべきことは、都市には文字資料をはじめとする様々な情報・資料が満ちあふれ、それは村における状況とかなり異なっている。村の民俗調査の場合は、文字資料が必ずしも十分でないために、聞き書きが重視された。しかし都市生活者には文字を操ることのできる人も多いし、文字媒体も少なくない。もちろんそうしたものとなじまない事象・伝承も多く、文献資料としてはほとんど存在しない文化事象も少なくない。したがって、聞き取り調査が必要なくなるとも思えないが、地域文化を把握・理解することのできる資料としては、文献資料以外にも存在し、資料となるものはすべて調査対象とする必要もあろう。とりわけ、生活文化の変遷を、現在から遡行することによって明らかにしようとする場合においては、文献をはじめとする歴史資料を軽視すべきではない。民俗学が歴史学としての性格を全くもたないならともかく、文化の変遷に強い関心をもつ以上、文献資料等の有効性を否定することなどあり得ない。また、文化事象の変化を比較によって認識するためには、その基礎としての現状の文化事象をまず十分に把握する必要があるはずなのである。

また、眼前に展開する文化事象を把握し、さらにそれを体系化して都市の民俗の再構成を行ない、その変化を明らかにしようとするならば、その調査地域以外に居住する人々の視線をも調査対象にする必要がある。それは都市が、都市空間外にある様々な物資や情報や人などの存在を抜きにしては存立し得ないからである。そして、どのような姿やイメージを外部に発信するかということは、都市社会の繁栄と深くかかわる問題である。そうした意味では、必ずしも実体を伴わない都市地域の生活が多くの人々にイメージされ、一人歩きしていることも多い。つまり「都市」とはまさに幻想的な存在であり、イメージとしてのみの存在であるという側面をもっている。しかし、そうしたイメージに惹かれて訪れる外来者に対して、「都市」としてはその期待にこたえるための努力も必要であり、それによってイメージはさらに倍化される。

こうした内外の人々のイメージをめぐる往復作用は、図1-1-3「作られる都市」のような関係として考えることができる。つまり、都市地域の一部（a）を情報として伝達された時、情報自体は事実を正確に伝えたとしても、受け手はそれを当該地域における限定された情報（b）としてだけではなく、当該都市地域全体の事象（c）として受け取る場合がある。こうして拡大された情報（E）によって、実態ある都市地域は、一部の地域の事象（c）が全域に存在する地域としてイメージされる。こうしてイメージとしての都市地域（f）が出現する。そのようなイメージに基づく視線（E）を現実の都市地域に注いだ人々は、そこがイメージした都市であることを期待して訪れる。その期待にこたえて、町の賑わいをさらに盛んにするために、当該都市地域においても、自ら拡大されたイメージにこたえるために、イメージに沿った状況を実現しようとする。そして地域自体も変化する。こうした「都市」のあり方も民俗学においては無視できないはずである。そこで見出され、把握された文化事象が、果たして伝承性を有しているかどうかということは、その次の段階における作業である。

確かに、都市生活を支える文化事象に、果たして伝承性が見られるのかどうかという疑問は、早くから呈されていた。都市地域は人の動きも生活の変化も激しいからである。都市地域に定住している都市民であっても、村のような定住のしかたではない。職住分離の生活によって機能空間は分離し、人々はその間を移動する。あるいは住み替えなどによって都市地域内における居住地が移動することも多い。そうした不安定なところに、文化の伝承性は見出しがたいと考えられたからである。確かに都市生活と村の生活との違いは著しい。そのため村の生活を対象としながら、民間伝承という文化事象を把握していた従来の調査研究法では、対応しにくいことも事実である。だがそれだけで、「都市」には伝承的な民俗がないということができないことは、いうまでもない。

だいたい、「都市」は人口集中度が高いだけではなく、機能分化した社会でもある。それは都市空間にも投影され、その機能を支える人々の集団も、人々の生活も、個人の意識も

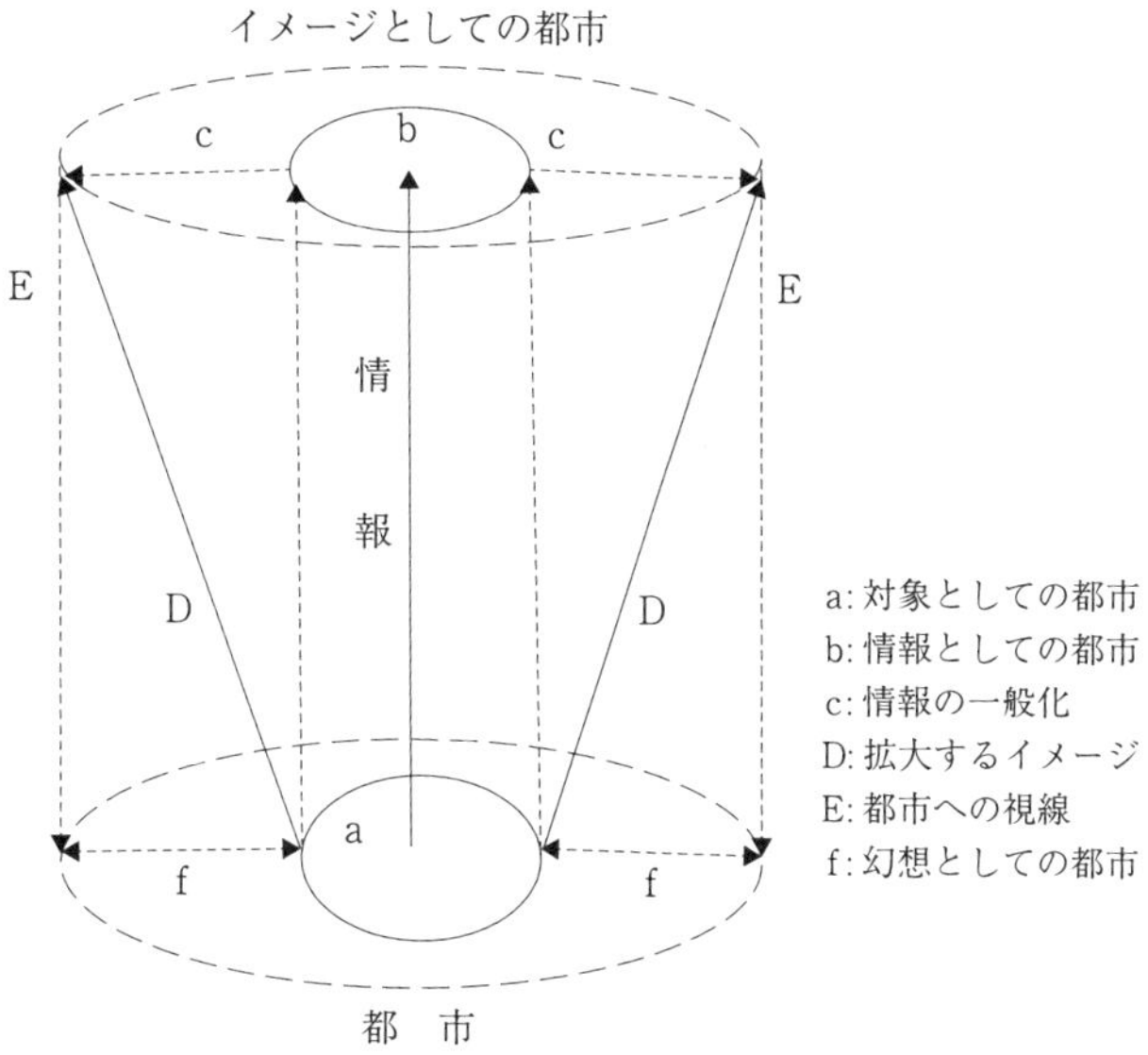

図 1-1-3　作られる都市

複合的かつ重層的である。したがって「都市」の生活は、「村」の生活より、社会的にも空間的にも複雑で、肥大化している。しかも都市生活者は群衆としての匿名性と、その様々な漂泊的行為とによって、その実態はなかなか把握しがたいことも事実である。さらに、そうしたところで安全で豊かな生活を営もうとすれば、意思の伝達や表現方法は「村」の生活より重視され、その手段も多様にならざるを得ない。

しかし、いくらそれが複雑・多岐に及んでいたとしても、その生活は、基本的には文化・情報の伝達と、その受容・継承という関係の中で営まれているはずである。多種多様な人々の坩堝のような都市においては、その伝達・継承の関係が、いかに効率的に、また正確に機能するかということが、都市生活者の生活の安定と豊かさを保証することになる。複雑な様相を見せている都市生活であるからこそ、各文化事象の中に存在する伝達と継承の関係を確認することが、都市の民俗の存在を確認するためには欠くことのできない作業なのである。しかしこの作業は、基本的には村における文化事象としての民間伝承の存在を確認する手続きと変わりはない。

元来、伝達という行為は、上位世代の生活者が自らの価値判断によって、次世代の生活においても必ず役に立ち、意味があると認めたものを継承させようとして行なうものである。下位世代は、そうして伝達されたものの中から、自らが必要と認めたものを選択して受容・継承する。子供が親のしつけ(伝達)を素直に受け入れない(継承しない)などという現象は最も身近に体験していることである。しかも伝達者の生活体験や社会的背景と、継承者のそれとは異なっているから、中には、伝達者の意図と継承者の意図とは、食い違ってしまうこともあるはずである。上位世代である親の「背中を見て育った」下位世代の子供は、生活を共にする中で、上位世代が伝達するつもりのないものを、継承してしまうこともある。一見同じ文化事象であっても、その役割や位置づけが異なってしまうこともある。当然生活の変化にしたがって、付け加えなければならないものもあるはずである。要するに、生活文化の変化は、時代の要請や、地域的条件を背景として行なわれるのである。

こうした文化の伝達と継承は、まず家族内において行なわれ、しだいに大小の地域や大小の集団、あるいは国家単位でも行なわれる。それによって形成された、伝承文化・民間伝承はそれらの集団によって維持される。こうして伝承行為は集団によって行なわれる。しかし、日常生活において具体的な文化事象を伝達し、あるいは継承するのは、具体的な個人である。そして生活背景を共有する人々の共感する事象などが、結果的に継承されることになる。

こうしてみると、村の伝承者集団は、地域的・空間的領域を基礎とする伝承母体を単位として認識することができるが、都市の伝承者集団は、その機能分化・空間分化による多様な集団をもとに形成されているために、特定の空間領域によって把握することはかなり難しいということになる。そうした意味で、村の伝承者集団は、村の空間内で完結していることが、ムラを伝承母体として認識できる大きな理由でもあった。しかし、都市の生活では村と同様の伝承集団を見出すことはできない。

ＮＨＫ教育テレビの子供向け番組に、「ピタゴラスイッチ」という番組がある。その中で「ぼくのおとうさん」という歌が歌われている。そこでは都市に生活する一人の男性の様々な姿をとおして、見事に都市の空間分化と、それに伴う一人の人間の機能分化の実態が表現されている。歌詞と、そこに登場する「おとうさん」の空間ごとに果たす機能とを対比すると、次のようになろう。

「ぼくのおとうさん」(16)

おとうさん　おとうさん　ぼくのおとうさん　　家庭（居住地空間）―父（妻・子）
かいしゃへいくと　かいしゃいん　　会社（職域空間）―会社員

しごとをするとき　かちょうさん　　会社（職域空間）—会社員
しょくどうはいると　おきゃくさん　　食堂（盛り場空間）—客

おとうさん　おとうさん　ぼくのおとうさん
はいしゃにいくと　かんじゃさん　　病院（境界空間）—患者
あるいていると　つうこうにん　　路上（路上空間）—通行人

おとうさん　おとうさん　ぼくのおとうさん
がっこういけば　せいとさん　　学校（文化空間）—生徒
でんしゃにのると　つうきんきゃく　　電車（移動空間）—乗客

おとうさん　おとうさん　うちにかえると…　　家庭（居住地空間）—父（妻・子）
ぼくのおとうさん

こうした人々の姿は都市生活を体験しているならば、文字通り子供でも実感として承知していることであって、何ら特異なことではない。都市の伝承文化も集団によって支えられているから、都市の生活における伝承者の集団は、特定の居住地空間内だけで完結しているわけではない。会社や学校、路上や盛り場など、機能分化した空間内に形成された集団ごとに存在するのである。つまり、村の伝承者集団を居住地空間完結型とすれば、都市の伝承者集団は地域空間分散型ということができる。

四　都市の「伝承母体」

このように村落生活における伝承母体は、ムラという閉じた空間において認められるものであるが、都市生活においては、機能分化と空間分化とにより、その民俗継承体としての機能集団は細分化・多様化している。

従来伝承母体とされていた村の生活においては、地上に区画された一定のムラ空間内に形成される諸集団が民俗継承体としての伝承単位となり、村人は生涯を通してその累積する様々な集団のいずれにも所属した(図1-1-4「伝承母体と伝承体模式図」)。そうすることによって村人は、共通の文化事象を伝承する「ムラ」という地域社会において、民俗を伝承するのである。そういう意味では、ムラは民俗継承体が、一定空間内に累積している地域社会であることになる。

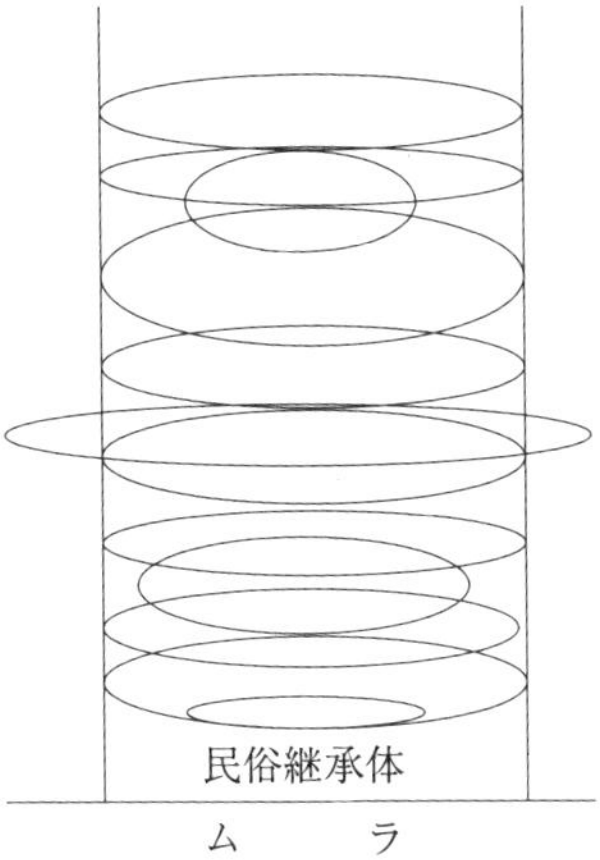

図1-1-4　伝承母体と伝承体模式図

しかし都市生活は、職住分離に伴う生活空間の拡大と、機能分化と空間分化とに伴う多様な集団が複合的に重層化しているために、村とは異なる生活形態・行動様式のもとに存在しており、居住地空間内において生活が完結するわけではない。とりわけ大都市になるとそれぞれの機能空間が形成される距離は大きくなり、それらをつなぐ乗り物内においても移動空間とも呼ぶことのできる空間が形成される。そしてそれらが、空間や集団のあり方を複雑なものにし、都市の複合的・

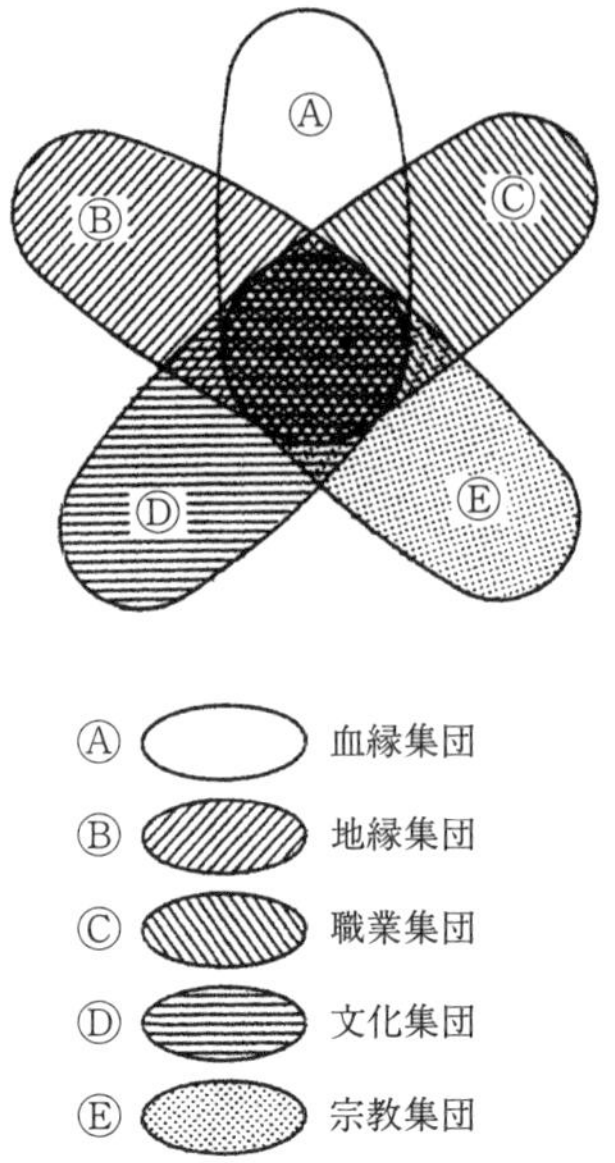

図 1-1-5　都市の民俗母体の重層構造図

多元的空間分化による諸集団の複合化を生み出しているのである。

小林忠雄はかつてこうした都市の諸集団のあり方を、血縁集団・地縁集団・職業集団・文化集団・宗教集団という五つの集団によって説明しようとした（図1-1-5「都市の民俗母体の重層構造図[17]」）。この併存する五つの集団によって都市の諸集団の全体をカバーできるかどうかは検討を要するが、確かに幾つかの集団が重層的に存在しているという見解は妥当である。だが、具体的な文化事象を形成し伝承する「民俗継承体」は、文化事象ごとに異なって存在しており、単純に類別的な五集団が重層的に存在しているだけではない。無数の民俗継承体としての集団が重層しているのである。しかもそれらの集団を形成する人々は、単独の集団のみに属しているのではない。「ぼくのおとうさん」のように、時と場を異にしながら幾つもの集団に所属しているのである。このことは村の伝承母体と大きく異なることであり、十分に注意しておく必要があろう。

村と都市の生活の仕方や、民俗継承体としての伝承者集団のあり方に相違があるとしたら、都市におけるいわゆる「伝承母体」と、それを形成する「民俗継承体」のあり方を再検討しなければならないことになる。それは都市の「伝承母体」や「民俗継承体」が、村と同様に空間的領域とかかわるとしても、具体的な個人のあり方が単一の空間領域に限定されず、時と場とによって異なるからである。つまり、家族が日常生活における基本的単位であるとしても、その日常生活を維持・継続するために多様な機能集団と深くかかわっており、それらの集団が存在する空間を生

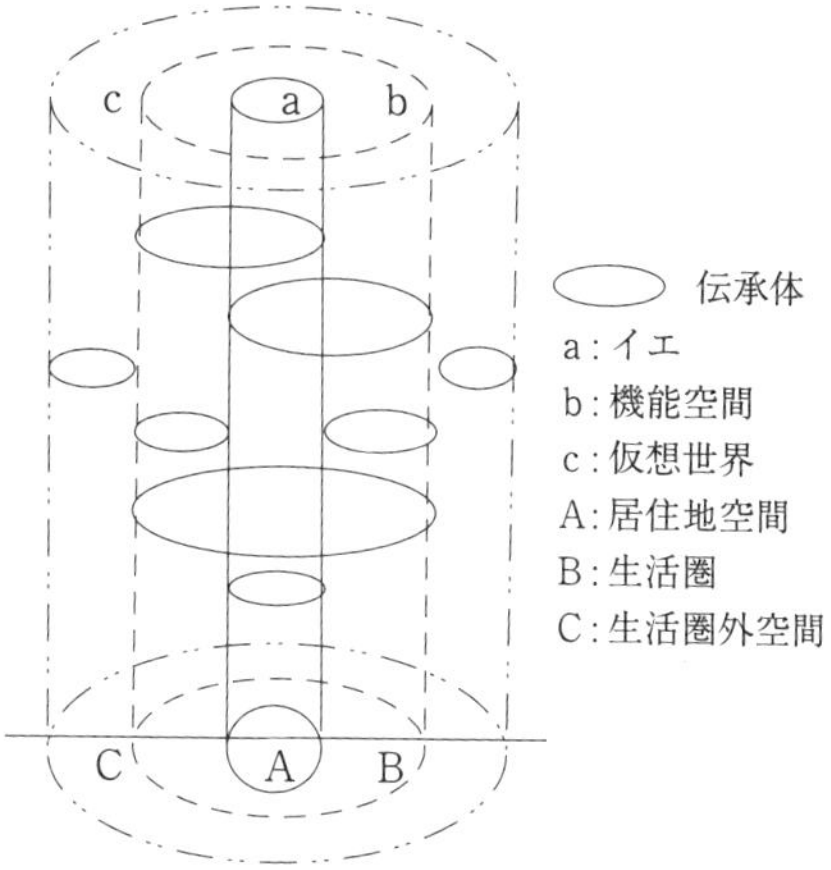

図1-1-6　都市の民俗継承体

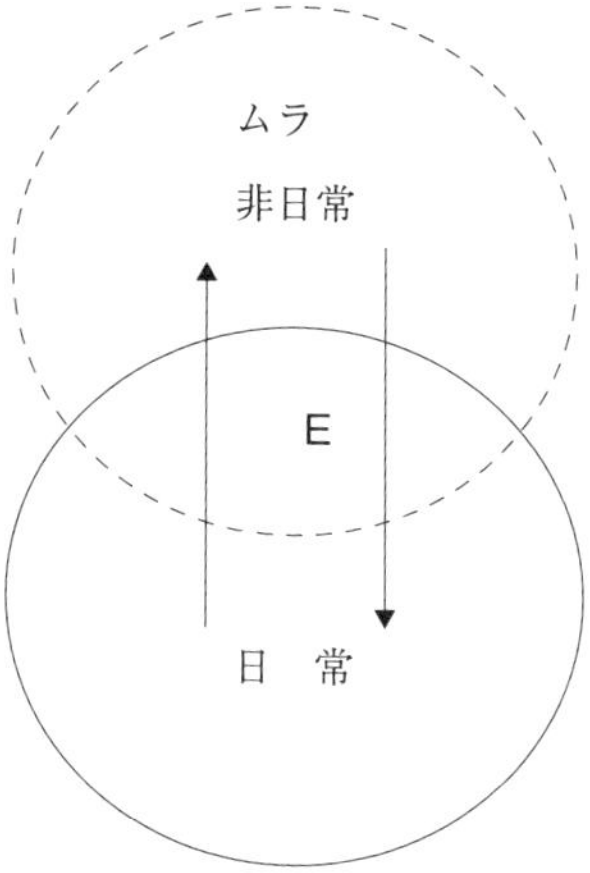

図1-1-7　村の空間変化と個人

活圏としている。そこに形成される集団は、それぞれ民俗継承体としての性格を有している。都市生活における民俗のあり方、あるいは伝承のあり方の村との大きな相違はここにある。さらに複合的・多元的生活を強いられる都市生活者が、自己回復、あるいは自己認識のためにその生活から一時離脱するための生活圏外空間や様々な仮想空間を必要としている（図1―1―6「都市の民俗継承体」）。

また、村落社会の伝承母体における伝承者を、「常民」として認識する時、そこに「常」なる契機を見出し得ると考えられていたが[18]、都市生活者の「常」とはどのような存在なのか。都市生活者の「常」も、「いつでも」「どこでも」という「常」であるとしたら、都市生活者のどこにそれを見出すことができるのであろうか。「常」が「村」という完結した空間領域と深く結びつくところでは、個人においても、その集合体としての集団においても、「常」と「非常」との区別はつけやすいであろう。つまり、ムラを福田アジオのいうようにたとえムラ・ノラ・ハラという三重の同心円的な空間構造で把握するとしても[19]、ムラにおける非日常は、基本的に村人全員の非日常であり、日常と非日常の変化はムラを単位とする（図1―1―7「村の空間変化と個人」）。したがって、ムラに生活する人々はどこにいても何某（E）という統合された個人としての存

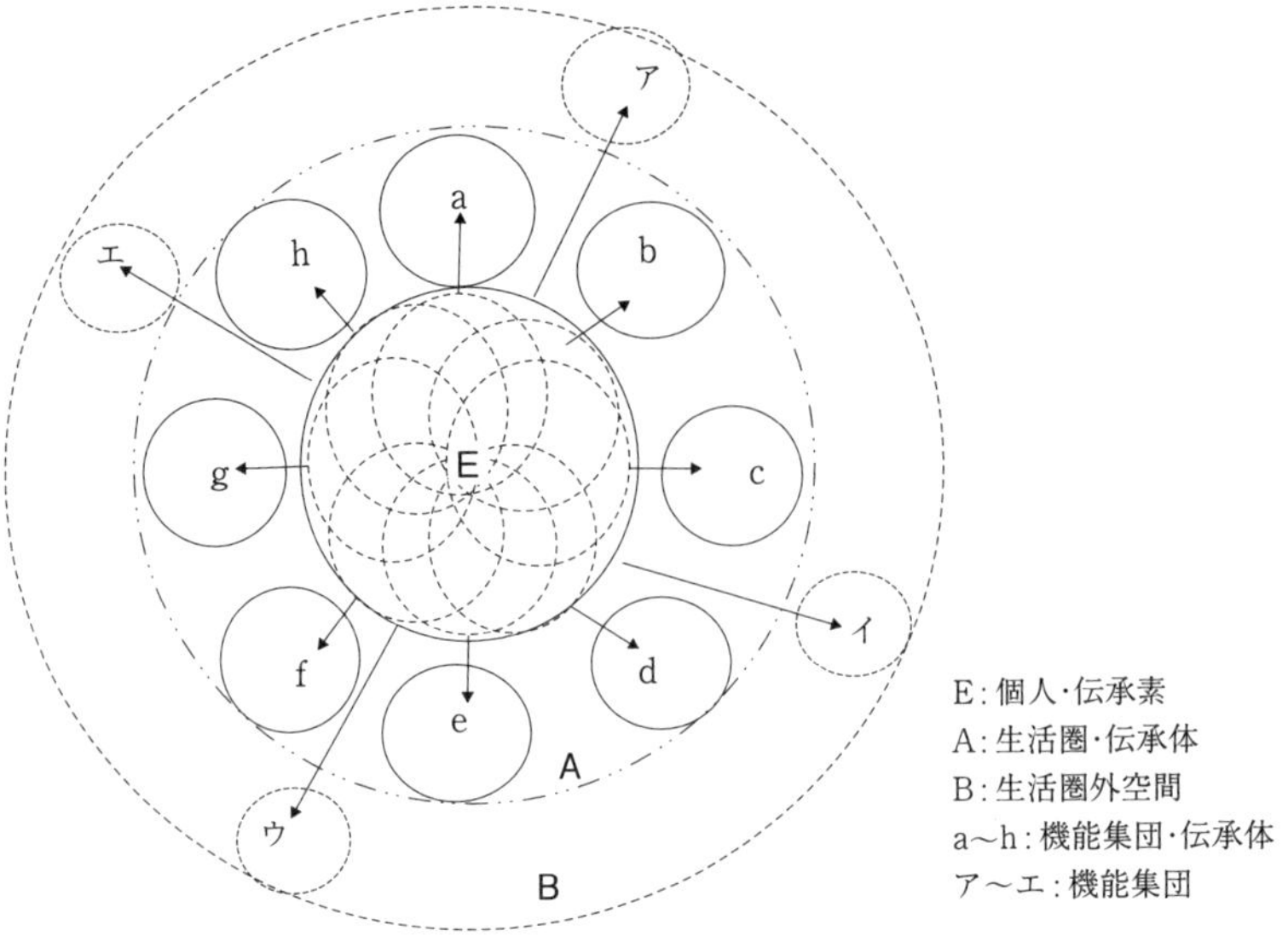

図 1-1-8　都市の空間認識と個人

在である。伝承母体を構成する累積する民俗継承体においても、Eという個人は統合された存在である。

しかし都市のように、拡散した伝承者集団における民俗継承体を構成する個人のあり方は、ムラとはかなり異なっている。つまり、都市におけるいわゆる「伝承母体」は、特定空間内に限定されるものではなく、多様な機能空間と、そこに形成される集団ごとに存在するのである。したがって都市の伝承母体とは、個々人が時と場ごとに作り出す文化事象を支えている、民俗継承体である。そこで、そうした都市における個々の文化事象を伝承する「民俗継承体」と、その累積集団を特定空間に規制される村の「伝承母体」とを区別して、「伝承体」と称することにする。いうまでもなく都市の生活文化が、特定地域の地縁集団に支えられているだけではなく、職縁・約縁などの人々との出会いに基づく集団ごとに伝承されているが故に、ムラの「伝承母体」と区別しようとするのである。

都市の伝承体と、それにかかわる個人との関係は、図1-1-8「都市の空間認識と個人」のように整理することができようかと思う。Eという個人は、「ぼくのおとうさん」のように、生活世界(A)においてかかわる、a居住地空間・b職域空間・c盛り場空間・d文化空間・e境界空間・f移動空間・g路上空間・h仮想空間などの機能空間ごとに、期待される機能を異にしている。Eはしたがって、その内的世界においてはかかわる機能空間が期待する諸機能の累積体であり、時と場とによってその機能は異なっている。例えば、職域空間において期待される機能は課長としての役割であり、お父さんの役割ではない。そのためにEは、日常生活における統合体としての自らを確認する機会は、ほとんどない。居住地空間において課長としての機能は期待されないからである。多様な顔を持って生活せざるを得ない都市生活者は、分裂した自らを持て余しながら、不安な日々を送ることになる。そのために、ときには自らを取り戻し、統一体としての個人に戻ろうとして、生活世界の外(B)に逃避しようとする。それは旅であり、里帰りであり、釣りなどであるかもしれない。あるいはマンガや小説、映画やドラマ、さらにはインターネットの世界に遊ぶ場合もあろう。それは仮想の世界ではあるが、自らのアイデンティティーを確認したり、取り戻したりする機会でもあろう。

つまり村において、個人は「伝承母体」に丸ごとかかわるが、都市における「伝承体」にかかわる個人は、その集団とかかわる部分(自らの存在の一部分)だけであり、丸ごとかかわることはまずないといってもよい。そこで個人が集団にかかわる一部を、伝承体における「伝承素」と呼ぶことにする。したがって、個人は伝承素の集合体であり、伝承体における民俗継承体として機能する時に、伝承素として顕在化することになる。これが都市の伝承性から見た個人のあり方であり、都市の常民としてのあり方であろう。

五　現在学と都市民俗研究

こうした個人が伝承する都市の民俗とは、新たに発見するものであり、それは特定空間を対象とする場合であっても、そこに居住する人々だけを対象として発見できるものではない。都市の賑わいを作り出し支える、商店や企業、同業者集団や地域集団、あるいは様々な文化集団など、多様な集団や機会、あるいは仮想空間のあり方など、その場を形成したり都市生活者のかかわったりするあらゆるものを対象とすべきなのである。民俗学の対象とする都市的社会とは、そうしたものだと考えられる。

日本の民俗文化の研究を行なおうとする民俗学は、明治以来主たる関心を持って調査・研究対象としてきた村落とは異なる、こうした都市社会をも対象としなければならないとするならば、民俗学全体にわたる再検討を余儀なくすることにもなる。単なる調査・研究の対象地域を拡大するにとどまらないのである。柳田國男をはじめとして、折口信夫・和歌森太郎など明治以来の民俗学研究の先覚者たちが民間伝承を発見し[20]、それについての研究法を開拓してきた過程を、また新しい対象を得て繰り返さなければならない。村落社会における民俗（文化事象）と、今眼前に展開する都市的社会における民俗（文化事象）とがあいまって、初めて日本の民俗の総体像が把握できるのである。そのために改めて現在の私たちの生活を見直し、そこに内在する問題を発見しながら、現在の生活を基礎としながら答えを見出していこうとする、現在学としての民俗学が必要なのである。

筆者は民俗研究の対象となる現在の生活文化を把握する時の個人を、時間軸ｔと空間軸ｓとの交点に位置づけている。現在の生活は突然出現したものではなく、過去の生活の上に存在しており、現在の生活は未来に続く、あるいは土台となる存在である。より良い生活を追求しようとする時、まずその検討対象となるのは、現在の生活である。また空間的にも、生活の場は孤立しているものではなく、必ず周辺と関係をもって存在している。しかもそこで営まれる生活は、自然環境や社会環境と深く結びついた、生きて実感できる顕界・此界・現世などと呼ばれる空間においてだけではない。死後の世界や異類などが存在すると認識する、精神環境とも深く結びついた幽界・異界・他界などと呼ばれる空間とが重層する空間である。時間もまた機械で計ることができる物理的な直進する時間だけではなく、年中行事を代表とするような、循環する民俗的時間が同時に存在している。我々が今生活しているところは、こうした時間軸と空間軸との交点である（図1-1-9「生活世界の把握」）。そこにおいて展開される様々な文化事象を感じ、観察し、調査して、実態を把握することから民俗学の研究は出発すると考えられる。

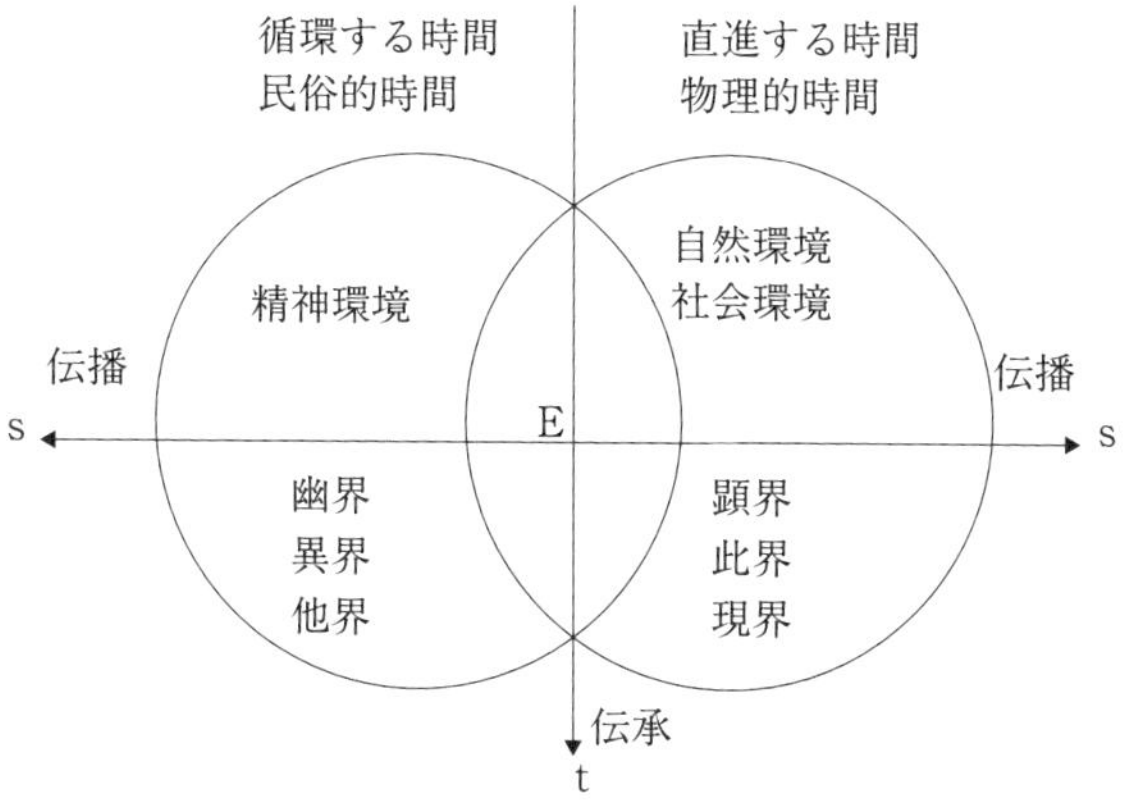

図 1-1-9　生活世界の把握

そうすることによって全く新しい民間伝承が発見されなければならないし、それを資料とする民俗学は、従来の民俗とはかなり異なる体系をもったものになるはずである。民俗文化財として文化を把握しようとする文化庁型の、「衣食住、生産・生業、交通・運輸・通信、交易、社会生活、信仰、民俗知識、民俗芸能・娯楽・遊戯、人の一生、年中行事」などという民間伝承の体系からは、当然脱却する必要がある。[21]

ただ都市の民間伝承が具体的にどのようなものであるかという全体像は、いまだ明確ではない。都市の民俗誌の蓄積が十分ではないことが、最も大きな理由であると思われるが、これが言い訳に過ぎないことも、筆者自身がよく承知している。十分な研究成果を挙げることができなかった責任を回避するつもりは毛頭ない。恥じ入るばかりである。

既に和崎春日・小林忠雄・森栗茂一・田野登などによる調査実績があり[22]、中野紀和・矢島妙子など若い研究者たちの調査・研究の成果も公刊されている[23]。筆者も大学院生と共に東京渋谷の調査を行ないその中間報告を公にした[24]。これとは別に、都市民俗誌や都市民俗関係の文献の一応の集成も行なわれている[25]。もちろんこれで十分というわけではない。まだまだこれから都市の民俗調査を実施しながら、新しい都市の民俗をも対象として、新しい日本民俗学を構築する必要がある。「都市」の民俗研究が中途半端なままでいいはずはない。都市の生活は常に新たな文化を生産し、消費しつつ軽佻浮薄で根無し草のようだという評価のもとに、時代の最先端を創り支える都市の生活文化をなおざりにして、日本の生活文化・民俗文化の変遷を明らかにすることはできないはずである。それは現在を踏まえて遡行し、現在の生活文化の問題に取り組もうとする民俗学の基本的な考え方であり、自己内省の民俗学としてのあり方をもう一度確認する作業でもあると思っている。

常民の歴史を明らかにしようとする民俗学であったとしても、なぜその変遷を明らかにしなければならないのか。歴史学がその対象や研究法について常に研究を重ね、民俗学の独自性は希薄になっている。もちろん民俗学は、オールマイティーではない。ただ、独立科学として民俗学の存在を主張するのであれば、その独自性は明確にすべきである。現在に生きる伝承性と自己内省の学として、現在に機能する民俗学のあり方を踏まえて、新たな民俗学を構築する必要がある。そのためには、最低都市の民俗研究は欠くことのできない作業である。

註

（1）柳田國男『時代ト農政』聚精堂　一九一〇年

（2）柳田國男『都市と農村』朝日新聞社　一九二九年

（3）都市民俗研究の主な論文は、有末賢他編『都市民俗基本論文集』全四巻別冊二冊（岩田書院　二〇〇九～二〇一二年）に収録してある。

（4）もっとも、全く検討が行なわれなかったわけではなく、高桑守史「都市民俗学研究ノート」（『都市と民俗研究』一一九七八年）をはじめとし、近年に至るまで検討は続けられている（例えば、倉石忠彦「マチ・町・都市」『國學院雑誌』九四巻一一号　一九九三年、内田忠賢「「都市」再考の試み―ムラの中のマチ―」現代伝承論研究会編『現代都市伝承論―民俗の再発見―』岩田書院　二〇〇五年　など）。

（5）宮田登『江戸歳時記』吉川弘文館　一九八一年　など

（6）『広辞苑』第四版　岩波書店　一九九一年

（7）幾つかを例示すれば、

a「シカゴ学派のアーバニズム理論に代表される都市社会学の問題設定は、およそ次のようなものであった。まず都市を、ある社会の中で（1）人口量が相対的に大きく、（2）人口密度が相対的に高く、（3）社会的に異質な人口からなる、集落と定義する。」倉沢進「都市社会学の問題と方法」倉沢進編『社会学講座5　都市社会学』東京大学出版会　一九七三年　四頁。

b「国連における統計基準としての「都市」の定義は、「二万人以上の人口密集地」であるという。また伊東俊太郎氏によると、「都市とは、農業に直接従事しない人口が密集して、ある地域の政治的、経済的、ないし文化的中心として、機能を果たしているものをいう」とのことである。しかしこれは外延的にすべての都市をつつむ共通の定義であるから、内包的な意味は希薄になることを同氏は認めておられる。そこで内包的な意味も含めて再定義するならば、次のようになるであろう。「都市とは、一定の地域に多くのヒトが密集して定住し、個人的・社会的いとなみをする場であり、かつその住民によってつくりだされるモノとコト、すなわち文明である」。都市とは、人間にとっての生活・活動の場であると同時に、それ自身が物質的・精神的文明であるということができる。」宮原一武「都市文明の構造・考察」比較文明学会『比較文明』五　一九八九年　二四頁。

c「都市という言葉は、二つの側面を示している。二種類の意味が含まれているのである。一つは、ビルが林立し交通網が発達している形態としての都市であり、同時にそこに多数の人々が高密度に分布している生態としての都市である。ここに、形態学的特性と生態学的特性とを示す地域空間としての都市がある。これは都市社会学においてパークやバージェスが力点を置く都市概念である。もうひとつは、多人口がひしめく地域空間の中で、自ら生きぬき自らの生活を営むために維持する相互作用の総体としての都市である。これは、都市生活者の生活様式という文化的側面に力点を置く都市概念である。筆者は、石川実の呼び方にしたがって、前者を都市、後者を都市社会と呼んでいる。」和崎春日『大文字の都市人類学的研究―左大文字を中心として―』刀水書房　一九九六年　九頁。

d「ワースのいわゆるアーバニズムの理論においては、人口の規模・密度・異質性に基づいて「都市」を社会学的に定義づけているわけだが、このような「都市」を理解するために、「都市」を定義づけるという考え方こそ、都市を自ら変化していく独立変数としてとらえる見方につながっている。とするならば、都市を一見、妥当に見える「異質な人口の集積」と定義づけるのではなくて、都市はそこで様々なことが展開される、一つの場所＝アレーナとして措定されるべきものなのである。」有末賢『現代大都市の重層的構造―都市化社会における伝統と変容―』ミネルヴァ書房　一九九九年　一七頁。

e「都市は富や権力などの中心であることにも増して、人間の生きる場である。（略）都市は人間の活動の中心地である。」藤田弘雄「都市社会学の方法」藤田弘雄・吉原直己編『都市社会学』有斐閣　一九九九年　二頁。

f「都市の定義はさまざまであるが、空間的には、人・物・情報が集まり、流行が花開き、様々な欲望が渦巻く地域社会こそ、都市だと考えられる。町場の定義も程度の差こそあれ、同様だろう。都市性を持つ場所が、都市なのである。地理学では景観や人口規模が問題となるが、たとえば、生活様式という点で、（ムラに対する）マチ的なライフスタイルを維持している地域は、都市と呼んでよいだろう。また、マチ的な行動様式、生活規範が維持、残存する社会も、都市と考えて構わない。」内田忠賢「「都市」再考の試み―ムラの中のマチ―」現代伝承論研究会編『現代都市伝承論―民俗の再発見―』岩田書院　二〇〇五年　二二八頁　など

（8）筆者も『民俗都市の人びと』（吉川弘文館　一九九七年）をはじめ、「民俗都市の把握」（『都市民俗研究』六　二〇〇〇年）、「都市民俗の発見」（『都市民俗研究の方法』岩田書院　二〇〇九年）など幾つかの小文において、民俗学における都市の認識について考えてきたが、まだ問題は多い。

（9）倉石忠彦「「団地」の調査から「都市」の研究へ―私的都市民俗研究史―」『都市民俗研究』一五　二〇〇九年

（10）福田アジオ『日本村落の民俗的構造』弘文堂　一九八二年

（11）宮沢賢治「雨ニモマケズ」『新校本宮澤賢治全集』第六巻　筑摩書房　一九九六年

（12）例えば、一九五二年に毎日新聞に連載された、石坂洋次郎の小説「丘は花ざかり」には、うだるような暑さの編集室から抜け出して、涼を求めて浜離宮に憩う若者に対し、「ここへ来て、あなた方の後ろ姿を見つけたらうれしかったわ。この人たちは、暑い日には、暑い日のようにふるまっていると思って」と評する場面が描かれている。（石坂洋次郎『丘は花ざかり』新潮文庫　一九七三年　三七刷　一八二頁）

（13）前掲註（2）

（14）「従って民俗学は他の精神科学に於ける如く、個人や天才の業績や生活や考へ方を問題にするのではない。勿論、彼等の影響を無視する謂ではないが、寧ろ共同体の文化が問題であり、都市的な進歩的な文化よりはいはゆる地方的・農

村的な生活様式が興味の中心に置かれる。」柳田國男・関敬吾『日本民俗学入門』改造社　一九四二年

(15) 倉石忠彦「都市と民俗学」『信濃』二八巻一〇号（一九七六年『都市民俗論序説』雄山閣出版　一九九〇年　所収）

(16)「ぼくのおとうさん」詞：佐藤雅彦・内野真澄、曲・歌：栗原正己

(17) 小林忠雄『都市民俗学―都市のフォークソサエティ―』名著出版　一九九〇年

(18) 竹田聴洲「常民という概念について」『日本民俗学会報』四九　一九六七年

(19) 前掲註(10)

(20) 柳田國男『民間伝承論』（一九三四年）・『郷土生活の研究法』（一九三五年）、折口信夫「民俗学」（『日本文学大辞典』新潮社　一九三四年）、和歌森太郎『日本民俗学概説』（東海書房　一九四七年）など

(21) 文化財保護法、第二条第3項

(22) 和崎春日『大文字の都市人類学的研究―左大文字を中心として―』刀水書房　一九九六年。小林忠雄『都市民俗学―都市のフォークソサエティ―』名著出版　一九九〇年。田野登『水都大阪の民俗誌』和泉書院　二〇〇七年

(23) 中野紀和『小倉祇《（ママ）》園太鼓の都市人類学―記憶・場所・身体―』古今書院　二〇〇七年。矢島妙子『「よさこい系」祭りの都市民俗学』岩田書院　二〇一五年

(24) 倉石忠彦編著『渋谷をくらす―渋谷民俗誌のこころみ―』雄山閣　二〇一〇年

(25) 有末賢他編『都市民俗生活誌』全三巻　明石書店　二〇〇五年。有末賢他編『都市民俗基本論文集』全四巻別冊二冊　岩田書院　二〇〇九～二〇一二年

第二節　全国学会と地方学会の民俗研究

はじめに―問題の所在―

民俗学が独立科学であるとしたら、全国学会である日本民俗学会における民俗研究と、地方学会である長野県民俗の会の民俗研究とに基本的な相違はないはずである。しかし実際には必ずしもそうとはいい切れない。そして、日本民俗学会の機関誌『日本民俗学』などを見ると、大都市圏在住の民俗学研究者、もしくは大学・大学院で民俗学を研究する学生や研究者と、地方在住の民俗学研究者との間に大きな関心の差異が見られるようにも思われる。そうした状況を見ると、改めて日本民俗学は今、何度目かの混迷期にあるようにも思われる。

例えば、『日本民俗学』二八二号の論文はドイツ語圏における民芸概念を論じ⑴、書評では中国および東アジアの現代文化を論じた研究所を取り上げている⑵。二九一号の論文の一つは近代産業における職人社会を論じ⑶、研究ノートでも鋳物工場における技術伝承を取り上げている⑷。フォーラムでは国際的な研究活動を報告している⑸。つまり『日本民俗学』に見られる研究者の主たる関心は、近現代の都市社会における文化事象であり、国際的な研究活動であるように思われるのである。

それに対して『長野県民俗の会会報』三九号は、現代的事象に関心がないわけではないが、民間信仰に関する関心が強い(6)。民間信仰に関する論考が常時これほど集中するとは限らないが、『長野県民俗の会会報』創刊号においても民間信仰にはかなりの関心を寄せている(7)。しかし、古い日本民俗学会の機関誌『日本民俗学会報』『日本民俗学』などをみると(8)、対象としているテーマについては『長野県民俗の会会報』とそれほどの違いはない。『長野県民俗の会会報』一号とほぼ同じ時期の『日本民俗学』をみても、それほど関心の違いは見られない(9)。

だが、『日本民俗学会報』や『日本民俗学』の初期の内容と近年の内容との間には、その関心に大きな違いが見られる。時代の推移と共に研究者の関心が大きく変わっているのである。それは現在の生活実態をふまえて研究テーマを見出している民俗学にとって、当然のことなのである。しかし、全国学会と地方学会との関心のあり方の差が大きくなってきているのはなぜなのであろうか。

日本民俗学会は、日本民俗学の研究者だけが参加する研究者集団ではなく、世界各国の民俗学研究を志している研究者も参加している「日本における民俗学研究者」の集団である。同様に長野県民俗の会も、長野県という特定地域の民俗研究に限定されているわけではなく、また長野県に居住する研究者だけが参加している研究会でもない。長野県以外の地域や、世界各国の民俗学研究を行なっている民俗学研究者の集団である。そうした意味で二つの会の性格に、何ら違いはない。ただ長野県の研究者が独自の会を必要とし、会の事務局を長野県に置いているから「長野県民俗の会」と称しているだけである。したがってそれぞれの学会・研究会は、規模の大小はあっても独立し、並存している研究会であるから、それぞれの会の研究者の関心に違いがあっても問題はない。

ただ、同じ民俗学研究者集団でありながら、なぜこのような違いが見られるようになったのか。そして、長野県民俗の会に集まった我々はこのような状況にどのように対処すべきなのかが問題なのである。我々はこれから民俗学をいかなる学問として認識し、調査・研究活動をすべきなのだろうか。

一　日本民俗学研究の現状

1　民俗的生活文化の現在

民俗学は、現在の生活文化を対象とし、そこに胚胎する問題を伝承事象を資料としつつ理解しようとする。そのためにはまず生活文化の現状を理解する必要がある。

現在の生活文化がこの半世紀の間に大きく変化したことは、多くの人々が実感しているところである。それを一口でいえば「都市化」ということになろう。それによって、かつて民俗学の主たる調査・研究対象とされたムラは衰弱した。またイエの機能は稀薄化し、それに伴い伝承機能も変化した。生活の急速な変化は、既成の民俗事象の減少をもたらしたことは間違いない。

2　民俗学研究の混迷化

こうした状況下において、従来と同じような民俗調査は困難となり、民俗・民間伝承概念の再検討を迫られることになった。そして、民俗学研究の目的を再確認しなければならなくなり、同時に民俗学研究法の再検討も迫られた。しかしこれは民俗学の学的性格にかかわることでもあったが、必ずしも十分には検討されなかった。

それにもかかわらず、野の学問とか在野の学とかと呼ばれていた民俗学は、社会的にはそれなりに認知され、大学において従来の学的枠組みに基づいて民俗学についての教育が行なわれるようになった。そうした民俗学は「アカデミック民俗学」などと呼ばれ、福田アジオのいうように、民俗学の再生産が大学において行なわれ、民俗学はシステム化された[10]。その結果、画一的な知識のみが普及することになった。しかしそれらの知識は各研究者が主体的に獲得した知識ではなく、また自らの止むに止まれぬ問題意識に必ずしも基づくものではなかった。その結果、民俗学は窮屈なものとなり、研究者の問題意識の希薄化をもたらし、なかなか新しい民俗世界の発見に至ることができにくくなった。

3　民俗学研究の多様化

民俗学の基本的な検討は十分に行なわれない中で、生活の多様化に伴って研究者の関心だけは多様化した。国際化の波の中で日本文化の独自性に対する期待も大きくなり、民俗学の役割も多様化した。民俗学の基礎研究が低迷する一方で、文化資源としての活用法に対する研究が期待されたのである。それは、民俗学の応用的側面に対する関心の肥大化をもたらした。

二　民俗学の概念

1　民俗学の定義

そうした新しい研究環境に即応するためには、民俗学のあり方を基本的に考え直す必要がある。いったい民俗学とはどのような学問と理解すればよいのであろうか。

従来の民俗学の定義は、「世代を超えて伝えられる人々の集合的事象によって生活文化の歴史的展開を明らかにし、それを通して現代の生活文化を説明する学問」とされていた[11]。「世代を超えて伝えられる人々の集合的事象」とは、換言すれば「伝承事象」ということであろう。それを資料として「生活文化の歴史的展開」を明らかにし、「現代の生活文化を説明」しようとするのが民俗学であるというのである。民俗学の目的は「現代の生活文化を説明することにある」ということになる。「生活文化の歴史的展開」を明らかにすることは手段である。

筆者は、そのような「世相解説の学」としての民俗学の性格を認めつつも、歴史的関心と基層文化に対する関心とに基づき、民俗学とは「現在の生活文化の中から伝承事象を見出し、それらを比較することによって変遷の過程を明らかにすると共に、日本の基層文化を見出そうとする学問」であると考えている。より丁寧にいうと、「現在我々が営むあらゆる生活文化を対象とし、文字によるだけではなく言葉・行為・感覚・形象等によって伝達・継承されてきた文化事象を見出し、時間的・空間的差異を比較することによって、その変化・変遷の過程を明らかにすると共に、日本文化の日本文化たらしめる基層文化のあり方を明らかにしようとする学問」ということである。

しかし、どうやらこうした民俗学のあり方だけでは、文化資源としての活用法に対する研究など、民俗学の応用的側面に対する関心に応えることは難しくなっているようである。もう一度民俗学の基礎から検討をし直さなくてはならなくなっているようである。

そうした検討の手始めとして、幾つかの点について確認しておきたいと思う。

2　資料としての民俗・民間伝承

①　民間伝承の出現

独立科学の条件の一つは、独自の研究資料（対象）を有することであろう。そして民俗学の場合、それは民俗・民間伝承とされていた。しかしそれは、研究の対象ごとに異なる。研究者が取り組もうとする問題、つまり疑問によって

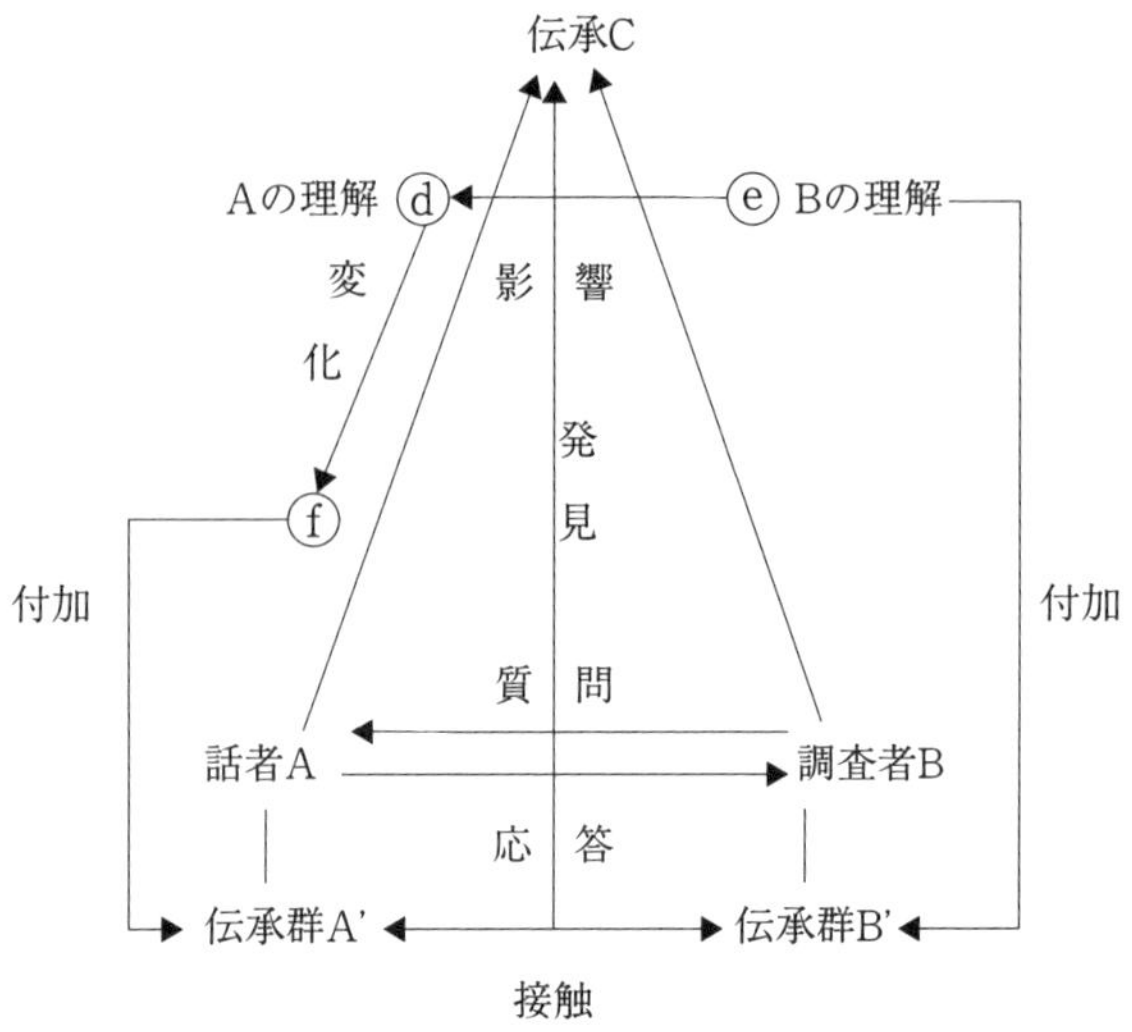

図1-2-1　民間伝承の出現

異なるからである。民俗学研究の資料は、常に研究者のために用意されているわけではない。生活実態の中から、必要な民俗・民間伝承を発見しなければならない。その作業が民俗調査・民俗採訪であり、それによって民間伝承（文化事象）は研究者の前に姿を現すのである。

調査者（B）は自らの疑問を解決すべく、伝承地を訪れて話者（A）に質問する。それに応えて話者が説明することによって調査者はそこに伝承事象（C）を発見するのである。それは現象としては新たな伝承事象の出現である。

それは調査者の持つ、あるいは育んだ伝承群（B'）にはかつてなかった文化事象であり、調査者（B）の理解のもとに、新たに付加された存在である。話者（A）にとってもそれは再認識された伝承事象である場合も多く、調査の質問を受けて新たに認識しなおした上で（ⓓからⓕに）、自らの伝承群（A'）に付加するのである（図1-2-1「民間伝承の出現」）。

② 伝承者と調査者

研究者が生活の中から民俗・民間伝承を発見するためには、参与観察によることもあるが、伝承者に質問して伝承事象を聞き出そうとする民俗調査によることが多い。つまり調査者（聞き手）が伝承者（話し手）に質問し、その応答の中から調査者が民俗・民間伝承を見出すのである。当然調査者の質問によって伝承者（話し手）の答えの内容は異なる。

基本的には、話し手は聞かれないことは話さないからである。そうした意味で、そこで発見した民間伝承は、聞き手と話し手双方の、共同作業によって出現した伝承事象である。したがってその伝承文化事象の存在は、聞き手と話し手とによって保証されるべきものである。

言い換えれば、民俗調査とは聞き手と話し手とが相互に作用し合う機会であり、民間伝承の出現はその結果である。調査者が、一方的に知識を略奪するような作業ではない。

③　民俗の再生

たとえ民俗調査を行なう調査者が、大学で「アカデミック民俗学」と称されるような民俗学に関する専門的教育を受けた研究者であったとしても、累積する伝承文化のなかにおいて成長してきたはずであり、当然話し手もまた同様に民俗的伝承文化の世界に生きてきた人々である。その知識のあり方は、聞き手と話し手とは相違しているとしても、それぞれが所有する伝承文化群は存在しているはずである。したがって発見した伝承事象に対する理解には、差異が存在するであろう。

そうした意味で伝承事象の発見は、異なる伝承文化との接触の結果である。そしてそれは、両者の眠っていた伝承文化(民俗)を呼び覚ます行為でもある。ただ目を覚ました民俗は、現在に生きている話し手の口を通してであるから、それが生きていた時点そのままではない。聞き手も自らが現在持っている知識に基づいて理解する、新しい知識である。したがって発見された民俗は、現在というフィルターを通したものである。そしてその民俗は、時を経て思い出した話し手の伝承文化の理解に変化をもたらすと共に、それぞれの当事者の支えている伝承文化群に新たな知識を加えることになる。

そうした意味で、話し手と聞き手とによって発見された民俗は、調査時の生活文化のあり方を映し出している。現

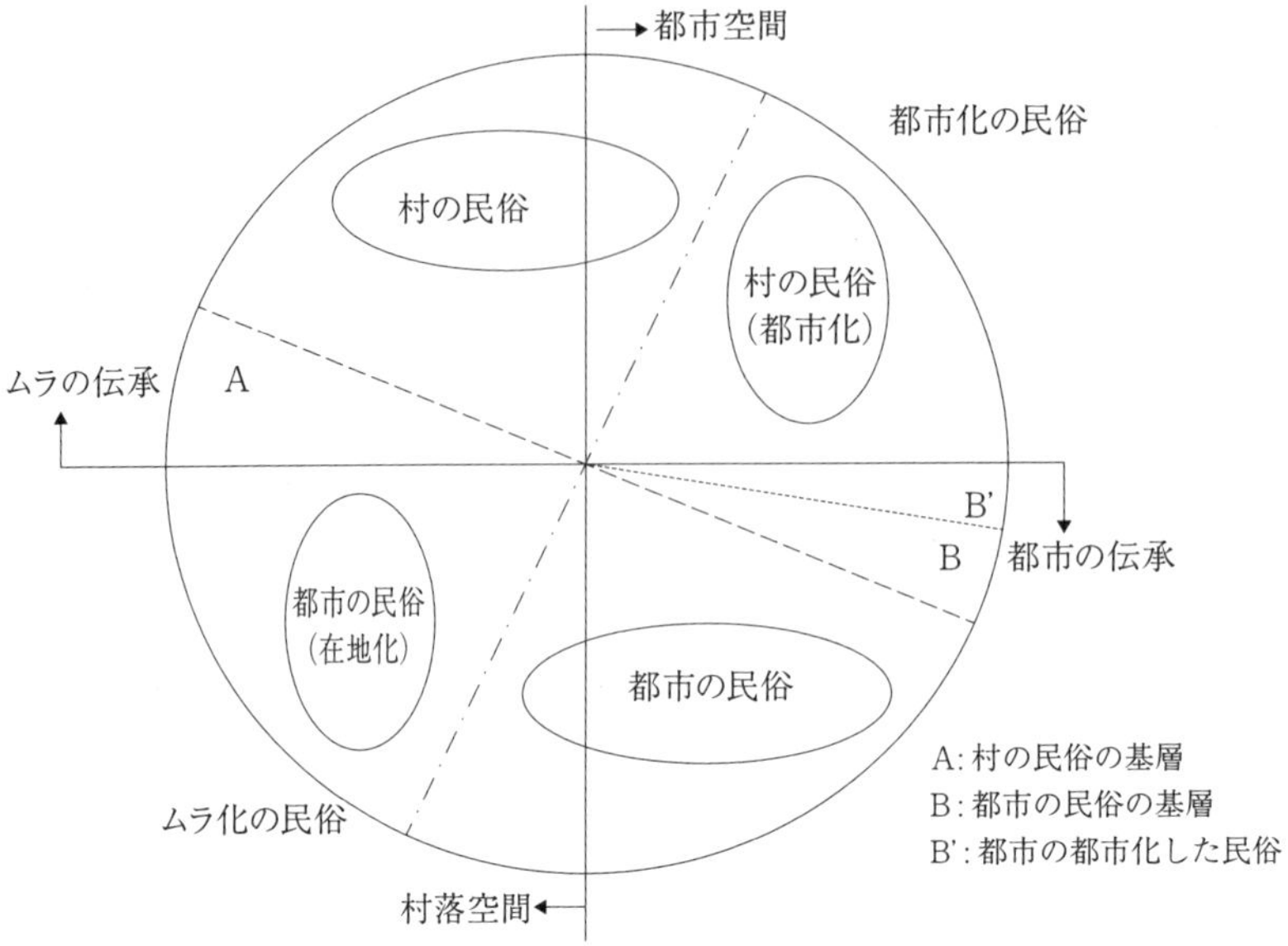

図1-2-2　民俗学における都市化の諸相模式図

在という時点でいえば、都市化された生活文化の中において見出された民俗なのである。

三　都市と都市化

1　多様な都市化

民俗学のあり方を基本的に考え直さなければならないような新しい研究環境の出現は、端的にいえば国際化を含む生活の都市化という生活環境の変化の結果である。そうした意味では、明治以来、西洋化によって見失われようとする日本文化を再評価するために、ムラの民俗文化に注目してきた日本民俗学が、ムラの変質に対応するための方策を探そうとしながら、効果的な方策を探しあぐねながら、いまだその効果的な方策を見出し得ない状態が、現在の日本民俗学の混迷の遠因であるとも考えられる。

都市化とは語義としては都市的変化ということであるが、民俗学における民俗の都市化とは、生活様式の都市的変化に伴う「文化の伝承様態の変化」の一形態である。しかしそれは一様ではない。ムラと都市における都市化のあり方を整理してみたのは、三〇年以上昔の一九八四年(昭和五九年)のことであるが、基本的にはその考えは変わっていない[12]。

一口に都市化といっても、図1-2-2「民俗学における都市化の諸相模式図」に見られるように、都市空間に伝達された「村の民俗」が「都市化」したものもあるし、村落空間に伝達された「都市の民俗」が継承された結果「ムラの民俗」が「都市化」したものもあるであろう。これは別の面から見れば、「ムラ化」した「都市の民俗」ということもできよう。また、「都市の民俗」がより都市化したものもある。当然これらは一律に論ずることはできない。

2　都市の概念

しかし都市化とは、生活様式の都市的変化であるといっても、その「都市」の概念が明確ではない。民俗学における都市の定義にしても、関心のあり方によってそこに見出す都市の姿は異なる。

内田忠賢は、「都市(的)地域とは、何より人口規模の大きな集落である。そこでは農・林・漁業など第一次産業従事者の割合が、人口比としては非常に小さい」といい、「周辺地域あるいは遠隔地との関係で、物・人・情報などの集散地である点が都市(的)地域の本質である」という[13]。また、小林忠雄は、「都市の性格とは、地域における政治活動の中心で、不特定多数の雑多な職業を営むヒト(旅行者を含む)を集め、モノ(物資)、ハナシ(情報)を集中させ、また関連した様々な技術(産業技術・生活技術)が蓄積され、さらに相互に名前を知り得ない匿名的な社会であっても、人々は常に変化を求める競争社会であり、同時に洗練された雅で華やかな感覚文化を誇る地域社会である」という[14]。

内田は地理学的な観点から、空間的な集落としての「都市」に関心を持ち、小林も地域としての「都市」を見ようとしているが、特に感覚文化を誇る地域社会としての「都市」を見ようとしている。このような把握の仕方があることは否定しないが、伝承性に注目する民俗学の立場からは、もっと異なる把握の仕方もあるように思われる。

そこで筆者は、「都市とは、機能分化に伴う空間分化と共に形成される多様な集団を伝承体とし、それぞれの集団にかかわる個人の一部である伝承素が寄与・関与することによって形成される文化の集積する、多重的・多層的・複合的な文化集団の集合体である」と考えたいと思っている。つまりそれは、「都市的な空間には、職業も生活形態も多様な人々が集住しており、多様な機能は分化し、それに伴って空間も分化し、それぞれが多重的・多層的に複合している。都市生活者はそれら多様な機能や空間と常にかかわっているが故に、その生活も多重的・多層的・複合的である。そこに形成される多様な集団は、それぞれが文化を継承する伝承体であり、それとかかわるのは伝承素としての個人の一部分だけである。したがって、個人の伝承素が、伝承体である集団に寄与・関与することによって集団の文化が形成され、その各機能集団の文化集積が作り出す文化集団が、伝承概念に基づく都市である」ということなのである。

要するに民俗学における「都市」とは、特定空間に限定されるものではなく、生活様式の一つの形態であって地域概念とはかかわりのないものであるということである。それはムラを非都市的生活形態であるとしたら、ムラの概念規定の修正をも迫ることになるはずである。ところが筆者の都市概念は、非ムラ的生活形態を念頭に置いて考えられたものであるから、ムラは福田のいう伝承母体としてのムラを想定しておくことで大きな修正は考えていない。つまり、伝承母体は空間概念に基づくものであり、伝承体は集団概念に基づく違いがあるというだけである。

3　民俗（民間伝承）と伝承（伝達・継承）

伝承体とか、伝承素とかというテクニカルタームは、二〇年程以前に提示したが[15]、ほとんど検討対象ともされててはいない。

都市は機能分化した社会であり、それに伴って空間分化が進展し、人々はそれぞれの機能空間に複合的にかかわっている。都市生活者は、それぞれの機能空間における機能集団において、自らに課せられた機能・役割を果たしている。都市社会はそうした機能集団の集合体であって、機能集団はそれぞれに形成した文化を伝承している。それはムラの地縁・血縁を中核とした社会とは異なっている。家族という血縁こそ居住地空間には存在するが、地縁は後退し職縁・心縁をはじめとし、酒縁・雀縁とかインターネット縁など様々なつながりによって構成された諸縁社会である。都市社会は様々な機能ごとに形成された集団によって構成されている社会であると考えるが故に、仮にここでは諸縁社会と称しておく。重層的に様々な縁ごとに結ばれた個人は、それぞれの集団ごとに異なる役割を担い、果たす。そうした分裂した個人の、その時々の役割が伝承素である。そして様々な縁によって結ばれた集団が、伝承体である。このことについては前節で述べた。

つまり、空間概念に基づくムラの伝承単位が累積する民俗継承体である「伝承母体」であり、ムラ生活者はそれぞれの民俗継承体と生涯にわたって常に一個の人格としてかかわる。そうした伝承母体と同様な機能を果たす都市の民俗継承体は、集団概念による機能集団ごとに形成される。そしてそれにかかわる個人は人格の一部に過ぎない。そこでそうした民俗継承体を「伝承体」と称することにしたのである。

「伝承母体」における人は、常に一個の人格に統合されているが、伝承体において伝承にかかわるのは個人の人格の一部に過ぎず、丸ごとの人格ではない。そのため機能集団にかかわる人格の一部を「伝承素」と名付けてみたのである。

こう考えることによって、全国的に進展した都市化に伴う伝承的・民俗的生活文化の現在を把握・理解することが容易になるのではないかと思われる。それは、各個人の伝承的世界をより重視しなければならないということであり、機能集団により注目しなければならないということである。ただそのためには、全く新しい伝承事象を発見しなければならないし、それらを対象とする研究法についても考えなければならない。

四　地方における民俗学

都市化は先述したように様々な場で、様々な様相を呈している。「都市」は多様な機能集団によって支えられる文化集団の集合体であると考えるならば、都市的空間は現代の村落社会(ムラ)にも存在する。しかしムラにおける文化集団の民俗継承体である機能空間は、都市における機能空間とは必ずしも同じではない。したがって地方においてでなければ把握できない地方の都市化(都市的民俗継承体)がある。もちろん都市における都市化は当然研究対象にはなろうが、地方でなければ、地方の実態を理解しなければ理解できない地方の都市化がある。

例えば、境界空間は都市の機能空間の一つであり、その内の一つが病院である。病院は最先端の医学に支えられ、幽界に赴こうとする人を此界にとどめることを目的とした都市的機能空間であるが、その空間内においてさえ、機能分化した社会に生活する人々の機能空間における行動と、地縁社会をそのまま機能空間に持ち込む人々の行動とに違いがあり、それは都市化のあり方の相違のように思われたのである。考えてみれば、地域における都市化が、従来の民俗文化の累積の上に行なわれるものであれば、当然そこに地域差がみられるはずなのである。透析患者として体験した東京の病院と長野県内の病院の違いについては、第三章で取り上げる。

①　伝承文化(民俗・民間伝承)の発見と記録・分析

そうした観点からすれば、長野県という地域に基盤を置く長野県民俗の会会員の研究活動としてまず行なわなければならないのは、我々の生活の中から伝承文化（民俗・民間伝承）を発見し、記録・分析することであろう。現在に生きる我々は、現在に生きる民俗の体現者・保証人であり、その変化に立ち会う当事者である。それを記録することは、歴史の第一次資料を作成する作業である。眼前に推移する時代の変化を記録した資料と、現代というフィルターを通して発見した過去の資料とを比較して、どちらがより信憑性があるかはいうまでもない。

これまで民俗学は、時代の変化の中で湮滅しようとしている生活文化を記録することを急いだ。それは時代が必要性を認めなくなりつつある生活文化の価値を再評価する作業でもあった。それに意義を認めないわけではない。それはそれとして重要な作業であった。しかしそうした作業の反面、目の前の変化に対する関心は相対的に薄かったことは事実である。民俗の変化（変遷―消滅・変化・添加）に立ち会っているという認識が薄かったのである。

② 伝承体の発見

伝承的世界が完結するムラ（伝承母体）は、再構成する机上（理論上）に存在するだけで日常生活ではほとんど見られなくなった。しかし文化の伝承が行なわれ、今の生活世界が存在している以上、民俗継承体は存在し、累積しているはずである。新しい、都市化された生活における伝承文化（民俗・民間伝承）を発見するということは、民俗継承体である伝承体を見出すことによって初めて可能になる。

③ 問題意識

どのような研究も、まず資料が必要である。しかし、研究資料は研究の内容によって異なる。最初から資料が特定されているわけではない。そして研究は疑問・問題を解決するために行なわれる。伝承文化の発見も、伝承体の発見も、研究者の問題意識があって初めて意味を持つ。長野県に基盤を置く長野県民俗の会会員は、民俗文化を前にして何を明らかにしようとしているのであろうか。

「アカデミック民俗学」の功罪を論ずる時、その弊害の最も大きなものは、自らが問題意識を持つ意欲を喪失してしまったことであろう。従来の研究史を学ぶ中で、羅列されるテーマに縛られてしまった、といってもよいであろう。しかしそれらのテーマは、その時代に生きた研究者たちの、個人的な問題意識によるものであった。時代と共に生活は変わった。その時代と共に生きる人々の問題意識が、変わるのは当然のことである。

思えば民俗学は、自己内省の学ともされた。それは自らを省みるということであるが、民俗学の研究結果が自らを知ることになるという意味だけではない。自分は何を知ろうとしているかということを考える行為自体が、自らを知ることにつながっているということでもあろう。

おわりに

日本民俗学は現在、ある意味で民俗学草創期とよく似た状況に置かれているとみることもできる。明治になって、いわゆる文明開化の世相と共に、日本在来の文化の評価は下落した。民俗学（郷土研究・民間伝承の学）は、そうした日本在来文化の再評価しようとした。平成の今、日本は、国際化・グローバル化による日本文化の均質化が進展した。それは一面アメリカ化でもあったが、そうした風潮のなかでクールジャパンなど、日本文化の再評価が外部から行なわれている。そうした状況と呼応するかのように、何となくナショナリズム的な傾向が見られないわけではないが、日本の文化をどう評価すべきかという問題に直面している。

また地震や天候の不順などによる自然災害、先行きの見えない不安と閉塞感など、騒然としている世相のなかで、伝承文化に関心を寄せる民俗学研究者は、民俗学の初心に返ることも必要ではないかと思われる。グローバル社会において、あえてローカルな視点を強調するグローカルなどという考え方が関心を引くなかで、もう一度日本文化を評価し直すことも必要であろう。

かつて、柳田國男を中心とする東京（中央）では研究を行ない、地方の研究者は資料を提供するという役割を期待されているという認識が一部の民俗学研究者の中にあった。確かにそうした実態がなかったわけではない。そしてムラの民俗にその主たる研究テーマを求めていた時には、地方のほうがより研究資料となる民間伝承を発見しやすかった。

しかし全国的な都市化の進展に伴い、ムラ的生活様式は後退し、民俗学研究もかつてのようにより古い文化事象に基づいた歴史的復元についての関心は薄くなった。そして研究テーマも、新しい民間伝承を発見すると共に、伝承文化を通して現在の生活をいかに認識し、活用しようとするというような、新たな方向性を追求するものも生まれてきた。

それは日本を一地域として研究対象としようとするだけではなく、地域ごとに存在する多様な伝承文化に基づく生活形態に目を向けざるを得なくなってきているということでもある。当然それは単なる民間伝承の発見にとどまらず、その地方における文化の変遷や生活との関係をも明らかにすることが求められている。地方における、地方の民俗研究が行なわれなければならないのである。これは、福田アジオのいう個別分析法の発展形態であるということもできよう。ただ、それは、単なる文化事象の分析にとどまることなく、民俗、あるいは生活文化全体の分析・総合を思考するものでなくてはならない。

そうした意味では、地方における民俗学研究は、世界民俗学に対する一国民俗学の関係に似ているということもできる。かつて柳田國男は、世界民俗学の前段階として一国民俗学の必要性を主張したが、日本民俗学の成立のためには、実は各地の民俗学、例えば「長野県民俗学」のような研究が必要となってきているのである。

都市化の進展が文化の均一化を促進すると共に、在地の文化の都市化によって新たな地方文化が生まれ、文化の多様性もみられるている。こうした傾向に対応するために、民俗学は、より研究者の問題意識に基づく、より精緻な調査と研究とが必要になるといえるであろう。

註

(1) 河野眞「民俗学にとって民藝とは?—ドイツ語圏における概念の推移と今日の課題—」『日本民俗学』二八二号　二〇一五年

(2) 藤井弘章「卯田宗平『鵜飼いと現代中国—人と動物、国家のエスノグラフィー—』」、田中大介「歴博・山田・鈴木『変容する死の文化—現代東アジアの葬送と墓制—』」『日本民俗学』二八二号　二〇一五年

(3) 中島順子「手縫い製靴業の製造工程と職人社会の関係—近代産業の研究にむけて—」『日本民俗学』二九一号　二〇一七年

(4) 宇田哲雄「鋳物工場の開業に見る民俗的思考」『日本民俗学』二九一号　二〇一七年

(5) 島村恭則「東アジアの民俗学：現代社会の日常を問う—メディアと日常—」『日本民俗学』二九一号　二〇一七年

(6) 倉石忠彦「「道祖神」イメージの形成—石造物を中心に—」、松崎憲三「器物(道具)の供養をめぐって—その変化と広がり—」、堀内眞「長野県の富士信仰」、小森明里「長野市鬼無里の「財又地区二十戸共有文書」と諏訪神社屋台」、日向繁子「災害と復興—釜石市両石そして茨城県神栖市の復興と日常—」『長野県民俗の会会報』三九号　二〇一六年

(7) 尾身栄一「信濃の庚申信仰—『庚申縁起』について—」、小林寛二「都市化地域における冬至の食習について—長野

市吉田地区を中心として—」、小林経廣「「村の柱祭り」考—松本市・塩尻市のオンバシラを中心として—」、宮島潤子「川上正沢念仏」、細川修「秋山郷の狩猟語彙」『長野県民俗の会会報』一号　一九七八年

(8) 例えば、西谷勝也「田の神の去来—兵庫の亥の神祭—」、細川敏太郎「ボチの家—讃岐志志島所見—」、武田明「神輿と頭屋—香川県善通寺市中村木熊野神社の神事について—」、佐藤光民「山形県温海町における焼畑慣行」、小野重朗「薩摩半島の民家の構造と家の神(一)」、都丸十九一「同族集団を支えるもの—北群馬郡上白井のマケの結合—」『日本民俗学会報』一号　一九五八年

(9) 例えば、橋本鉄男「椀締考」、菊池武「特殊念仏結社に於ける擬制的親子関係」、佐々木勝「同族神祭祀の変遷—木曽谷のモロキ・祝神・モリをめぐって—」、四角恒世「婚姻儀礼と村落構造—南会津伊南村青柳と檜枝岐の比較—」、渡辺章代「志摩の村付合い—船越地区のギリジュウギ—」、湯浅照弘「魚籠(さかなかご)の呼称—主として岡山県を中心として—」『日本民俗学』一一一号　一九七七年

(10) 福田アジオ・菅豊・塚原伸治『「二〇世紀民俗学」を乗り越える—私たちは福田アジオの討論から何を学ぶか—』岩田書院　二〇一二年

(11) 福田アジオ「民俗学」福田アジオ他編『日本民俗大辞典』下　吉川弘文館　二〇〇〇年　六四〇頁

(12) 倉石忠彦「民俗学における都市の概念」『國學院雑誌』八五巻三号　一九八四年(『都市民俗論序説』雄山閣出版　一九九〇年　所収)

(13) 内田忠賢「都市」福田アジオ他編『日本民俗大辞典』下　吉川弘文館　二〇〇〇年　二〇八頁

(14) 小林忠雄「都市の性格」有末賢他編『都市生活民俗誌　第二巻　都市の活力』明石書店　二〇〇三年　一一頁

(15) 倉石忠彦『民俗都市の人びと』吉川弘文館　一九九七年

第三節　文化の伝達と継承

一　都市の生活文化

「都市」の概念については従来から様々に論議されてきた高桑守史の「都市民俗学研究ノート」は、その最も早い成果の一つであった(1)。そして、都市は空間概念であると共に文化概念であるとするのは、ほぼ共通認識になりつつある。空間概念としての「都市」はムラ(村落空間)と対置される存在である。都市とムラという二つの生活空間を並べてみると、そこには異なった生活と異なった生活文化とが存在するが、この二つの文化は単に並存しているだけではない。産業形態が異なれば生活形態も当然異なるはずで、そこに優劣というような価値観は存在しないはずであるが、必ずしもそうではない。都市居住者も、村落生活者も、都市文化の優位性をかなり明確に認識していると思われる。都市空間から発信される文化が、単に都市を情報源とするというだけで、容易に村落生活者に受容・継承されているという側面が見られるからである。

こうしてみると我々の生活空間を、都市と村落とに分けて認識することが、現在の生活文化を把握するために、どこまで有効であるかは疑問になる。もちろん、空間概念に基づく認識であっても、都市での生活は特定空間に制約されるようなものではない。土地―地域との関係を絶対的な条件とし、第一次産業を基幹産業とする村落生活と、むしろ社会的関係を重視し、第二次・第三次産業を基幹産業とする都市の生活とはそこが相違する。比較的変化の緩やかな、大地と共に生を営む生活と、千差万別、千変万化する人々との関係のなかで営まれる生活とは同じではない。前者は様々な条件に制約されたいわば閉ざされた社会であり、後者は外に向かって開かれた社会である。

しかも都市においては大地から生産されたものを専ら消費し、情報と消費とを生産する。生活のあり方が村落とは相違するのである。しかし、どちらがより価値があるかというような問題ではない。ただ、より変化が著しく、時代と共に存在するという実感は都市のほうに存在するであろう。とりわけ若者たちにそうした傾向は強いようである。

二　伝承文化

異なる生活環境における、異なる生活文化がそれぞれに発信され、それが他方に受容されるということは、文化が伝達され、それが継承されるということである。地域間において行なわれる文化の伝達・継承は伝播とされることが多いが、ある意味で文化接触の機会である。それは世代間において行なわれる伝承と、文化の伝達・継承の構造とそれ自体には大きな相違はない。発信された文化が受容されるということは、継承されたということである。もちろんすべてが受容されるということではない。必要であると認められたもののみが、継承されるのである。その過程で、伝承された文化が変化・変容することがある。文化接触においては、しばしば見られる現象である。

このような状況は、上位世代から下位世代に伝達・継承される場合でも同じである。容易に継承されるものと、継承されにくいものとがある。恒常性の濃い生活環境においては、伝達された文化は容易に継承され得るであろう。しかし、様々な変化に対応しなければならない生活環境においては、その継承の仕方にかなり自由が許される。もちろん我々の生活環境それ自体が、長い歴史の中で築かれたものであり、連続した生活文化の上に成立しているものであるから、伝達された文化のすべてを拒否することは不可能である。伝達された文化を全く継承しなかったならば、社会生活を営めないだけではなく、生命の維持も危うくなる。したがって、継承される文化が存在しながらも、個人個人の置かれた状況の中で、その様態が多様になるのである。そのため文化は流動的であり、多様化する。

このような状況は、都市的社会において一層顕著である。それは、都市生活者の生活のありようが多様だからである。機能分化した社会において、社会集団は多様化し、人間関係は複雑化する。血縁・地縁は規格化し、社縁・心縁、あるいは一時的に結ばれる関係や、そのような関係すら煩わしいとする人間関係が入り乱れる。消費すらも生産される社会においては、次々と目新しいものを作り出す必要性に迫られる。一つの空間に対する認識も、その空間にかかわる人によって異なる。一個の人間も、常にその属する社会集団における位置づけが変化する。伝達された文化の継承も、多様にならざるを得ないのである。

若者の行動などは、文化の多様性をさらに増幅している。例えば衣服は、元来暑さや寒さ、あるいは外的環境などから身を守るものとしての役割と、社会的な立場を示す役割とを負っていた。だが若者たちにとって衣服は、そうしたものとしてだけではなく、ファッションとしての存在にもなったし、自己の存在を誇示するものでもあった。

雪国の真冬に女子高生がミニスカート姿で震えているのは、防寒の具としてではなく、女子高生としての社会的存在を誇示するためのものとしてミニスカートを継承しているのであろう。野良仕事をしたり、あえて急ぐ必要がない高校生が腰でズボンをはいているのも、高校生としての社会的存在を誇示するためであろうし、格好良いファッションとしての着こなしを継承したのであろう。もちろんそうしたファッションを継承せず、伝達もしなかった世代や集団にとって、それは価値ある「カッコいい」文化とは認めがたく、むしろ「だらしない」着こなしであるとしか認識することはできないであろう。

都市には様々な文化の伝達と、様々な継承とが行なわれ、多様な文化が併存している。しかもそれらについて都市生活者自らが保持する、多様な価値観に基づいた評価がなされている。それが「都市」では許される。このような「都市」から発信された多様な文化を、村落において自由に選択―継承できるということは、村落も既に「都市」であるということであろう。

三　伝承の多重構造―文化事象と認識―

生活文化はかつて都市・村落というような生活空間や、世代間などによって異なっていることが多かった。しかし今や都市とか村落とかという具体的な生活空間を超え、文化は同一世代内においても多様化している。しかも価値観すら多様化していると考えられている。このような現代の「都市」文化について若者たちはどのように認識しているのであろうか。かつての「だらしない」と「カッコいい」という、価値観を示すと考えられる言葉を手がかりとして、その伝承のあり方を考えてみよう。

その資料を得るために、都内にある文化系大学の学生五四名にアンケート調査を試みた。(2) 調査人員が必ずしも十分とはいえないが、二〇歳前後の若者の認識のおおよその傾向を知ることはできると思われる。

調査結果は表1-3-1および表1-3-2に示した通りである。解答は記述形式であるが、事象（どのような状態を「だらしない」「カッコいい」と思うか）・認識（なぜ「だらしない」「カッコいい」と思うか）・対語（「だらしない」「カッコいい」の反対の状態を表すことば）に分類して整理した。その際には、価値観・観念・事象の関係が明らかになるように、できるだけ記述された言葉を用いることを心がけた。それは、ある事象に対する評価は一定の価値観に基づき、何らかの言葉・表現によってなされるであろうと考えたからである。その評価は相対的なものでもあって、それと反対の評価を表す表現があるはずで、それを把握することによって価値観を把握することができると考えたのである。

まず、「だらしない」「カッコいい」という言葉は全員知っていた。しかしその内容は必ずしも反対の価値観を示すと考えるものばかりではなかった。「だらしない」は視覚によって捉えることができるような事象に対して用いられ、「カッコいい」はより精神的なものとして用いられている。こうした傾向は、具体的な事象の違いとして現れる。「だらしない」ものとしては、服装などの形態・姿や、態度・生活習慣など規律・形式に外れているものに対する評価で、視覚によって認識できるものである。これに対して「カッコいい」とは、形態や姿、あるいは態度・能力が優れたものであり、生活習慣や規律・形式などに対する評価としてはほとんど用いられていない。したがって、それぞれの評価の認識はかなり異なっている。

もうすこし詳しく見ると、「だらしない」と感じる理由としては、社会的基準や常識・無意識の規範から逸脱していると感じるもので、それらは上位世代から伝達されたもので、個人的な感覚によるものではないようである。そうした意味からすれば、しつけなどによって伝達された伝承性の強い価値観によるものであるということもできよう。

それに対して「カッコいい」は、社会性にかかわるものがないわけではないが、「各人の価値観、理想とあったとき」(二一歳男)とか、「魅力的で、衝撃的な印象を与える、斬新であるもの」(一九歳女)など個人的で感覚的なものが圧倒的に多い。それは個人的な能力や個性にかかわるもので、より主観に基づくものである。したがって、「カッコいい」という認識の背後には、個人の生活体験が大きく影響しているということになる。また集団性が稀薄であるだけに、より変化が大きいということができるであろう。つまり、多様な生活が混在する都市において、個人的な体験の

表 1-3-1 「だらしない」

事象		
形態（視覚）	服装	26
	部屋が汚い	11
	腰パン	5
	髪型	4
	寝姿	2
	不快	1
態度	地べたに座る	5
	やる気がない	4
	気が抜けている	4
	食べ方が汚い	2
	たばこのポイ捨て	2
	無気力・怠惰	2
	けじめがない	2
	机の上に足を投げ出す	1
	ふらふら歩く	1
	怖がる	1
生活習慣	時間を守らない	6
	いつまでも寝ている	4
	生活が不規則	4
	整理整頓ができない	4
	約束を守らない	2
	異性にルーズ	2
	お金にいい加減	2
	やるべきことをしない	1
	汚れ物をためる	1
	責任感がない	1
	授業に出ない	1
規律・形式に外れる	決まりを守らない	4
	あるべき形式に外れる	3
その他	能力が劣る	2
	自分のことができない	1
	弱音を吐く	1
	決断力に欠ける	1
	鈍重	1
認識		
感覚的	不快感	11
	不潔	6
	感じ	2
	うっとうしい	1
	うざい	1
性格	いい加減	5
	怠惰	4
	無責任	3
	もたつく	3
	無神経	1
	自信がない	1
	目的意識がない	1
社会的規範	異常	7
	迷惑	4
	みっともない	2
	非常識	2
	わがまま	2
	理性的でない	2
	悪いこと	1
	礼儀に欠ける	1
	秩序に欠ける	1
	親に注意される	1
	社会的認識	1

反対語句
きちんとしている
しっかりしている
ちゃんとしている
整っている
清潔
きっちりしている
折り目正しい
きちっとしている
かしこまる
かっこいい
規則正しい
けじめある
清々しい

表 1-3-2 「カッコいい」

事象		
形態	きちんとしている	5
	外見が整っている	3
	服装	2
	美的センスに合う	2
	今っぽい	2
	外形がいい	1
態度	行動力	10
	しっかりしている	5
	自分の考えを持つ	5
	頑張っている	3
	流行	3
	真剣	3
	前向きに生きる	2
	頑張る女性	2
	勇気	2
	けじめある行動	1
	人と合うことをする	1
	紳士的	1
	ふさわしい行動	1
	やりたいことをする	1
	優しさ	1
	人の嫌がることを率先してやる	1
	沈着	1
	さりげなさ	1
	鋭い行動	1
	頼りがい	1
能力	優れている	6
	スポーツのプレー	4
	飛び抜けている	4
その他	金がある	1
	個性	1
	明確な目標	1

認識		
感覚的	あこがれ	6
	気持が良い	4
	そう思う	4
	爽快感	2
	美的センス	1
	変に感じない	1
	潔さ	1
	素敵	1
	好感	1
	凛々しい	1
	スッキリ	1
	クール	1
能力	高い能力	5
	能力の洗練	3
	すごい	1
個性	意志の力	3
	自立	3
	魅力	2
	セールスポイント	2
	自信	2
	生き様	1
	目立つ	1
	頑張り	1
	個性	1
社会性	妥当	1
	責任	1
	誠意	1
時代	時代の先端	1
	流行	1

反対語句
かっこわるい
ださい
いけてない
さむい
だらしない
まずい
しょぼい
にぶい
ぶさいく
まぬけ
ぬけてる

差異は大きいので、「カッコいい」というようなより主観的な評価が大きな意味を持つことになるであろう。それはまさに時代性を評価するものでもある。

こうしてみると、「だらしない」「カッコいい」という言葉は、ある意味では相反する認識と価値観に基づく評価であるということになろう。「だらしない」は、上位世代からの伝達や社会環境の中で身につけた感覚に基づくものであり、「カッコいい」は専ら個人的な主観に基づく感覚によった評価であり、社会的な価値基準にとらわれず、むしろそうしたものに対抗・抵抗する価値観に基づくものということができる。つまり、「だらしない」は、伝承的な規範から逸脱した事象に対する否定的な評価を表す表現であり、「カッコいい」は、そうした伝承的な規範から逸脱した事象に対する肯定的な高い評価を表す表現であり、社会的規範からの逸脱に対する相反する評価にかかわる表現である。評価の仕方こそ相反するが、一定の価値観に基づいて形成された社会的規範の存在は共有している。

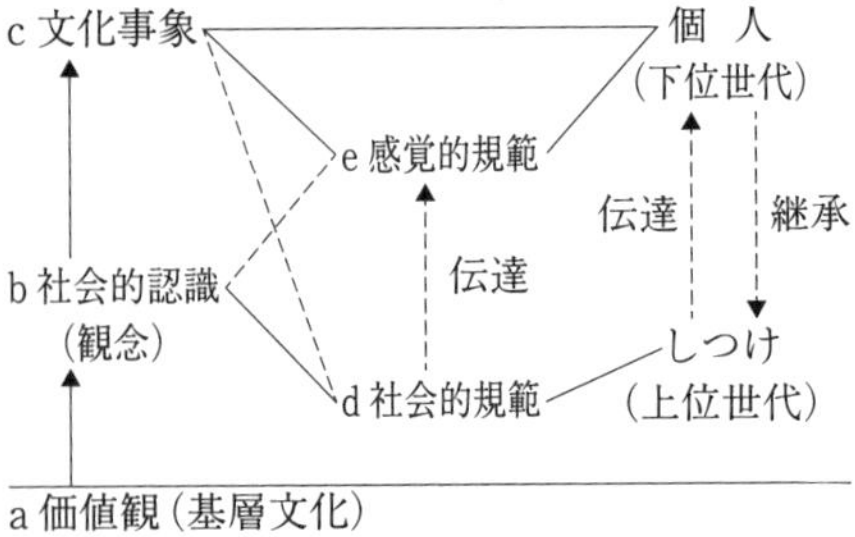

図 1-3-1　文化事象と認識

価値観は、生活や文化のあり方を規制するものであって、そうした意味では基層文化と最も近いところに位置づけることができる。その価値観に基づき様々な観念を生じ、具象化され、文化事象を生み出す。そうした文化事象は、アンケート結果に見られるように社会的規範を肯定する感覚と、それを否定しようとする下位世代(継承者)の個人的感覚との相克によって生み出される。こうした文化事象と認識との関係は、図1-3-1「文化事象と認識」のようになろう。

つまり、基層文化としての価値観(a)は、長い歴史的過程の中で現在の社会的認識(観念)および社会的規範(b)を形成した。人々は、その観念に基づいて様々な文化事象(c)を生み出す。そうした社会的規範(d)は「しつけ」(f)

として上位世代が下位世代に伝達しようとする。下位世代に位置する個人個人（g）は、それぞれの生活体験の中で醸成した自らの感覚的規範（e）に基づき、伝達された社会的規範の中から継承に値すると認めたものを継承する。もちろん伝達された事象や観念のすべてを拒否するわけではなく、必要と認めた観念・規範は継承する。そこに逸脱した文化事象に対する「だらしない」か「カッコいい」かというような観念（価値観）の違いが生まれる。そして同時に今までにない新たな観念も形成されることになる。

　このような社会的規範と感覚的規範という二つの規範の対立は、上位世代とか異世代との間にはいつの時代においても存在していた。二つの規範の関係を図で示すと、図1-3-2「社会的規範と感覚的規範」のようになるであろう。社会的規範（b）は上位世代（f）が下位世代（g）に伝達しようとするものであり、それは社会集団によって認められたもので、学んで身につける規範である。それに対して感覚的規範（e）は、個々人が自己存在を主張する規範であり、上位世代から継承した伝承文化を背景としてそれぞれの生活体験の中から見出した規範である。このような相異なる規範の葛藤の中から、次の世代に継承される文化が選択されるのであろう。民俗文化の継承においては、全否定という状況は起こりにくい。何らかの形で次世代に継承される文化事象があるはずである。親が真似て欲しくないと思うものほど子供が真似るというのは、そのようなことを示している。したがって、こうした異なる規範の存在は、ある意味で豊かな文化を形成する基礎であるということもできる。

　そうした文化の豊かさは常に求められるものであり、発見されるものである。雑誌『FRaU フラウ』九巻一二号で特集した「かっこいい」によると、「カッコいい」は社会

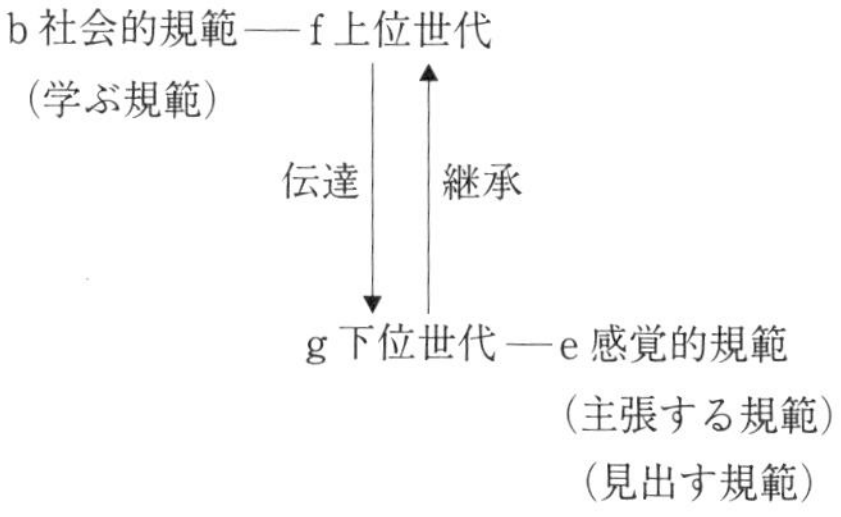

図1-3-2　社会的規範と感覚的規範

的規範を容認しつつ自己を主張する規範であり、各人が見出す規範である。(3)

四　文化の多様性と基層文化

「だらしない」とか「カッコいい」とかという認識が特定の事象を背景として、「都市」から全国に発信され、現代の若者の文化を担っており、そこに伝承性を見出し得るとすれば、こうした文化も民俗学の研究対象となり得るであろう。日本民俗学の現在学的側面からすれば、避けることはできない。むしろ積極的に研究対象とすべきであるともいえる。しかも、現代文化が「都市」から発信される、「都市」的な文化であるとすれば、「都市」を対象とする研究はさらに重要になる。

文化概念において、「村落」も「都市」的であるとすれば、村落をフィールドとする民俗学はそこにおいて「都市」を調査していることになる。「都市」は、かつて民俗学においてごく一部の特別な調査研究の分野であったが、今や特別な存在ではなくなった。現在の生活文化を伝承性という性格から把握しようとするときにも、その生活文化は都市文化と切り離せない関係にある。

ただ、都市に見られる文化は、外来文化の窓口である都市にまず存在し、時代の先端に位置することもあって、民俗文化として把握しにくいものもあることは否定できない。しかし、都市に民俗文化がないはずはない。それは文化の存在が、伝達・継承というシステムによって支えられているはずのものだからである。そして、現在我々が享受している文化の中に存在する時間的・空間的連続性を見出すことによって、伝承性に支えられた民俗文化と、基層文化の存在が確認されるであろう。(4)それが村落や都市を超越する日本の民俗文化であると考えられる。

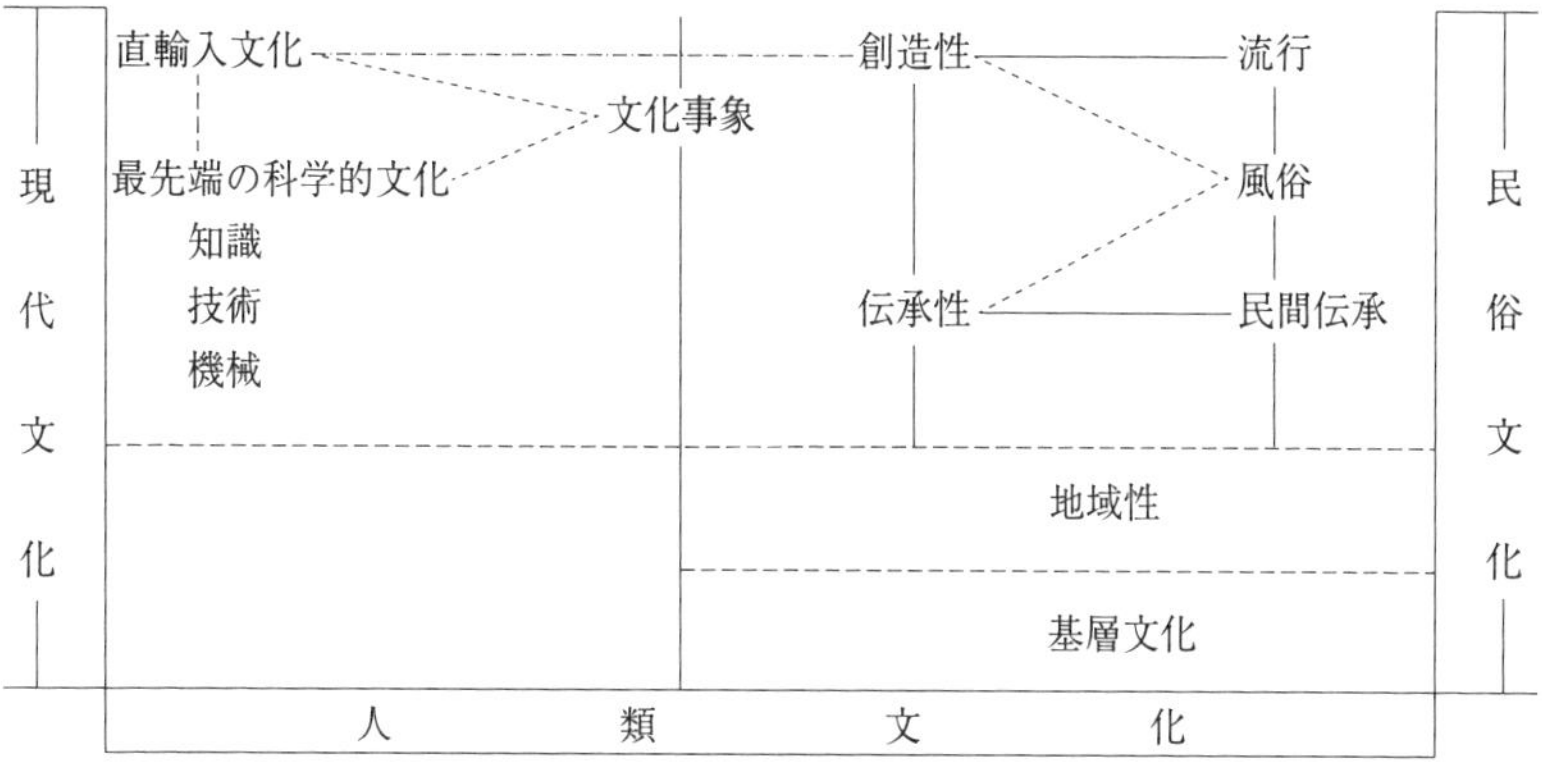

図1-3-3　民俗文化と基層文化

民俗学が、基本的に一民族文化を研究対象とするものであったとしても、それも人類文化の一部である。特に現代文化は一民族文化に限定されるものばかりではない。国際化・ボーダーレス社会において、文化事象は容易に国家・民族を超越する。しかし、民俗文化の存在を認め得るならば、そこには民族文化の存在と、それを成立させる基層文化の存在を前提としなければならない。それは特定の地域と地域性の存在をも前提とする。また民俗文化は文化の連続性によって成立するものであり、民間伝承という文化事象を育んでいる。その上に文化は創造される。

現代の人類文化には、地域性や民族の基層文化に必ずしもかかわらないものも存在する。最先端の科学的文化や、直輸入の文化などである。しかしそれらもすべてを継承されるわけではなく、選択・選別され、あるいは時間の経過の中で淘汰される。そこに機能するのが基層文化である。一国の風俗も流行も大きくは基層文化の影響下にあるとすれば、これもまた民俗文化としての性格を秘めていることになる。民俗文化と基層文化との関係は、図1-3-3「民俗文化と基層文化」のように考えることができよう。人類という種の文化は地球上に遍在し、民族意識を共有する社会集団は基層文化を共有している。それは同時に風土などの生活環境に基づく地域性に緩やかに規制され、様々な文化事象によって構成される民俗文化を所有する。伝承性豊かな民間伝承は時代の影響のもとに生まれた風俗を生み、最も創造的な流行をも生む。その反面、最先端の科学的文化は基層文化や地域性を超え、知識・技術・機械などにかかわる文化事象を生み出し続ける。こうした文化は各民族集団に伝達され、民族の現代文化に影響を与える。

時代の最先端を生きる若者たちの風俗に、伝承文化の存在を見出そうと試みたのは、これも民族文化・民俗文化の一環であることを確認したかったからである。

五　季節は都市から訪れる

都市と村とは様々な場面において比較される。そして両者は相反する性格を持っていると認識されてもいるように思われる。しかし、既に何度も指摘されているように、両者は相反する性格を持つものとして認識すべき存在ではなく、むしろ相補完されるべき存在である。

確かにその生活を支える基幹産業は異なっているし、生活様式も異なっている。そして新しい文化は、まず都市から周辺地域に提供される。そうした意味では、時代は都市によって作られるといってもよい。このような関係からすれば、村は都市からの影響を受ける存在であった。

しかし、村は都市から影響を受けるだけの存在ではない。何よりも村は、都市に対して物資と人材の提供を行なっている。かつて都市生活者の生活を支えた年貢米は、村から徴収されたし、今でも町の繁栄を支える人々の日常的な食料、例えば生鮮野菜などは村からもたらされている。食料の大部分を海外からの輸入に頼らざるを得なくなっている現在の日本においても、気候不順による作物の不作の影響が、都市生活者の家計に直接影響を与えているのは、日常的に体験しているところである。都市人の村落に対する優越感、あるいは村の人々の都市人に対するいわれない卑屈感は、生活様式の差異に対して過剰に反応しているところから生じたものであって、根拠は薄弱である。

そうはいっても、都市は政治・文化・経済の中心的な役割を担っており、権力者の意図や政策は都市から村に伝達される。その意味では、新しい生活文化はいうまでもなく、暦や時計時間も都市からもたらされる存在の一つといってもよい。暦が権力と深くかかわっていることは、南北朝時代、南朝・北朝それぞれに元号が異なっていたことを指摘するだけで十分であろうし、元号が平成に改まったことを、官房長官がテレビで発表したことは、記憶に新しい。また、時計時間も、日本列島弧が亜寒帯から亜熱帯に及ぶ北緯四六度から北緯二四度、東経一四七度から東経一二四度に展開しているにもかかわらず、日本国は東経一三五度をもって標準時を設定し、それに基づく時刻がテレビ画面に示され、その時刻にせかされて出勤・通学する生活も日常的である。

私たちは連続する生活の目安のために、生活の展開に「時間」という名前を付けると共に、もう少し長い単位で「季節」という名付けをも行なっている。春夏秋冬という四季の区別は知識であり、現在の生活においては、暦に示される存在である。しかし、伝承文化においては、一年を四季に等分して把握しているだけではない。芽吹き時とか、梅雨時とか、草枯れ時とかというような、自然の変化に伴う時期区分も行なっている。元来はそうした自然の変化の把握に基づく時間認識によって作られた暦であるが、現在においては必ずしもそうしたものではなく、ある意味では日常的に体験する自然の推移とは、別の存在になっている。

二〇〇四年(平成一六年)一月六日は小寒であった。テレビでは、気象予報士が、「今日から寒中に入り、寒さが厳しくなる」と説明していた。こうした説明のあり方は、自然の変化は暦に準じているという認識に基づいているということができよう。地域ごとの自然暦とは異なった、国土全体に及ぶ暦は政治的存在であり、その暦に基づく季節は政治の中心的存在である都市文化が作り出し、全土に伝達され、国の文化としての季節を作り出しているということもできる。そうした意味で現在の季節は、都市から訪れるのである。

こうした季節のあり方はそれほど古いものではない。暦自体の歴史は古くても、体験的な季節が、都市から訪れる季節に席巻されてしまったのは、生活の変化と共に極度に情報量が増大した、ここ二、三〇年のことといってもよいであろう。それ以前は、むしろ自然の変化と密着した季節は、より自然と深くかかわる生活を営んでいた村から、都市にもたらされるものと認識されるのが普通であった。昭和一〇年代によく歌われた「春の唄」では、春の訪れ(季節の訪れ)を次のように歌っている。⑤

ララ　紅い花束　車に積んで
春が来た来た　丘から町へ
すみれ買いましょ　あの花売りの
可愛い瞳に　春のゆめ

ララ　青い野菜も　市場について
春が来た来た　村から町へ
朝の買い物　あの新妻の
籠にあふれた　春の色

春を彩る花と野菜が、村から町にやってくる。それが春という季節の都市への訪れであった。

そうした認識は戦後においてもみられなくなったわけではない。昭和五〇年代にヒットし、現在でもよく歌われている「北国の春」では、村と都市との関係を次のように歌っている。⑥

白樺　青空　南風
こぶし咲くあの丘　北国の
ああ　北国の春
季節が都会ではわからないだろうと

雪どけ　せせらぎ　丸木橋
落葉松の芽がふく　北国の
ああ　北国の春
好きだとおたがいに言いだせないまま

届いたおふくろの小さな包み　　別れてもう五年あの娘はどうしてる
あの故郷へ帰ろかな　帰ろかな　　あの故郷へ帰ろかな　帰ろかな

故郷から届いた小さな包みの中身はわからないが、季節がわからない都会に、故郷の村から届けられた季節のものであろう。それは季節そのものでもある。

都市の時間と村の時間との共存は、しばらくは続いていた。一九七六年（昭和五〇年）に新潟県十日町市田麦の農家を訪れたとき、町の商店が年末に得意先に配った、商店名が大きく記された暦が居間に貼ってあり、そこには村で取り決めた年間の農休みの日が書かれていた。同様に商店の暦に村の休み日が書かれたものは、一九八六年に訪れた福島県会津若松市郊外の農家の居間にも貼ってあった。全国的な時間の展開の目安とされ、毎週日曜日を休日とするような暦の時間だけでは、村の生活は営めなかった。そうした村には、二つの時間が流れていたのである。

それは一日を単位とする時間においても同様であった。夜明け方をアカツキとかアサトキとかと呼ぶというような知識は、学校教育における知識であった。だがそんな時を、新潟県上越市ではヒガシシラジラと呼んでいる。ただ現在では、在住者でもこうした呼び方を知らない人が多くなり、ヒガシシラジラの時は生活の中に存在しなくなった。「ヒガシシラジラのころに、会うことにしよう」などといっても用をなさないのである。名前を付けられた時に、その「時」は誕生する。時間が認識されたということもできよう。「ヒガシシラジラ」は「夜明け」とか、「暁」とかというような名称に、取って代わられたのである。一つの時間の滅亡である。

オウマガドキとかモヤモヤドキとかというような時間もかつてあった。長野市などで使われていたモヤモヤドキは、「黄昏」とか「夕方」とかという名称に席巻され、既に姿を消した。ただ、オウマガドキは妖怪ブームの中で見事に復権したようである。「逢魔が時」もかつての都市の時間であった。学校教育による知識などと同格の、都市文化に含まれる時間であった。より新しい知識の中でいったんはその勢力を失いながら、新たな都市文化の中で復活したのである。

時間は単に自然現象に伴う存在ではなく、時代や感覚や人事と深く結びついた存在である。戦後間もないころ、ラジオから流れてくる歌に「朝はどこから」という歌があった[7]。

朝はどこから　来るかしら
あの空越えて　雲越えて
光の国から　来るかしら
いえいえ　そうではありませぬ
それは　希望の家庭から
朝が来る来る　朝が来る
「おはよう」「おはよう」

昼はどこから　来るかしら
あの山越えて　野を越えて
ねんねの里から　来るかしら
いえいえ　そうではありませぬ
それは　働く家庭から
昼が来る来る　昼が来る
「今日は」「今日は」

夜はどこから　来るかしら
あの星越えて　月越えて
お伽の国から　来るかしら
いえいえ　そうではありませぬ
それは　楽しい家庭から
夜が来る来る　夜が来る
「今晩は」「今晩は」

これは時間が自然現象によって生み出されるものではなく、人々の生活こそが時間であるという主張である。戦後の混乱の中で、希望も働く意欲も、楽しみも、みな家庭の存在を基盤としていたのである。そうした時間の存在を改めて認識させたのは、ラジオ放送という都市からの情報であった。

時代の変化の中で村の生活も、いわゆる都市化の進展と共に否応なく画一化し、日常生活における自然と密着した時間の果たす役割は希薄化した。むしろ情報としての側面が肥大化した、といったほうがよいのかもしれない。テレビでは「桜前線」の北上、あるいは「紅葉前線」の南下などという情報が、逐一報道される。それを見て私たちは、春や秋が近づいたことを認識する。状況によっては、自然の変化の先取りをすることもあった。窓の外にはまだ雪が積もっていても、桜の花は咲き、汗を拭いながらアイスクリームを舐めていても、雪は降る。私たちの生活に、いち早く季節は訪れるのである。それはまさにテレビがもたらす情報と共に、私たちの生活の中に季節が訪れるのである。

季節の先取りは出版物によってもなされる。雑誌などの定期刊行物は、一二月のうちに新年号が発行され、発売されたりするような、一月先取りするのは当たり前であり、週刊誌でさえ、発行日と発売日は異なっている。季節ものの商品の販売も同様であり、真夏にウインタースポーツ用品を、冬の最中に水着の宣伝をして売り出しをするなどということは、当たり前に行なわれている。それは確かに利潤を追求する経済的行為ではあるが、結果的に自然の変化を時間化する際に行なわれる行為であり、時間を認識する機会の変化である。

農村などにおけるこうした季節の先取りは、基本的には考えられなかった。五月に行なう田植えを、四月に行なう苗代作りの前に行なうことのできるはずはないし、田の草をとっている時に稲刈りをすることはできないことは当然である。気候と密着する自然の変化、例えば雪型や花の開花などの自然暦に従ったほうが、作物栽培には適している。もちろんできるだけ安定した収穫を上げるために品種改良や栽培技術の改良が行なわれてきた。しかし自然の影響を全く排除できるはずはない。ハウス栽培の普及などによって、この季節の先取りが新しい村の産業を開拓することになったが、それは都市的生活者の増大に対応したものであり、都市のもたらした村の季節である。それでさえも人工的に自然環境を作りだそうとした結果であった。

都市的生活様式の展開の中で、時間の社会的存在としての意味合いが強調され、自然時間とは異なる社会的・文化的時間が作り出された。そしてテレビなどの情報媒体を通じて、生活の中の自然の変化に基づく時間とはかかわりなく、そうした作られた時間・季節が伝えられることになった。テレビから季節が訪れるのである。あるいはそうした情報によって、私たちは自然の変化を確認することになったということもできよう。自然の変化をもとに季節という時間を認識していたものが、文化として作り出された暦によって、自然の変化を認識するというのは、ちょうど逆の認識の仕方である。

もちろん都市から訪れる手段は、テレビや印刷媒体などからだけではない。時間や季節だけでもない。空間的な存在でもある都市は、その都市空間に様々な仕掛けを作って人々を引き寄せようとする。来訪者の存在によって都市の賑わいが作られ、活力が生まれ、蓄積され、影響力が強化される。在住者だけが都市の繁栄を作るのではない。多くの人々を引き寄せ、その人々を通して都市の様々なものや情報や文化をもたらせようとつとめているがために、都市では日々新しいものが作り出され、消費されているのである。その拡散が都市的生活様式の普及であり、都市そのものが村々にもたらされている。都市の時間は都市的生活様式の展開の目安の一つである。

こうしてみると、都市的生活文化の進展は、単なる物や生活形態の変化だけではなく、自然観の変化であり、新しい時間の創造でもあった。それは都市から全国の村に訪れた文化であり、現代の生活文化の成立の過程である。そうした意味で、どのようなものが、どのようにして都市から訪れ、村の生活が、あるいは都市の生活が、どのように変わったのか、興味ある問題であるということができる。

註

（1）　一九七〇年後半から「都市」をキーワードとした研究が盛んになると共に「都市」とは何を指すかが問題とされた。高桑守史「都市民俗学研究ノート」『都市と民俗研究』一号　一九七八年

（2）　調査人員五四人（一九歳（男二人、女一一人）、二〇歳（男九人、女一一人）、二一歳（男五人、女二人）、二二歳（女一人）、二六歳（男一人）、三〇歳（男一人）、三二歳（女一人）。アンケート内容①「だらしない」という言葉を知っている

か。②「だらしない」の反対の状態を表す言葉。③「だらしない」と感じる状態。④「だらしない」と感じる理由。⑤「カッコいい」の反対の状態を表す言葉。⑥「カッコいい」と感じる状態。⑦「カッコいい」と感じる理由。

（3）『FRaU フラウ』九巻一二号　講談社　一九九九年六月。「総力特集　私の中の「かっこいい」を探せ」の項目には、「媚びない・頼らない・ひきずらない」「自分の中の「男っぽい」に気づくと、人生がラクになる理由」「女の「かっこいい」は無限だ」などという見出しが並んでいる。そして、「今、「かっこいい」と呼ばれるためのディテール一〇〇」には、「汗を流す日のある一週間を送れる女になる」「分かりすぎない程度に「デジタル化」している」「自分の〝財産〟を把握している」「ワインが分かるよりお茶を愉しむ人がいい」「30分で三品、きちんと作る、が基本」「睡眠をコントロールできる」「きちんとした手紙をしたためられる」「ひとり旅ができる」「他人の美意識を受け入れ、決して流されない」などと記されている。

（4）基層文化という語彙は、表層文化という語彙と対にして用いられることも多いが、ここではそうした文化事象を指して用いているのではない。川田順造のいう分析概念としてであり、和崎春日のいう「他者の参入装置」であるとか、小林忠雄のいう「身体回路を通ることによって形成される民俗的思考」などという、民俗文化を支える存在や、その枠組みなどを仮にこのように呼んでいるのである。こうした存在を認めることによって、例えば観光化のあり方や、文化の変化の仕方の類似性などを考えることができるのではないかと思われるからである。

（5）「春の唄」詞：喜志邦三、曲：内田元、一九三七年

（6）「北国の春」詞：いではく、曲：遠藤実、一九七七年

（7）「朝はどこから」詞：森まさる、曲：橋本国彦、一九四六年

第四節　都市化する老人—老熟の力再考—

一　問題の所在

政府は、「我が国の経済成長の隘路の根本にある少子高齢化の問題に真正面から取り組むもの」として、二〇一六年(平成二八年)六月二日に、「ニッポン一億総活躍プラン」なるものを閣議決定した。首相官邸ホームページによれば、これは「日本経済にさらなる好循環を形成するため」の経済政策として、「労働供給減」「将来に対する不安・悲観」に対処するための、「働き方改革」であり、「多様な働き方を可能」にしようとするものであるという(1)。

「一億」は「国民」と同義語として用いられているようであるが、あえてこうしたスローガンを掲げなければならないということは、現状の日本社会では全国民が活躍していない、あるいは活躍できていないという認識がその背後にある。全国民の誰でもが活躍できる社会では、当然、老人も社会の一員として活躍できなければならない。このプランは、経済成長を図ろうとするために婦人あるいは若者を主たる対象として、必ずしも老人を対象とはしていないようではあるが、「一億総活躍」というからには老人も活躍できるものでなくてはならないであろう。

それでは「活躍」するということは、どのような状態をいうのであろうか。それは、首相官邸ホームページにいう「働き方改革」「多様な働き方を可能」という文脈からすれば、どうやら「働く」ということであるらしい。そうだとすればそれは、老人も働くために、社会復帰、あるいは現場復帰するということを含んでいるであろう。筆者の都市民俗研究の概念からすれば、それは老人も都市の諸機能空間における、伝承体の一員であり続けるということである。(2)

老人は、高齢者ともいわれる。『広辞苑』によれば、「老人」とは、「年とった人」あるいは「年寄り」であり、「高齢」とは「年齢が高いこと」であるとされている。(3)各種公的機関が行なう人口調査では六五歳以上を高齢者としているし、WHO（国連世界保健機構）でも六五歳以上を高齢としている。ちなみに、「高齢者の医療の確保に関する法律」等では、六五～七四歳を前期高齢者、七五歳以上を後期高齢者とし、「高年齢者等の雇用の安定等に関する法律」（高年齢者雇用安定法）では、四五歳以上五五歳未満を中高年齢者とし、五五歳以上が高年齢者であるとしている。

これは医療の対象者としての高齢者と、労働力としての高齢者との相違であり、そこに存在する一〇歳の開きは社会的な「高齢者」のあり方の違いをよく示している。高齢者は、経済成長に寄与する労働力とはみなされていないのである。むしろ高齢者は働く必要はなく、病の床に伏し、あるいは介護の対象者として、老後を平穏・安楽に過ごせるように配慮しているということなのであろう。こうした制度上においては「老人」という表現は用いられていない。それは、「老人」とは特定年齢を基準にするものではなく、相対的高齢者を指すものであり、「老人」であるか否かは個人的・社会的認識に基づくものであり、画一的に定めることはできないからであろう。また「高齢者」は、単なる「年齢が高いこと」という辞書的な意味にとどまらず、社会的制度上設けられた均一的な生物学的年齢区分なのである。

伝達・継承される生活文化を研究対象とする民俗学において、「老人」は生涯にわたって体験・実見した生活の変化の証人として大きな役割を果たしてきた。そして民俗社会においては、体験知・伝承知の豊かな、教えを乞い、尊敬すべき人が「老人」であり、古老としての存在であったことを明らかにした。しかし現代日本の都市化された社会における「老人」は、労働力として期待されないばかりではなく、進歩した社会から取り残された、学ぶべき知識を持たない、病弱で、介護されるべき人へとその価値は転換してしまったかのようである。そうした「老人」は、どのようにすれば下位世代の人々と共に社会の維持・発展に寄与できるような関係を築けるのであろうか。

確かに、生物学的な老いは必然であり、肉体的衰えは誰も避けられない。そうした意味では老人は、生物としては絶対的弱者であることは否定しがたい事実である。しかし、社会的な動物としての人間は、誰もが相対的弱者であると共に、相対的強者であることを認め合って社会を形成・維持してきたのではなかったろうか。「老人」も生物学的な弱者としてばかりではなく社会的・文化的に評価されるべき人として存在していたはずである。

かつて民俗社会においては、「老人」も社会を形成・維持する重要な存在であった。それが都市化された現代日本においては、絶対的弱者として保護されるだけの存在とみなされ、社会の重荷とされるようになってしまった。それのみならず、豊かな、そして生きがいのある老後を保証されていたかのような「老人」も、社会的な恩恵を受けるためには、若いものと同じように痛みを分担すべきだとされ、わずかな年金からも介護保険料を天引きされている。このように「老人」の存在が変わってしまったのは、老人の経済成長に果たす社会的役割を持たないとされてしまったからなのであろう。しかし人の作る社会において、老人の果たす役割がなくなってしまったというのはどういうことなのであろうか。全国的な都市化の進展に伴う生活の変化と少子高齢社会において、老人が社会で活躍できるためには、社会構成員としての老人のあり方を改めて認識し直す必要があろう。

二　老人への視線

生物としての老人は、生命の盛りを超えて衰弱した弱い存在である。それ故に老人は社会的に保護される対象として、我が国では老人基礎年金などが支給され、高齢者医療制度、あるいは介護保険制度などの社会制度が整備された。このこと自体、評価されることはあっても非難される筋合いのものではない。しかしそれ故であろうか、老人は社会的・経済的に貢献することのない存在として、マイナスイメージが付与されている。

ヒトも生き物である以上、加齢と共に肉体的・精神的に衰えることは避けられない。かつて路上観察学会の赤瀬川原平・藤森照信・南伸坊などが、そうした状態を「老人力」と名付けたことがあった。(4) それは、老化を新たなる力（老人力）の獲得として評価しようとするもので、マイナス思考からプラス思考へと発想の転換を図り、老化を肯定しようとするものであった。しかしそれはあくまで個人認識のレベルにおける発想の転換にとどまり、社会的存在としての老人の価値の転換を迫るものではなかった。

老人を積極的に評価してきたのは民俗学であった。民俗学は、現在の生活文化の実現に至る経緯を明らかにするために、老人を積極的にその証人としてきたのである。そして民俗社会において、体験知に基づく老人の知識と知恵を「老熟の力」と名付け、老人は尊敬されるべき古老・長老として存在であったことを明らかにした。

老人の衰えを「老人力」と名付けられたころ、日本民俗学会第七七〇回談話会では「老いと老人」をテーマとしてシンポジウムを開催した。(5) これは、一九九九年に満五〇周年を迎える日本民俗学会が、その記念事業の一環として企画した公開シンポジウムのプレシンポジウムとして実施されたものであった。そして、一九九九年四月に日本民俗学会満五〇年記念事業公開シンポジウム「「老い」―その豊かさを求めて―」が実施された⑹。

その結果、民俗社会には「老い」をめぐる多様な文化が存在することを改めて確認した。さらに、最も民俗的世界から遠い存在のように見える大都会の中にも、「老い」をめぐる豊かな文化が存在し、「老い」は個々の孤立した老人の問題として存在しているだけではなく、社会にとっても重要な問題であることを、文化の側面からも確認した。これは個人的な発想の転換に基づく「老人力」を持つ老人を評価するのではなく、現実の社会における老人の役割と機能を確認するものであった。しかし、民俗世界における老いや老人のあり方と、都市化された社会における老人のあり方との間に、大きな落差のあることもまた認めざるを得なかった⑺。

三　都市社会における老人

日本民俗学が都市の存在を全く無視していたわけではないが、積極的に都市を調査・研究の対象とするようになったのは一九七〇年代からであり、都市民俗研究の成果もそれなりに蓄積されるようになった⑻。しかし、都市化の進展と共に急激に変化する生活文化の中で、その現象面に目を奪われて、都市社会における老人のあり方を民俗学的に把握しようとする研究は多くはなかった。それまで日本民俗学が主たる調査・研究対象としてきたのは、民俗社会としてのムラであった。そこにおける「老人」は伝承母体としてのムラ社会において、生涯にわたって「村の人」であった。しかし、都市の機能分化と共に空間も分化した都市社会において都市的生活様式を営む人々は、それぞれ分化した機能空間において、分化した人格をもって機能せざるを得なかった。常に全人格をもってかかわる民俗的世界の村の生活様式とは異なっていたのである。

社会的・個人的認識における「老人」に、一定の年齢基準はないとしても、社会的にいわゆる「老人」とみなされているのは、だいたい六五歳以上であろう。その年齢になるとほとんどのサラリーマンは、定年退職を迎えている。そうした点からすれば、「老人」と「定年退職者」とはほぼ同義語である。都市化社会を迎えた日本において「定年退職」とは、主たる社会的貢献と位置づけられる機能空間（職場）から、強制的に離脱させられることである。つまり「老人」は、社会的には第一線を退き、それぞれそれまで分担していた社会的機能を喪失した人々なのである。

民俗学における「都市」や「都市的生活様式」には、いまだ明確な概念規定がなされていない。ただ筆者は、「都市」とは機能分化・空間分化した社会であり、都市生活者のかかわる機能と空間は、家族（居住地空間）・仕事（職域空間）・遊び（盛り場空間）・教養（文化空間）・生命（境界空間）・移動（移動空間・路上空間）であると考えている。つまり「都市」は、機能分化に伴う機能空間の集合体・累積体であり、そこで生活する都市人の都市的生活形態とは、機能分化した空間ごとに、個人の機能を分化させる生活であった。そうした多重的・重層的機能空間が累積し、重層化しそれぞれの空間内に存在する機能集団による文化集積が作り出す文化集団が、「都市」と認識される存在なのである。(9)

このように考えることができるならば、それぞれの機能空間ごとに生活秩序が形成・維持されていたはずである。それは文化の伝承的側面から見れば、分化した機能空間ごとに形成されている機能集団が、一定の知識や技術を伝承する集団である伝承体としての性格を持っているということである。つまり、都市生活者の生活は、日々幾つかの機能空間を渡り歩く生活である。そして、それらの機能空間における社会秩序を維持するために、その空間のあり方に応じた機能を果たすことが求められている。伝承体である機能空間の構成員たる都市生活者は、自らの伝承機能の一部をもってそれぞれの伝承集団にかかわるが故に、伝承素として存在している。伝承機能から見れば都市生活者は、伝承素の集積体であり集合体である。そして彼らは、自らの伝承素を、自らが組み合わせることによって生活リズムを作っている。そのため好むと好まざるとにかかわらず、都市生活者は常に自らを多様に分化させざるを得ないのである。だが、そうした伝承素として分化した自己を、統合する機会を得ることはほとんどない。

　こうした都市の生活形態からすれば、定年退職者は職域空間から離脱した人である。それは、職域集団の伝承を維持している伝承体からも離脱したことになる。日常生活を構成していた空間連鎖の内の一つを喪失することによって、それまでの生活リズムを見失い、喪失した人々なのである。しかも喪失した職域空間は、生活を支える経済的基盤であったから、そこからの離脱は生活を支える経済的基盤の喪失でもあった。さらに、都市生活者にとって職域空間は社会を支え、貢献していると直接認識することのできる場であり、社会の維持・繁栄に寄与し、社会と触れ合うという実感の強く持てる場でもあった。確かに定年退職は、長いサラリーマン生活をやりおえた祝福すべき状況であり、厳しい労働からの解放でもある。その反面、職場での生活に生き甲斐を感じていた人々にとって、職域空間の喪失は自らの存在意義を見出しがたい状況に陥ることにもなるであろう。

　都市生活者の機能空間とのかかわり方を、機能空間の連鎖として見てみよう。かつて高久舞は、東京に住むT家の家族の一週間にわたる行動範囲の調査結果を報告したことがあった[10]。それは、六〇代の夫婦（tm^{1}・tw^{1}）と四〇代の娘夫婦（tm^{2}・tw^{2}）、そして二〇代のその子供二人（tm^{3}）の六人家族の内、五人の行動を調査報告したものである。tm^{1}は退職サラリーマン、tw^{1}は専業主婦、tm^{2}は個人経営者、tw^{2}も個人経営者であるが自宅を仕事場にしている。tm^{3}はウェブデザイナーで仕事場は別にあり通勤している。その一日の行動を、機能空間の空間連鎖の形式にしたものが図1-4-1「家族の空間連鎖（T家）」である。同一機能空間に滞在した時間を直径とした円を描き、関係機能空間の連鎖によって生活リズムを視覚化したものである。円の大きさは、当該空間の生活における比重の大きさをも示している。

　同じく東京在住のK家の、五〇代の共稼ぎの夫婦（km^{1}・kw^{1}）と二〇代のサラリーマンで大学夜間部に通うその子供

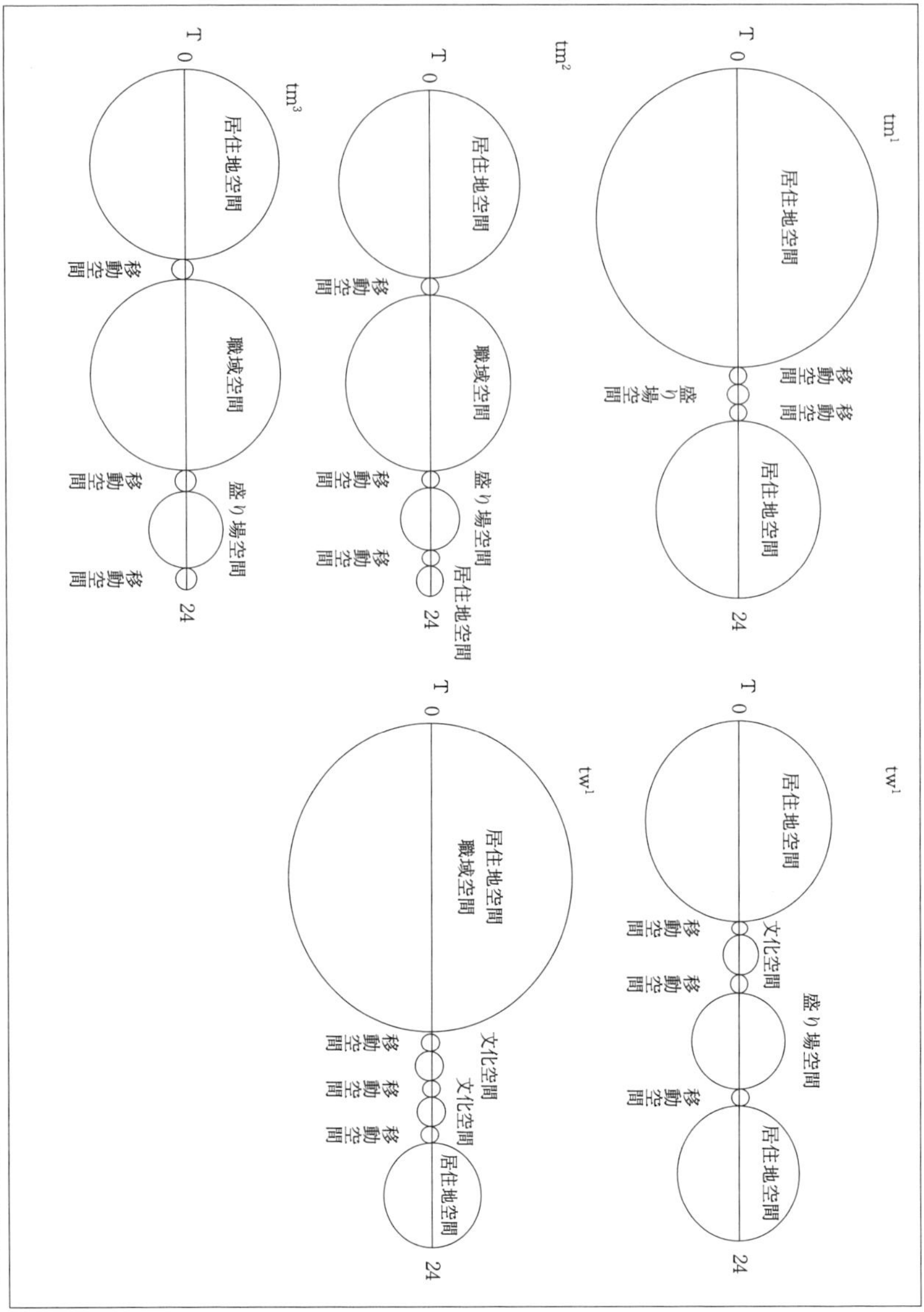

図1-4-1　家族の空間連鎖（T家）

（作図 福沢昭司）

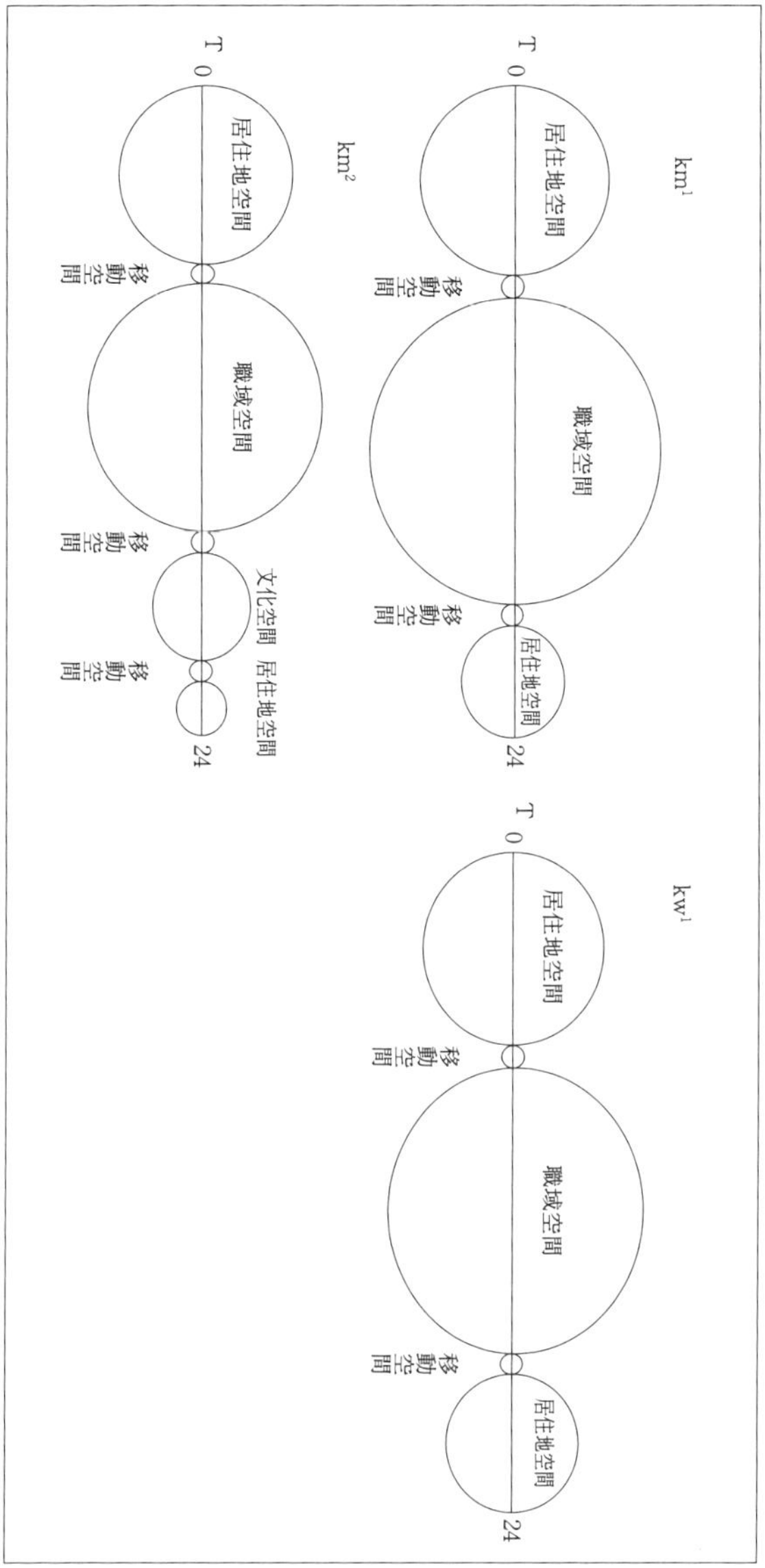

（作図 福沢昭司）

図1-4-2　家族の空間連鎖（K家）

（km^{2}）の一日の行動を、Ｔ家の事例と同様、機能空間の空間連鎖として図化すると図1-4-2「家族の空間連鎖（Ｋ家）」のようになる。[11] いずれも平日の、ある一日の機能空間連鎖であり、日によって異なる行動をとることはあり、ここに図示した連鎖とは異なる様相を呈することがあることはいうまでもない。

　こうして見るとＴ家・Ｋ家共に、居住地空間と職域空間が大きな比重を占めていることがわかる。ただＴ家におけるtm^{1}とtw^{1}との空間連鎖は、際立って異なっている。退職高齢者であるtm^{1}は、月二回の病院通いのほかは図のように近くの商店（盛り場空間）で買い物をするのが日課であるといい、かつての職域空間に替わるほどの機能空間は存在しないままである。しかし、専業主婦であったその妻（tw^{1}）は、気功や整体・書道に通ったり（文化空間）買い物（盛り場空間）に行ったりしている。tm^{2}とtw^{2}も大きく異なり、tw^{2}の居住地空間がtm^{1}とほぼ同じであり、職域空間がない。その理由は前述したように、個人経営者で自宅を仕事場にしているためである。tw^{2}の居住地空間は職域空間でもある。tm^{2}とtw^{2}が定年退職しなければならないような高齢者となった時、ことによるとtm^{2}はtm^{1}と同じような機能空間連鎖になる可能性がある。しかしtw^{2}は、健康でさえあれば基本的な生活リズムは変化せずに済むかもしれない。Ｋ家は家族全員が居住地空間外に職域空間が存在しているため、ほぼ同様な生活リズムを刻んでいる。居住地空間外に職域空間を持つ者は、移動空間を間に挟んで居住地空間と職域空間とを往復するのが基本であり、それが生活リズムとなっており、ときに文化空間や盛り場空間とかかわる程度である。km^{2}は、大学に通っているので、基本的に居住地空間と職域空間と文化空間によって日常的な生活リズムが構成されている。前述したように、ここに図示したのは平日の空間連鎖であって、土日や祝祭日などの休日においては、機能空間の構成は異なっているはずである。

　もちろん都市の高齢者が、定年退職して職域空間から離脱しても、それ以外の都市の機能空間がなくなるわけではないし、人生から離脱したわけでもない。しかし多くの職域空間からの離脱者は、tm^{1}の空間連鎖に見られるように、居住地空間が日常生活における主たる機能空間となる可能性が大きい。それは、それまでの機能空間における伝承体において、永年にわたって伝承素として伝承した知識・知恵を伝達する対象を失うということである。そして、生活リズムを構成していた諸空間の内、主要な位置を占めていた職域空間を喪失することによって、従来の生活リズムを維持することができなくなったということでもある。しかも自己実現を図るためでもあった空間を失ってしまったのであるから、それに代わる生きがいと自らの存在意義を見出すための新たな空間は必要となるであろう。果たして居住地空間が、喪失した空間の代わりとなるであろうか。

従来こうした高齢者・老人のバックアップ体制として整備されてきた社会制度は、境界空間にかかわる介護制度・医療制度であった。それは人間社会において豊かな生活を実現するために必要なものであり、肉体的衰えを迎えた身体的弱者、あるいは社会的弱者としての老人を対象として整備されるべきものではある。しかし、介護・医療にかかわる空間は、現世から他界に赴くための境界空間である。現世において自己実現を果たすための空間ではない。

ところが、日常生活に制限のない期間である健康寿命は、日本では男性が七〇・四二歳、女性は七三・六二歳であるという。(12)それに対して、高齢者を対象とした医療・介護などの制度の対象者は基本的に六五歳からである。大多数の人々は、介護制度・高齢者医療制度の対象となるまでには約五年から一〇年近くあることになる。

一億総活躍社会を目指して、高齢者を含むすべての国民それぞれの「希望が叶い、それぞれの能力を発揮でき、それぞれが生きがいを感じる」(13)ためには、そうした境界空間のみならず、職域空間を含む都市の多くの機能空間にかかわることが必要であろう。それは大都市の高齢者のみならず、第一次産業を基幹産業とする農村においても同様である。専業農家の減少に伴い職住分離が進み、都市的生活様式の進展著しい状況下、高齢者の社会参加の機会は少なくなっている。

四　老人に学ぶ

それでは民俗社会において、老人はどのような存在であったのであろうか。明治以来、民俗社会における老人の存在を最も積極的に評価してきたのは民俗学であった。そこで明らかにされた「老い」の状態は、「老人の権威」「老人を尊敬する観念」「老人の知恵」などとして積極的に捉えられていた。宮田登は、老人は時間を支配し、地域をコントロールする力を持っていて尊ばれるべき存在であって、一つのコミュニティーの中では除外されるという体制を作らなかったという。それだけではなく、知恵があり経験があり優れた勘を働かすことができる「老人」がボケて、死ぬと、それを継承し、富をもたらす「子ども」(孫)に生まれ変わり、再生するとされたと指摘する。[14]

また、野本寛一は、日本の民俗社会において老人は、歳を重ねても若い者に迷惑をかけずに自立して、健康に暮らすことが理想・願望であり、そのために相互扶助の組織が機能していたことを指摘する。そうした社会において老熟者は、次第に主役からわき役へ、さらに補助役へとその座を若い世代に譲ると共に、計り知れない伝承知・体験知を伝えてきた。しかし、共同体の紐帯が緩んだ現代都市社会において異世代交流は難しく、老熟者が適齢労働、体験知・伝承知の還元という形で社会とかかわりながら自己実現することの困難さをも指摘する。[15]

一つのコミュニティーの中で、老人を除外しない体制が作られていたのが民俗社会であった。老熟者が肉体の衰えと共に適齢労働に従事し、なお老熟者の知を下位世代に伝えることができたのは、その社会の構成員として、統一体としての人格を認められていたからである。職住一致、もしくは職住近接した民俗社会においては、分化した職域空間を持つことがなかった故に、高齢者になっても職域空間から離脱することはなかった。だから幾つになっても働くことができる間は喪失する空間はなく、生活リズムは変化することはなかったのである。

それは農林漁村などばかりではなく、近世における都市社会においても職住一致・職住近接する下町の高齢者は同様であった。現代社会においても平生から地域社会とのかかわりを深めることができる、いわゆる専業主婦であった女性高齢者の元気の源は、そうした暮らし方に理由の一つはあったのかもしれない。図1-4-1の専業主婦であるtw^1、自宅を仕事場とするtw^2などは、そうした例と見ることができよう。

それでは、老人を除外しない体制が作られていない現代都市社会において、定年退職によって職域空間から離脱し、社会集団からの離脱・放逐される老人は、どのようにして失った機能空間の間隙を埋め、新たな生活リズムを作り出すことができるのであろうか。そのためにまず考えられることは、新たな職域空間を得ることであろう。それは、職域空間を再び生活空間を構成する空間の一つとして復元し、従来からの生活リズムを維持することである。しかし、高齢者の再就職は容易なことではなく、ほとんどは居住地空間に自らの居場所を確保したりして、新たな生活リズムのもとに活躍の場を開拓せざるを得ないであろう。老人を除外しない体制が作られていた民俗社会の老人が、あえて行なわなくてもよかった行為である。

もっとも職域空間から離脱した都市の老人は、分化した都市の機能空間間を移動空間によって移動し続ける必要はないのであるから、自己実現の機会を作るために、俳句・短歌・小説などの創作活動をしたり、絵画・写真・彫刻などの趣味に没頭したり、スポーツを楽しむこともできる。自分史を書きながら自らの生涯を振り返ったり、ボランティアとして下位世代の人々に機能空間で培ってきた体験知・伝承知を伝達したりすることもできる。あるいはまた、都市空間から離脱して旅行をしたり、移住したりすることもできるであろう。

多機能の集積した都市においては、第一次産業を基幹産業としている村社会よりその選択肢は多い。確かに都市化の進展により村社会においても高齢者の社会的位置付けには変化が見られ、地方都市においては大都市に比べて選択肢が多いとはいえない。それでも一定年齢によって、特定機能空間から排除されるような体制は全国的に進行している。老人たちはどのような生活を通して、自己実現を図っているのであろうか。

五　民俗学と都市の老人

日本民俗学は、民俗社会における老人を対象としながら、その実態と機能を詳細に明らかにしてきた。しかし都市化の進展と共に、老人の生活と機能は大きく変わってきた。それに対応する現在学としての民俗学は、老人のあり方に対してもより一層の関心を寄せる必要があろう。

顧みれば日本民俗学は、「都市」や「都市的生活様式」などに対する概念の検討を十分行なうことなく、都市の民俗の研究を進展させてきた。既に「都市」は、日本民俗学の重要な研究分野の一つになっている。そうした実態からすれば、「都市」の「老人」は等閑視すべきものではない。少なくとも「ムラ」の老人と同じ程度以上に、深い関心をもって調査・研究対象とすべき存在である。

民俗社会における老人は、伝承者として位置づけられたが故に重視された。伝承機能が衰弱し、稀薄化したとされる都市社会の老人は、それ故に職人など一部技術伝承者を除いては、伝承性とは距離を置いた存在とされた。しかしたとえ職場である職域空間を喪失した都市の老人であっても、生活者であることに相違はない。都市的生活様式が、都市の日常生活を支える伝承文化の累積・集積であるなら、民俗学の研究対象にならないはずはない。

都市の伝承として取り上げられるのが、直近の過去である江戸時代や、その影響を色濃く残す城下町であることはそれなりの理由があろう。しかし、「いま」「ここ」から問題を立ち上げる民俗学が、現在学としての一面を有している以上、伝統的都市であろうと、新興の地方都市であろうと、あるいは都市化された農山漁村であろうと、研究対象から除外されるいわれはない。

また、民俗の伝承者として年齢にはかかわりはない。ただ長期間にわたる生活変化の証人として、便宜的に老人が調査の対象者とされたに過ぎない。調査は現在の生活実態の把握から始まるはずであるから、話者は「いま」を生きる子供から老人まで、各世代にわたるほうがよいことはいうまでもない。それは「都市」の伝承者であっても、同様である。ただ都市生活の変化の証人として、変化のさまを永年体験してきた故に、まず老人を対象としようというのである。

かつて、「都市の民俗」の存在を強調したのは、「ムラの民俗」に対置されるべき存在としてであった。そして、日本民俗学研究はこの両者を対等に把握・研究対象とすべきであると考えたのである。(16) しかし都市の老人問題に対して、発言すべき何らの研究業績も蓄積していない。都市の民俗研究の基礎的概念の検討と、体系的調査の不十分さが露呈してしまったということになろう。改めて、都市民俗研究の進展の必要性を痛感するのである。

註

(1) 首相官邸ホームページ「一億総活躍社会の実現」によれば、「我が国の構造的な問題である少子高齢化に真正面から挑み、「希望を生み出す強い経済」、「夢をつむぐ子育て支援」、「安心につながる社会保障」の「新・三本の矢」の実現を目的とする「一億総活躍社会」の実現に向けて、政府を挙げて取り組んでいきます」とし、「若者も高齢者も、女性も男性も、難病や障害のある方々も、一度失敗を経験した人も、国民一人ひとりが、家庭で、地域で、職場で、それぞれの希望が叶い、それぞれの能力を発揮でき、それぞれが生きがいを感じることができる社会」の実現を目指すという。http://www.kantei.go.jp/headline/ichiokusoukatsuyaku/（二〇一六年九月八日）

（2）民俗学の研究対象としての「都市」は、機能分化に伴う空間分化した社会であり、それぞれの空間内に形成された社会集団が民俗継承体となる。したがってそれは地域単位に形成される民俗継承体の累積体としての伝承母体とは異なる。それ故に機能分化した空間を単位として民俗継承体を伝承体と称する。都市はこうした伝承体の集合体であり、都市生活者は各伝承体の伝承とかかわることになる。倉石忠彦『民俗都市の人びと』吉川弘文館　一九九七年

（3）新村出編『広辞苑』第四版　岩波書店　一九九一年

（4）赤瀬川原平『老人力』筑摩書房　一九九八年

（5）シンポジウム「老いと老人」一九九七年一二月一四日。『日本民俗学』二一四号　一九九八年五月参照

（6）日本民俗学会満五〇年記念事業公開シンポジウム「「老い」―その豊かさを求めて―」一九九九年四月二九日　東京都墨田区曳舟文化センター

（7）倉石忠彦「老いの意義と民俗学」　日本民俗学会監修　宮田登・森謙二・網野房子編『老熟の力―豊かな〈老い〉を求めて―』早稲田大学出版部　二〇〇〇年　二一三頁

（8）有末賢他編『都市民俗基本論文集』全四巻別冊二　岩田書院　二〇〇九～二〇一二年

（9）和崎春日「都市文化を生活学する―民俗学から都市の生活学を立てる―」、倉石忠彦「伝承としての都市―「渋谷」把握の方法―」『生活學論叢』二六　日本生活学会　二〇一四年

（10）高久舞「都市生活者の行動範囲―T家を事例として―」『民俗地図研究』二号　二〇〇九年

（11）一九九四年、筆者調査

(12) 厚生科学審議会地域保健健康増進部会、次期国民健康づくり運動プラン策定専門委員会『健康日本21（第2次）の推進に関する参考資料』二〇一二年　二一頁
(13) 前掲註(1)
(14) 宮田登「老人文化と民俗学」日本民俗学会監修　宮田登・森謙二・網野房子編『老熟の力―豊かな〈老い〉を求めて―』早稲田大学出版部　二〇〇〇年
(15) 野本寛一「老熟者の座標―民俗社会の伝統の中で―」日本民俗学会監修　宮田登・森謙二・網野房子編『老熟の力―豊かな〈老い〉を求めて―』早稲田大学出版部　二〇〇〇年
(16) 倉石忠彦『都市民俗序説』雄山閣出版　一九九〇年

第二章　「渋谷」の民俗

第一節　民俗研究と東京「渋谷」

一　日本民俗学における二つの関心

民俗学研究は、各研究者が、「いま」「ここ」という、時間軸の先端と空間軸の一点とが交わる地点において、自己内省に基づいて、自ら享受する生活文化を把握する中から立ち上がってくる問題をテーマとするのが普通である。そして、そのテーマについては、時間軸に沿って遡行しつつ生活文化の変化に関心を向ける場合と、空間軸に沿う地域ごとの差異に関心を向けつつ、日本文化のあり方に深い関心を寄せる場合とがある。前者が歴史的関心に基づく文化の動態、つまり変化を明らかにしつつ、文化の古型を復元しようとするものであるとしたら、後者は時空を超越したより静的な、「民族性」とか「基層文化」とかの存在に関心を寄せるものということができる。

この二つの系統は日本民俗学の草創期から存在していたが、かつては歴史的関心が主な流れを形成していた。そのため、時代の先端にあって次々と新しい文化が創り出され、消費されてゆく都市の生活は、研究対象とはなりにくかった。だが、日本全国に及ぶ都市化の進展が生み出す様々な現象や社会問題の頻出を背景としつつ、累積されて現在に至る日本人の生活文化の形成に関する関心は、現在的関心としても認識されてきている。したがって現在の日本人の生活に大きな影響を持つ都市の生活を研究対象とすることは、むしろ時代の要請であるともいえよう。もちろん

「いま」「ここ」から問題を立ち上げる民俗学研究のあり方からすれば、現在を把握する作業を抜きにして民俗学は成立しないはずである。しかし、現代都市を民俗学研究の対象とするようになったのが近年のことであることも、また事実である。

いうまでもなく、民俗学の研究対象は私たちの生活それ自体である。したがって民俗学研究は私たちの生活のあり方を、自ら認識するところから出発する。生活を認識するとは、生活を構成する個々の文化事象を取り出し、自覚することである。私たちはこれを、自己内省と認識している。その自覚した文化事象が、時間的・空間的に連続性を持っていると認められた時に、それは民間伝承であると認識している。したがって、民間伝承は発見するものである。その文化事象の連続性を確認するために、時と場とを共有して、多くの人々の話を聞いたり、社会現象を観察したりするのである。

いずれにしても、現在を度外視する民俗学は存在し得ない。それ故、古老のおぼろげな記憶だけが民俗学の研究資料ではない。眼前に展開する社会・文化現象は当然資料としなければならない。様々な記録資料や、同時代人が生活実感を背景にして作り出した諸作品も、民俗学の研究資料である。それは村落生活を研究対象としていた時代においては、ほとんど研究資料としては注目されず、排除の対象ともされたものであった。だが、それが時空に及ぶ連続性を持つものであったり、それにかかわるものであったりした時、あえて排除する理由はない。そして、都市にはそうしたものが充満している。あるいはそれ故に、都市は民俗学に研究対象とはされにくかった。

二　日本民俗学における「都市」研究

こうして長い間「都市」を等閑視してきた日本民俗学において、「都市」の概念などについて十分な検討がなされてこなかったのは、当然であった。それだけではなく「都市」が必ずしも空間概念に限定されていないこともまた、検討されにくい理由の一つであった。城壁などによって居住地域を区画することのなかった日本においては、具体的な空間を示す民俗語彙として「城市」とか「都市」とかという語は存在していなかったし、地図上にも「都市」の範域を、明確な境界をもって画されてはいない。例えば日本最大の都市である「東京」とはいったいどこであろうか。行政区画としての「東京都」では必ずしもない。「東京都」の山間部や島嶼部なども「都市」であるかと問われれば、答えに窮するからである。そうした点で「都市」は、歴史的に形成されてきた生活空間としての、村・町・町場・盛り場などの存在とは異なる。

そこで私たちは、民俗学上の「都市」は地理的概念ではなく、文化概念であり、「都市的生活様式」を意味するものであると考えることにしている。これに対置されるのは「村落的生活様式」であり、農業や漁業・林業などを基幹産業とする地域における生活様式である。こうした社会における人々は自然と共存しつつも対峙し、自然の恵みを受けつつ人間に奉仕させようともする。いわばそれは、「自然を文化化」しようとする生活様式である。これに対して「都市的生活様式」は、商工業や情報産業・サービス産業などを基幹産業とするものであり、直接自然と対峙することすら放棄し、自然を無視しつつ、専ら社会内部における人間同士の関係を優先しながら、より豊かな生活を実現しようとしている。それは人の作り出した文化を基礎として、さらに高度の文化を追求しようとするものであって、いわば「文化を文化化」しようとする生活様式である。

日本の社会は一九六〇年代以降の高度経済成長期を経て、いわゆる都市化が一挙に進展した。専業農家の比率は著しく低下し、自然に働きかけることによって生活資材を生産する場面は少なくなった。それは反面、既に存在する諸文化事象の再生産にかかわり、その恩恵を享受する場面が多くなったということである。それは町や農村・山村・漁村などという生活形態を問わない。どのような生活環境においても、享受する情報や生活物資に大きな差異はなくなった。交通手段としての自動車なども、交通網の整備されていない村落部のほうがむしろ、一軒当たりの保有車数が多い場合もある。電気機器や電子機器などの使用にも、ほとんど地域差は見られない。生活の様々な場面において、「都市的生活様式」が見られるのは、程度の差こそあれ、全国的である。従来の日本人の古い生活文化を復元しようとする民俗学研究においては、ほとんど関心を持ち得なかった文化的状況である。

だが、現在の生活文化の把握から出発する民俗学研究においては、こうした新しい生活形態が一般化し、都市的生活様式が進展していく状況を、無視したままでいることはできない。民俗学が、文化の伝承性にこだわるとしても、現代の生活文化の変化はこれまでの生活文化が変化することであり、文化の伝達・継承における一過程にあることは否定できないからである。

したがって、日本民俗学において「都市」を対象とする第一の理由が、研究対象の拡大であることは否定できないにしても、それだけではない。日常生活に古い姿を発見することによって、日本の民俗文化の変遷を明らかにしようとしてきた日本民俗学が、専ら村落文化に関心を寄せつつ再構成した日本の「民俗文化」とされるものが、果たして妥当なものであるかどうかを検証し、それを補完する必要があるはずである。それが「都市」を研究対象にしようとする第二の理由である。我が国にも、平城京・平安京など千数百年に及ぶ都の存在が認められ、また近世の生活文化において、京・大坂・江戸という三都の果たした役割は大きかった。したがって、村落の生活文化と共に都市の生活文化をも調査対象に加えることによって、より妥当な日本の民俗文化の姿が明らかになるはずである。

そして第三の理由は、従来明らかにしようとしてきた「村落の民俗」とは異なる、「都市の民俗」と呼ぶことができる民俗体系の存在を明らかにしようとすることである。「都市民俗学」という学的体系は、こうした新しい民俗体系が明確になったときにこそ、初めて主張できると私たちは考えている。そしてこれは、日本文化の多様性の実態に迫る一つの視角でもある。

三　民俗学の再生

しかしながら、日本社会の急激な変貌により都市的社会は普遍化し、「都市」という文化的状況は、村落と対置できるような存在ではなくなった。都市化に伴う生活様式の画一化が進展したのである。こうした状況を背景として、都市の民俗研究の特異性は稀薄化し、都市民俗学は現代民俗学に包含されるべきであるとするかのような主張もなされ、「都市」という生活文化は「現代」という時間の中に解消されてしまったかの観がある。そして、現在の日本民俗学研究において、「都市」を調査・研究の対象とすることが、何ら特異なことではなくなった。それと共に、都市の民俗を排除しない代わりに、考慮もしないという事態が出来した。確かに近年、都市祭礼などを取り上げた都市の民俗研究の成果も公にされている。しかしその反面、全体的な傾向とすれば都市の民俗を体系的に研究対象にしようという意欲が、旺盛であるとはいえない状況にある(1)。

それは、都市の民俗をめぐる方法論や概念規定などの、様々な条件整備がまだ十分でないことも一つの要因であろう。「都市」が差異化されにくくなると共に、かつての「都市」が、「村落」のあり方と大きく異なり、百年余に及ぶ日本民俗学の研究成果と十分整合化させることが困難であったからでもある。考えてみると、いわゆる都市社会は村落社会のように限定された在地の地域集団によって構成された、閉じられた社会ではない。広い地域に情報を発信すると共に、各地から人や物資をできるだけ多く集め、流通させようとする開かれた社会である。そうすることによって、「都市」の賑わいと活性化を図ろうとするのである。そうでなくても「都市」においては地域内だけで生活物資を調達できるわけではなく、多くを外部からの補給に頼っている。そして、地域の政治・経済・文化などの中核的機能を持つ「都市」には、その住民だけではなく、行政機関や企業、そして町の賑わいを作り出す外来者や多様な情報もまた集中する。

このような複雑な「都市」の生活文化を把握し、そこに民間伝承という連続した文化事象を見出すことは、極めて困難である。しかしそれは、「都市」の生活文化を構成する文化事象を発見する作業であり、そうすることによって文化の連続性にかかわる民間伝承を発見することができる。そもそも我々の生活は、文化の連続性と累積の上に築かれている。したがって必ず「都市」にも、民間伝承は存在しているはずである。それは個別文化事象としてだけではなく、関係性であったり、感覚であったり、価値観であったりもするであろう。それを具体的な文化事象と結びつけて把握することができれば、きっと民間伝承としても把握することができると思われる。

このような「都市」の民間伝承の存在にこだわるのは、独立科学としての民俗学が、その独自性を主張することができる点の一つは、「民間伝承」を研究対象・研究資料とする点にあるからである。だが、「民間伝承」という文化事象は発見すべきものであり、所与の存在ではない。つまり「民間伝承」とは、我々の日常生活を形成している文化の内、世代を超えて伝達・継承されてきた文化事象であり、それを把握・発見することによって、自らが享受している生活文化を省みようとするからである。

そして、現在の生活が体系的なものであるとすれば―体系的であるはずであるが―、その生活を構成する文化事象も体系的なものであり、したがって民間伝承にも体系は存在するはずである。ただなかなかそうした視点から、「都市の民間伝承」を発見しようとすることが少なかったことは事実である。村と都市の生活が異なるということは、それぞれの生活体系が異なるということである。したがって、都市の生活を明らかにすることにより、都市の民間伝承の体系も明らかにすることができるはずである。

とはいえ、都市の生活文化は次々に生み出され、消費される文化の存在によって特徴づけられている。都市の生活文化としてまず目につくのは、そうした表層文化である。しかし都市の文化も、日本文化であることを保証する基層文化の上に成立した、地域文化によって支えられているはずである。そうではあるが、めまぐるしく変化する都市の生活文化の中に、果たしてどれほどの超世代的に連続する文化事象を発見することができるか、という疑問もないわけではない。

かつて、民俗調査において村の古老の話を重視したのは、文化事象の連続性の確認と、歴史的な関心から、より古い形態の文化事象を知りたいという欲求からであった。そして、古老に話を聞く時にも、現在の時点を踏まえて知りたいと思う事柄を質問したはずである。つまり、調査・研究の成果として、現在の生活のあり方は当たり前のこととして示されないことがあったとしても、確かに研究者の現在から調査・研究は出発していた。そして、より古い生活―文化事象が残されていると考えられた僻村などを調査対象としたのである。

しかし、都市との関係などを考慮するとそれは誤解であり、僻村にも都市文化の流入は想像以上に激しかったことなどは、現在ではほぼ常識化している。そうした都市への関心と、現在的な意識の高まりの中で、民俗学とは「世代を超えて伝えられる人々の集合的事象によって生活文化の歴史的展開を明らかにし、それを通して現代の生活文化を理解する学問」などと考えられるようになっている(2)。

現代における我々の日常生活の、ごく一般的な生活様式である都市的生活様式に基づく人々の生活文化を把握しようとして、大都市を対象とすると、都市の表層に存在する流行やファッションだけではなく、表層から基層に及ぶ都市の民俗を発見しなければならない。そのために、「都市」に常在する住民だけではなく、都市の生活文化にかかわる関係者や情報なども調査対象とする必要がある。その困難さが都市の民俗研究の基礎となる「都市民俗誌」の作成を難しくし、都市の民俗研究の進展を阻害している原因の一つであったと思われる。東京の代表的な繁華街である渋谷や新宿・池袋などの調査報告書はあるものの、体系的な民俗誌はいまだ作られていない。したがって都市民俗研究の進展のためには、具体的な都市民俗誌の作成と成果の蓄積が必要であり、それによって初めて新たな都市民俗の体系が明らかになり、新しい日本の民俗文化の体系が再構築されるはずである。

つまり、民俗学における都市研究は、民俗文化における都市文化の重要性と、その重層的あり方とを明らかにすることになった。さらに民俗文化は、伝承母体などと呼ばれた地域社会のあり方を超えて、政治・経済などの国家的な社会状況が大きな役割を果たしていることも明らかになった。これによって民俗の調査・研究法にまで及んで再検討を余儀なくされることになった。

ただ、こうした研究成果の蓄積があったのにもかかわらず、いまだ都市民俗学が成立したとはいえない。それは「都市の民俗」の体系が発見されていないからからである。「都市民俗学」という独自の「学」の成立のためには、独自の研究対象・方法・目的が必要であり、それに基づく研究成果の蓄積が社会的に認められる必要があるからである。そして、「都市の民間伝承」の存在は、最も重要な意味を持つことになる。それを研究対象・資料とすることによって、現実に我々の営む生活をより正確に理解しようとすることになるからである。そうした研究対象の一層の明確化のために「都市」を構成する在住者・外来者・行政・企業・情報などを調査対象としながら、「都市生活」の実態と変化の相を見出そうとしている。

したがって「都市民俗学」は、日本民俗学の一部を構成するものでありながら、近接する都市人類学・都市社会学・都市地理学・歴史学・文化心理学・生活学・風俗学・考現学などという様々な学問領域と深くかかわっている。それらの学との最も大きな差異は、研究対象としての民間伝承の存在である。それ故「都市の民俗」の体系の発見にこだわらざるを得ないのである。それを見出すことができたときに、「都市民俗学」が成立するはずである。

もっとも筆者自身は、「都市民俗学」という学的枠組みの成立にそれほどこだわっているわけではない。「学」になろうがなるまいが、日本の民俗文化の研究がより進化・展開すればそれで十分だと考えているからである。そのために従来とは異なる資料や研究方法が検討されなければならず、そのための都市民俗研究であった。その結果として、独自の学的枠組みができ、それにより従来見出し得なかった日本の民俗文化の新しい姿を見出すことができ、その学的枠組みの効果が認められたとき、それを例えば「都市民俗学」と称すればよいだけのことである。学問は作るものではなく、生み出されるものだと考えているからである。

したがって、都市の民間伝承の発見こそが問題になるのである。都市の民俗誌がなかなかできない理由は、肝心の都市の民間伝承の発見が難しいからである。しかし、都市の生活の様相がいかに激しく変化しても、どこかに連続するところはあるはずである。継続している社会、あるいはその構成員である国民・民族は存在しているのだから、文化事象に連続が存在しないはずはないのである。日本民俗学の草創期に、前近代の生活様式を念頭に置いて、民間伝承の調査項目や、分類が大きな話題になった。そこで作られた民間伝承のイメージが強く、現代都市の生活から容易に民間伝承を発見することができにくいのかもしれない。あるいは都市を、空間的に限定された地域として捉えることにこだわりすぎているのかもしれない。もちろん「都市」は空間概念と無縁ではないが、民俗文化を研究対象とする民俗学は、独自の都市概念のもとに、調査研究する必要があるともいえる。そこに「都市」を「都市的生活様式」

と規定した理由がある。「都市的生活様式」を営む人々の生活の中から、民間伝承を発見しようとしたのである。それ故に「都市」は固定された空間ではなく、またそこに生活する人々も単一の地域集団に属しているだけではない。かつて画期的なメイクで世間を驚かせた「ヤマンバ」たちも、一時間近くも電車に乗って渋谷センター街にやってきた女子高生たちであった。高校に通い、家庭ではごく普通の内気な少女が、「渋谷」では全く別人格になる。「渋谷」は、そうしたメイクやファッションが受け入れられるところであった。こうした異様なファッションは、近世の歌舞伎役者、中世の婆娑羅などの系譜を引くものであり、ヤマンバという呼称も中世以来の山姥伝承とかかわっている。都市にも、こうした時代を超えた文化事象が出現することがある。

四　都市「渋谷」の民俗

東京の代表的な繁華街の一つである「渋谷」の、「いま」を把握し、民間伝承を発見してみよう。民俗学において調査・研究対象とする「渋谷」は、必ずしも行政的な「渋谷区」を意味しているだけではない。渋谷区内においても地域差があり、例えば「恵比寿」「原宿」「竹下通り」などという地域は、独自の町空間として存在し、盛り場としての「渋谷」とは一線を画している。つまり、多分に観念的な存在なのである。多くの人々が訪れる盛り場としての「渋谷」には、そこを職場とする人も、寝食の場とする人も含んでいる。こうした「渋谷」にかかわる時の人は、個人のほんの一部分だけである。そうした様々な存在の集合体が「渋谷」である。渋谷の地から遠く離れたところに生活している人々は、様々な情報によって「渋谷」に対するイメージを膨らませている。

かつて「渋谷」が「若者の街」の最盛期であった二〇〇三年（平成一五年）に、全国の高校生・大学生などに「渋谷」についてのアンケートを試みたことがあった。そのうちの「「渋谷」から連想するもの」という問いに対する回答の中には、若者に人気のあるテレビ番組によく登場するファッションビルの「アルタ」や、国会議事堂・東京タワーなどを挙げたものがあった。これらはいずれも渋谷区にさえない。また、「渋谷」に対するイメージは、人々が多く雑踏を極める若者の街であり、流行の先端を行くギャルと呼ばれる少女たちのいるところであった。そこは華やかではあるが汚れた危険な町であり、あこがれるとともに近寄りがたいところとしてもイメージされていた。

こうしたイメージは、実際には高級住宅街を控え、ビジネス街や大学なども多いという町の実態を離れて形成されている。華やかさと危うさとが同居し、東京・日本の、あるいは都会の中心として、闇を内包した繁栄の様相のみが際だったものである。確かにこのようなイメージは、都会とか繁華街・盛り場の魅力をよく示している。しかし、それは「渋谷」を直接自分の目で見て確認したものではなく、様々な情報、とりわけテレビの影響が大きい。つまり作られた「渋谷」であり、この世に存在する「渋谷」ではありながら、実際には存在しない仮想の空間でもある。

そもそも都市社会は、生活空間外にある様々な物資や情報や人などの存在を抜きにしては存立できない社会であり、それらを誘引するためにも多くの情報を発信している。そうした情報によって形成されるイメージは、都市社会の繁栄と深くかかわっている。しかし、情報を発信する側と、受け取る側との認識の違いによって、実態とは異なるイメージが独り歩きしてしまうことも多い。そういう意味では、「都市」はまさに幻想によって生み出された社会であり、現実と仮想との境界的存在であるということもできる。

若者に人気の「渋谷センター街」は、かつては何の変哲もない長さ二百メートルほどの裏道の一角であった。ところが一九九〇年代になると、代々木などに集まっていた若者や、道玄坂などの表通りからはじき出された若者たち、ギャルと呼ばれた少女や、ヤマンバなどと名付けられた異様なメイクをほどこした少女たちが集まりだし、流行の先端の街としてのイメージが作り出された。そうした情報に惹かれて多くの若者たちが訪れると、それらの外来者を対象とする商店などが集中し始め、新たな盛り場を形成することになった。さらにその街の賑わいにあやかろうとして、「渋谷センター街」は周辺にまで拡大した。この時期、若者たちが「渋谷」に行くとは、「渋谷センター街」に行くことであった。どこにでもあるファストフード店であるマクドナルドも、「渋センマック」などと呼ばれて、地方から訪れる少女たちが群がった。

さらに「渋谷センター街」のイメージは拡大し、「渋谷１０９」をはじめとする少女を対象とするファッション関係の商店が集中し、カリスマスタイリスト・カリスマ販売員・カリスマ店員などと呼ばれる、若者たちの圧倒的な支持を集める人気の店員も出現した。それは渋谷系カリスマなどといわれ、渋谷の街自体がカリスマ性を持っているなどともいわれた。具体的にはどのようなものを指しているのか、第三者的にはわかりにくいところがあったが、ともかく「渋谷」は一つのブランドとして認識されていたのであり、象徴的な空間でもあった。

したがってこうした「渋谷」は、当然「渋谷区」ではない。そして「渋谷」は、若者たちがあこがれる最新の流行が満ち溢れているところであり、まさに「若者の町」であった。だからといって「渋谷」が、生活する町・働く町・学ぶ町などという性格を失ってしまっているわけではない。それは作られたイメージに覆い隠されているだけである。しかしたとえ「若者の街」が作られたイメージによるだけであったとしても、町の賑わいを維持するために、作られたイメージに惹かれて訪れる人々の期待を裏切らないための町作りが、商店や企業によって維持され、そのイメージはさらに肥大化していった。

盛り場の賑わいは、非日常的な状況を作り出す。健全な日常から脱出して、刺激を求めて盛り場を訪れる人も多い。そこに「危険な町」のイメージも生まれるが、これもまた町の賑わいを作る出す要素の一つであった。しかし、住民にとってそれは好ましいイメージとはいえない。そこで「健全な町」というイメージを発信するために、住民たちは警察や行政と連携してパトロール隊を結成した。そうした努力もあって、近年センター街は極めて安全な街になった。だがそれは、どこにでもある繁華街の一つになることでもあった。事実センター街には、かつてほどの活気はなくなった。ともかくも町を生業の場とする人々は、町の賑わいを作り出し、さらなる賑わいを実現するために、明るく健全なイメージを求め、悪いイメージを矯正しようとしているのである。

こうしてみると「渋谷」とは、行政的な、具体的な空間に緩やかに規制された地理的空間であると共に、観念的空間であり、文化的・抽象的空間であるということができる。村落の民間伝承を支える伝承母体の存在と対応するのが、都市のこうした多様な空間観念であるともいえよう。このような空間を対象として民間伝承を発見しようとする試みは、従来ほとんどなかった。都市の民俗調査と村落の民俗調査との大きな相違である。

だが、「渋谷」の民俗的生活文化の全体像を体系的に把握し記述するためには、「渋谷」内外の人々の空間認識の分析を避けて通ることはできない。それと共に、そこで行なわれている生活実態も対象としなくてはならない。「若者の街渋谷」とはいいながら、そこには子供もいるし老人もいる。学生・生徒もいるし日本経済を支えるために企業活動をしている人もいる。何よりも外から来る若者たちを迎える人がいる。それらの職種は多様である。幾世代にもわたって住み続けている家もあるし、最近住まいを求め得た人もいる。そうした様々な人々が「渋谷」という空間にかかわっているのである。まさに「都市」にかかわる人々とその生活文化は、多元的・複合的な存在なのである。

こうした「渋谷」の民間伝承の実態の一部分でも発見できれば、「都市」の民間伝承の発見の糸口になるであろう。それによって日本民俗学における都市研究の、新たな展開がなされるはずである。

五　『渋谷民俗誌』の構想

若者の町「渋谷」も、自然発生的に生まれたのではないであろう。したがって「渋谷」を理解しようとするならば、作られた過程を無視するわけにはいかない。そうした意味では村を対象とした調査におけるよりは、より情報関係の文字資料の活用についての配慮が必要となるであろう。そして、都市の伝承を再構成しようとする『渋谷民俗誌』を構想する時にも、まずは具体的な文化事象を基礎資料とすることになる。それは具体的な生活内容をふまえて再構成されるものだからで、従来村の民俗調査で行なわれていた内容と相違するものではない。村であろうと都市であろうと人々が生を養い、より良い生活を求める生き方に違いはないからである。生活環境の相違によって、どのようにその環境に適応して文化事象が異なるのかという問題意識が設定されたとしても、日本人として生活する人々の生活がその対象になっているのである。

ただその都市の生活には、最も都市的な、時代の先端を行く文化事象と、地域性の強い事象、そしてそれらを超えた民族文化の存在と強く結びついていると思われる事象とが混在している。それは文化の基層・表層さらにその先端と、様々なレベルで把握することができるものであろう。そうした文化の全体像を、できるだけ実態に即して把握し、再構成しなければならない。これは言うは易くして、なかなか困難な作業である。それは調査・研究に携わるものの視点や問題意識のあり方などによって、全体像のあり方が異なるからであり、個々の文化事象の位置づけ方が異なるからである。そうした意味では民俗誌として再構成するということは、総合的研究の成果である。単に事例を羅列した報告書とは異なる存在であろう。

都市の生活は、その機能分化に伴い空間分化も著しい。それは個人差の大きい生活が都市においては展開しているということである。もともと伝達・継承という、文化の連続性を保証するシステムの存在を基に、民俗学は成立している。したがって、民俗学が研究対象とする伝承性の強い文化は、集団性・社会性の強い文化である。だからこそ民間伝承は集団性をもっているとされてきたのである。それには違いないのであるが、その集団はかつて伝承母体とされたような、特定空間・特定地域に固定されたような存在ではない。個々人が分化された機能や空間とかかわる中で、伝達継承の機能を顕在化することによって出現する集団である。いきおい伝承者として個人のあり方が重要になる。その個人を通して、都市に機能する集団と、その伝承を見出さなければならないということになる。

これは村の調査においても実は同様であった。従来、村の調査においては特定話者を通した民間伝承、あるいはそれをモデル化した民俗事象を、その村―伝承母体―の民間伝承・伝承文化と認定してきた。個人と集団との問題が、都市を対象とした時に突如問題になったわけではない。しかし、基幹産業をほぼ等しくする村においては、個人と集団との距離は、相対的な問題ではあるが、それほど大きくはない。だが、都市においては隣同士の家族であっても、挨拶を交わすだけで、どこに勤めているかさえわからないなどということすら珍しいことではない。こうしたところで伝達継承される文化事象は、限定されているであろう。そして、特定地域の民俗文化・伝承文化の全体像を把握しようとすれば、そうした多様な個人の伝承事象に目配りをしなければならないということになる。ただ実際問題とすれば、村とはその規模を異にする都市において、そこにかかわる個人全員を調査するということは不可能である。都市の民俗誌についての方法論を検討しなければならない所以である。

渋谷民俗誌はどのように構成すべきであるか。現在点においては、如上のような三点について配慮すべきであろうということを指摘するにとどまらざるを得ない。整理すれば次のようになろう。

①個別生活内容―文化事象
②全体像―文化の基層・表層・先端性
③個人と集団
こうした点を考慮しつつ、渋谷の民俗事象を把握し、記録しなければなるまい。

註

（1）近年、十年余の活動のまとめとして刊行された、現代伝承論研究会編『現代都市伝承論―民俗の再発見―』（岩田書院　二〇〇五年）や、有末賢他編『都市民俗基本論文集』全四巻別冊二（岩田書院　二〇〇九～二〇一二年）などの学史的資料の集成が行なわれ、森栗茂一・田野登・中野紀和などの長年の研究成果が公にされているが、これらの活動は民俗学研究の動向からすれば、一部の研究者にとどまっている。
（2）福田アジオ「民俗学」福田アジオ他編『日本民俗大辞典』吉川弘文館　二〇〇〇年

第二節　渋谷を把握する

一　空間としての「渋谷」

民俗調査・研究の対象とする「渋谷」の範囲は明確ではない。ごく普通には、渋谷区などという行政区画を指している。しかし私たちが、例えば「渋谷に行こう」などといった時に、渋谷区全体を指しているだろうか。原宿も代々木も代官山も渋谷区内であるが、原宿に行く時には「原宿に行こう」といい、代々木に行く時には「代々木に行こう」という。渋谷区内にいるから、その中の地名を指すというだけではない。「若者の町・渋谷」といった時には、いくら若者が集まるといっても「原宿」は指していないはずである。つまり、「渋谷」という時、それは空間認識に基づいてはいるが、行政区画とは異なる空間認識に基づいているのである。

「渋谷駅」周辺地域を「渋谷」として認識すると考えることもできる。それでは周辺地域とはどこを指すかということにもなるが、最も渋谷駅に近い地域と考えたとしても、その地域は限定される。

つまり、「渋谷」は、地図上に線で囲って認識できる空間としてだけではなく、もっと異なる何らかのイメージによって認識されている観念的な空間でもある。車塚洋は「渋谷」の範囲を見出すために、一九九八年(平成一〇年)・一九九九年における情報誌『東京ウォーカー』に登場する「渋谷」の記事を対象として、それがＪＲ渋谷駅を中心と

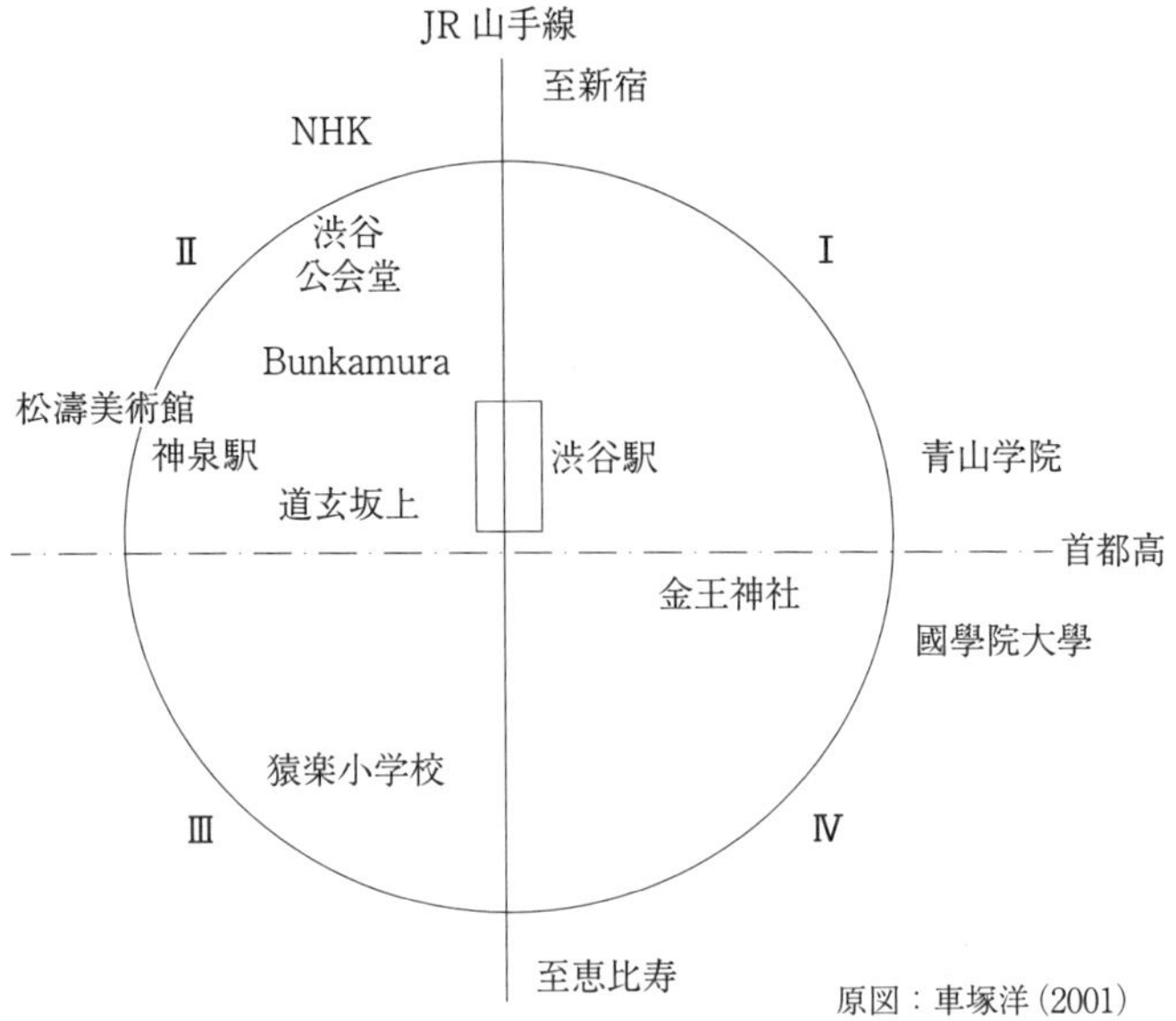

原図：車塚洋(2001)

図 2-2-1　渋谷の概念図

した半径七〇〇メートル以内に集中していることを発見し、概念図を描いた(図2-2-1「渋谷の概念図」)。つまり「渋谷」は、JR山手線と首都高3号渋谷線とによって、四つの地域に分けて捉えることができ、JR渋谷駅ハチ公口に面する地域(Ⅱ)が「渋谷」として強く認識されているというのである。[1]

こうした「渋谷」は「若者の町」とされているが、全国の若者たちは「渋谷」をどうイメージしているのであろうか。二〇〇二・二〇〇三年に、北海道から沖縄に至る七地点の高校・大学の二〇歳前後の若者七五一人にアンケート調査を行なった。この内のほぼ半数は、一度も渋谷を訪れたことがないという若者たちである。彼らの情報源はテレビ・新聞・週刊誌などであるが、テレビからの情報が最も多いようである。

アンケートでは「渋谷」という地名でイメージされる場所・事柄、および印象などを、それぞれ五つ以内で自由に書いてもらったが、それによれば「渋谷」の場所では、１０９・ハチ公・センター街がいずれも最も多く、それに続くのが駅前交差点・渋谷駅である。その他少数ではあるが、明治神宮・アルタ・国会議事堂・東京タワーなどという

表 2-2-1　渋谷のイメージ

調査対象者：男(195 人)　女(556 人)　合計(751 人)　渋谷来訪者割合(49%)

1	思い浮かぶ場所	渋谷 109	ハチ公	センター街	駅前交差点	渋谷駅	その他
		54.10%	38.30%	9.80%	7.30%	6.60%	東京タワー、国会議事堂、アルタ
2	思い浮かぶ事象	群衆	若者	ギャル	都会	汚い	その他
		38.80%	32.20%	21.20%	10.20%	7.00%	ファッション、流行
3	イメージ	若者	雑踏・群衆	華やか	コワイ・犯罪	汚い	その他
		27.80%	27.60%	14.37%	12.58%	9.20%	ビル街の盆地、遊ぶところ

回答もあった。また、東京・都会・店・デパート・高層ビルなどという答えもあり、「渋谷」は、「渋谷」を超えて政治・経済・文化の中核的存在である都市の象徴的存在としてイメージしていることをうかがわせている。

そして、事象としても路上の群衆・若者・ギャルという回答がいずれも上位を占めた。それに並んで危険・汚いとか華やか・流行などという回答が続く。したがって、イメージとしては雑踏・群衆がまずあり、華やか・楽しい、そして汚い・怖いなどという、相反するイメージが相半ばする。「住みたくない」「行きたくない」などという回答も、こうしたイメージと関連しているのであろう(表2-2-1「渋谷のイメージ」)[2]。若者たちは、「渋谷」を通して「都市」をイメージしているということができよう。

二　重層する「渋谷」

こうして、若者たちは、都市のイメージを、渋谷を通して形成しているとしても、「渋谷」という地域は、「渋谷」という地名を伴って確かに存在している。ただ、そのイメージと地名とが同一ではないのである。

長野隆之は渋谷地域の店名につけられた地名に注目し、「渋谷」単独で用いられるほかに、「渋谷区」+町名、「渋谷」+町名、「渋谷」+位置・方角、

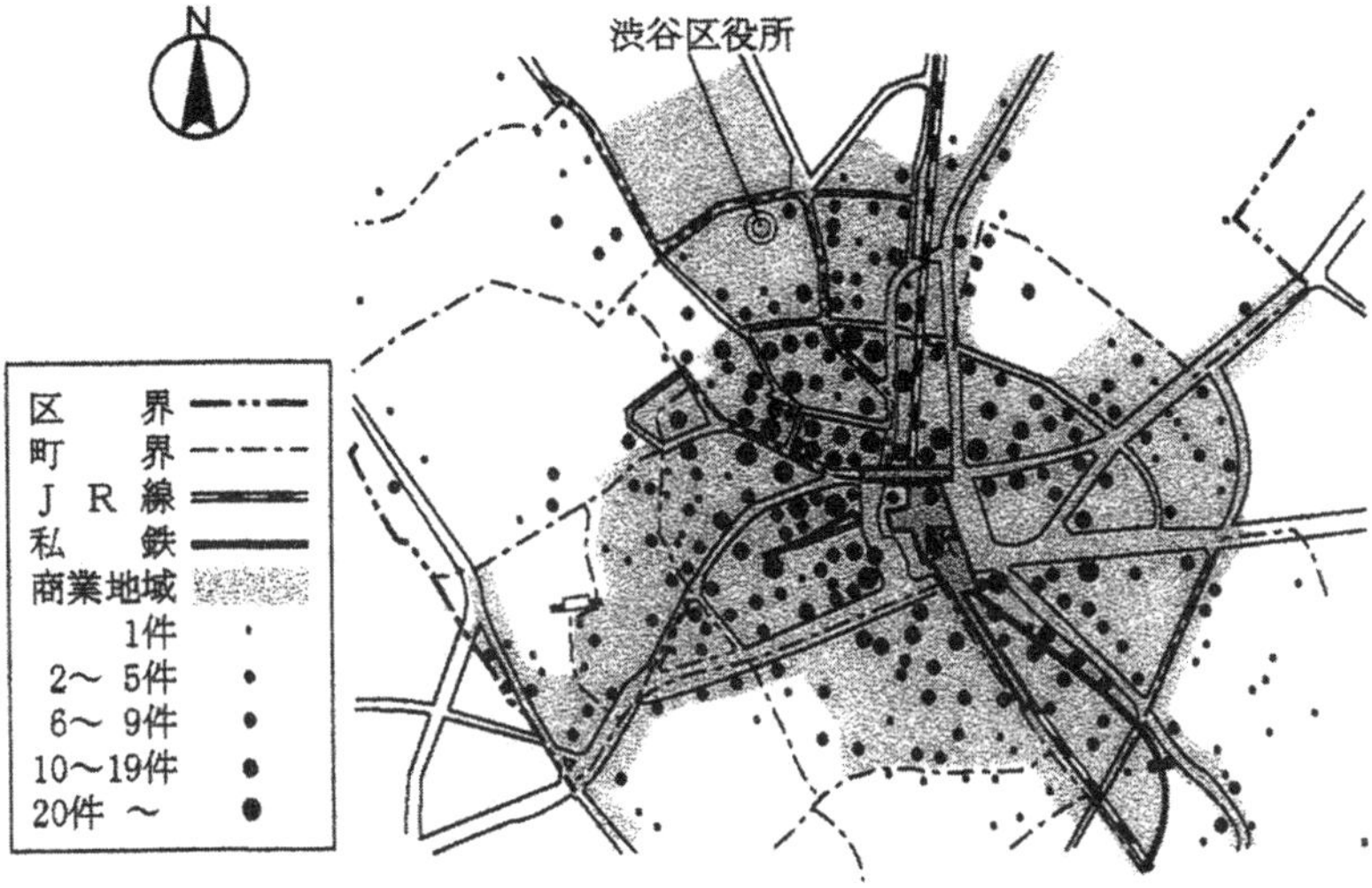

図2-2-2　渋谷駅周辺「渋谷店」分布図

「渋谷」+道路名・商店街名、「渋谷」+橋名、「渋谷」+建造物名、「渋谷駅」+「前」・出入口名などの様々な店名を見出している。それは公的な住所から逸脱しない地名・逸脱する地名・住所にはない地名などであり、それらが重層的に存在しており、しかも、渋谷駅を中心にしても幾つかの地域的な認識が重複しているのである(図2-2-2「渋谷駅周辺「渋谷店」分布図」)。またその表記から、渋谷駅の幾つかある出入口のうちハチ公口が駅前であると認識されていること、駅南はあるが駅北はないこと、南口には「青山」が迫っていることなども指摘している(図2-2-3「渋谷の地名―「駅前」「青山店」―」)[3]。

こうして「渋谷」という地域は様々に認識され、それらが重層している。だがそれは、地名にとどまらない。繁華街として、雑踏する渋谷の町に満ちあふれている人は、ほとんど住民登録した渋谷区民ではない。渋谷区のホームページによると、二〇一〇年(平成二二年)一〇月三一日現在の区民は一九万六八一七人である。その内、渋谷駅を利用すると考えられる地域を多少広く取って、東一～四丁目・広尾三～四丁目・桜ヶ丘・南平台・道玄坂一～二丁目・円山町・神泉町・宇田川町・神南一～二丁目とすると、そ

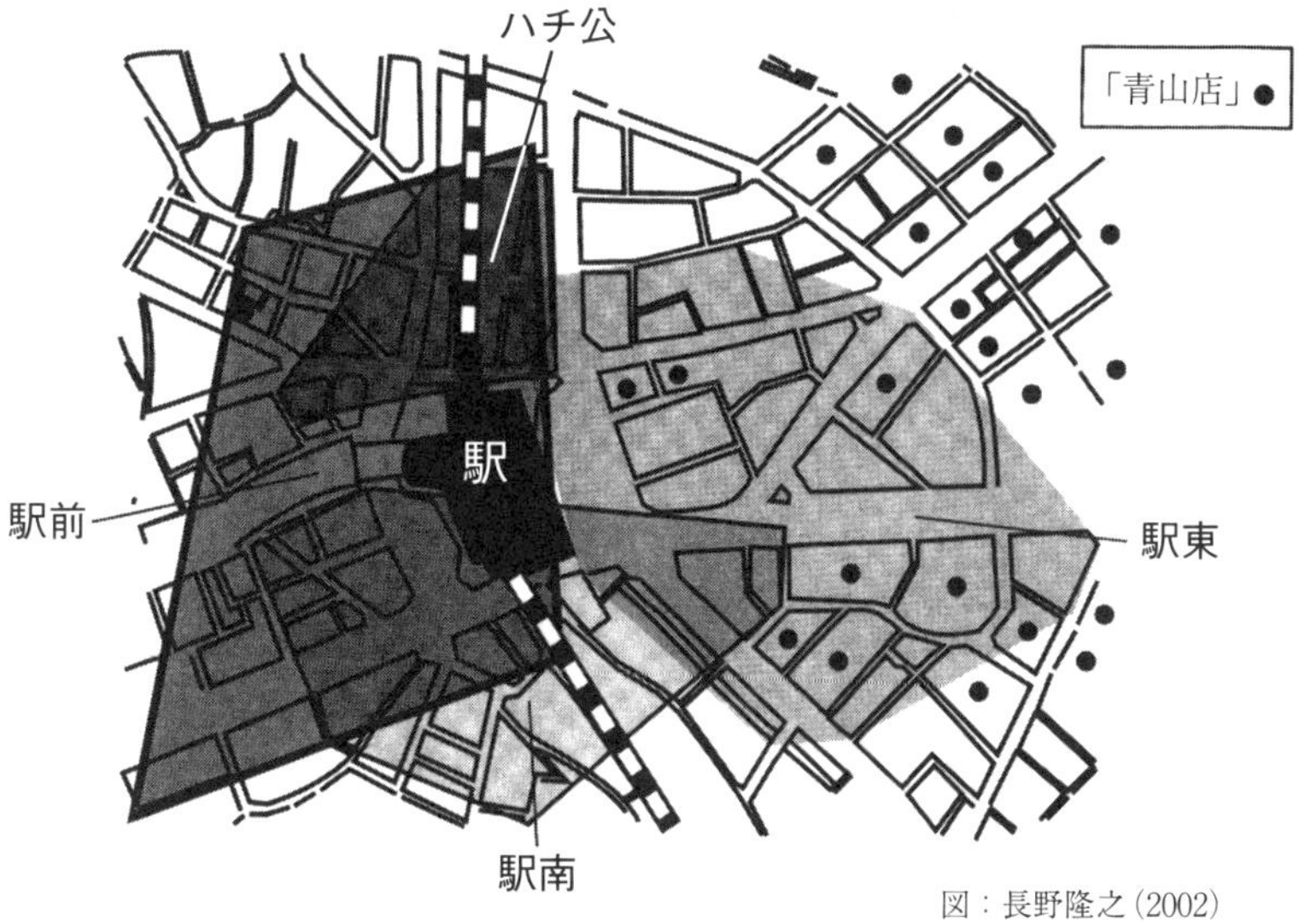

図：長野隆之(2002)

図 2-2-3　渋谷の地名―「駅前」「青山店」―

の住民は二万一六一七人である。渋谷駅を利用する人々は、ＪＲ山手線・地下鉄銀座線・半蔵門線・井の頭線・東急横浜線それぞれの渋谷駅の利用者(乗降客)数は二一八万七九一九人であるという。つまり、渋谷を訪れる人は渋谷区の人口の一一・一二倍、渋谷駅周辺住民の一〇一・二一倍である。もちろん渋谷駅を利用する人が全員渋谷の街に出るというわけではない。乗り換える人も当然かなりいるからである。しかし、バスで来る人や自家用車で来る人、渋谷駅以外の、例えば神泉駅を利用する人もいるであろう。ともかく圧倒的に渋谷以外の人が多いということには違いない。

つまり、「渋谷の人々」には、渋谷の住民はいうまでもなく、それ以外に、区役所をはじめとする行政にかかわる人々や、企業で働く人々、そして町の賑わいを作り出す渋谷を訪れる人々。そしてさらには、渋谷の魅力やイメージを発信する情報関係の人々も含んでいる。

こうした様々な人々がそれぞれの役割を担って、重層的に、「重層的な渋谷」にかかわっているのである。もちろん、それぞれのかかわり方も一様ではない。企業に分類した人々にしても、会社・商店・飲食店など、その仕事によってかかわり方が異なり、外来者にしても、仕事に来る人、買い物に来る人、遊びに来る人々などがいる。だから重層的とはいいながら、地域認識の重層性とはまた異なる重なり方なのである。

かつて民俗学は、地域の人々の生活や伝承文化を把握するときに、その土地で生まれ育った人々に重点を置いていた。村を対象とする時にはそれでよかったのであるが、町・都市を対象とする時にはそれだけでは十分ではない。賑わいを求める町の生活を支え、繁栄を担っているのは町を訪れる人である。「若者の町・渋谷」の若者は、ほとんどが外来者である。商店や企業にかかわる人々も、圧倒的に渋谷外から通勤している人々である。町に住み着いている住民を対象とするだけでは、町の生活文化を把握することはできないのである。都市を研究対象とすることの難しさの一つはここにある。

三　重層する時間

空間認識と同様、時間も暦日、季節、人の空間移動にかかわる時間などが重層的に存在している。それらの時間の内、街の時間の基準になるのは、年中行事などの贈答を伴う行事による暦日である。だが街がその行事にかかわるのはその行事日の当日ではなく、少なくとも一か月ほど先行し行事日まで続いており、街が暦日を先取りしている。

次には、暦日ほど明確な時間ではないが季節の変化がある。「都会では季節がわからない」といわれるが、実際には季節の演出が様々に行なわれ、重層している。街路樹や公園などの野外の植物の様子は、ほぼ自然の変化に順うが、店頭の花などの植物は季節に先行し、温室栽培の植物が増えて、季節を問わず一年中の花が店頭に存在している。そ

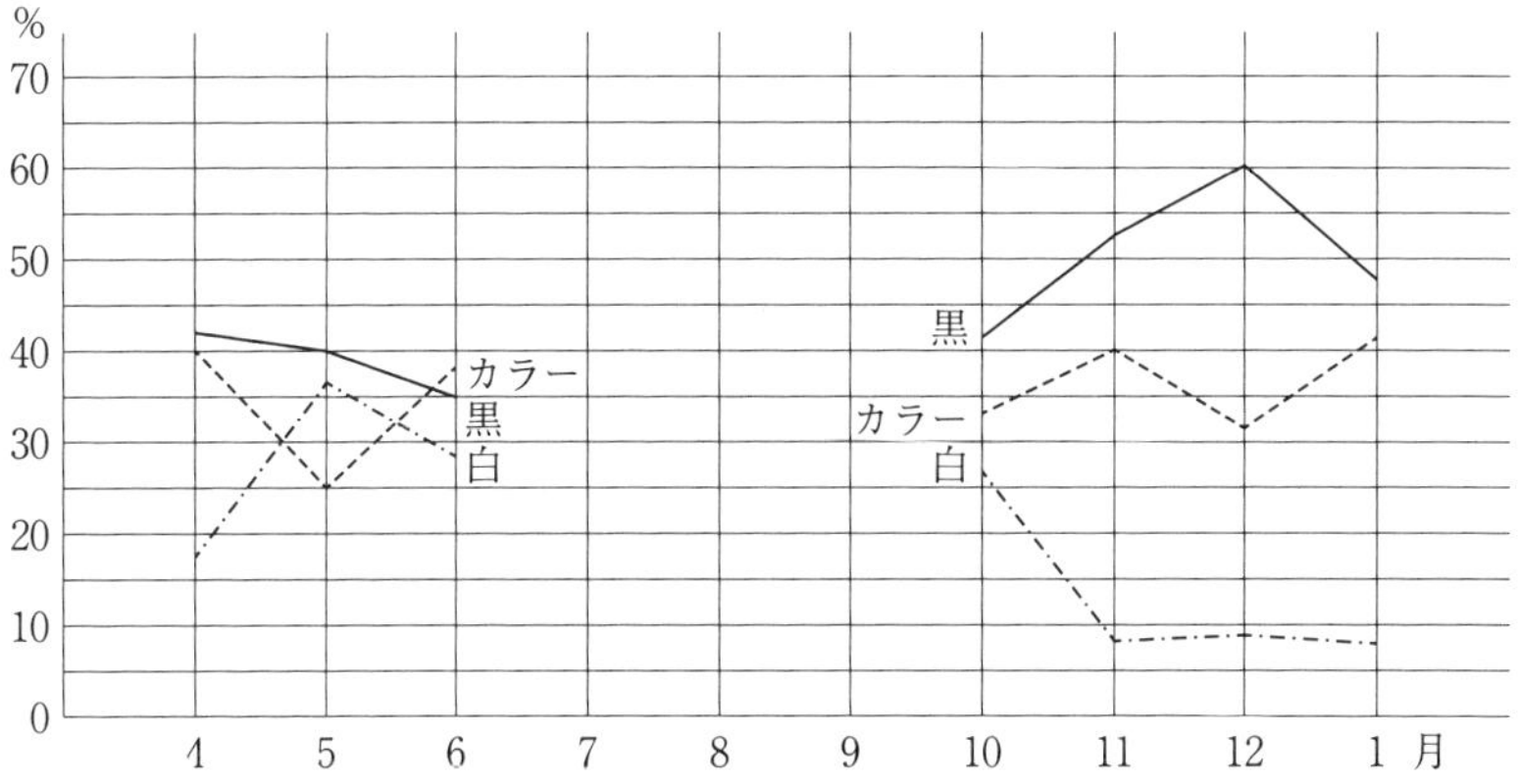

図2-2-4　渋谷の色

れは野菜や果物なども同様で、旬は拡散している。都市には季節がないのではなく、季節が多様に混在し重層しているが故に、季節がわかりにくくなっているのである。

衣服も、気温などの自然条件と深くかかわるが、衣替えなどの風習が一部に残っているだけの都会では、様々な色彩が入り交じる。都市における時間の推移は、そうした衣服の色のよっても認識される。しかし、渋谷の街を彩る衣服の色彩の変化は意外に少なく、黒と白との割合が季節の推移に伴い大きく変化している。倉石美都は、群衆としての色の変化を把握しようとして人々の衣服の色を俯瞰して把握しようとしている（図2-2-4「渋谷の色」）。若者の町といいながら渋谷はモノクロの町なのである[4]。

このほかに、人の空間移動に伴う時間が存在する。一定の距離を移動するために人の歩く速さには個人差があるが、時刻や状況によっても変化する。「センター街」について調査すると、町を訪れる時よりは去る時のほうが歩く速度は遅くなっているし、午前と午後とでは、午後のほうが歩みは遅く、朝の通勤時間帯にはスムーズに流れていた人の動きが、午後になると滞り始める（図2-2-5「センター街における歩く速さ」[5]）。

そして、夕刻には路上に立ち止まる人が多くなり、通行を妨げているような箇所も生じる。道路は通行し、移動するための空間であるが、多くの

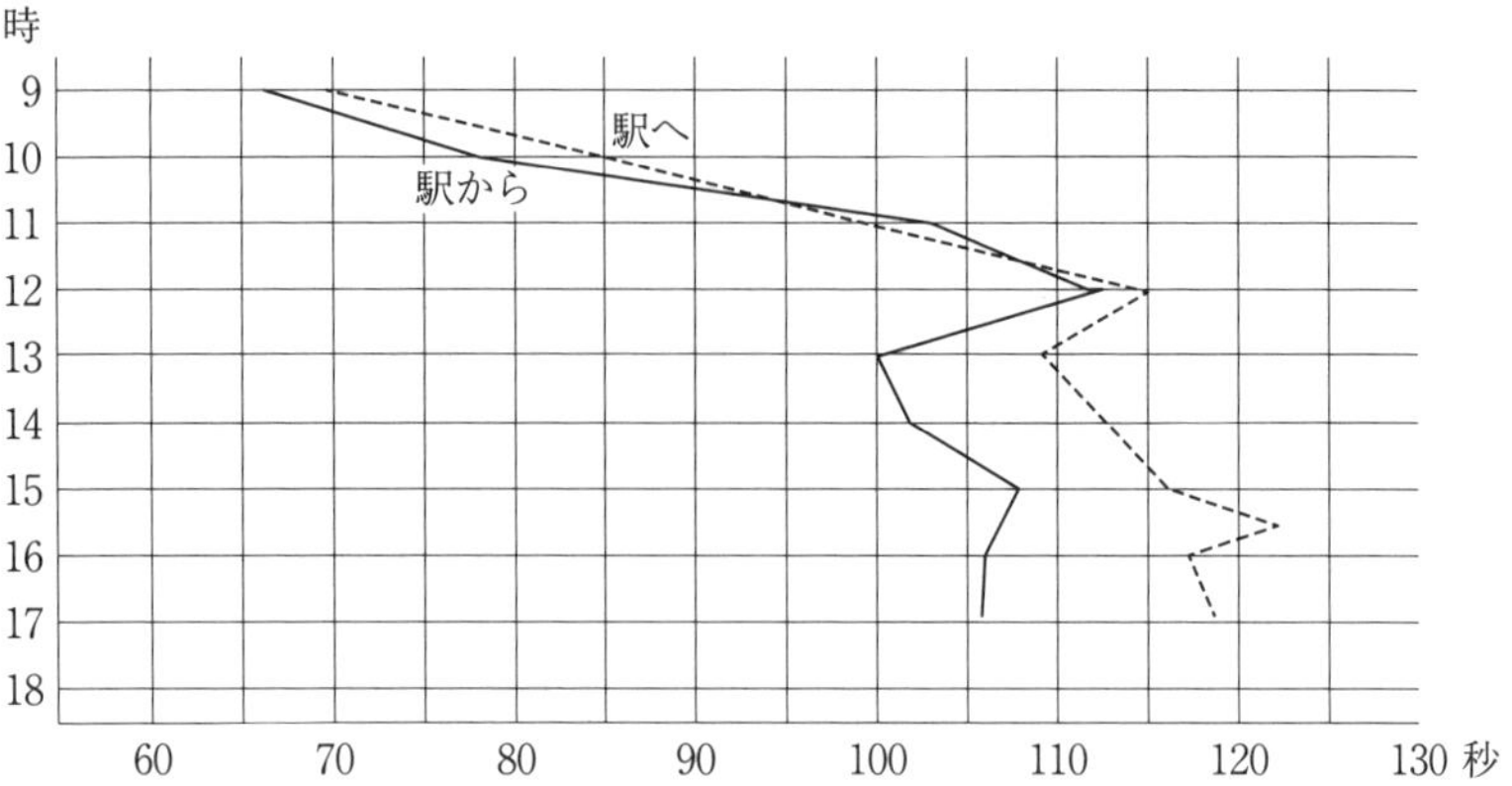

図 2-2-5　センター街における歩く速さ（調査：2001 年 7 月 6 日（金））

店では人々の足を店先に止めようとする。それは商品を客に買わせる手段であるから、空間的には道路にできるだけ店内空間を滲み出させようとしていることになる。事実店前に商品を並べたり、店員が呼び込みなどをしたりしている店が見られる。人がいなくても大音量で宣伝文句を流していたりする。いずれも歩くべき道に、歩かない人を作る試みであるということができよう。こうして移動空間であるはずの道が、盛り場空間に組み込まれてしまうのである（図2-2-6「立ち止まる人マップ[6]」）。

渋谷に訪れる人が集中し、しかも通行が滞ると、道路の機能が阻害されるので、様々な障害が起きる。そこで警察などが対処に乗り出すことになる。盛り場ではしばしば見られる現象であるが、渋谷には日常とは異なる文化事象が存在するというイメージが形成されているので、特に問題になりがちである。道路の機能が阻害される一例として、ハチ公前のスクランブル交差点のところで行なわれる新しい年を迎えるカウントダウン行事がある。高久舞はこれに注目して、路上の群衆行動を観察している[7]。

二〇一〇年を迎えるためのカウントダウン行事に集まったのは外国人が多く、特にスクランブル交差点の西北側に集中したという。これはメールなどの情報によって集まったもののようであるが、実際に新年を祝うために集まった人と、それを見物しようとして集まった人、そして偶然その場

地図 1　午前10時30分から

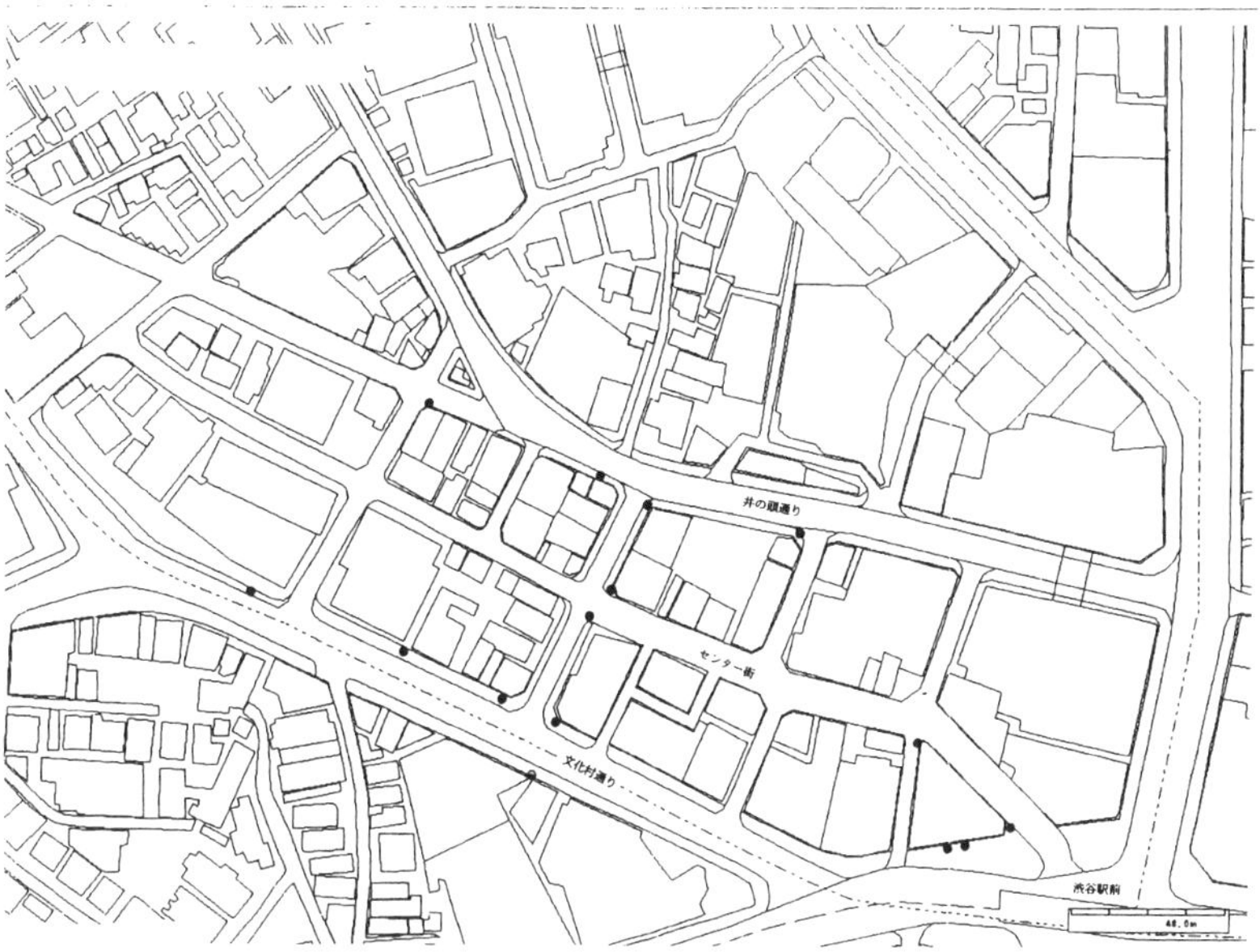

地図 2　午後 4 時50分から

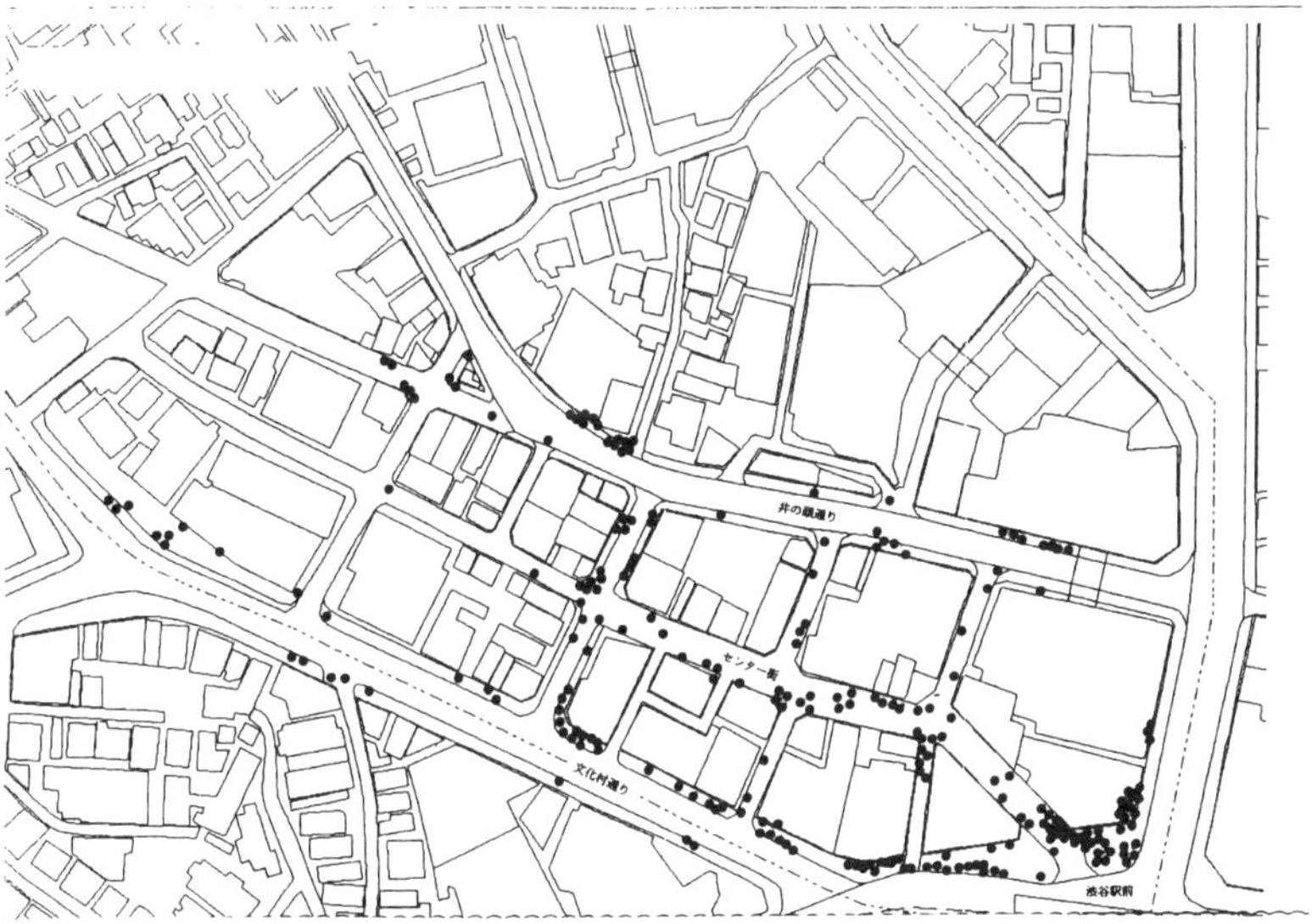

図 2-2-6　立ち止まる人マップ(調査：2001 年 3 月 6 日（火）)

に居合わせて立ち止まった人という三種類の人たちがいたという。しかもそれらの人々は、大騒ぎをする外国人を中心として、三重の人垣（円形集団）を形成したという。つまり何の関係もなく集まった盛り場の群集も、類型的な行動を取る人々が集団を形成したのである。

もちろん路上の群衆がいつでも集団として、類型的な行動を取るわけではないであろう。しかし、偶然であったにしても、無秩序の群衆が状況によっては類型的な集団を形成することがあることは、興味ある行動であるといえよう。

四 都市の民俗的世界

日本民俗学が、その草創期から農山漁村などの村落を調査対象としてきたことは、周知のことである。そうした村において形成された民俗は、一定の土地に生まれ育った人々によって形成・維持されてきた。生活空間とそこに生活する人、つまり伝承者は一体のものであった。そのため村の伝承は、地域社会としての村組織に、様々な伝承を継承する組織（民俗継承体）が重層的に存在し、村の人々はそれらのいずれにも参加し、共通の伝承を継承するとされてきた。したがって、歳を重ねた村人は誰でも村人の類型的な民俗を伝承することができた。そして、ムラという地域社会が、民俗の伝承母体とされ、地域民俗学も個別分析法も構想することができた。

ところが都市においては、地域とその生活を支える人々とは、一体のものとして捉えることは困難である。前述の通り渋谷駅周辺地域に住民登録をしている人の数十倍の人々が町の生活を支えているのである。しかもその人々が渋谷の時間にかかわる時間は一日のほんの一部であって、他の時間にはまた異なる空間とかかわっているのである。さらにそれは、個人によって異なっている。それ故、村の民俗調査と同じようにその地域で生まれ育った人々を話者として聞き取り調査をすることによって、「渋谷」という町の生活を把握することは困難なのである。つまり、「渋谷」という町を構成してのは住民だけではなく、行政にかかわる人、企業で働く人、賑わいを作り出す外来者、そして姿は見えないが情報もまた重要な構成要員なのである（図2-2-7「渋谷の構成員」）

　それではどのようにすれば町の伝承的生活を把握することができるかということになるが、残念ながら今のところ有効な手段を見出し得ていない。ただマチに空間的差異が存在していることは、私たちは体験的に承知している。例えば、a「渋谷・銀座・新宿・池袋」、あるいはb「渋谷・秋葉原・新橋・巣鴨」などが、それぞれ特徴ある町とされている。それは、ある村のあり方を、柳田國男がその村の成立の仕方まで遡って村柄といったが、[8] それに倣えば町柄といったものであろう。そうした町のあり方を、できるだけ具体的な伝承資料に基づき、把握したいと思っている。

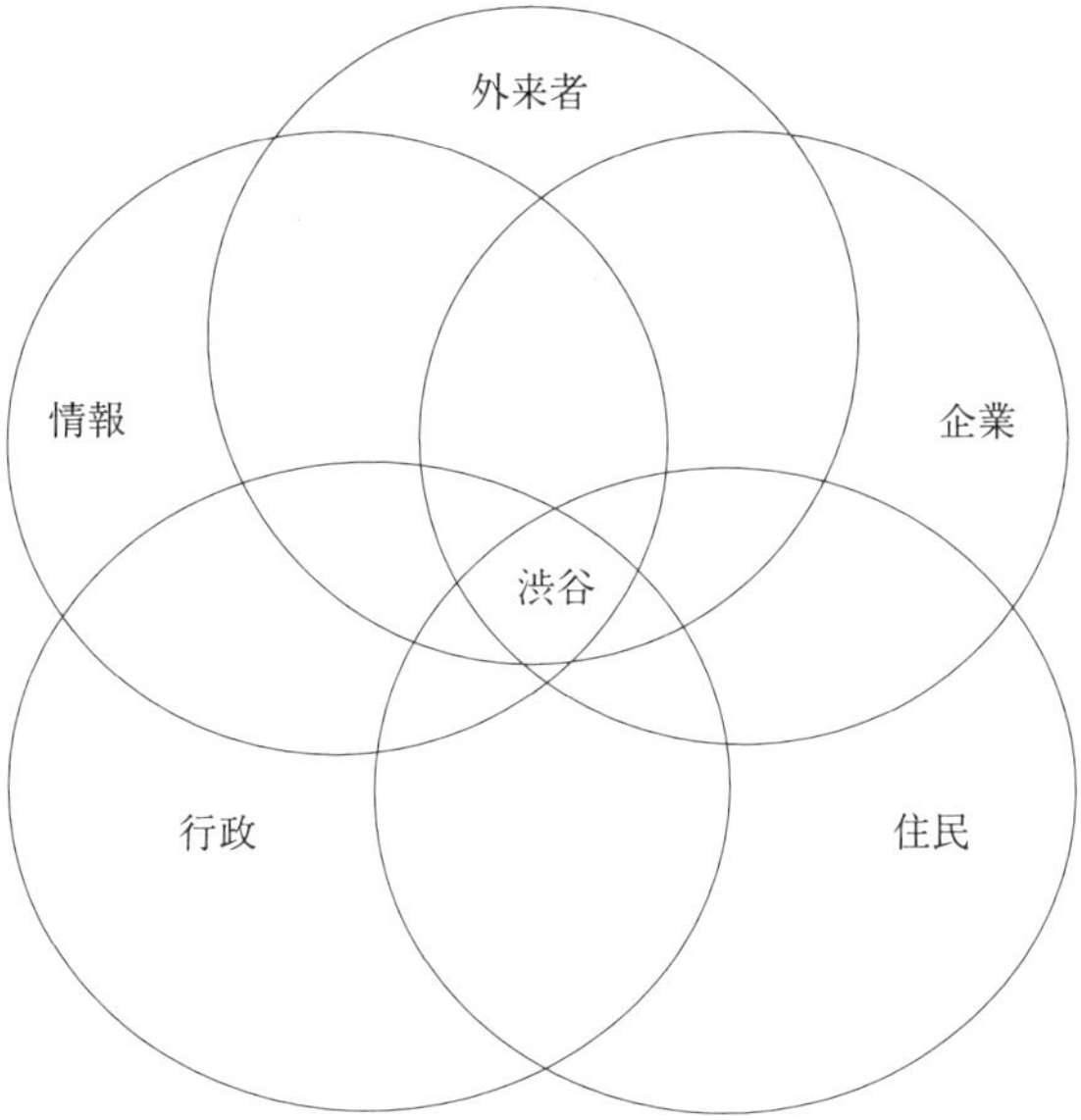

図2-2-7　渋谷の構成員

　そのためには、それぞれの町の機能を、町を訪れる人々がどのように認識しているかを把握することによって、あるいは明らかにすることができるのではないかと思っている。そして、ある町に対する個人の伝承は、①個人生活誌、②身体表現、③町の表情などを通して把握することができるのではないかとも思われる。

五 「渋谷」の町柄

渋谷には「若者の町」という修飾語がしばしば付けられるが、それは訪れる人が若者中心であるということだけではない。かつて「渋谷カジュアル」という言葉があった。若者が作り出す・若者を対象とする文化があったのである。これは代々木のワシントンハイツの返還に伴う再開発や、一九七〇年代のパルコの進出と大きくかかわっているが、ともかく行政と企業と住民とが様々にかかわりながら町の賑わいを求め、外来者や情報がそれにかかわったことによって、現在の「若者の町・渋谷」が形成されているのである。

それは時代の先端を突っ走る文化事象が満ち溢れたところであるが故に、様々な評価がなされる。そして、そうした現象の一部が情報として発信され、渋谷の印象が作り出され、流行の街になる。ヤマンバファッションも、ルーズソックスもコギャルも汚ギャルも渋谷のイメージが背景にあった。それはほんの一部の現象が情報として発信されたものであった。大多数がそうしたものを受け入れた時には、既に情報としての価値は失われていた。

しかし、いったんイメージが形成されると、それは拡大再生産され、若者の集まるところとして渋谷センター街が認定されると、何ら変哲のないマクドナルドが「シブセンマック」として特別視され、そこに人だかりができた。

つまり、「若者の町・渋谷」として認識されているのは、移り気な表層文化によってイメージされた「渋谷」であった。しかし、いくら軽佻浮薄な表層文化であるといっても、多くの人々の支持があって成り立っている文化事象であるから、それは人々が受け容れた文化である。いくら流行を仕掛けても、そのすべてが受け容れられるものでないことは、いうまでもない。上位世代のものからすれば、全く価値を認められないものが、下位世代においては圧倒的な支持を受けるなどということはよくある。ダメージファッションであるとか、ダラシナ系などと呼ばれた着こなしなどというのは、その代表的なものであろう。

確かに「渋谷」の若者文化は、情報や外来者によって支持される表層文化である。しかしそれが「渋谷」という地域空間と結びつけて認識されたものであるところに、地域文化としての性格がある。例えば同じ若者文化でも、「秋葉原」の生活文化と「渋谷」の文化とは異なっている。こうした生活文化がいくら上位世代から批判され、異様な文化事象として取り上げられるといっても、それは日本の若者や、それにかかわる人々によって生み出された文化事象である。したがって日本文化の一事象であり、たとえ突飛な文化事象であったとしても、それ以前の文化事象と何らかの関係で連続していることは否定することはできない。

例えば、かつて渋谷の象徴的な存在であったヤマンバであっても、突然出現したわけではない。これに先立って若さを強調し、健康的な皮膚を作ろうとする日焼けサロンの繁栄があり、髪の毛を染める茶髪の流行があった。その行き着く先に顔を黒くし、髪の毛を白く脱色し、唇を白く塗ったヤマンバが出現したのである[9]。それはかつてのメイクを意識し、従来の「髪は烏の濡れ羽色」とか「緑の黒髪」とかといった価値観、「色の白いは七難隠す」という色白に対する価値観、あるいは「赤き唇」に対する価値観を否定しようとしたものであった。だからこそ衝撃的であったのであるが、正反対の価値観に基づく事象であっても、それ故に何らかの形でそれ以前の文化事象とつながっているのである。しかも「ヤマンバ」は、中世以来日本の民俗文化の中に長い伝承の歴史を刻んできたし、現代においても絵本やアニメとして再生産されている身近な文化事象である。したがって、どこかで日本の基層文化とつながっているのだろうと思われる。

できうれば、渋谷の表層文化から、日本の基層文化に到達できないであろうかというのが筆者などの長年の夢であ

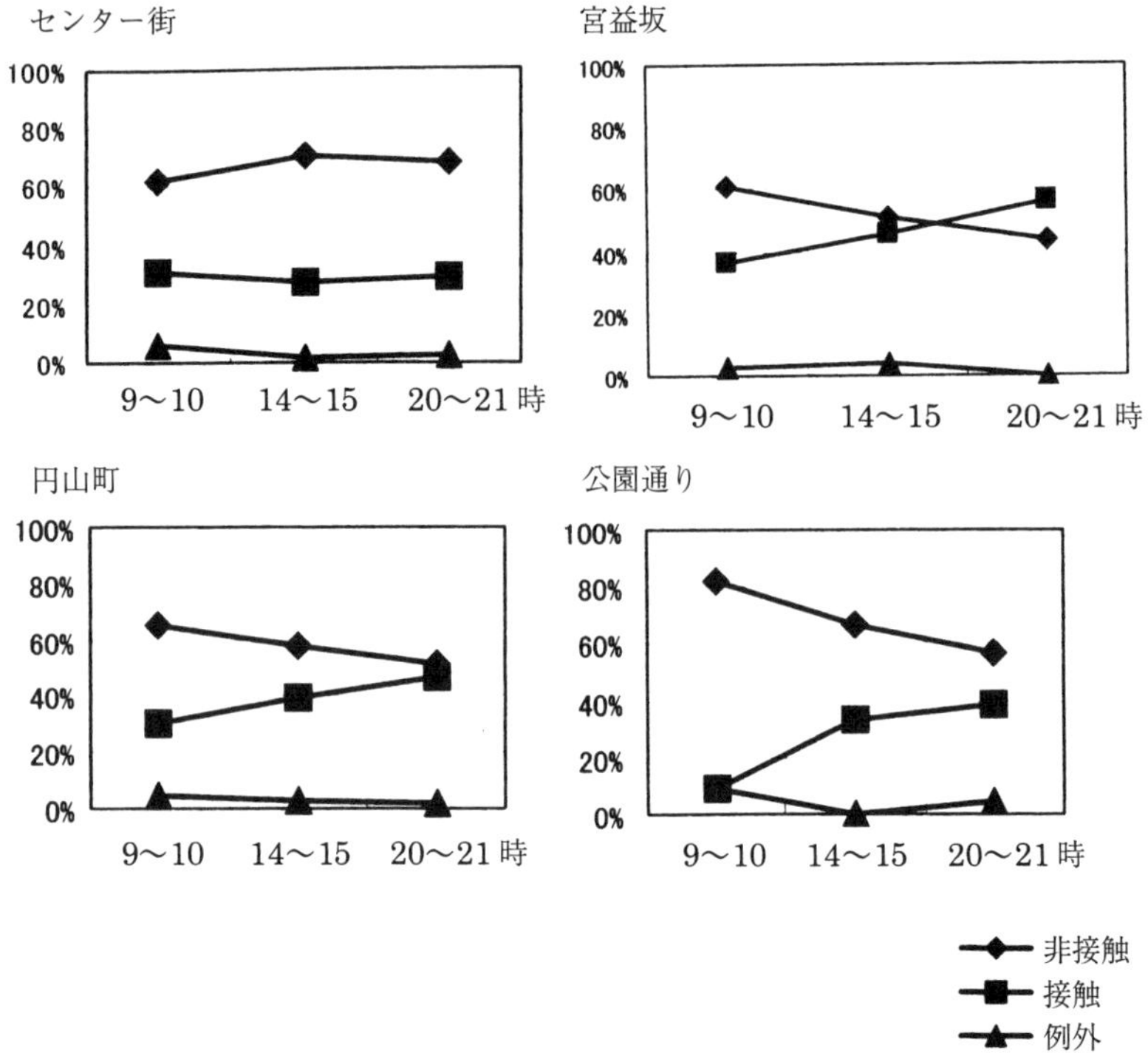

図 2-2-8　渋谷の身体接触（調査：2004 年 10 月 30 日（土））

った。しかし、「渋谷」の民俗を把握する有効な手段はいまだ見出せない。ただマチごとに「町柄」とでもいうことができる空間的な差異が存在していることは、体験的に承知している。そこで、まずはそうした町柄に注目することが、手段の一つになるであろう。また、町を訪れる人々が、それぞれの町の機能をどのように認識しているかを把握する必要もあろう。さらに町に対する個人の伝承を、①個人生活誌、②身体表現、③町の表情などを通して把握することも考えられる。

道を埋め尽くす人々の姿によって「渋谷」がイメージされ、都市の特徴とされるならば、通行人を伝承体とし、町や人との関係を把握する必要もあろう。

そこで試みの一つとして、通行人の身体表現を通して町柄を把握しようとして、二〇〇三年から二〇〇五年までの三年間にわたって、大学院のゼミ生と共に定点観測を行なった。当初は、渋谷センター街ゲート下、原宿神宮前交差点八千代銀行前、宮益坂入口、円山町 club asia 横十字路、公園通り SEIBU modiva 前の五か所で調査を行なったが、三年間連続して調査を行なったのは、JR山手線を挟んだ渋谷センター街ゲート下と宮益坂入口とであった[10]。その二〇〇四年一〇月の調査データーの一部を見ると、手をつなぐなど何らかの身体接触が見られるのは、午前中より午後、夜と、時を追うごとに増え、午後九時の段階で、センター街では約三〇％、宮益坂六〇％、円山町五〇％、公園通り四〇％である（図2-2-8「渋谷の身体接触」）。注目すべきは、若者の多いセンター街ではその割合がほとんど変化しないことである。つまり、若者の街ではあるが、意外に男女間における身体接触は少ないのである。若者の多いセンター街や公園通りでは、手をつないでいるのは半数以下で、むしろ大人の多い宮益坂のほうに手をつなぐなどのカップルが多く見られたのである。そうした意味では、センター街は意外に幼いマチなのであった。

道を埋め尽くす人々の姿によって「渋谷」がイメージされ、都市の特徴とされるならば、通行人を伝承体とし、町や人との関係を把握する必要もあろう。しかし、そうした方法については、従来ほとんど検討されることはなかった。

六　都市の伝承

都市の特徴の一つが機能分化に伴う空間分化にあることは既に周知のことであるが、それは同時に伝承する集団が分散するということである。つまり、都市という統合体を想定するならば、都市の伝承機能が分散するということになる。それは、民俗継承体の分散でもある。こうした状態は村を対象として構想された伝承母体とは異なっている。それ故に都市において文化を伝承する集団を仮に伝承体と呼んでおくことにする。それは、①居住地空間、②職域空間、③盛り場空間、④文化空間、⑤境界空間、⑥移動空間、⑦路上空間、⑧仮想空間という、少なくとも八つの機能空間に伴って形成される伝承集団と考えられる。

ところが、都市生活者は常時この内の一つの空間、あるいはそこに形成される集団とだけにかかわっているわけではない。したがって、伝承体の伝承者は、常に個人の一部分をもって伝承に関与することになる。つまり、分裂した個人の一部をもって伝承を支えるのであり、個人の機能分散化である。そこで、個人の一部分をもって集団の伝承に関与する存在を伝承素と呼ぼうとしている。都市は伝承体の集積であり、個人は伝承素の集積であると考えたいのである。

伝承体と伝承素とのあり方を模式図にすれば図2-2-9「都市の伝承体と伝承素」のようになる。都市生活者としての個人は、機能空間A～Hとかかわりながら生活を営んでいる。各機能空間とかかわる時、生活者としての個人はその全人格をもって当該空間の機能とかかわるのではなく、その一部a～hをもってかかわっている。異なる空間においては、また異なる機能を分担するための一部でかかわる。そうした機能空間における集団が伝承体であり、個人がそれぞれの伝承体において機能する部分が伝承素である。都市生活者は、常にその一部をもってそれぞれの機能空間に存在しており、統一体としての存在をもって対応する機会は極めて稀薄である。

村の民俗継承体が、集団の構成員全体がそれぞれの全人格をもって関与することを前提としているのに対し、都市の民俗継承体は、始めから一部の人の、しかもその一部分のみによることを前提としている。それ故に都市―渋谷は個人にとっても多義性を持った存在なのである。こうした空間と集団とを調査対象として伝承文化を把握するためには、従来の視点や方法だけでは対応しきれないのである。このような状況を現在に至るまでついに打開できず、村とは異なる都市の新しい民俗的世界を提示することができなかったことが、いわゆる都市民俗学の成立を妨げ、その有

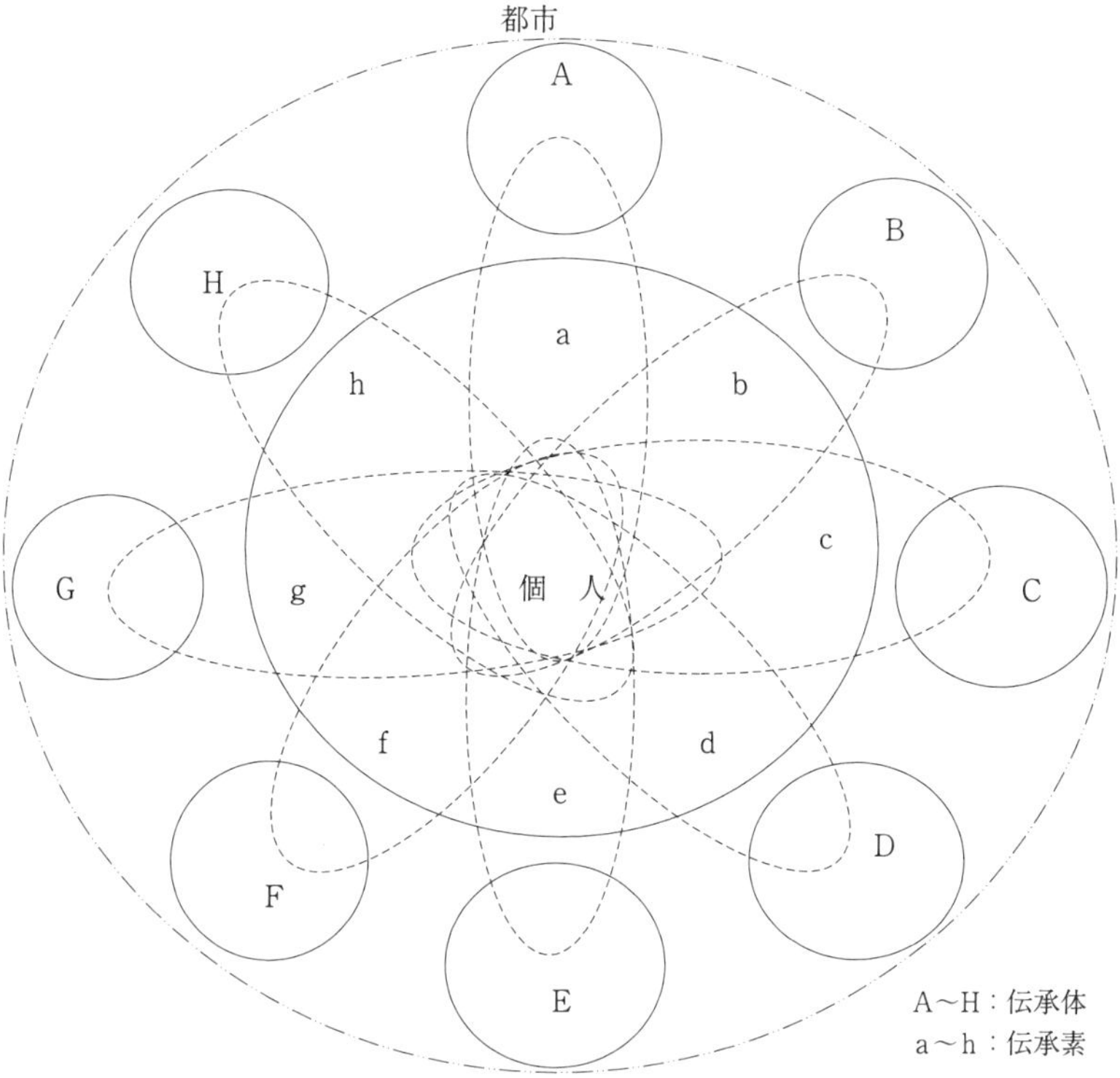

図 2-2-9　都市の伝承体と伝承素

効性を示すことができなかった大きな要因であったと思われる。

伝承体と伝承素という概念が妥当であるのか、そして都市の民俗的世界を把握するために有効であるのかどうか、さらに検討すべき点は少なくない。

註

（1）車塚洋「情報媒体に見る渋谷像」『都市民俗研究』七号　二〇〇一年

（2）車塚洋「「渋谷」のイメージ把握その2」『都市民俗研究』一一号　二〇〇五年

（3）長野隆之「「渋谷」における地名認識の重層性」『都市民俗研究』八号　二〇〇二年

（4）倉石美都「渋谷の色―ファッションとショーウインドウで決まる四季の色

報告―」『都市民俗研究』一三号　二〇〇七年
（5）倉石忠彦「歩く速さ」『都市民俗研究』一三号　二〇〇七年
（6）倉石忠彦「歩かない人、あるいは、歩こうとしない人」『都市民俗研究』七号　二〇〇一年
（7）高久舞「渋谷のあけおめ」『都市民俗研究』一六号　二〇一〇年
（8）柳田國男『郷土誌論』郷土研究社　一九二二年（『定本柳田國男集』第二五巻　筑摩書房　一九六四年）
（9）吉江真美「渋谷のヤマンバ―その誕生と展開―」『都市民俗研究』九号　二〇〇三年
（10）鈴木文子「「カップルに見られる身体表現」第一回観測報告」『都市民俗研究』一〇号　二〇〇四年。伊藤康博「「カップルに見られる身体表現」第二回観測報告」『都市民俗研究』一一号　二〇〇五年。鈴木文子「「カップルに見られる身体表現」第三回観測報告」『都市民俗研究』一二号　二〇〇六年

第三節　渋谷の喫茶店

一　昭和三〇年代の学生生活

「君とよくこの店に　来たものさ　訳もなくお茶を飲み　話したよ」と歌うガロの歌声が町に流れたのは、一九七二年(昭和四七年)であった。(1) 学生時代を懐かしむこの歌については、阿久悠が大学生時代の思い出と共に神田・お茶の水周辺の喫茶店について書いている。(2) 氏は一九五五年に大学に入学したというから、筆者とほぼ同じころ大学生時代を過ごしていることになる。このころの大学生は、多かれ少なかれ喫茶店と大きくかかわっていたようである。

渋谷は学生街というより繁華街としてのイメージが強いのは、ターミナルとしての機能の側面についての印象が強いためであろう。しかし学生街としての側面も確かに有していた。渋谷駅周辺には國學院大學や青山学院大学があり、やや離れてはいるが聖心女子大学もあるし、井の頭線沿線には東京大学があり、かつては渋谷まで直通であった玉電沿線には国士舘大学や昭和女子大学もある。さらに実践女子大学もあったし、東横線沿線には東京学芸大学もかつてはあった。いずれも渋谷駅を利用する学生がいたろうから、渋谷は学生たちの多い町であった。

一九五〇年代から六〇年代にかけては、「百万人の作家」と呼ばれた石坂洋次郎が、新制大学に学ぶ若い男女の青春物語を書き、多くの支持を集めると共に、石原慎太郎が『太陽の季節』で新しい若者群像を描き、(3) 太陽族と称される若者たちが注目された時代でもあった。

戦後の混乱期をようやく脱した日本社会は、いわゆる所得倍増政策や列島改造論を背景にして高度経済成長期に突入しようとしており、若者や大学生たちは政治活動を活発化させようとしていた。古典文学の世界に惹かれて入学した國學院大學の学生たちには地方出身者がまだまだ比較的多く、時代の流れは学生自治会の活動を通して感じ取られはしていたが、多くの学生たちはそうした動きには一定の距離を保って学生生活を満喫していた。

経済的に余裕のあるものは少なく、アルバイトに精を出す学生も多かったから、代返やノートの貸し借りを、友人とユイを組んで計画的に実行していた。それは当然同じ講義を聴くことの多いクラスの仲間を中心として、ある程度緩やかに固定化したグループを中心にしてであった。

早くから特定の個人に特化して行動を共にする男女もおり、卒業後結婚にまでこぎつけたものもいたが、一方が単位が足りずに卒業できずに困惑していたものもいた。しかし多くは数人のグループで行動するものが多く、二人の世界に浸りきってしまうものは、少なくとも表向きは少なかった。

初めての東京での一人暮らし、しかも四畳半ひと間での自炊生活は、地方出身者の筆者にとっては戸惑うことが多く、経済的にもそれほどの余裕のあるはずはなかった。しかし家からの仕送りが月に一万円あったほかに、米一斗、野菜や調味料が送られてきていたし、秋にはリンゴも送ってもらえたのでアルバイトをしなければ生活できないというわけではなかった。米と果物がある生活に、少なくとも飢え死にの心配はなかった。そういう意味では筆者の学生生活は恵まれていた。

当時部屋代は一畳一〇〇〇円が相場だとかで、光熱費を加えて五五〇〇円が下宿代であった。手元に残った四五〇〇円が一月の生活費であった。当時の地方出身者の生活費としては、ごく普通ではなかったかと思う。煙草は吸わなかった代わりに、仲間と宮益坂や道玄坂にあった古本屋には毎日顔を出し、週に二度は神田の古本屋に通った。もちろんその都度本を買う余裕などあるはずはなかったが、そうすることが大学生になった証のように感じていた。おかげで顔見知りになった店ではお茶を出してもらうこともあり、二〇年後に再び訪れて久闊を序することもできた。

神田に出ると半日がかりで古本屋をめぐった後、そのころ出来始めた立ち食い蕎麦屋でタヌキソバを食べてくるのが習わしであった。確か一杯一〇円か一五円ではなかったかと思う。こうして古本屋に行くと、たとえ一〇〇円以下の本しか買わないつもりでいても、それなりの出費はあり、時には掘り出し物のつもりで何百円かの本を買ってしまったりした。仲間同士で本を競って買うような雰囲気もあり、四年たつとリンゴの空き箱一〇箱ほどを積み重ねて作った本箱に本が溢れ、その重みで階下の大家さんの部屋の障子の滑りが悪くなったと文句を言われたこともあった。

こうしたクラス仲間を中核とした数人のグループと、昼間はよく喫茶店に行った。皆が地方出身者というわけではなかったが、偶然「万葉集」などに関心のあるものが多く、また民俗学研究会に入っていた友人と親しかったので（というより、彼に勧められて遅れて民俗学研究会に入ったのではあるが）、行動を共にする機会が多かったのである。ただ、この仲間で居酒屋などに行ったことはほとんどなかった。記憶にあるのは、一年の夏休み前にビールを飲みに行ったことだけである。この時初めてビールの味を覚えた。とはいいながら、それからもほとんどこの仲間と飲む機会はなかった。ありていにいえば、そんな経済的なゆとりはなかったのである。

ところが、土曜日の民俗学研究会が終わってからは、毎週のように屋台か安飲み屋に行って研究会の続きが行なわれた。それは研究会の指導者であった井之口章次先生か、研究会の先輩や上級生のおごりかであった。したがって上級生になるにしたがっておごる側になるはずであったが、あまりおごった記憶はない。話をすることが主たる目的であり、酒を味わうことが目的ではなかったから喫茶店でもよかったはずであるが、そんなところに行ったことはなかった。井之口先生は酒を選んでおられたが、我々学生にはそれを味わうだけの準備はまだなかった。

二 喫茶店通い

友人たちとはよく喫茶店に行ったが、もちろん初めから喫茶店に行くつもりではなかった。当然授業に出るつもりで登校するのであるが、休講があったり時間割の関係で時間が空いたりしてしまうと、喫茶店に行くことが多かった。ただ天気が良くて懐が寂しい時には、宮下公園や明治神宮に行くことも多かった。宮下公園の地下に駐車場ができたり、青いテントが林立するようになったりするのはずっと後のことであり、ブランコが揺れていたりするのどかな公園であった。

かつての代々木練兵場の跡に、まだ占領軍の居住地区である「ワシントンハイツ」があったころである。渋谷の町並みは宮下公園を過ぎるあたりから途切れてしまい、あとは「ワシントンハイツ」の境に張られた鉄条網と山手線に挟まれた道を、革鞄やブックバンドで結わえた教科書やノートをぶら下げて、ブラブラと一五分ほど歩いていった。井之口先生に倣って風呂敷に教科書を包み、それを抱えていったこともある。時には鉄条網の向こうにアメリカ人の子供が遊んでいる姿を見ることもあった[4]。

明治神宮に行っても参拝することが目的ではないので、芝生の上に円陣を組んで座り、雑談に花を咲かせていた。時にはそこで昼食を済ませることもあった。弁当などを売っている時代ではなかったから、パンを買っていって食べる程度であった。

喫茶店は現在よりはるかに多かったような印象がある。駅前のみならず、人の集まるところには喫茶店があり、百軒店には様々な喫茶店が軒を連ねていた。「純喫茶」と呼ばれる喫茶店だけではなく、「名曲喫茶」「歌声喫茶」「同伴喫茶」などがあった。「ジャズ喫茶」はあったであろうか。はっきりしないが、少なくとも筆者は入ったことがなかった。オープンカフェ形式の店はなかった。少なくとも筆者の記憶にはなく、当然入ったことはなかった。いずれも看板にはその旨が明記されており、目的によって使い分けることができるようになっていた。今では「マンガ喫茶」「メール喫茶」「談話室」などという喫茶店があるが、そうした喫茶店は当然のことながらなかった。

「名曲喫茶」は名曲を聴かせる喫茶店ということであり、「ライオン」は今も健在である。そのほか「白鳥」「田園」などという喫茶店もあった。二人掛けのソファーがスピーカーの方向に向いて並んでおり、人声はほとんどせず、音楽だけが流れていた。話をしていると注意された。コーヒーの値段も高かったし、議論をすることなどできる雰囲気ではなかったので、一度で懲りてしまった。

「歌声喫茶」は労働運動・社会運動の一環としての「歌声運動」に呼応する形で展開されていたように思われるが、「名曲喫茶」とは全く趣を異にし、アコーディオンに合わせて全員で歌を歌うのである。渋谷にも何軒かあり、「ＡＣＢ」などが有名であった。現在であればさしずめ「カラオケ喫茶」というところであろうが、労働歌やロシア民謡などが多かった。味はわからないがコーヒーはそれほどうまいとも思われず、机も椅子も上等なものとは思われなかった。ただ、コーヒーを頼むと小さな歌集がついてきたように思われるが、あれは買うものであったか。音痴の筆者には馴染めず、これも一度しか行かなかったので、記憶は定かではない。

「同伴喫茶」は文字通り男女同伴で入る喫茶店ということであった。関心は大いにありながら、残念ながら入る機会を逸してしまった。そうした情報に詳しい友人の話では、照明の暗い室内に背の高い二人掛けのソファーが一方向に向いて並び、衝立などで周囲からは見えにくい配慮がなされていたという。中にはカーテンで座席を隠している店もあったという。そのためにかなり濃厚な場面もあったということである。たぶん使用時間も制限されていたのではないかと思われるし、コーヒーなどの値段も高かったのではないかと思われる。いずれにしても、学生服を身にまとった平均的な大学生には、なかなか足を踏み入れる機会の少ない喫茶店であった。

「純喫茶」は店舗も多く、我々学生が最もよく利用した。たくさんの喫茶店の中からなぜその店を選んだのか、その理由はよくわからないが、行きつけの喫茶店があった。他のグループとはその店ではあまり顔を合わせることがなかったから、それぞれの行きつけの喫茶店があったのかもしれない。あるいは、それほど喫茶店には行かない学生たちもいたのであろう。今はなき東急文化会館の地下には、ニュース映画専門の映画館があり、入場料は一〇円であった。そうした時間つぶしのできる場所は、喫茶店以外にもいろいろあったからである。

三　純喫茶「牡丹」

我々の行きつけの店は、現在の文化村通り沿いの地下にあった「牡丹」という純喫茶であった。特にこれといった特徴のある店ではなかったが、何となく落ち着き、四年間よくお世話になった。いつも注文するのはコーヒーであったろうか。テーブルの上には一〇円玉を入れると占いやピーナッツの出る機械(?)があり、そのピーナッツをかじりながら何時間でも腰を落ち着けていた。コーヒーの追加注文をすることはほとんどなかった。最長記録は、登校したら休講になっており、午前一〇時ごろに入ってから夕刻六時ごろまで、八時間ほど粘った時であったろうか。昼食抜きであった。それ程ではなくても四、五時間は珍しくなかった。

長くなりそうな時には、袋入りのピーナッツを買って持ち込んだこともあった。当然そのほうが安上がりだったたからである。しかし、仲間の一人がピーナッツを食べ過ぎて鼻血を出してしまい、ウエートレスをはじめ、ちょうど居合わせていた支配人にまで面倒をみてもらうはめになってしまったこともあった。随分迷惑な客であったことと思われるが、それでも文句をいわれたことはなかったし、いくらでも水のおかわりはしてくれた。それだけではなく、卓上の砂糖壺の砂糖をコップの水に入れて砂糖水を作ることも黙認してくれた。昼間はそれほど客が入っていなかったということもあったろうか、居心地のよい店であった。

喫茶店での話題は種々雑多であったが、大学生活や講義についての話題が多かったように思う。宿題のレポートについての意見交換などもあったし、代返・講義ノートの分担にかかわる相談は、いうまでもなくこの折であった。不思議に男女関係を話題にした記憶はない。喫茶店に行く仲間で話す話題ではなかったのであろうか。

三学年のころであったろうか。文学第一研究室（高崎正秀教授研究室）に出入りしていた他のクラスの友人たちが、研究誌を作ったことがあった。タイプ印刷のなかなか本格的なものであり、講義中に紹介される先生もおられた。そこに掲載されている論文などを話題にしているうちに、これ位のものなら我々にもできるのではないか、ということになった。それから急遽、自分たちの研究誌を出そうということになった。もちろん対抗意識の発露である。そのために「山菅の会」という会を作ったが、喫茶店に行く仲間と異なるわけではなかったが、他のクラスから二人加わり六人であった。『山菅』という誌名も決まった。いずれも純喫茶「牡丹」で、何日にもわたり、何時間もかけて話し合った結果であった。もちろん掲載原稿があったわけではない。会の名前が先か、誌名が先か記憶は朧であるが、「万葉集」所収の歌の中から選んだことは確かである。それぞれ原稿を持ち寄って編集会議を開いたのも「牡丹」であった。ところが研究誌を出そうとはしたが金はない。タイプ印刷など思いもよらない。そこでガリ版を切ることにした。ちょうどガリ版を切る鑢と鉄筆、それに謄写印刷の道具は東京に持っていっていた。一切手作りで行こう、勝負は中身だ、と身の程知らずの決意をしたのである。

ガリ切と印刷は、道具を必要とするので喫茶店でするわけにはいかない。仕方がないから、これは下宿の四畳半に集まって作業した。三〇部ほど作ったであろうか。薄茶色の藁半紙に青いインクで印刷し、半分に折って濃い藍色の厚紙で表紙を作った。仲間の父親に頼んで和紙に「山菅」と題簽を書いてもらい、原紙に写して謄写印刷にして、一枚一枚貼り付けた。表紙と共色のリボンで綴じて完成である。何回か合評会をしたが、それも「牡丹」であった。たまには日の当たるところで合評会をしようというので、わざわざ浜離宮へ行ってしたこともあった。一号だけで後は続かなかった。

四　渋谷の喫茶店

一九六〇年代初期における筆者の記憶の中にある渋谷を示すと、図2-3-1「渋谷メンタルマップ」のようになる。記憶の彼方から引きずり出したものであり、明確さを欠いており記憶間違いもあるかもしれない。喫茶店の多くは場所も名前も忘れてしまった。道玄坂も、喫茶店が軒を連ねていた百軒店も、その様相を変えた。センター街は、かつて道玄坂の裏通りであり、そこには記憶に残っているものはほとんどない。高速道路も西武百貨店も東急百貨店もまだなかった。青山学院の周囲は住宅地で、地下を抉る青山トンネルもまだなかった。都バスの車庫が青山学院の西に位置するところにあった。トロリーバスが走り、玉電も路面電車であった。道路の拡張整備は、自動車時代の到来によるもので、それは日本経済の発展と無縁ではなかった。

時代が大きく変わる境目にあった学生時代には、ほとんど青山学院より東には行ったことはなかったし、道玄坂よ

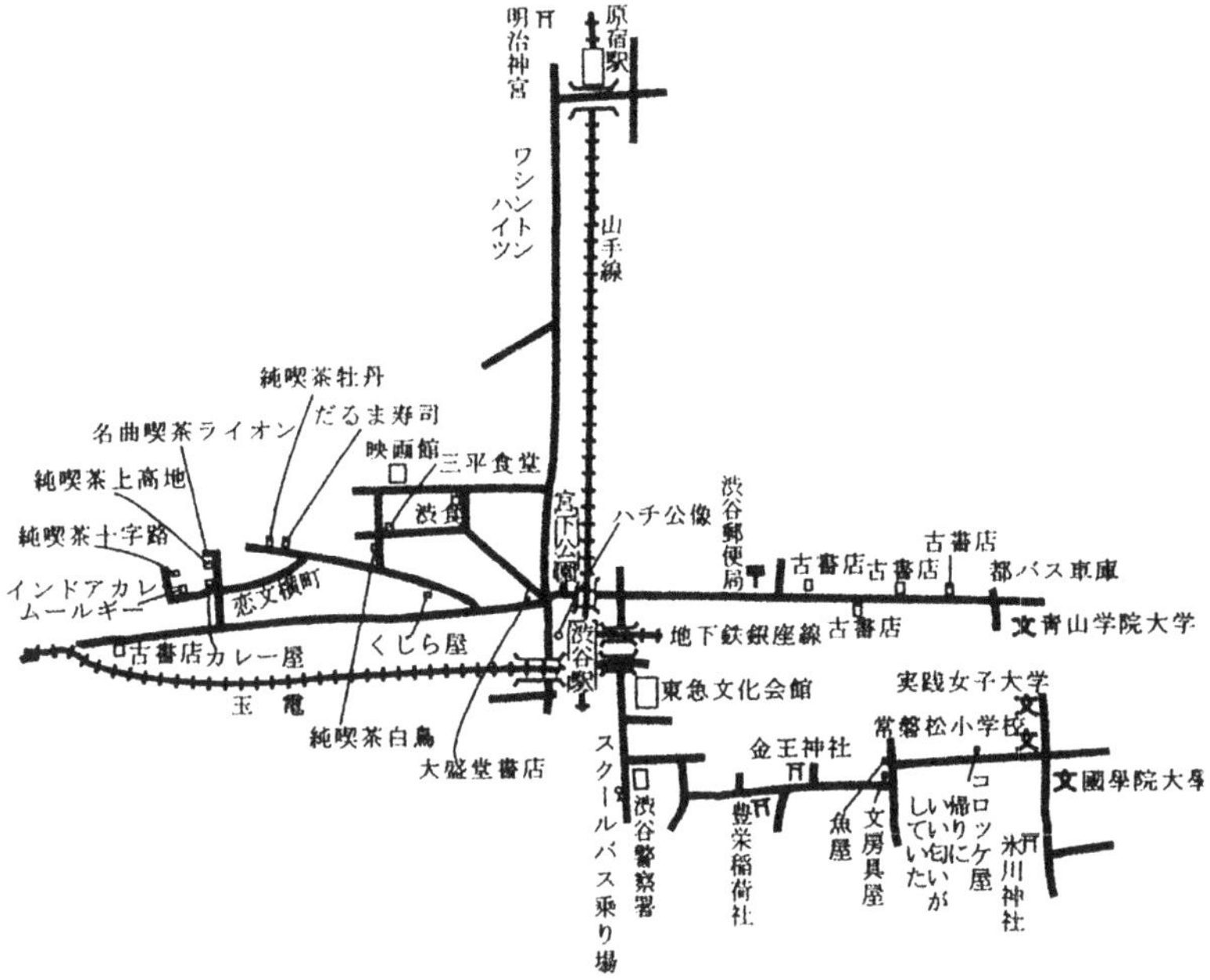

図 2-3-1　渋谷メンタルマップ

り先は生活圏には入っていなかった。もっとも下宿は玉電西太子堂駅のすぐそばだったから、三軒茶屋に行くことはあった。渋谷から三軒茶屋の中間には友人の家があったが、そのほかには全く用のない地域であり、記憶の中では空白の地域であった。渋谷駅より南にもほとんど用がなかった。四年間渋谷で学生生活を送ったとはいいながら、その活動範囲は狭い地域に限定されていたのである。そして高速道路の開通は、渋谷の景観を大きく変えた。

そのころ、渋谷に喫茶店がどれくらいあったのか明確ではない。一九九九年に電信電話公社の業務を引き継いだNTT東日本では当時の電話帳は保管していないということであり、国会図書館でも一九六六年からの電話帳しか保管していないという。その年の『東京二三区職業別電話番号簿』[5]によれば、渋谷区内には二六六軒の喫茶店があった。そこには記憶の底に沈んでしまっていた、「絵夢」「カトレア」「喫茶ローズ」「白馬車」「プリンス」「マイアミ」「モンブラン」「ルノアール」などなどの、懐かしい喫茶店の名前が見える。そこに記されている地名の多くは、その後の合併や町名変更などによって失われ、現在の地域との比較は容易ではない。ともかくおおよそ「渋谷」を中心とする地域を対象とすると、最も多いのが上通の三九軒(一四%)、続いて宇田川の三四軒(一二・七%)、大和田三二軒(一二%)などである。上通は現在の渋谷・道玄坂・宇田川・円山などにも及び、大和田は道玄坂を構成している地域である。

二〇〇六年(平成一八年)の渋谷の喫茶店をNTT東日本の電話帳によってみると、(6) 喫茶店はa喫茶店、b喫茶店(コーヒー専門店)、c喫茶店(紅茶専門店)、d喫茶店(マンガ喫茶)、e喫茶店(インターネットカフェ)に分類されている。この内a喫茶店は渋谷区内に二三三軒あり、渋谷駅周辺に位置するのは六五軒であり、これは渋谷区内の約二八%に相当する。b喫茶店(コーヒー専門店)は区内には八七軒あり、区内の約三一%に相当する。c喫茶店(紅茶専門店)は区内に三軒あり、うち一軒が渋谷にある。d喫茶店(マンガ喫茶)は区内に二三軒あり、駅周辺では宇田川町七軒・道玄坂一軒・渋谷二軒の一〇軒で、これは区内の当該喫茶店の約四四%に相当する。ちなみに新宿区内には二五軒あるがその内一一軒は歌舞伎町にあり、これも四四%に相当し、マンガ喫茶が盛り場に集中している様を知ることができる。また、e喫茶店(インターネットカフェ)は渋谷区内に五軒あり、宇田川町二軒・円山町一軒で、他の二軒は代々木である。新宿区内には一三軒あり、百人町の四軒・歌舞伎町三軒で、マンガ喫茶とはややその所在地の傾向は異にしている。

これら電話帳によって一九六六年と二〇〇六年の喫茶店数を比較するために整理したのが、表2-3-1「渋谷の喫茶店数」である。電話帳の記載によって記載の形式が異なり、正確な比較はできにくいが、おおよその傾向は知ることができよう。まず気がつくことは喫茶店の機能が変化したらしいことと、喫茶店の数が渋谷区全体では増えていることである。コーヒーを飲むだけであるなら、何も喫茶店でなくてもファミリーレストランでも飲めるし、そこでお

表 2-3-1　渋谷の喫茶店数

1966年			2006年													
	喫茶店			a 喫茶店		b コーヒー専門店		c 紅茶専門店		d マンガ喫茶		e インターネットカフェ		合　計	
町名	店数	%	町名	店数	%	店数	%	店数	%	店数	%	店数	%	店数	%
上通	39	14.66	渋谷	18	7.73	8	9.2	1	33.33	2	8.7	0	0		
中通	14	5.26													
美竹	3	1.13													
金王	4	1.5													
並木	1	0.38													
栄	12	4.51	道玄坂	15	6.44	14	16.1	0	0	1	4.35	0	0		
大和田	32	12.03													
桜丘	6	2.26													
円山	15	5.64	円山	3	1.29	0	0	0	0	0	0	1	20		
宇田川	34	12.78	宇田川	20	8.58	4	4.6	0	0	7	30.43	2	40		
南平台	0	0	南平台	2	0.86	0	0	0	0	0	0	0	0		
東	1	0.38	東	7	3	1	1.15	0	0	0	0	0	0		
計	161	60.53	計	65	27.9	27	31.03	1	33.33	10	43.48	3	60	106	30.2
渋谷区合計	266	100	渋谷区合計	233	100	87	100	3	100	23	100	5	100	351	100

しゃべりもできる。かつて喫茶店が担っていた役割に変わる場も多くなった。喫茶店を差別化するために、コーヒーを飲むほかに付加価値を求め始めたのである。もちろんそうした喫茶店の機能の変化は、利用者の生活の変化に伴う行動や意識の変化とかかわっているのであろうし、喫茶店が増加したのもそれと無関係ではないであろう。ただ全体的に見ると、「渋谷」における喫茶店の数は少なくなっているし、区内における喫茶店の集中の割合も減少している。一九六六年には区内の喫茶店の六割以上も「渋谷」にあったが、二〇〇六年では三割にまで減少しているのである。そうした意味では「渋谷」という町が喫茶店の存在をそれほど必要としなくなったということであろうし、かつてほど突出した性格をもつ町ではなくなったのかもしれない。

　もちろんこうした電話帳による統計的データからは、喫茶店数の概要を把握することはある程度できるが、その詳しい内容は必ずしも明らかにすることはできない。かつても喫茶店の掲げていた看板にこそ「純喫茶」とか「名曲喫茶」「歌声喫茶」「同伴喫茶」などと、その喫茶店の性格が示されていたが、電話帳には店名しか記載されていない。そのためカタカナの多い店名だけからでは、その喫茶店の性格まで知ることはできない。しかしまずはコーヒーを飲ませる店という共通の理解が前提としてあり、そこは一定の人間関係を確認する場であったと思われる。それに対して現行の喫茶店は、いわゆる「喫茶店」のほかに、コーヒー専門の店があり紅茶専門の店がある。そのほかにマンガを読む、インターネットを利用するという全く性格の異なる行為を行なう場としての喫茶店があり、「喫茶」は付属行為になってしまっているようである。それは、かつてのようにコーヒーを飲むことより、マンガを読んだり、インターネットをしたりして、一人で作業をする場となっているかのようである。

そうであるとすれば、かつて「学生街の喫茶店」として青春生活と共にあった喫茶店は、既にその役割を終え、肥大化する都市の日常の中に解消されてしまったということになるのであろう。ますます孤立化し、自分だけの世界に閉じこもろうとする若者たちと、商品化・画一化される都市生活の中で、都市「渋谷」の喫茶店は、新たな相貌を見せ始めているということになるのであろう。

註

（1）「学生街の喫茶店」　詞：山上路夫、曲：すぎやまこういち
（2）阿久悠『愛すべき名歌たち―私的歌謡曲史―』岩波新書　一九九九年
（3）石原慎太郎「太陽の季節」『文學界』七月号　一九五五年。単行本『太陽の季節』新潮社　一九五六年
（4）「ワシントンハイツ」は一九四六年に建設され、返還されたのは一九六四年である。現在代々木公園や国立代々木競

技場、ＮＨＫ放送センターなどがある。

（5）『東京二三区職業別電話番号簿』日本電信電話公社東京電気通信信局　一九六六年四月一日発行

（6）ＮＴＴ番号情報株式会社編『デイリータウンページ　渋谷・新宿区版』東日本電信電話株式会社　二〇〇六年

第三章　路上の群衆——移動空間——

第一節　都市と群集

一　問題の所在

日本民俗学において、「都市」は既に特別な存在ではなくなっている。一九七〇年代から注目され始めた「都市民俗学」は、今や日本民俗学の中に解消されてしまっている。いわゆる「都市化社会」の到来と共に、あえて「都市」を強調する必要がなくなってしまったからでもある。それは日本民俗学の劇的ともいえるような転換のはずであったが、ほぼ四〇年という歳月の中で徐々にその存在感を薄くしていった。「都市民俗学」の学的体系化どころか、その研究対象である「都市民俗」の概念すら十分に議論されることなく、各研究者の体験的認識の中で「都市」は「現代」と二重写しにされ、「都市民俗」は民俗学の中で普遍化されてしまったのである。

そもそも「都市民俗」は、「村落民俗」が存在してこそ、その存在を主張されるべきものであった。日本民俗学は「日本の民俗文化・民族文化」を調査・研究対象とするといいながら、その実態は日本の「農山漁村」の調査・研究であったことに対して、筆者は都市をも対象とすべきであると考えたが故に、「都市民俗」研究の必要性を主張したのであった。ところが全国的に都市化され、従来研究対象とされていた、いわゆる「村落民俗」が影を薄くしてしまうと、あえて「都市民俗」を強調する意味がなくなってしまった。

もちろんそれは、民俗学研究が時代の変化と、不可分な存在であることと無関係ではない。民俗学研究が、現代に生きる研究者の問題意識と、その調査対象である人々の現代の生活とが相まって行なわれるものだからである。一九六〇年代から始まった日本の高度経済成長の波が、都市化を全国的に進行させることになったことが、その要因の一つではあったであろう。それだけではなく日本民俗学草創期以来の、西洋文化の流入によって消え去ろうとする日本人の生活文化の歴史を再構成し、洋風化される以前の日本文化の形や考え方を再評価しようとして、調査・研究の対象としてきた生活が、激変してしまったのである。誤解を恐れずにいうならば、古い生活文化を保存してきた村が、消滅してしまったのである。

民俗学研究は、現代に生きる研究者が、「いま」「ここ」から立ち上げた問題意識に基づいて、調査・研究してきたのであり、その「いま」が変われば問題意識も変わり、調査・研究対象も変化することは当然のことであって、何ら不思議なことではなかった。そうした研究が「民俗学」と呼ばれる研究でなければならないかどうかは、それほど重要な問題であるとは考えられない。人文科学のみならず自然科学であっても、現代に生きる研究者が、それぞれの「いま」「ここ」から立ち上げた問題を対象としているからである。一つの学的体系のもとに成立する学問がまずあって、その後に問題があるわけではない。

しかし、柳田國男・折口信夫をはじめとする多くの先学の研究成果の蓄積によって、「いま」「ここ」で立ち上げた問題を明らかにする方法として、民俗学研究の有効性が社会的に認知され、多くの大学においても民俗学の講座が置かれるようになった。なればこそ、都市化され、かつてとは異なる生活形態の社会においても、「いま」「ここ」で立ち上げた問題の幾ばくかは、民俗学研究によって解明することが可能なはずである。

ちなみに筆者は、民俗学とは「現在我々が営むあらゆる生活文化を対象とし、文字によるだけではなく言葉・行為・感覚・形象などによって伝達・継承されてきた文化事象を見出し、時間的・空間的差異を比較することによって、その変化・変遷の過程を明らかにすると共に、日本文化の、日本文化たらしめる基層文化のあり方を明らかにしようとする学問である」と考えている。こう考えるが故に、累積する過去の生活文化の上に現在の都市化社会は築かれており、そこに胚胎する諸問題も現在の生活文化の伝承過程を詳らかにすることによって、その問題の解決の糸口が見つかるものも多いと考えるのである。

もちろん都市化社会における民俗学研究の可能性を主張するためには、研究成果を集積するほかにないであろうが、それには都市化社会における民俗学研究のあり方について改めて検討し直すことが必要であろう。とりわけ、「都市」や「都市化」についての民俗学独自の概念規定を行なわなければならないであろうし、それに伴う研究法もまた検討する必要があるはずである。

二　民俗学と都市

最新の事典である『民俗学事典』において「都市」は、既に日本民俗学の中に普遍化されてしまった「都市民俗学」と呼ばれた研究分野と関連づけて取り上げられており、項目としては索引で見る限り触れているのは、「ニュータウン」「世間話と都市伝説」の二項目において記述されているだけである。[1] つまり「ニュータウン」において金子淳は「民俗学においては、多様な都市機能を複合的に抱え込むニュータウンよりも、居住機能に特化している団地の方が研究対象となることが多かった。（略）（団地の調査を契機にして都市民俗学が提唱されたが＝筆者註）団地研究を含む都市民俗学は終息に向かっていくが、同様に、ニュータウンについても、民俗学の主要な研究対象とはなり得なかった」といい、[2]「世間話と都市伝説」において重信幸彦は、大月隆寛の理解を引用して「日本の都市民俗学という文脈の中で紹介される過程で、特に「都市」が意味ある言葉として位置づけられていった。そして都市伝説における「都市」は、私たちの等身大の経験を超えてゆく仕組みが、町であろうとムラであろうと、身の回りに幾重にも張り巡らされている状態を意味するものとされた」と理解している。[3]

いずれも「都市」を、民俗学的に概念規定をしているわけではなく、民俗学史的見地からの「都市」理解である。これは「事典」という書物としての性格から避けられないものであろうが、いずれにしても「都市」を限定的な条件下でその性格づけを行なっている。

かつて、日本民俗学において、「都市民俗学」が大きな関心を寄せられたことがあった。[4]筆者も関心を寄せた者の内の一人であったが、考えてみると、独立科学としての「都市民俗学」が存在するかどうかということはそれほど大きな問題ではなかったのではないかと思う。日本の伝承文化の把握と理解こそが問題でなければならなかったのである。つまり、「都市」が問題になるとすれば、日本において民俗学研究が進展する過程でそれほど研究対象とされてこなかった「都市」地域、あるいは「都市」的環境を研究対象とする必要があるという認識を喚起することが問題であったはずなのである。[5]そしてその結果として、「都市民俗学」という学問体系が必要とされ、あるいは生まれるであろうという期待があったのである。

しかしともかく、今や民俗学研究においていわゆる「都市」を対象とすることは、特別なことではなくなっている。それは最新の民俗学入門書である『はじめて学ぶ民俗学』[6]を見てもわかる。本書においては、現代的な都市生活を営む若者が、自らの体験を踏まえつつ「いま」「ここ」で問題を立ち上げようとしているのである。入門書ですらこうした認識を背景として編集されているのにもかかわらず、民俗学において「都市」の定説的な定義はいまだなされていない。

三　都市生活者の生活様態

かつて日本民俗学は、日本の民俗文化の再評価を行なうために、近代西欧文化の影響を受ける以前の文化を研究対象とした。そのため、在来文化が濃厚に残されていた村の生活文化に、強い関心を抱いていたのである。そうした日本民俗学のかつての問題意識を、現在の日本民俗学も共有しているならば、村と区別されている「都市」が、何故に研究対象になり得るかという理由を明確にするためにも、まず「都市」は定義されなくてはならないはずである。

それでは都市の伝承者は、ムラの伝承者とどのように異なっているのであろうか。周知のごとく民俗の伝承単位としてのムラは、特定の文化事象を伝承する集団である民俗継承体の重層する伝承母体として認識されてきた[7]。そこでは、村人は世代を超えて継続することを理想とする「イエ」の構成員であり、年齢階梯性的、あるいは世代的に様々な民俗継承体の伝承者となりつつも、いずれの民俗継承体の構成員であろうと、何家の何某として存在する。したがって村人は、伝承者として一個の統合体として認識され、また本人も自覚している。

それに対して「都市」は機能分化し、それに伴って空間も分化しており、生業の相違だけではなく、生活形態も村とは異なっている。かつて「都市」は都市的生活様式の見られる場であると定義したのは、そうした理由からであった[8]。その後、東京・渋谷の継続的な調査を行ないつつ、都市の分化している機能集団が、それぞれ文化を伝承する伝承体であり、一時的にかかわる機能集団における個人(の一部)は伝承素であると考えるようになった。したがって、伝承者としての個人は伝承素の複合体であり、ムラにおける伝承様態とはかなり相違していると考えることができる。

「伝承体」「伝承素」という概念は、村の伝承様態に基づく「民俗継承体」「伝承母体」という概念に対する、都市の伝承様態に基づく新たな概念である。村の伝承は重層的な「民俗継承体」によって、一定の地域・空間に民俗を共有する「伝承母体」を形成する。ところが「都市」では、分化した機能集団と、分化した機能空間とに複合的・重層的にかかわる都市生活者が伝承者である。そして分化している機能集団は、それぞれの文化を形成・維持・伝承している。機能集団が文化の伝承集団であり、都市生活者たちは並行的に幾つかの機能集団の伝承者(構成員)である。それ故に、伝承集団は地域・空間に限定することはできない。したがって村の伝承様態に基づく「伝承母体」という概念を用いずに、「伝承体」と称する必要があったのである。

また村における伝承者は、世代を超えて永続することを期待されたイエの構成員であり、重層的な「民俗継承体」における伝承者としても、常に統合体としての個人である。ところが伝承集団としての機能集団とかかわる都市の個人は、統合体としての個人ではなく、当該集団において分担して果たすべき機能の範囲に限定されている。そのために、伝承集団にかかわる個人の範囲を「伝承素」と名づけてみたのである。つまり個々の都市生活者は、「伝承素」の複合体・集合体と見ようとするのである。

こうした認識のもとに、伝承文化を研究対象とする民俗学における「都市」は、集積する伝承文化集団と考えようとしている。都市には、職業も生活形態も多様な人々が集住している。そうした都市的空間では多様な機能が分化し、それに伴って空間も分化して、それぞれが多重的・重層的に複合している。都市生活者はそれらの多様な機能や空間と常にかかわっているが故に、その生活も多重的・重層的・複合的である。そこに形成される多様な集団は、それぞれが文化を伝承する伝承体であり、それとかかわるのは伝承素としての個人の一部分だけである。したがって、個人の伝承素が、伝承体である集団に寄与することによって集団の文化が形成される。そうした各機能集団の文化集積が作りだす文化集団こそが、伝承概念に基づく「都市」なのである。

こうした定義が一般的に認められ、定説化されているかというと必ずしもそうではない。それは前述したように、民俗学の最新の事典においても「都市」の明確な定義が示されていないことでも明らかである。確かに「都市」の定義がなされなくても研究に支障がないならば、あえて定義に固執する必要はないのかもしれない。つまり日本民俗学において、「都市」を定義しなくてはならないという必然性は、今や存在していないようにも思われる。それほど現在の日本民俗学においては「都市」を研究対象とすることは当たり前のこととされているのである。しかし、研究対象を明確にすることは独立科学としては当然のことであると共に、必要かつ不可欠でもある。なぜならば、独立科学は、独自の研究目的・研究対象・研究方法をもとに体系化された科学でなければならないはずだからである。したがって、日本民俗学がその独自性を主張する以上は、研究対象を明確にすべきなのである。

四　路上の群衆

だが、民俗学が「都市」を定義するか否かにかかわらず、人々が「都市」と認識している生活空間は存在している。そしてそこに伝承文化が存在すると認識され得るならば、「都市」を民俗学が研究対象とすることは当然でもあり、必然でもある。それでは、人々が「都市」と認識する生活空間とは、どのような所なのであろうか。多分それは建造物群などの景観によって把握されるものであろうが、そのほかに人口の密集に基づく「群衆」の存在があるであろう。川本三郎はかつて、「町は雑踏があってはじめて生き生きとしてくる。雑踏が町を作るのだ」といい、「雑踏は町を動的空間に変える。無機的な町並みに〝人だまり〟とも呼ぶべき有機物の固まりが自然発生的にできてはじめて町は生命を吹き込まれる」と指摘している。(9)川本は「町」と表現しているが、実際に取り上げているのは大都市東京を構成する一地域であり、それは「都市」と容易に読み替えることのできる場である。そして「雑踏」は、「群衆」の一様体である。

確かに、商店街の存在や高層の建造物の集中する景観は、「都市」を印象づけるものであろう。しかし、そこに人影が見られなかったとすれば、「都市」としての印象は非常に希薄なものになってしまうであろう。生活する人が存在しない廃墟の建物群は、歴史学や考古学、あるいは建築学や都市計画学の研究対象とはなり得ても、民俗学の研究対象とはなりにくい。つまり「群衆」は、民俗学において「都市」を考える場合には避けることのできない存在なのである。

それではいったい「群衆」の語義はどのようになされているのであろうか。『広辞苑』は、「ぐんしゅう」という見出しのもとに「群衆」「群集」の二項を置き、「群衆」は「群がり集まった大勢の人」であり、「群集」は「①むらがり集まること、また、むらがり集まったもの。②一地域内に何らかの関係をもって生活する全ての生物個体群。生態学の研究対象。植物だけの場合には群落という。③群系に次ぐ植物群落分類の単位。一定の外囲条件と一定の種類組成とを有し、一定の相観を呈する植物の集団。群叢。④多数の人間が一時的・非組織的に作った集団であって、共通の関心を引く対象に向かって類似の仕方で反応するが、一般的には浮動的で無統制な集まり」とする。(10)

『日本語大辞典』でも「群衆」「群集」の二項を立てており、「群衆」は「(人間についていう)むらがり集まった多くの人」。「群集」は「㊀群がり集まること。㊁①多数の人々によって突発的に形成される非組織的な集団。日常的社会組織から解き放たれて爆発的エネルギーを発散することがあるが、明確な目的意識を持たない。②一定の地域内に集まって生活・生育色々な生き物の集団」とする。(11)

つまり語義としての「群衆」は、「むらがり集まる多くの人」であるが、それは「明確な目的意識を持たない、一時的・非組織的・無統制な集団であり、共通の関心を引く対象に向かって類似の仕方で反応し、爆発的エネルギーを発散することもある集団」なのである。そして従来、こうした集団を研究対象としていたのは、共時的な人々の関係に関心を寄せていた社会学であり、民俗学ではほとんど研究対象とはしていなかった。

それでは都市の「群衆」は、果たして民俗学の研究対象とはなり得ないのであろうか。民俗学は文化の連続性に注目し、その伝承文化を研究対象とする学問であるから、「群衆」にそうした性格を見出すもとができなければ、研究対象とはなりにくい。確かに、「群衆」が「一時的な集団」ということだけであるならば、伝承性にかかわる集団とはいえず、「群衆」は民俗学とは無縁な存在ということになろう。だが、都市における「群衆」は一時的な存在ではない。都市が都市的様相として、常に内在させていたのは「群衆」であったからである。そうした意味では都市の「群衆」は、むしろ日常的な存在であった。「都市」の日常を把握するためには、「都市」の「群衆」は欠くことのできない集団なのである。

いうまでもなく、「都市」の機能集団は多様であり、空間分化した都市において、人々はただ一つだけの機能・空間とかかわっているわけではない。朝、居住地空間を出て、移動空間を経て職域空間に赴く。勤めを終えると職域空間から盛り場空間や文化空間、あるいは境界空間などを訪れた後、移動空間を経て居住地空間に戻るのである。そしてそれぞれの異なる機能集団の存在する空間へ移動する時には移動空間を用いるが、それは移動空間を経由することでもある。こうした日常生活において、人々が「群衆」と化すのはほとんど路上であり、移動空間においてである。

そして移動空間である路上において、「群衆」を構成する人々の多くは、その場が最終目的地ではない。道路は移動の場であり、出発点と到達点(目的地)との中間に位置する場だからである。したがってそうした機能を前提とする空間に存在する人々は、何事かをなす過渡的・経過的状態にある。それぞれが自らの目的を果たすために、一時的に路上に存在している。そうした多様な目的を持った人々の集まりが路上・街頭の人々なのである。

もちろんその場(路上)を目的地とする人々が、全くいないということではない。かつて「銀ブラ」と呼ばれたのは銀座の街頭をブラブラ歩くことであり、「銀座の路上」が目的地であった。また、ギャルと呼ばれた少女たちは渋谷を目指したし、特異なメイクで人目を驚かせたヤマンバたちも、渋谷センター街を目指してやってきた。渋谷センター街の路上が目的地であった。しかし、そうした場において仲間を見出し、非日常的な時を過ごすことになれば、移動空間であったはずの路上は、非日常的な盛り場空間に一変する。あるいは移動空間としての路上を移動中であっても、ショウウインドウのディスプレイなどに惹かれて、つい店内に入ってしまったとすれば、既にそこは路上ではない。

それにしても、路上に存在している群衆を構成する人々には、「群衆」という集団の一員としての認識はあるまい。当然、群衆構成員が「群衆」としての伝承文化を所有しているという認識もないであろう。そうした意味では路上の群衆は移動空間に群れを形成していても、それぞれの機能空間における集団の、一伝承素として存在している場合が多いのであろう。したがって「路上空間の群衆」の伝承者として対象となるのは、路上空間を最終目的地とする「群衆」ということになろうか。

仮に、路上空間に存在する群衆を集団として把握し、伝承体とみることができるとしても、その集団は非常にルーズなもので、観念的集団であろう。そしてまた、その集団の持つ伝承文化のあり方は、観念的な文化形態であろう。つまり、観念的伝承体を構成する個人はやはり観念的な伝承素であり、実体的・具体的伝承素としての実感を持ち得ないために、実体的な伝承体としての機能集団に参加することを期待する。常に人・空間とつながることを期待しているであろう。

つまり路上は単に目的地に至る移動空間であるばかりではなく、新たな出会いや関係を見出すまでの過渡的・経過的な場でもあったのである。しかしそれも人間関係の移動であり、目的行動の変化であるとすれば、やはり路上は広義の移動空間であり、路上の「群衆」は過渡的・経過的な存在なのであろう。たとえ路上の「群衆」が、突発的に形成される非組織的な集団であって、明確な目的意識を持たない人々の集団であったとしても、「群衆」の中の個人個人は、路上以外の場では機能空間内における組織的集団の一員であり、路上にあっても何ら目的を持たずに存在しているわけではなかろう。

そもそも「都市」は、機能分化した社会であり、それに伴って空間も分化し、人々はそれらの幾つかと移動空間を経由しながら、常にかかわりながら生活している。したがって都市生活者は常にそれらの機能集団あるいは空間と、多重的・多層的・複合的にかかわることを余儀なくされているのである。

五　二つの移動空間

路上が移動空間であり、そこに出現する「群衆」が、多様な空間間を移動する「むらがり集まる多くの人」であるならば、都市の「群衆」は突発的に出現する存在ではなく、都市の常態である。ただ注意しなければならないのは、都市の移動空間が路上だけではないことである。むしろ電車や自動車などの車内空間のほうが、機能空間が分化している都市空間における移動空間としては特徴的な存在である。

しかし、同じ移動空間であっても、その移動のあり方は異なっている。路上空間においては人々が自らの身体を自らの力で移動させるのであるが、車内空間は空間そのものが移動するのであって、車内の人々は移動空間内を移動するのではない。そして路上空間における「群衆」の構成員は刻々と変化するが、車内空間における「群衆」の構成員は、少なくとも駅と駅との区間においては不変である。車内空間はそうした意味では路上空間に比較して閉鎖的ではあるが安定的な空間である。かつて、都市の諸空間の中で車内空間が特徴的な存在であり、都市生活に大きな意味を持っていることを指摘したことがあったが(12)、それは車内空間の安定的・独自性を認めたからであった。

ただ、車内空間の集団は普通には「乗客」と呼ばれ、「群衆」として認識されることはほとんどなかった。もちろん交通機関との関係でいえば車内の人々は「乗客」であり、機能空間間を移動するために一時的に車内に身を置いているのである。そうした意味では移動という目的と一定のルールを共有している人々であるから、「群衆」とするのには問題がないわけではない。もっとも車内空間に身を置いている人々すべてが、車内を移動空間としているわけではない。運転手や車掌などの乗務員にとってはそここそが職域空間であり、他人の懐を狙ったり、それを取り締まるために「乗客」となっている人にとっても、車内空間は職域空間化しているのである。それにしても、「乗客」は多様な空間間を移動するために、移動空間である車内空間に「むらがり集まる多くの人」であるから、「群衆」としても把握することができるはずである。しかも「乗客」は、それぞれが車内空間前後の機能空間と、深く結びついた状態にある。

朝の通勤電車内で居眠りや飲食をしたり、あるいは化粧をしたりしている人は、居住地空間で完結するはずの行為を車内空間に持ち込んでいるのであろうし、授業の予習をしたり教科書を開いていたりする学生は、これから向かうはずの学校という文化空間における機能を先取りしているのである。また仕事帰りの車内で、仕事や上司の話をしているサラリーマンやＯＬは、いまだに職域空間にいるのであろうし、パソコンを開いたり、スマホに夢中になっていたり、あるいは資料を確認していたりする乗客は、同様に職域空間を引きずっているのか、あるいは文化空間に身を置いているのであろう。ケーキの箱を大事そうに抱えているお父さんは、既に居住地空間の中にいる。時計を見ながら約束の時間を気にしている若者や、缶ビールを飲み始めている乗客の心は、既に盛り場空間に飛んでいるのかもしれない。

車内空間は移動空間とはいえ、乗客のそれぞれにとっては、彼らがかかわっている機能空間と断絶しているわけではなく、混在しているのである。そうした都市の諸機能空間が混在状態にある移動空間は、それぞれの乗客の降車駅まで継続される。かつての東京のラッシュアワーでは、乗車率三〇〇％などということもあった。そうした殺人的混雑時の乗客の多くは、車内に他の空間機能を持ち込む余裕などはなく、一刻も早く脱出したいと念じて耐える移動空間であった。しかし、そうした状況下においてもなお、運良く座席を確保することができた人々は、居眠りをしたり新聞を読んだりしていた。つまり、移動空間内に居住地空間や文化空間を持ち込んでいたのである。そして乗車率が緩和されるにしたがって、移動空間である車内空間に侵入する機能空間は多くなったのである。

こうして、車内と路上という二つの移動空間のあり方は相異なり、同時に「群衆」の状況も相違している。それにもかかわらず、二つの空間における「群衆」は、それぞれの目的あるいは目的地に至る移動空間に存在していることは同じなのである。そして、いずれも移動空間の前後に位置づけられる機能空間とつながっている。仮につながっていないとしても、つながろうとしている。そうした意味で二種類の移動空間における「群衆」は、共に過渡的状況にある。それは「群衆」が、それぞれ多様な機能や空間を重層化させている集団であり、「群衆」を形成する人々にとっては、均質な集団ではないということでもある。

六　群衆の伝承文化

それでは移動空間における「群衆」はやはり観念的な集団であって、実体的な文化事象の伝承にかかわる伝承体とみることはできないのであろうか。伝承は、伝達者と継承者とが存在しなければ成り立たない行為である。しかし、「移動空間」における「群衆」の構成員は孤立し、相互にかかわりを有してはいない。いうまでもなく、群衆の中には複数の仲間連れも含まれているであろうが、彼らは乗客か通行人内における一つの集団であり、匿名の存在ではない。停車場の人混みに混じって故郷の訛りを聞いている石川啄木[13]は、孤独な匿名者としての群衆の一員であった。しかし停車場がつなぐ彼方の空間は啄木を育んだ空間であり、その空間における文化を継承する啄木は、確かに「人混み」の中にいるのである。「群衆」は、伝承体と伝承体との間隙に出現する束の間の社会現象(集団)である。

このような「群衆」は、果たして特定の文化事象・形態を伝承する集団なのであろうか。確かに路上や車内に形成される一時的な集団である「群衆」の構成員は、一時的で流動的である。しかもその集団構成員はそれぞれに認識し合っているわけではなく、日常的な関係も保持していない、まさに匿名的な存在である。何ら関係のない人々の間で、果たして伝達・継承の機能は働くものなのであろうか。

そうした状況にはありながらも、「群衆」の構成員の多くは日本人であり、基層文化は共有している人々である。したがって、そこにも無意識の内に伝承された文化は、存在しているはずである。そう考えた時に、路上という特定空間における集団を、伝承体(特定の文化事象を伝承する都市の機能集団)、あるいは民俗継承体(特定の文化事象を伝承する集団)として対象化することができないことはないと思われる。しかも機能集団にかかわっている伝承素は、伝承者の伝承している伝承文化のすべてではない。伝承素は特定の機能集団とかかわる時に、それに応じて働く伝承機能に過ぎず、我々が機能集団を通して認識している伝承事象は、伝承者が機能集団とかかわる中で顕在化した伝承事象の一部だけであり、伝承している文化事象のすべてではない。したがって明確な機能と機能との間隙に、埋没したままの伝承文化も存在しているはずである。

そして、路上空間の群衆が伝承体としての機能を持つとすれば、それは伝承素（複数の機能集団において、異なる文化事象の伝承にかかわる個人の一部）である人々の、一時的状態における集合体として把握できる。もし「群衆」のあり方をこのように認識できるとすれば、それはいったい何を伝達・継承する集団なのであろうか。

特定機能にかかわらず、その過渡的空間に形成される人々の群れの中で、偶発的に顕在化する伝承的な文化事象もきっとあるはずである。それはいわば心意伝承として日本人の心の深層に刻み込まれた伝承文化のはずであり、村の伝承文化だけでは見出し得なかった伝承文化であろう。「都市」が「群衆」によって象徴される側面を有する以上、そうした「群衆」の中に存在する新しい伝承文化を発見する必要があり、「都市」を視野に入れた日本民俗学の研究には不可欠な伝承文化であろう。

今までにも「群衆」の伝承文化に対する関心が、全くなかったわけではない。例えば都市民俗学研究会では、二〇〇三年（平成一五年）から二〇〇五年にかけて東京・渋谷をフィールドとして、通行人の身体表現についての継続的な調査を行なっている[14]。また群衆の衣服の色から季節観を読み取ろうとしたり[15]、突発的に発生した事象に対応する群衆の動きを把握しようとする試みも行なわれている[16]。

これらは「群衆」を集団として捉え、そこに類型的な文化の伝承性を発見しようとしたものであった。しかし考えてみると、「群衆」は「群衆」として行動しているのではなく、それぞれの個人が自らの意思に沿って、あるいは無意識で行動しているのである。「群衆」は結果的な現象であり、始めから「群衆」になろうとしているのではないであろうか。そうであるとすれば、特定の機能空間における機能集団は、まず伝承体として存在し、その機能集団内において個人の伝承素が機能するのである。ところが移動空間においては、まず個人が移動するという行為にかかわる伝承素として存在し、その累積として「群衆」としての伝承体(集団)があることになる。

繰り返すことになるが、移動空間は都市の機能集団が存在する機能空間の一つに過ぎない。「都市」空間を構成している機能空間とかかわっている多くの機能集団においては、特定機能が求心力として働いている。それに対して移動空間における移動集団は、移動という行為を共有しているにもかかわらず、移動機能に特化された集団ではない。移動集団構成員それぞれが、移動空間の前後に位置づけている機能空間を保持したまま、一時的に移動空間に身を置いているに過ぎないのである。したがって移動集団の人々は相互に無関係であり、過渡的状態にある人々である。

したがって、移動空間における「群衆」を伝承体として捉えようとするにしても、まずは「群衆」内の伝承素としての個々の通行人・乗客の行為等に注目すべきだったのである。例えば、群衆構成員同士の作法に注目するとすれば、その歩き方などにも伝承性を見出すことができるかもしれない。渋谷駅前のスクランブル交差点は、信号が青に変わると四方から一斉に交差点内に人々が進入する。そして中央の交点においても何ら支障なく、すれ違っていく。外国からの旅行者などがその情景をJR渋谷駅と井の頭線渋谷駅の改札口とを結ぶ通路から見下ろして感嘆しながら写真に収めている。もちろん私たちにとっては何ら特異な状況ではなく、ごく当たり前の行為である。しかしそうした歩行が当たり前にできるということは、歩行の作法が身についているということであり、一つの伝承的な文化事象ともいうべきものであろう。

路上における歩き方やすれ違い方、あるいは歩く時の注意や心がけ、ついぶつかってしまったり肩が触れあってしまったりしたときの謝罪の仕方などは、群衆の中に埋没してしまったときにこそ顕在化する作法である。そしてまた、都市生活の中でこそ発揮される文化事象である。そして、都市生活者が日常的に身につけておかなくてはならない伝承文化であろう。それは自他の認識と深くかかわるものであり、基層文化にまで及ぶ文化であろう。こうした「都市」「群衆」に伝承文化は少なくないと思われる。

日本民俗学が、「都市」を排除せず本格的に研究対象としようとするのならば、かつてほとんど取り上げられてこなかった「群衆」の伝承文化も、積極的に発見しようと心がける必要があるのではないであろうか。しかし、その伝承文化事象の発見の方法や研究方法については、いまだ十分に検討されているわけではない。それは日本民俗学の学的体系とかかわることであり、今後の研究の進展によっては、日本民俗学のあり方は大きく展開する可能性が秘められていると思われる。

註

（1）民俗学辞典編集委員会編『民俗学事典』丸善出版　二〇一四年
（2）金子淳「ニュータウン」民俗学辞典編集委員会編『民俗学事典』丸善出版　二〇一四年　二一六頁
（3）重信幸彦「世間話と都市伝説」民俗学辞典編集委員会編『民俗学事典』丸善出版　二〇一四年　六二二頁
（4）例えば、宮田登『都市民俗論の課題』未来社　一九八二年
（5）現代都市伝承論研究会編『現代都市伝承論』岩田書院　二〇〇五年
（6）市川英之他編『はじめて学ぶ民俗学』ミネルヴァ書房　二〇一五年
（7）福田アジオ『日本村落の民俗的構造』弘文堂　一九八二年

(8) 倉石忠彦「マチ・町・都市」『國學院雑誌』九四巻一一号　一九九三年。内田忠賢「「都市」再考の試み」現代都市伝承論研究会編『現代都市伝承論』岩田書院　二〇〇五年

(9) 川本三郎『雑踏の社会学―東京ひとり歩き―』ＴＢＳブリタニカ　一九八四年　一一～一二頁

(10) 新村出編『広辞苑』第四版　岩波書店　一九九一年

(11) 梅棹忠夫他監修『講談社カラー版　日本語大辞典』第二版　講談社　一九九五年

(12) 倉石忠彦「都市空間覚書」『長野県民俗の会会報』第九号　一九八六年

(13) 石川啄木「ふるさとの訛りなつかし　停車場の人混みの中に　そを聴きにゆく」『一握の砂』東雲堂書店　一九一〇年

(14) 鈴木文子「「カップルに見られる身体表現」『都市民俗研究』第一〇号　二〇〇四年。伊藤康弘「「カップルに見られる身体表現」第二回観測報告」『都市民俗研究』第一一号　二〇〇五年。鈴木文子「「カップルに見られる身体表現」第三回観測報告」『都市民俗研究』第一二号　二〇〇六年

(15) 倉石美都「渋谷の色―ファッションとショーウインドーで決まる四季の色―」『都市民俗研究』第一三号　二〇〇七年

(16) 高久舞「渋谷のあけおめ」『都市民俗研究』第一六号　二〇一〇年

第二節　都市の群衆

一　都市と民間伝承

城壁のような構築物を持たない日本の「都市」を、空間的側面から把握することが難しいことは、夙に柳田國男が指摘しているところである。(1)さらに日本全土に及ぶいわゆる都市化によって私たちの生活は画一化し、「都市」の把握はいっそう困難になってきている。それにもかかわらず、都市の生活と村落の生活との間には明確な差異が存在している。それは次々と新たな文化事象を作り出し、それを消費していく都市の生活文化のあり方を支える人々の生活様式が、自然に規制されることの多い村落の生活様式とは異なるからである。その生活様式の差異は、結局、文化の伝達・継承の基礎となる伝承者・伝承者集団のあり方の相違に基づいている。それ故、都市の生活文化を把握し理解するためには、多元的・複合的・重層的に存在する都市生活者・都市の伝承者集団の実態を明らかにしなければならない。

都市が多元的・複合的・重層的存在であることが、初めて日本民俗学会の公的の場で論じられたのは、筆者の記憶する限り一九八〇年(昭和五五年)に開催された第三二回日本民俗学会年会におけるシンポジウム「都市の民俗—城下町を中心に—」においてであった。(2)会場からの質問として桜井徳太郎が、「多元的・複合的・重層的存在である都市をどのように把握するのか」という趣旨の質問をしたのである。ようやく都市を民俗学の研究対象として関心が寄せられ始めたころで、パネラーとして年会のシンポジウムに初めて参加した筆者などは、全くその質問に答える術を持たなかった。それどころか、「都市の多元的・複合的・重層的」ということすら十分には理解できなかったのである。

桜井徳太郎がどのような事象・現象を指して、そう認識していたのかは分明ではない。その後接する機会が増えてからも、ついに確かめることはなかったが、あるいは生活のあり方や文化事象を主たる対象として認識していたのではないかと思う。ともかくこの指摘は筆者に強烈な印象を残した。そしてそれ以降、「都市」は「多元的・複合的・重層的」であるとする視点から見たり認識したりしようとすることが多くなった。むしろ、それを前提として考えようとする姿勢ができてしまったということができるかもしれない。それだけではなく都市の「多元的・複合的・重層的」なあり方を明らかにすることが目的の一つとなったのである。そして「村」と「都市」との相違が、個別の文化事象だけではなく、生活様式や社会のあり方それ自体が相違しているのではないかと思い始めたのは、これが契機であった。

しかし考えてみると、生活様式や社会のあり方それ自体が村と都市とにおいて相違し、それによって個別の文化事象が異なっているとすれば、それは文化の伝達・継承の基礎となる伝承者・伝承者集団のあり方が相違しているからであろう。都市が民俗学の研究対象たり得るかという問いに対しては、それに先立って都市に果たして伝承者集団が存在するのかという、学史的課題が存在した。そうした課題にいまだ一定の見解が示されていないにもかかわらず、都市的文化事象が民俗学の研究課題として取り上げられるようになって久しい。それが果たして民俗学研究なのかという問題はさておき、都市的文化事象を研究対象とする民俗学研究者自身は、そこに民間伝承の存在を認めているはずである。なぜなら、民間伝承は民俗学研究における対象・資料として、不可欠な存在だからである。そして民間伝承が存在するということは、その文化事象を伝承する伝承者・伝承者集団も存在するということである。都市が「多元的・複合的・重層的」であると認識されたのは、実は伝承者・伝承者集団のあり方であったのではないだろうか。

日本民俗学において伝承者集団は、累積する民俗継承体である伝承母体として認識されてきた(3)。そしてそれは具体的には、生活空間と歴史(記憶)とを共有する集団であった。つまり伝承者集団とは、歴史認識や生活基盤・生活環境を共有する人々が類型的・定型的な生活を営む集団なのである。それ故その集団を構成する人々は、類型的であるにしても、いかなる時、いかなる場においても、統一ある人格をもって生活する人々であった。こうした伝承者集団の概念は、かつて大多数の日本人の生活の場であった村の生活を背景として形成されたものであった。

しかし都市化が進展した現在、こうした伝承者集団は厳密にいえばほぼ存在し得なくなった。その生活実態から見れば、家族全員が四六時中、時と場とを共有するということなどは考えられない。ましてや町的状況の典型としての都市の生活においては、家集団を中心とした血縁集団、生活地域を中心とする町内会や商店会などの地縁集団、特定信仰にかかわる祭祀集団、あるいは会社などの職縁集団や趣味などを共有する心的集団などなど、様々な集団が機能空間とかかわって輻輳し、その様相はまさに多元的・重層的・複合的である。たとえ伝承者集団として把握できる集団であったとしても、実際には個々人がその都度限定的な役割を果たすに過ぎないのである。それ故、筆者はかつて人々がかかわるこうした多様な集団を、伝承体として認識しようとした(4)。その伝承体たる集団や群は、特定の時間と空間とによって分断される存在であるが、一人の人間はそれらの集団の幾つかに多元的・重層的・複合的にかかわっている。したがって、村の伝承文化は「そのムラで生れ育った人」を対象にして把握することができたが、都市の場合にはとてもそうした特定空間とかかわらせ、あるいは限定して認識する伝承者だけでは、十分には把握・理解しがたい。

二　都市と群衆

それでは都市の生活文化を伝承する伝承者・伝承者集団とは、どのように認識されるものなのか、それを確認しておこう。それはまず、「都市とは何か」という基本的な認識と深くかかわろう。民俗学における「都市」の概念については、いまだ定説はない。しかし、筆者はそれを文化概念と考えており、特定空間を単位として把握することはできにくいと考えている。(5)それは、都市の生活が第一次産業を生活基盤とせず、物資や情報の流通による生業が欠かせないからである。そして、そうした営みは一定地域の居住者だけでは成り立ち得ず、空間を共有する一時的来訪者こそが町に賑わいをもたらし、都市的生活を支えているからである。

少なくとも都市が都市的であるためには、様々な機能を支え合う多くの人々の存在は不可欠である。二〇〇八年（平成二〇年）八月に北朝鮮第二の都市であるという開城を訪れる機会があった。その時の開城は、ほとんど街中に交通機関は見られず、街頭の人の姿も閑散としており、都市の雑踏とはかけ離れた状態であった。そうした状況にあっても、少なくとも行政上の都市機能は機能しているのであろう。しかし筆者にとっての都市のイメージにおいては、行政・文化・経済の中心的な機能を果たすために、多くの人々の行き交う街頭の存在は欠くことのできないものである。シャッターを下ろし、通行人のまれな街頭の情景は、都市機能の希薄としか認識できない。もちろんそうしたところでの生活が、都市的でないということではない。しかし、多くの人の群の存在が、都市の情景の際立った特徴であることも否定することはできないであろう。

かつて東京・渋谷のイメージ調査をした時、全く渋谷を訪れたことのない若者たちが、人々の多さによって渋谷のイメージを作り上げていたのが印象的であった。[6] それは多分にテレビに映し出される、渋谷駅ハチ公前のスクランブル交差点の情景も一役買っているものらしい。これとは別に中野紀和は、渋谷で学ぶ大学生たちの関心の一つが群衆であり、それは学生たちの違和感に基づく景観であることを指摘する。そして渋谷の「人の多さにうんざりしながらも賑わいに感動し興奮」し、「夜中であるにもかかわらず繁華街に繰り出す人の群れ」に注目する学生の姿を発見している。[7] それが都市の一面であることはいうまでもないし、我々の都市のイメージにおいて、群集の存在は欠くことができないこともまた事実であろう。

街頭の群集は、個々人の存在を捨象された匿名者・無名者の群として捉えられることが多い。かつて柳田國男は、日本の歴史が名のある人の事跡に基づく歴史であったが、人々の暮らしはそれとは異なる無名の人々の群れによってつくられていることを指摘した。[8] 街頭の群集はまさに無名者の群である。しかし我々が日常的に身を置いている街頭の群集は、個性を失った顔のないノッペラボウな存在としてだけではない。時と場においては顔の明確な、名のある人々である。つまり人々の群を群集として捉えると、それを構成する個人の存在は捨象され、確かに無名者でしかなくなってしまう。しかし、その無名の状態は固定されたものではない。当事者個人はたとえ群の中にあったとしても、それぞれがそれぞれの人格を持った存在である。確かに他人との関係において、群衆としての人々は互いに無関係な、匿名者たちである。だがそれは名を獲得するまでの過程に過ぎない。名が、人と人との関係によって認識されるものなら、一定の関係を持った時に名は顕在化する。例えば、先ほど群集の一員としてすれ違った名も知らぬ人(匿名者)同士が、紹介された瞬間に両者の間に関係が生じ、名を獲得するという体験は、誰しもが経験しているはずである。

民俗学が、顔のない人々の存在に注目することから立ち上がったように、顔のない群衆から伝承文化を見出す試みがあってもよいはずである。類型的ではあるが分割されない統一ある人格を持つ村の人々を通して伝承文化を見出してきた民俗学が、時と場とによって変化する都市の機能的人格を見出しがたかったのは当然である。しかし伝承文化を体得するのが個人であり、都市に伝承文化が存在すると認識する以上、群集としての個人(矛盾する表現ではあるが)の存在に注目しなければならないはずである。いったい時と場とを分けながら町の賑わいを演出し、都市的様相を作り出す個人と群集とは、どのような関係にあるのであろうか。

群集としての個人が、先述したように他人と関係を持つまでの過渡的存在であるなら、それは個人が人格を認められ、一定の機能を果たしている会社などの組織体の外側にあるということである。しかし組織体の外側とは、街頭という空間的な外部を意味するだけではない。家や会社などは、建造物の内部で機能していることが多いことからすれば、確かに組織体は、空間的には内部にある。しかし家が私的な生活の本拠と認識するならば、会社は外部的存在であろう。したがって内外の区別は空間的差異ではない。

むしろ個人の認識において内側とは、生れ育った家族が生活し、自分の血や生の発祥にかかわる家であろうから、それは私的世界といったほうがよいのかもしれない。家庭崩壊という状況下においては、果たして家が生活の本拠といえるのかという問題はある。それでも毎朝職場に出社するという現実は、職場に対置される場があり、そこにたとえ同居家族がいなくとも、自らの居住地(家)と認識はしているはずである。そうであるとすればその家を取り巻く外側とは、職場や公共の空間において社会的活動を行なう時と場である。そこは他人との関係が重視されるという意味で、公的世界といっていいであろう。

現状からすれば、ホームレス状態の人を無視することはできない。だがそうした人々であっても、やむを得ずホームを持ち得ないのであって、現状を肯定しているわけではないであろう。そうした意味では生活の基盤的存在としての、私的世界の家は今なお存在し続けているということはできるであろう。

こうした私的世界（内側）と公的世界（外側）という二つの世界の間に、街頭空間は存在する。だが、都市の機能空間は多様であり、人々はその時と場とによってかかわり方の異なる諸機能空間間を、街頭空間を用いて移動している。街頭空間は、都市の移動空間として、私的世界の外側にある公的世界を構成する機能空間の一つである。だが、この街頭空間における人々には、内と外との二つの立場が存在している。つまり、街頭を通過する群集（外側）と、その群集を対象とする人々（内側）とである。

内側とは職場であり、そこで働く人は名を持ち、生産・供給、管理・行政等にかかわり、また文化を創造する機能を分担している。そしてその人々は、伝承体としての組織の伝承機能をも担っている。こうした伝承体の外側にあって都市の賑わいを作り出す街頭の群集は、伝承体の内側の人の作り出した成果を享受し、評価し、楽しんでいる。問題はこうした街頭の群集を、伝承体として把握することができるかどうかということである。

三　伝承者集団の性格

いったい伝承者集団とはどのような存在なのであろうか。村の生活を対象として作り出された伝承母体という概念が、地域の自然や歴史を共有する人々と共にその生活背景をも含む存在であるとしたら、伝承者集団である村人はその伝承的生活文化の存在を保証する集団である。それは伝達・継承という行為が必ず伝達者と継承者とを必要とし、世代を超える時間的継続性に基づいているからである。だが都市における伝承は、世代間における時間的伝承だけではなく、地域間における空間的伝承である伝播も大きな役割を担っている。町という特定空間における社会的・文化的状況は、個々の伝承体の作り出す個別文化事象を総合する形で認識され、例えば渋谷カジュアルなどというブランドを作り出し、あるいは若者の町・年寄りの町・サラリーマンの町などという町の個性として顕在化する。新たに創造された文化事象の内のあるものは、人々の支持を得て伝播し、風俗(世相)を作り出す流行として表出する。(9)

流行は比較的短い特定期間内において、特定情報の伝承(伝達・継承)を共有することによって作り出される。歴史を形成する時間的伝承は、その文化事象の伝承地域を把握しやすいが故に、伝達者・継承者からなる伝承者集団は認定しやすい。しかし空間的な伝達・継承によって成り立つ伝播という伝承は、特定空間を超えるが故にその集団性は把握しがたい。だが全く集団性が存在しないわけではない。前述したように、そこには情報を共有する人々の存在があるはずだからである。そうした情報を共有しようとして街頭に人々は群を成す。したがって顔のない群集であっても、見えないだけで顔はそれぞれ持っている。その顔が露わになるのは、共有する情報を通してである。かつて渋谷センター街に群れる若者の一群を、ガングロ・センターガイなどと呼ばれる集団として認識されたことがあった。それは確かに戸籍名ではないかもしれない。しかし彼ら・彼女たちは特定空間において名と顔とを獲得したのである。それ故、顔を持つ群衆とは、社会的存在ではなく文化的存在なのである。

それでもなお問題になるのは、そうした都市の文化事象を伝承事象として認識できるかということである。都市が次々と発信する情報に人々が関心を寄せるのは、それが新たに創造された文化事象だからであろう。その内のある情報に人々の共感が集まり、それを共有することによって流行が生まれ世相が形成される。確かにそれだけでは、時間的経過の中で伝達・継承されてきた文化のあり方とは異なろう。流行する文化事象は、一過性のものである。したがって個別文化事象としては、民俗学の研究対象としての民間伝承とはなりにくい。だが果たしてその流行事象に、類型性は全く見出すことはできないのであろうか。もしそうした変化の激しい文化事象にも類型性を見出すことができたとしたら、何らかの伝承性が存在する可能性があるはずである。それは同時に、流行を支える人々の共感の仕方にも、一定の類型が存在することをも意味しよう。

それでは街頭を群行く人々に、伝承者集団としての性格を認めることができるであろうか。確かに一見しただけでは、何らかの伝承文化を共有する存在とは認めにくいであろう。しかし、それらの人々の有する、商品・装飾・色・音などによって醸し出される雰囲気や行動様式には、特異なものが全くないわけではない。それが先に例示した町の個性であるとか、共有する情報の存在とかである。そうした外観と行動形式による把握・分類によって、集団として認識できる可能性があるのではないかと思われる。ただそこにどれほどの伝承性が存在するかという点については、即断できない。

街頭は都市の機能空間からすれば移動空間である。街頭にある人々は、交通機関を用いない移動者である。かつて移動空間として位置づけたのは車内空間であった⑩。しかし移動距離や移動手段が異なるだけであって、人々が移動するための場である点においては、車内も街頭・路上も差異はない。それにもかかわらず車内空間が移動空間として際立っているのは、移動に特化された密閉空間であり、そこに身を置く人々はまずは移動することのみを目的にしているからであった。それから二〇数年後の現在、車内空間は化粧の場、あるいは食事の場としている人もいないわけではない。それにもかかわらず密閉車内において乗客は、まず乗客としての役割以外は果たし得ないのである。それに対して街頭である道路はいずれの機能空間にも存在し、路上にある人は移動を目的にしながら、いつでもその役割・機能を変更することが可能なのである。

つまり移動空間は、特定機能空間に帰属するための過渡的空間であり、車内空間はその過渡的状態を強要される。だが、路上にある通行人は常に機能空間にかかわりを持つが故に、随時過渡的空間から特定機能空間に帰属することが可能なのである。そうした意味で、路上にある通行人は過渡的状態にありながら、常に新たな関係の出現を待ち望んでいる人々なのである。街頭の看板やショーウインドウなどはそうした通行人の過渡的状態を中断し、機能空間に取り込むための手段として存在している。[11]そして明確な目的を持たない通行人もなんらかの関係を求めており、機会あれば特定機能とかかわりを結ぼうとしている。街頭の群れといっても、そうした機能空間に対して何らかのかかわりを期待する人々である。街頭を群れゆく人々に明確な伝承性を認めることはできなくとも、広い意味で共通の志向性の存在は認めることはできよう。

民俗学が文化の伝承性を重視するといっても、伝承的文化は所与の存在ではなく、眼前に展開する文化事象を比較することによって初めて顕在化するものである。つまり時空を超えて連続する文化事象の存在が、連続性を保証するのである。柳田國男はそうすることによって「都市人」の存在を発見した。[12]ただそれは直近の過去からの連続性に基づいており、その後の展開についての検証はなされていない。近世の三都と地域の中心としての城下町の人々の生活は、それを受けた明治の都市にも引き継がれた。しかし、それから現在に至るほぼ一世紀、全国に及ぶ都市化の進展の結果、いわゆる「都市人」のあり方はどのように変化したであろうか。それともほとんど変化は見られなかったのであろうか。時代の変化を認識しつつも、「都市人」のあり方については柳田の見解をなぞるばかりで、検証はほとんどなされなかった。

そこで現在における「都市人」のあり方を、改めて検証しなければならない。とりわけ民俗学において「都市」が文化概念であり、都会というような特定地域に限定された存在ではなくなったと理解している者にとって、「都市人」は現在を生きる普遍的な存在である。農山漁村といわれるようなところに住む人々も現在では、ムラという伝承母体における伝承者としてのみ機能しているわけではない。そもそもムラは、民俗継承体の累積体であった。村の人は、そうして累積する民俗継承体の内部において生活するという意味において、閉じられた社会で一生を送る人々であった。

だが現在では、そうした人々は存在しないといってもよいであろう。多くの農家は兼業化し、集落空間の外で一日の大部分をすごす人が増えた。それは、かつての伝承母体としてのムラを超えた集団にも所属し、そこで特定の伝承機能を果たすことを求められているということである。かつてムラにおいて民俗を継承する者の条件の一つは、土地に定着する者ということであった。しかし現在ではたとえ居住する家を所有していたとしても、家族全員が生涯におけるすべての時間をその家屋の存在する地域社会で過ごし、地域社会の諸集団の構成員であり続けるというわけではない。たとえ専業農家であったとしても、地域社会集団が伝承母体としての性格を希薄化させているとしたら、その家族だけが地域の民俗継承体のすべてを経験することはできないであろう。むしろ農業という職業に特化することによって、一地域社会内だけでは生活は維持できなくなっている。そうした意味では、既に村で生活する人も流動的・漂泊的な生活を送っているといってもよいであろう。

かつて漂泊的生活を営む者として歌われたのは、非村人としての都市の生活者であった[13]。そしてその漂泊する範囲も、一つの都市の中だけではなかった。都市を渡り歩く酒場の女性はその代表的な存在であり、しばしば歌謡曲のヒロインとして登場した[14]。男を追いかける港の女性も人気のあるヒロインであったが、これもその漂泊性に共感を呼んだのであろう。

しかし、都市化された現代においては、一か所に腰を落ち着けて日々を送る定着者は、むしろ極めて少なくなった。居住地は一か所であっても通勤・通学のために移動し、あるいはより良い生活環境を求めて転居を繰り返し、転勤に伴い住まいを変えるなどということはごく普通のこととなった。それに伴い人々の関係も希薄になり、東京は潤いもない砂漠のような場所だとも歌われるようにもなった[15]。だが、そうした漂泊民化していたのは、実は東京に限定されていたわけではない。農村においても兼業化が進み、あるいは専業農家であっても家族全員が農業に専従するとは限らなくなっている。内なる私的世界においてのみでは、生活は完結しがたくなっているのである。むしろ外側の、公的世界の存在が大きくなっており、その空間的広がりは地上に引いた区画線によって把握することはできなくなっている。(16) そうした意味で、柳田の指摘したような都市人はかつてのような特定空間内の居住者だけではなく、全国どこにでも存在しているようになっていると思われる。

こうした状況下において、民俗学的視点から眼前に展開する都市的現象を対象とする方法を試みる必要性は切実なものがある。その方法の一つとして、都市の伝承者としての群衆を取り上げてみることも無駄なことではあるまい。そのためには匿名者の群である街頭の群衆を、類型化する必要がある。一体そうしたことができるものであろうか。

四　世相の類型化

1　伝承性の発見

都市の群集—街頭の匿名者の群—を類型化しようとするのは、ひとえに都市の文化事象に伝承性を見出すためである。つまり、群集を伝承者・伝承者集団として把握するための前提としてなのである。現在の文化事象に内在する連続性の存在に基づき、民俗学の比較研究法は成立している。日本の民俗文化の変遷を理解するためには、村だけではなく都市の文化事象も対象としなければならない。それは村落文化のみならず、都市文化も日本文化の連続性を踏まえて形成されていると考えるからである。そして、日本の文化を村落文化だけではなく、都市文化をも含むという認識は、両者の間に差異が存在していることを前提にしている。村落と都市との文化に差異があるとすれば、それは伝承者・伝承者集団のあり方が相違するからであろう。そして都市生活者が街頭の群集となる機会は、村落生活者に比較して格段に多い。村落生活者が街頭の群集になるのは、都市空間に身を置くときに限定される。したがって街頭の群集という現象は、村生活においてはまず出現しがたい。しかし、都市生活においては日常的な現象である。もっとも過疎化が進展した地方都市における「街頭の群衆」現象の出現は、少なくなっているかもしれない。しかしそうした地方における村落部では、さらに「街頭の群衆」現象は見られなくなっているはずである。

街頭の群集といっても都市の伝承文化の存在とかかわらせれば、それは単なる人々の群れではない。まずは通行人としての存在であるが、それだけではなく都市の賑わいを演出する客であり、情報伝達者である。あるいは労働者であり、納税者であり、交通機関の利用者である。そうした多様な性格や役割を持つ、過渡的状態にある人々が混在しているために、群としか認識されないだけである。しかし、その過渡的状態は遠からず解消される存在である。あるいは解消されることを願い、期待している存在といったほうがよいのかもしれない。したがって特定集団を構成する前段階としての、いまだ伝承者機能の顕在化しない段階における集団の予備軍でもある。つまり、伝承者の機能をどのように顕在化するか、その機会を求めている存在なのである。そうした意味で、「街頭の群衆」は「過剰な伝承機能をもてあましている人々の集団」であるということもできる。

2　柳田國男の発見した都市人

こうしてみると、確かに村の生活者と都市の生活者との間に、差異を見出すことは困難ではない。そこに「都市人」という表現が存在する理由がある。都市の生活者の特徴を説くために、「京童」という表現を用いたのは柳田であった。それは中世まで日本の唯一の都市が京の都だったからであり、そこに住む人々は「京童は口さがなきもの」

で「責任を負わざる無名氏」という共通の性格を有しており、それを京という都市の生活者―「都市人」の性格と認識したのである。柳田は「京童」の特徴を、「全体に気が軽く考えが浅くて笑いを好み、しばしば様式の面白さに絆されて、問題の本質を疎略に扱う」、「群と新しいものの刺激に遭うとよく昂奮し、しかもその機会は多く、かつこれを好んで追随せんとしたがゆえに、往々異常心理をもって特殊の観察法を指唆せられたこと」、「何に使ってよいか、定まらぬ時間の多いこと、そうして何か動かずにはいられぬような敏活さ、これがまた容易に他人の問題に心を取られ、人の考えを自分のものとする傾向を生ずる」、「隣の人以外の人に一時的の仲間を見つけるために、絶えず技能を働かせまたこれを改善せんと努めること」と列挙した上で、「これをよく育成すれば公の力となり、悪く伸ばせば野次馬根性ともなるものを、特に境遇によって多量に付与せられている」ものとしている(17)。こうした都市生活者の特徴は、村人には見られないものであった。だからこそ都市の文化は、村の文化と異なっていたのである。

しかし、このように柳田が認識した都市生活者は、群としての存在ではなかった。「京童」は個々の都市生活者を指していた。したがって柳田の指摘した「京童」の性格は、都市生活者個人の性格の特徴であった。しかしそれは、「京童」という京における都市生活者に共通の性格であり、群の特徴でもあった。だがこうした柳田が見出した都市人の性格は、既に約一世紀近く昔のものである。一九六〇年代から始まった列島改造を引き金とする高度経済成長は、全国的な都市化を進展させたが、それはいわば国民皆「京童」化の営みでもあった。それから約二世代を経て既に半世紀、今でも都市生活者の特徴は柳田の指摘した特徴と全く同じなのであろうか。管見の限りにおいて、いまだこうした点について検証された形跡は見出せない。

ただそうした状況下において和崎春日は、現代の都市生活者のあり方を分析しつつ、都市の中心性を体得した都市生活者は、自らも中心を占めていると早とちりしているが、実は「資本の大きな流れと意思決定機構のもつ中心性からすれば、都市の「中心」的住人も「周辺」的新参者も、」「同じような周辺的な生活論理を歩まざるを得ないことがしばしばである」から、「都市住民は全て周辺人」であるという興味深い指摘をしている。したがって民俗学においては、都市人の特異性―中心性・先進性―ばかりを見るのではなく、どこにでも住んでいる「市民」―都市民衆―に通底した生活論理の姿と動きを描かなければならないという。(18) 確かにこうした都市生活者を社会的中心・周辺という視点から捉えようとするのは、従来の民俗学に欠けていた視点の一つである。こういう視点から見れば、柳田の指摘した都市人の個人的な性格・性癖の特異性とは異なる都市人の姿を見出せるであろう。

3　群集の類型的事象の発見

和崎のいう「都市民衆」は、もちろん「街頭の群集」とは異なる。「都市民衆」は「都市生活者」であり、柳田のいう「京童」に相当する。しかし本論で当面対象としている「街頭の群集」は、街頭という場における匿名者の群である。そこには都市生活者としての京童を含んでいるが、都市を訪れた村人もまた存在しているはずである。そうした相違はあるが、いずれも都市という生活文化環境下における人々である。そうした意味では「街頭の群集」は、「都市生活者」の重要な構成員である。そして「街頭の群衆」という現象は、都市特有の現象の一つであり、都市生活者の日常的に体験する現象でもあることは既に指摘した。

したがって街頭の群衆の行動は、都市生活者の行動であるとすることに異論はないであろう。ただ街頭の群衆の行動といっても多様であり、そのすべてを「都市生活者」という抽象的概念である都市人―京童―の行動とすることはできまい。しかし、もしそうした行動の中に都市の街頭における類型的な行動が見出せるとしたら、それを都市生活者の類型的行為とみなすことができるであろう。果たしてそうした行動を、見出すことができるであろうか。

かつて筆者は、移動空間であるはずの街頭において移動しない人々の存在を確認したことがあることは、第二章第二節で触れた。しかも通行人が多くなるにしたがって、歩かない人が増え、移動を妨げようとする行為等がなされ、また通行する人の速度も落ちる実態があることを知っている。こうした群衆化した通行人を、店に誘い入れるために様々に工夫を凝らし、屋台を設置したりして店内が路上に拡大され、あるいは扉を大きく開けて路上が店内に侵入する工夫もなされているなどのことは、よく目にするところである。これもまた、都市的現象の一端であろう。

4　街頭に出現する類型的現象

①演者と観客の入れ替わり

路上の諸現象は日常的に目にしながら、都市生活者の行動についての調査・研究成果の蓄積はあまり多くない。従来の民俗学研究者が主として行なっていたのは、都市伝説と都市祝祭に関する研究であった。そのうち都市伝説については、具体的な群集を対象とすることはほとんどなかった。都市祝祭についてもほとんどがその儀礼や行為を対象としており、街頭の群集に注がれる視線は強くはなかった。そうした中で小倉祇園太鼓の調査研究を行なった中野紀和は、当事者（演者）と傍観者（観客）との関係に注目している。

そして、「従来の地縁や血縁を基にした祭祀集団のみならず、それらを部分的には利用しながらも多様な選択縁によって構成される新たな集団（ボランタリー・アソシエーション）や個人が、ミル側からスル側へ移行することができる祭礼をいったん「都市祭礼」としておいておく」とする。[19]「都市祭礼」において、路上の群衆はスル演者とミル観客とに分かれるが、両者は随時その役割・機能を選択しながらその役割を交換することが可能であるというのである。それは路上の群衆が無秩序な群ではなく、文化を共有しており、役割を交替できる状態にある集団であるということでもある。

そうした群衆が支えるのが「都市祭礼」であるとすれば、村落の祭祀は、随時役割交換が可能な群衆によって支えられているのではないということになる。伝承母体としての村に生活する村人は、当然文化を共有しているはずである。そして祭の場において村人は群集する。だがそうした機会に、例えば観客の中から飛び入りで頭をかぶって獅子舞をするとか、お囃子の笛を吹くとかということは起こり得ない。仮に事故があって交替する場合があっても、誰もが交替できるというものではない。都市近郊の農村が宅地化し、移住者が増えて、そのような人々が祭りに参加しようとしても、在来の村人がそれを認めようとしなかった例は少なくない。村における祭の役割分担は決まっており、随時役割を交代するなどということはできないというのが、村人が共有する文化である。

こうした点からいえば、都市における街頭の群衆は文化を共有しつつ、その果たす機能・役割は流動的であり、いつでも傍観者から当事者に移行できる状態にあるということができる。都市祭礼において当事者とは、スル演者であるが、祭礼は観客があってこそ成立するものであるから、そうした点では観客こそが当事者であるということもできよう。したがって祭礼における街頭の群衆は、相互に補完的な、深い関係にある演者と観客とによって構成されているということができよう。

②街頭の群衆の空間構造

それでは祭礼の時以外の街頭の群衆には、どのような類型的な現象が見られるであろうか。街頭の群衆でいる間は基本的にはスル演者でもミル観客でもない。単に内なる世界にとどまっている人の群であり、何らかに対する、何らかの関係を実現するまでの過渡的な状態にある。したがって、路上にある人々の認識世界からすれば、自分以外の人や企業等はすべて外なる世界の存在である。こうした内と外との関係は個人ごとに異なり、外の世界として認識されない施設や人なども存在している。例えば空腹で食堂やレストランに入ろうとしている時には、ブティックなどは関心外である故に無視され、外の世界どころか存在さえしていない(も同様な)施設なのである。そうした群衆が移動する街路の両側に軒を並べている、外の世界の存在である商店などの企業は、常に内なる世界の殻を破った人が、関係を求めてくることを期待している。

かつて、電車内で化粧をする若い女性の気持ちを、女子学生に聞いてみたことがあった。すると彼女たちは、化粧している時には車内の人々の存在は全く気にならないのだという。それはそこに他人の存在を認めていないからであるというのである。つまり、現実には乗客がいてもそれらの人々は全く無関係の存在であり、そこには化粧している本人一人だけしか存在していないのである。そうした意味では、車内における化粧は内なる世界における行為であり、公共の場における行為であるなどとは意識もしていないのである。そうした点では街頭における群衆と同様であり、外の世界とかかわるまでの過渡的な状態にあるということができる。

しかし車内の乗客も路上の群衆も、いつまでもその過渡的状態にあることは望んでいない。いずれは内なる世界と外側の特定の世界とが一対一の形で関係を結んでいくことを、期待しているのである。しかし、こうして関係を結んでも、それは一人対一人という全人格を持った人間同士の関係ではない。その時と場とに限定されたところに顕在化する、例えば売り手と買い手とか、演者と観客とかという、ここで機能する人の存在の一部である。その時と場の限りにおいては、両者は入れ替わることはない。しかし、異なる時あるいは場において、その人の機能が入れ替わることがあることはいうまでもない。それ故街頭の群衆は、過渡的状態であり、何も機能は顕在化していない状態なのである。つまり群衆相互には無関係なのである。

それが、いったん肩が触れたとか、目が合ったとかというようなことを契機として、群衆の中に思わぬ関係が発生し、突如スル人が出現するのである。この時、周囲の人々はどのような反応を示すであろうか。目を背けて足早に通り過ぎてしまう人、足を止めて見守る人、仲裁に入る人、など様々であろう。混雑する駅のホームなどでも、このような突発的な好まざる関係が発生したりし、しばしば新聞紙面を賑わすことがある。駅員に対する暴力事件や車内暴力などもこの類であり、社会的問題にもなっている。これらは内なる世界に外の世界が強引に侵入することにより結ばれた関係であるが、多くは内なる世界から自ら出て関係を結ぼうとする。商店が宣伝やディスプレイなどに苦心するのは、そのためである。大道芸人は、全く関係のない街頭の群衆の足を自らの芸でとどめ、関係を結ぼうとして心を砕く。

二〇一二年四月二八日、葉桜になってしまった井の頭公園の木の下で、風船を手にして散歩する人の足を止めていた芸人がいた。既に人垣ができていたので、通行人の足を止めるきっかけなどを目にすることはできなかったが、それからの約三〇分間の通行人の動きは、観察できた(図3-1-1「大道芸人にかかわる群衆の流れ」)。半円に囲んだ観客が注目する演者は二人いるが、一人は観客の中から連れ出した人のようであった。観客の前のほうには子供たちが腰を下ろし、背後にはその母親・父親などが立っている。また散歩の途中で足を止めた若い二人連れや年配の人たちが、人垣を厚くしている。そのほか、人垣に加わる通行人や、足を止めながらもすぐ歩み去る人、顔を向けるが足を止めず歩きさる人、全く興味を示さずに通り過ぎる人など、通行人の動きは様々である。

人垣を作っている人数などは明確ではないが、人の流れは、A芸人(スル人)。B見物人(ミル人)。C通行人(群衆)で足を止めてB見物人(ミル人)に加わる人、D一時的に足を止めるが通過する人、E関心を示すが通過する人、F全く関心を示さず通過する人、と整理することができる。CはBと、DはEとそれぞれ同じと見れば、路上の群衆はⅠ(A)・Ⅱ(BC)・Ⅲ(DE)・Ⅳ(F)に分けることができる。それはまた空間的に、Ⅰ芸人(スル人)を中心として、Ⅱ見

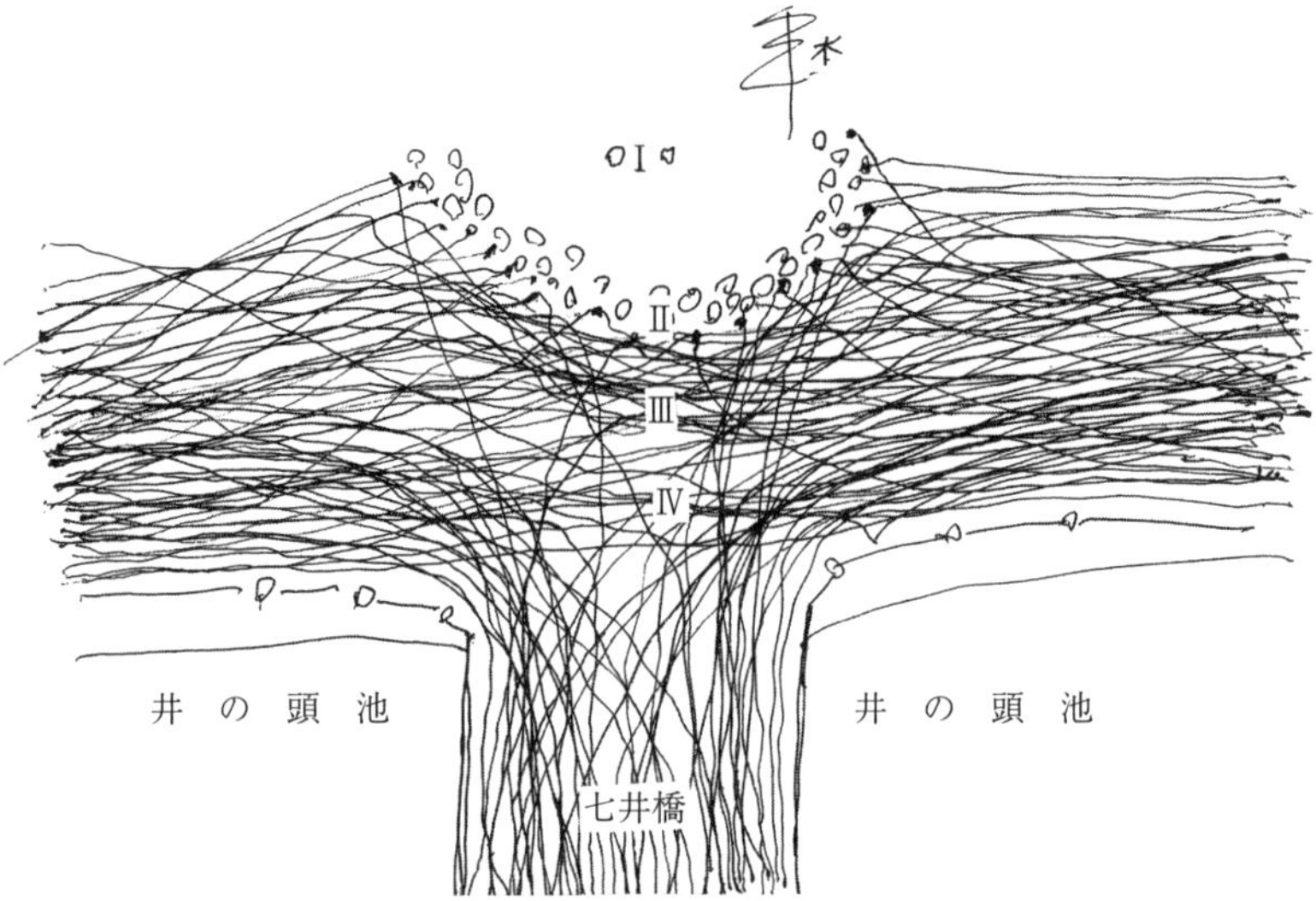

図 3-1-1　大道芸人にかかわる群衆の流れ(1)

物人(ミル人)・Ⅲ傍観者・Ⅳ無関心者の、半円ではあるが、同心円的な空間構造として把握できる。さらにそれは、中心に位置づけられるⅠ芸人(スル人)との関係の深さを示している。ⅠとⅡとは直接かかわる関係にあり、Ⅰに投げ銭(見物料)をするのは専らⅡである。Ⅲはかかわりを期待しながら、結局は直接的な関係を放棄する。Ⅳは最初から関係することは望んでいないのである。

こうした路上に突発的に出現する事態は、大道芸だけではない。通行人同士のトラブルなど、路上に出現するいかなる突発的事態に対しても、随時群衆は何らかの対応をする。路上の群衆であった一人が突如衝動的に扉を押して店に入り、買い物をする場合があるとする。この場合商店はⅠであり、買い物客はⅡに相当する。ショウウインドウや看板を眺める人はⅢであり、全く見向きもせずに通り過ぎる人はⅣである。ただⅢ・ⅣはⅡの行為に触発されたわけではなく、無関係にも行なわれる。そうした意味でこれは、大道芸に対する対応とは異なっている。

もちろん予めその店で買い物などをすることを目的としている人は、最初から明確な目的を持って店に入るのであるから、

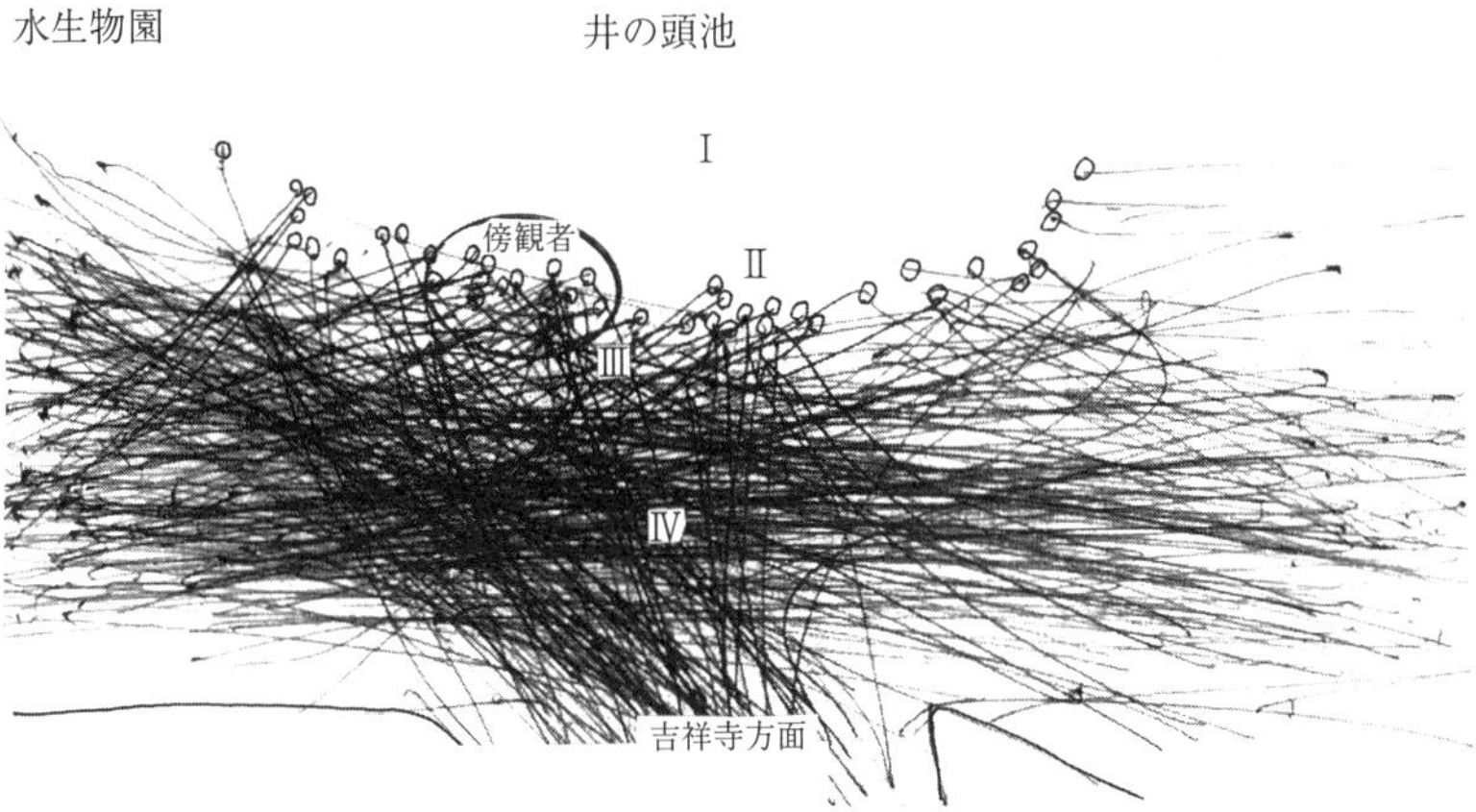

図 3-1-1　大道芸人にかかわる群衆の流れ(2)

目的を持たない過渡的状態にある群衆とは異なる。したがって、ⅠおよびⅡは行為当事者として一体の存在である。つまり、売り手・買い手、あるいは演者・観客として特定の文化状況を共有しているのである。わかりやすくいえば、物の売買行為は売り手と買い手とが共通の社会慣行のもとに行なわれるものである。また観客は演者の行為に共感するが故に感動するのであり、そこには伝承的な価値観などが共有されている。いずれも文化の伝承性が基礎となっている。路上の群衆といえども、伝承文化の存在と無縁ではない。

路上の群衆行為として、行為当事者を中心として、同心円的構造を形作る例は既に高久舞が指摘している[20]。高久は渋谷のハチ公前のスクランブル交差点で行なわれる、大晦日のカウントダウン行事には群衆が幾つかの層を作ることを見出しているのである。カウントダウン行事の行為当事者は外国人であるが、それを取り囲んで囃したてる日本人がおり、その外側に見物する日本人がいる。その外側を無関心な通行人が歩み去るというのである。つまりA行為当事者とB囃し手を中心にして、C見物人とD無関心者とがその外側に存在するのである。演者としてより中心的役割を果たしているのはAであり、行為当事者ということになる。BとCとは観客であるが、Bは演者の演技をより効果的になるように煽

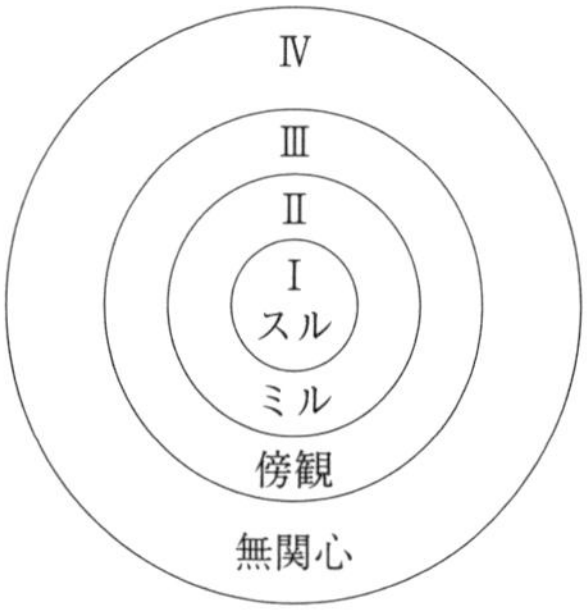

図 3-1-2　群衆の作る空間構造

り立てているのであるから、単なる傍観者というより行為当事者としての役割をも果たしている。傍観者の位置するのはCである。Dは無関心者である。

この渋谷の群衆の作る空間構造から、先に示した井の頭公園の大道芸人を囲む群衆のあり方と同じ、Ⅰスル人を中心として、Ⅱミル人・Ⅲ傍観者・Ⅳ無関心者の同心円的な空間構造を見出すことができる（図3-1-2「群衆の作る空間構造」）。そしてⅠとⅡとは直接かかわる関係にあることも同様である。ただ、中野紀和のいう都市祝祭におけるスルとミルとの入れ替わりは[21]、容易には行なわれない。ミル側がスル側に限りなく近づくことはあっても、その逆は場と時とを変えなければ実現しない。

五　群集と集団

前項までにおいて、都市的景観を演出する路上の群衆が、単に個々の人間が群れているだけの存在ではなく、共有する文化を時に顕在化させる存在でもあることの幾分かではあるがその証左を示した。そしてその共有する文化が顕在化するのは、群の中に埋没していた関係が何らか契機によって出現したときであった。それによって相互に無関係であった群の中に「行為当事者」が現れ、それとのかかわりの深さに基づく人々の集まりによって、同心円状の空間が構成されることが明らかになった。特定条件下においてではあるが、こうした規則的・構造的存在を認めることができる人々の群に、集団的性格を認めようとすることは、それほど不自然なことではあるまい。

もちろん群に顕在化する「集団」は、あくまで集団的性格を持った人々の集まりであり、規約等に基づく組織だった「集団」ではない。集団内相互の人々の間には特にかかわりはなく、行為当事者と個々に心情的にかかわり、その程度が共通しているというだけに過ぎない。しかもそれらの集団は、具体的な個人レベルにおいては再びは出現することのない集団である。果たしてそうした人々の集まりが、文化の伝達継承に機能し得るのかという問題はある。

それにもかかわらず、「行為当事者」はしばしば群の中に出現し、それをめぐって空間的同心構造をもった人々の群も形成される。群そのものに共有する文化が存在しなければ、起こり得ないことであろう。もちろんそれは、群を形成する人々が、共通する文化のもとに生を営んでいるからである。しかも「行為当事者」の出現した場に遭遇する状況によって、ミル人になるか、傍観者になるか、それとも無関心者でいるかは個々人の自由である。「行為当事者」としてスル人になる場合こそ突発的で、選択の自由のない場合があろう。しかし、ミル人・傍観者・無関心者のどの立場を選択するかは、その時と場にしたがってどれでも選択は自由であり、固定化されたものではない。つまりどの立場を選ぶか、その選んだ立場においてはどのように振舞うべきか、などについての慣例・知識は共有しているのである。つまりそれは、漠然とした伝承文化を共有しているというだけではない。例えば、大道芸人の芸をよく見ようとして最前列に位置する場合は、見物料を出すことを覚悟しなければならないというような、具体的な慣習を理解しているということである。

こうした慣習の中には、行政的な指導のもとに社会的マナーとなっている場合もある。右側歩行、歩行中の禁煙、バスや電車における整列乗車などはそうしたマナーの内の主なものである。そのほか、特に行政指導などとはかかわらないものもある。他人の顔をジロジロ見ないとか、傘をさしてすれ違う時には傘を傾け合ったり、一方が傘を上げたりするとか、すれ違う時に肩などが触れ合った時にはお互いに謝罪しあうとか、あるいは東京などでのエスカレーターの左側立ちなどは、そうした慣習の一部である。これらは社会的マナーも含めて、群衆としての慣習である。当然環境が異なり、顔見知りの間に存在する村における慣習とは異なっている。
まだ群衆の伝承文化のあり方は明確ではない。しかし都市における路上の群衆が、単なる現象としての群にとどまるのではなく、文化の伝達継承にかかわる存在として、改めて調査研究の対象とする必要があることだけは指摘し得るのではないかと思われる。

註

(1)　柳田國男『都市と農村』(朝日常識講座6)朝日新聞社　一九二九年

(2)　第三二回日本民俗学会年会シンポジウム「都市の民俗—城下町を中心に—」、司会：天野武・宮田登、報告：小林忠雄「伝統都市における民俗の構造—金沢を中心に—」、岩本通弥「鳶の社会史—城下町古河の社会と民俗—」、倉石忠彦「マチの民俗と民俗学」、討論者：中村孚美・二宮哲雄・福田アジオ。金沢市石川県立社会教育センター　一九八〇年

(3)　福田アジオ『日本村落の民俗的構造』弘文堂　一九八二年。民俗継承体の概念はこれより先、桜田勝徳が「地域と社会—村と町—」(『日本民俗学大系』3　平凡社　一九六二年)において取り上げている。

(4)　都市の空間は機能分化しているが故に、居住地空間・職域空間・盛り場空間・文化空間・境界空間・移動空間・仮想空間などに分類することができる。そしてそれぞれの空間には、その空間の持つ機能にかかわる人々がいる。それは組織的な集団であったり、規制のゆるやかな群であったりする。しかしいずれにしてもそれぞれの空間の機能にかかわるのはその空間内においてだけであり、移動空間を経て異なる空間に身を置くときにはまた異なる機能にかかわることになる。それ故特定空間に帰属するのは、一個の人間の一部に過ぎない。こうした都市生活者のあり方は、村における伝承者のあり方とは異なっている。したがって、村の生活を伝承するための伝承母体と区別するために都市の伝承集団、

あるいは群を伝承体と呼ぼうとしたのである。

（5）内田忠賢「「都市」再考の試み―ムラの中のマチ―」『現代都市伝承論―民俗の再発見―』岩田書院　二〇〇五年（「村落の中の都市」『都市民俗基本論文集　別冊2　都市民俗生活誌文献目録』岩田書院　二〇一二年　所収）

（6）車塚洋「「渋谷」のイメージ把握　その2―アンケート調査をもとに―」『都市民俗研究』一一号　二〇〇五年

（7）中野紀和「「私にとっての渋谷」を探る―國學院大学生による写真から―」『都市民俗研究』一六号　二〇一〇年

（8）「自分は正直に物を言うならば、風俗に安土桃山等の区切りのあることをちっとも信じない。これが単なる説明の便宜、あるいは回顧の目標というならば格別、もし秀吉が出てからないし基経が関白になってから、忽然として異なる形の世相が出現したように教えようとする者があったら無法である」（四二七頁）。「我々が知りたがっている歴史には一回性はない。過去民衆の生活は集合的の現象であり、これを改めるのも群の力によっている」（四三〇頁）。柳田國男『国史と民俗学』六人社　一九四四年（『柳田國男全集』第二六巻　筑摩書房（ちくま文庫）一九九〇年　所収）

（9）和崎春日は、「風俗は、その時代に発生している新規な文化事象」と規定し、「時代と時間の幅をもって継承される文化事象」である民俗と区別し、その時間的あり方の相違に注目している（「都市民俗の思想」『現代都市伝承論―民俗の再発見―』岩田書院　二〇〇五年）。妥当な見解である。それと共に、その文化事象に多数の人々が関心を寄せることによって、「民俗」あるいは「風俗」として顕在化する点には差異はない。

（10）倉石忠彦「都市空間覚え書き」『長野県民俗の会会報』九号　一九八六年（『都市民俗論序説』雄山閣出版　一九九〇年　所収）

（11）「銀座を歩くのは週に二度三度という激しさだが、大がい用事が歌舞伎座と新橋よりの出版社の二つにあって、近いところだからと歩いてしまうような時である。ところが私は生れついて落着きがなく、目的に対してマッシグラという精神にかけているので、その歩く間はキョロキョロキョロキョロキョロ、みっともないほど並んだ店のウインドを覗くのだ」（有吉佐和子「私の浪費癖」『私の銀座』（「銀座百点」編集部編）新潮文庫　二〇一二年　一二頁）。出版社に行く目的を持ちながらもその過渡的空間において、通過する空間に引き寄せられているのである。

(12) 柳田國男『都市と農村』朝日新聞社　一九二九年、同『明治大正史　世相編』朝日新聞社　一九三一年　など

(13) 「流れ流れて　東京を　そぞろ歩きは　軟派でも」「東京流れ者」詞：永井ひろし、曲：桜井誠一、一九六五年

(14) 「京都にいるときゃ　忍と呼ばれたの　神戸じゃ渚と　名乗ったの　横浜の酒場に　戻ったその日から　あなたがさがして　くれるの待つは　昔の名前で　出ています」「昔の名前で出ています」詞：星野哲郎、曲：叶弦大、一九七五年

(15) 「空が泣いてる　すすけ汚されて　人はやさしさを　どこに捨ててきたの」「東京砂漠」詞：吉田旺、曲：内山田洋、一九七六年

(16) 高久舞「都市生活者の行動範囲―T家を事例として―」『民俗地図研究』二号　二〇〇九年

(17) 柳田國男『都市と農村』朝日新聞社　一九二九年（『柳田國男全集』29　ちくま文庫　一九九一年　四一〇頁）

(18) 和崎春日「都市民俗の思想」現代伝承論研究会編『現代都市伝承論―民俗の再発見―』岩田書院　二〇〇五年　九頁

(19) 中野紀和『小倉祇園《ママ》太鼓の都市人類学―記憶・場所・身体―』古今書院　二〇〇七年　二頁

(20) 高久舞「渋谷のあけおめ」『都市民俗研究』一六号　二〇一〇年

(21) 前掲註(19)

第四章　透析室という空間

第一節　透析室の人々

一　透析室の情景

「父ちゃん！　父ちゃん！　父ちゃんに会いたいな！　看護婦さん、父ちゃん呼んでくれや」。

Oさんの声が、突如室内に響く。目を覚ましたらしい。

「まだ父ちゃん来ないよ、後二時間あるからね。透析が終わったら来るよ」。

看護師が答えると、隣のベットからTさんがその会話に割り込む。

「ババ、父ちゃんは田んぼに行ってるわ。ババに食わせる稲刈りに行ってるわ」。

「そうかい、それでニイサンは何時退院するだい」Oさんが反応する。

「ここでは退院はねえだ。何時までもいるだ」とTさん。

「そうかえ。父ちゃんに会いたいな！　父ちゃん呼んでくれや」とOさん。

「父ちゃんは田んぼで稲を刈ってるだ。ババに食わせるために早生の稲を作ったんだって」。Tさんは繰り返し、二人の会話は、Oさんが眠るまで続く。いくら早生でも、七月の稲刈りは長野県では早すぎる。

OさんもTさんも七〇代と思しく、Oさんは車椅子を使用している。二人共、一日四時間の透析治療を受けるために、週三回来室している。

二〇床のベッドに四時間ほど横たわり続ける患者たちは、時間を持て余す。中には、ほとんど黙って透析が終わるまで眠り続ける患者もいるが、我慢しきれないOさんのような人も少なくない。

実はTさんも黙って寝ているのが得意ではない。

早めに透析を始めた隣のベッドのSさんが透析を済ませ、「お先に。まあ頑張れや」とTさんに声をかける。

「オウ、終わったか、ご苦労さん」とTさん。

「どうだ、少しは体重が減ったか」とSさん。

「駄目だ、なかなか減らねえや。少し包丁で俺の腹の肉切って、分けてやるか」。

「そんなもの、いるか」。

「おめえなんか、便座から落ちて便器の中に丸まっちまうから、少し肉分けてやるぞ」。

体重一〇〇キロ以上あって、いつも五キロから六キロドライウェイト(標準体重)をオーバーするので、減量するようにいわれているTさんは、痩せているSさんに憎まれ口を叩く。Sさんは怒るでもなく、その相手をしている。二人は幼馴染みらしい。

また、Tさんは、「M子、ちょっと来い、ためになる話、してやるから」と、看護師の一人を呼び寄せて、テレビで仕入れた知識を話し始める。看護師のM子さんは、Tさんの子供の友達で、小さい時から知っているようだ。

時々、中年の女性患者がTさんに、「おじさん、お先に」と声をかけて帰る。「オウ、気をつけて帰れよ」とTさんはそのたびに答える。Tさんは地元の人らしい。

こちらではベッドに寝ているKさんが、臨床工学技士のMさんに話しかけている。

「親父さん、今度の町長選には出るだかね」。

「町長選には出ねえって」。

Kさん・Mさんは共に隣接するI町の町民である。

KさんもTさん同様、透析の四時間を持て余すことが多い。小声で漢詩を吟じたり、和歌を朗詠したりする。なかなか年季が入った声と節回しである。時には〝何が思案の有明山に　小首かしげて出た蕨〟と地元の民謡である「安曇節」を小声で口ずさむこともある。また、竹の手製鳩笛をベッドに持ち込んで、飽きると「ホー　ホー」と吹いていることもある。なかなか芸達者でもある。

「Kさんとこは、子供さんもみんな先生だから安心だね。たまには帰ってくるかえ」。看護師のYさんが語りかける。話の様子から、Kさんもかつては教員であったらしい。そしてYさんもI町の町民である。

Kさんは、看護師の動静を把握しようとして、「今日はOさん見えねえが、来てるだかいね」などと、様子を見に来た看護師に話しかける。「まだ顔を出さないかね。Oさんも来てるよ」といっているところに、「まだKさんとこには来てなかったね」といって看護師のOさんがやって来る。

このような透析室の情景の中で、患者同士が挨拶し合う姿はほとんど見かけない。看護師などと盛んに話をし合っているTさんとKさんも、お互い同士顔を合わせても挨拶することはない。いつも顔を合わせている隣のベッドの患者同士でも、ほとんど挨拶はしない。透析室内において、新たな人間関係を築くつもりは全くないのである。患者同士は孤立している。

一年前に東京から長野県内に転住したので、人工透析もA市にあるH病院のお世話になっている。H病院には療養病棟があり、そこにも透析室に通う患者が少なくないので、透析室の患者は概して高齢者が多い。車椅子に乗って透析室まで来る患者も多い。

H病院の透析室のスタッフは、女性の看護師六人、男性の臨床工学技士三人、そして常勤の担当医師一人と非常勤の担当医師一人である。患者は、二人の医師に対しては患者として対応しているが、看護師と臨床工学技士には、ともすれば「ご近所」の関係になってしまう。

昨年まで治療を受けていたのは、東京の人工透析専門のSクリニックであった。四〇床のベッドをフル回転させて、朝・昼・夜と一日三交代で治療に当たっていた。

朝は、九時に透析が始まるので、八時三〇分には待合室はいっぱいになる。しかし、話し声もなく、静まりかえっている。週に三回は顔を合わせるので、大体は顔見知りであるが、朝の挨拶をしたり、時に天気の話をするだけで、透析室のドアーが開くのを静かに待っている。ほとんど隣接する駅から電車に乗って通院したり、送迎の車を利用したりして来院する。車椅子に乗って介護の人と共に来る人もいる。

八時四〇分、透析室のドアーが開かれると、患者たちは口々に「お早うございます」と看護師などに挨拶をしながら、静かに並んで入室する。そして順番に体重を量り終えると、決められているベッドに行き、両脇のベッドの患者に挨拶をしながら順々に横たわる。

九時になると、担当の看護師や臨床工学技士がやってきて、ベッドに横たわっている患者の腕に次々と針を刺してゆく。彼らは一人一人の患者の名前を呼んで挨拶をしながら、定められたマニュアルに従って手際よく作業を進める。物腰は柔らかく、できるだけ患者に丁寧に接しようとはしているが、淡々と作業を進める様子は工場の流れ作業を連想させる。

いったん治療に入ると、ほとんど話し声はしない。むしろ患者それぞれの病状に応じて対応しなければならない看護師たちが、連絡をし合う話し声が邪魔になるほどである。「血圧が上がった」「血圧が下がった」「筋肉けいれんが起きた」「トイレに行きたいって」などなど、そのたびに看護師たちは対応に追われる。時には針が抜けてしまうこともあり、ベッドが血の海になってしまうこともないわけではない。患者が無意識に抜いてしまうことがあるのである。

それぞれのベッドの脇に設置されている透析機からは、血圧を測る時間や、血流の異常を知らせる音がし、ランプが点滅する。そしてようやく終了のチャイムが鳴り始めると、透析室の中にはほっとした気配が漂う。それと共に、看護師たちの慌ただしい動きが生まれる。四時間にわたって除水し、血液中に蓄積された老廃物を強制的に排出し、治療の済んだ患者の腕から看護師たちは、ベッドの順に針を抜き、止血する。患者たちは順番にベッドの上に半身を起こす。

それは命の炎が燃え尽きる間際に、二日分の命を充塡されて、起き上がってきた人々の姿である。ピラミッドに葬られていたミイラが命を吹き込まれて、棺桶の中から身を起こす様を彷彿とさせる。

生命の息吹を補った人々は透析室を出ると、疲れた身体を引きずって病院を後にする。二日後までの、ほんのわずかな休息である。

二　透析室

Sクリニックでも H病院の透析室でも、透析室にはベッドがずらりと並び、ベッドの頭部の脇には、大人の背丈ほどある直方体の透析機が置かれて、そこからは二本の管が伸びて、患者の腕に刺された針とそれぞれ結ばれている。

血液を抜く管と、戻す管とである。透析機はベッドの右側にある場合と、左側にある場合とがある。右腕に針を刺している患者と、左腕に刺している患者がいるため、機械の位置が異なるのである。いずれの患者も血液を抜きやすくするために、手首の動脈と静脈とをつないでシャントを作っている。それをどちらの腕に作っているのかによって、針を刺す腕が異なり、機械の位置が違っているのである。

透析室のベッドに横たわっている患者は、慢性腎不全により体内の除水ができず、また老廃物を排出できないために、血液透析をしなければならないのである。いったん慢性腎不全になってしまうと回復することはなく、腎移植をする場合を除いては、人工透析をせざるを得なくなる。そうした意味で透析室あるいは透析センターは、生命の危険に直面し、延命治療をせざるを得なくなった人々の集まる場である。

患者がベッドに横たわると、看護師や臨床工学技士たちは、順次患者たちの腕に針を刺す。注射針よりも太い針を刺すので、患者は針を刺す場所に麻酔テープを貼ったり、麻酔薬をスプレーしたりする。それでも痛みが全くなくなるわけではないので、時に「いてー！　いてー！」という悲鳴が病室中に響き渡ることもある。悲鳴を上げるのは概して老婦人が多い。

シャントによって腕の血管が発達して太くなることもあるが、血管が細くて見つからずに、針をうまく刺すことができず、何度もやり直すこともないわけではない。そんな時には、患者と看護師などとの間にちょっとしたトラブルが発生する。一度刺した針は透析が終わるまで平均四時間はそのままであるため、テープで固定する。命を充塡する針ではあるが、透析機につながれた腕は自由がきかず、したがって透析が済むまで患者は無為の四時間を過ごさざるを得ない。そのため各ベッドごとにテレビを設置しているところもある。身体の状態によっては、ベッドに起き上がって本を読んだりすることはできる。

ようやく透析が終わり、針を抜いて止血が済むと、透析患者は、ベッドに次々と身体を起こす。これから二日間の延命を、保証されたのである。透析室は、限定された命ではあっても再生の場であり、命の境界に関与する空間なのである。

三　境界空間としての病院

都市的空間における機能分化と空間分化とにおいて病院という空間は、生と死とがせめぎ合う境界空間として存在している。そこでは常に空間機能を維持する病院関係者と、外部から訪れる患者とが対峙している。そして境界空間である病院空間においては、病院関係者こそが機能空間を担う機能集団であり、職能集団である。それに対して、境界状態に置かれている患者は「外来」の存在である。たとえ入院している患者であっても、回復すれば「退院」して病院外の存在になる。また一般的には、病院の患者が社会集団として組織化されることはなく、個人個人が孤立している。

職能分離に基づく空間分離を特徴とする都市において、病院関係者も居住地空間から職域空間としての病院に、移動空間を経て移動するのが普通である。そうした意味では、「病院関係者」も「外来患者」と同様に、その居住地空間は「病院」という空間の外にある。しかしいったん職域空間としての「病院」空間に入ると、「病院関係者」は内部的存在となり、外部的存在としての「外来患者」とは相対する関係に変化する。そして「外来患者」は個別に「病院関係者」とかかわるのであり、境界空間における機能集団として、両者が同一の集団を形成することはない。

病院にとって個々の患者は、一時的な存在である。患者にとっても病院は、一過性の空間である。担当医にとっても、看護師やその他の病院関係者にとっても、患者との関係は一時的なものである。一般的にはいかなる病院においても、患者の病を治療してその速やかなる回復を目的にしているはずだからである。換言すれば、できるだけ速やかに患者との関係を絶とうと努めているということである。患者にしても、できれば病院などとは、いつまでも付き合っていたくないはずなのである。

病院という機能空間は、都市空間において必要不可欠な機能空間でありながら、反面、個人の関与する空間としては、できれば不要であって欲しい空間である。顕界・此界と幽界・他界との間に生きる我々は、いずれはまた現世ならぬ他界空間に身を置かざるを得ないことを承知しながら、此界に止まり続けるであろうことを普段は疑おうともしていない。病院に行かざるを得なくなって初めて我々は、顕界にとどまり得ることの危うさに気づくのである。それでもなお、いずれは病院空間から逃れ出て、それとの関係を絶ち、この世に安住できるであろうという希望を持ち続ける。

ところが、慢性腎不全の患者が人工透析治療を受ける透析室は、病院空間の一角にその場を占めていながら、透析患者にとってそこは、一時的・一過性の空間ではない。人工透析は延命治療であり、いったん始めてしまったら継続しなければならない。腎移植でもしない限り、現状では治療を中断するということは、命を失うことであることを覚悟しなければならないのである。透析室と断絶する時は、現世からも断絶する時である。

透析室は、透析患者にとっては命のある限り、関係を維持しなければならない空間である。そしてその治療に当たる医師・看護師・臨床工学技士、および病院関係者とも継続的な関係を維持していかねばならないのである。そうした意味で病院における透析室は、特異な空間なのである。

都市空間の特徴は、機能分化に伴う機能空間の分化現象であった。そしてそこに生活する都市人の都市的生活形態とは、機能分化した空間ごとに、個人の機能を分化させる生活であった。そうした多重的・重層的機能空間が累積し、重層化したものが「都市」と認識される存在であった(1)。

総合病院は、専門化され、機能分化した都市的境界空間である。身体的・精神的異常を発見し、治療に当たる機能を求めて「異常自覚者」が訪れる。医師の診断により患者となっても、治療するための機能を病院が備えていないと、異なる病院に移送されることもあり、「タライマワシだ」と非難される。しかし、専門機能を重視する機能分化した社会においては、適切な機能を備えた施設こそが、適切な機能にかかわるべきなのであり、「タライマワシ」は当然起こるべき現象である。

また病院は、身体的・精神的異常にかかわる機能を持つ空間(施設)であるからこそ、病院では異常を発見しなければならない。病院に行くことによって病人になることは、至極当たり前のことである。あるいは健常者として病院を訪れながら、障害者として退院することもまた、機能分化した病院が果たすべき機能が発現した結果なのである。

しかし、病院が担う機能は、専ら患者個人の病・患部の治療にかかわる機能である。一個の人間の、一部にとどまるものである。都市人が常に多くの機能空間とかかわりつつ、自らのその機能にかかわる部分だけで当該機能空間とかかわっている状態は、境界空間である病院であっても、居住地空間・職域空間・文化空間あるいは盛り場空間などにおける状態と、基本的には相違はない。

四　地域社会の都市化

慢性腎不全患者にとって人工透析治療は、現代科学の粋を集めた治療法であり、現在の日本においては、国の隅々まで行き渡っている延命治療の一つであろう。無医村がいまだなくなっているわけではないが、こうした高度の機能を持つ医療施設が全国に設置され、その恩恵を誰もが享受できるようになったのは、都市化が進んだ現代社会であるからこそである。

その状態を都市民俗研究的に表現すれば、職住分離に伴う機能空間の分化が進展し、都市的生活形態が全国的に普及したということであり、都市的境界空間もまた全国的存在になったということである。しかし、かつて九学会連合の共同研究「日本文化の均質化に関する総合的研究」でも明らかにされたように、それがそのまま生活の均質化に結びつくものではなかった[2]。

最新医療技術による延命治療を施している病院の透析室も、この世とあの世との境にある境界空間であるとはいえ、これまた全国的に均質化されているわけではない。確かに施設や技術においては、東京のSクリニックであっても、長野県のH病院の透析室であっても相違はない。しかし、機能空間のあり方が全く同じであるというわけではない。都市的生活が、多くの分化した機能空間を単位とする伝承体となって文化を伝達・継承する際に、個人の一部を伝承素としてそれぞれの空間内で機能させつつ、重層化させているものであるとしたら、原則的には一機能空間において多くの伝承素が顕在化されることはない。それ故Sクリニックにおける透析患者は、透析室という境界空間において、この世にとどまるための機能にのみ対応し、二日の延命を実現するための治療を受けるのである。境界空間における伝承素としては、あくまで慢性腎不全患者としてなのである。

Sクリニックでは患者の居住地も広範に及び、通院する以前に他の機能空間で共に過ごしたという人はほとんどいない。もちろん医師や、看護師・臨床工学技士などと、他の病院で顔を合わせているという例も少ない。仮に出会っていたとしても、同じ境界空間においてであり、異なる空間機能にかかわるものではない。だが、通院患者が慢性腎不全患者である以上は、原則として週に三回、正月であろうと盆であろうと、あるいは国民の祝日であろうと嵐であろうと治療に通い続ける。そのために、顔なじみの人もでき、待合室で挨拶を交わしたり、出身地や若いころの職業などについての話をしたりしないわけではない。

しかし、患者それぞれの生活圏は異なっているから、家族の私的情報を含めて統一体としての個人を、丸ごと透析室や待合室で発現させることはない。透析室という継続する境界空間において、常に単一の伝承素として患者は存在する。機能空間も、専門分化した機能空間として存在し続けている。したがって、そうした空間内において、村社会におけるような、いわゆる「ご近所さん」の付合いに発展することはまず考えられない。

しかし、H病院の透析室はやや様相が異なっている。もちろん医療内容に違いがあるわけではないから、境界空間であることに違いはない。規模は大きいとはいえないが総合病院であり、施設もそれなりに整っている。そうしたことからすれば、機能空間としての分化は確かに行なわれている。だが、透析室における患者の様子は、かなり相違している。

まず、患者も医療関係者も、生活圏を共にしている場合が多いのである。子供の時から知っている看護師を呼びつけたり、臨床工学技士の父親が政治家であることを知っていたりする。看護師が患者の子供の動静を心配したり、家族の心配をしたり、患者同士が友達であったりする。境界空間内で、居住地空間における人間関係が常に顕在化しているのである。それは生活空間において、機能分化とそれに伴う空間分化とが、十分なされていないということである。そうしたところでは、たとえ分化した機能空間においてであっても、その機能に応じた個人の伝承素のみが機能し、顕在化するわけではない。

文化を伝達・継承する「都市」は、職住分離に伴う機能空間の分離が著しい。伝承体としてのそれぞれ機能空間にかかわる個人は、当該空間の機能のみにかかわる伝承素として存在する。そうした幾重にも重複する機能空間と、伝承体・伝承素との複合・重層が、都市的生活様式を形成している。統合体としての個人は、いずれの機能空間においても存在することは困難なのである。

ところが、H病院の透析室においては、容易に機能空間の枠を超えて個人が顕在化する。いわば、民俗継承体が累積・集積する伝承母体としての、村の生活様式が露呈する。(3) 都市的な機能空間の分化と、そこで機能するはずの個人の伝承素が解体してしまうのである。それは、都市的機能空間の中に出現する村的伝承母体である、ということもできよう。

職住合一の村にも、医療機関がないわけではない。それはムラ・ノラ・ハラという村の三重空間構造の内(4)、居住地空間であるムラに存在する開業医である。村の開業医は村社会の構成員であり、境界機能を担う存在でありながら、居住地空間における地域社会を担う機能にもかかわっている。そうした意味では機能分化・空間分化が十分ではない村空間の中で、統一体をある程度維持する患者と、生涯にわたってかかわり続けるのである。

そうした事情は、職住近接するマチの開業医も同様であろう。自らの居住地空間において、境界的機能を担う医師は、統一体たる患者とかかわる。それは文化を伝承する人の機能の一部を機能させる伝承素としての存在ではなく、統一体たる人が、一生の間に継続するための分化を累積しつつある、民俗継承体としての患者である。都市の機能空間の分化に基づいて、境界機能と名付けられた機能は、身体・精神の異状・異常を治療することによって、現世と他界との境に働く機能である。

そうした境界機能にかかわる医師の機能は、都市であろうと、マチであろうと、あるいはムラであろうと変わりはない。機能空間の規模に大小はあっても、医師の機能を発現させる空間の性格にも相違はない。そうした機能空間内における人のあり方や、認識の仕方が異なるのである。空間分化と、それに伴う空間内集団のあり方が異なるということもできよう。

繰り返し指摘したように、空間分化と機能分化は「都市」の特徴である。都市においては空間分化に伴い人も伝承素に分化してしまい、統一体としての存在が実感できなくなる。全国的に都市化が進行すると、生活圏ごとに地域空間が機能空間に分化する。しかし、分化した機能空間において、機能集団に分化しきれない場合がないわけではない。

一見、都市化の進展と共に機能空間が分化し、境界空間において医療機関が一律に先端医療を提供しているかのようである。しかし、施設や技術が均質的に進展したとしても、それを享受する人々にとっては、必ずしも一様ではない。時代が作り出した機能空間において、地域社会の実態を踏まえながら人々は生きている。

都市化の遅速は、機能分化の多様性を生ずる。たとえ機能分化した都市的空間であったとしても、必ずしもそこに伝承体が形成されるわけではなく、伝承素の集積した都市的人間が存在するわけではない。都市化は一様に進展するわけではなく、都市的生活様式もまた、均質的な存在ではない。

「父ちゃん！　父ちゃん！　父ちゃんに会いたいな！　看護婦さん、父ちゃん呼んでくれや」

またOさんの声が響く。目を覚ましたらしい。まだ透析は終わらないのだろうか。

註

（1）和崎春日「都市文化を生活学する—民俗学から都市の生活学を立てる—」『生活學論叢』二六　日本生活學会　二〇一四年

（2）『人類科学』四一　九学会連合　一九八九年
（3）福田アジオ『日本村落の民俗的構造』弘文堂　一九八二年
（4）前掲註（3）

第二節　透析室片々

1 「お早うございます」

「倉石さん　お早うございます」。

女医のH先生の声で、ふっと目を覚ます。時計を見ると一二時一五分である。一一時二〇分に透析が始まって、うとうとしていたらしい。「お早うございます」と返事をしそうになったが、やっぱり「今日は」と応えてしまう。

子供のころ寝坊をして、朝飯の用意ができてから起きていって「お早う」というと、今は亡き父が間髪を入れず、「遅よう」と応えた。寝坊をしたことが気になっていたのに、念を押されてしまったことが何とも悔しかった。何時までが「お早う」なのかなどという、大人のような疑問があったわけではない。夏の朝六時半ころは「お早う」でも構わなかったのであろうが、家族は既に一日の仕事の準備が整っているのに、まだ寝ていたことが早く起きたことにならないことは、子供でもわかっていた。明るくなるとすぐ野良に出る農家の人たちにとって、朝早く起きることは不思議でも何でもないことであった。昼過ぎになるのに、「早く起きてお仕事を始めていますね」などと、どの口がいう、ということになる。

それなのに、一二時を過ぎているのに、初めて顔を合わせたからといって、「お早うございます」と挨拶することが、不思議でも何でもないことになってしまった。たまには筆者のような間抜けな挨拶を交わすような患者もいないわけではないが、ほとんどのベットからはH先生の挨拶に対して、「お早うございます」と応えている声が聞こえてくる。多くは野良仕事をしていたであろう高齢者であるが、何の不自然さも感じていないような自然な応対である。「お早うございます」は、朝の挨拶ではなくなっていることを改めて感じる。しかし、子供や孫にはどのような挨拶の仕方を教えているのか、つい聞いてみたくなる。うら若いというのには少し抵抗はあるが、透析患者の子供の世代と思しきH先生が、朝・昼・晩という、時間の推移とかかわりなく、初対面かどうかで挨拶の表現を選択していることから推察すると、筆者のような時間観念に伴う挨拶のしつけは受けてこなかった可能性がある。

民俗学を専攻する大学院の学生が、午後になって研究室にやってきて、「お早うございます」と挨拶することが、それほど珍しくなったのは二一世紀になってからであったような気がする。最初のころは父に倣って「遅よう」とか、「早くはないよ」とか、あえて「今日は」などと対応していたが、何の変化もないし、次第にそうした傾向が目立ってくるにしたがって、面倒になって、「おう」とか、「やあ」とか言ってごまかすことになってしまったが、やはり「お早う」と応えることには抵抗があった。別にそれが新世紀現象であるというのではないが、挨拶の機能が変わってきたのであろう。もちろんそれは生活形態の変化と無縁ではなく、東の空が白み始めると野良に出て働き、星をいただいて家に帰るというかつての労働形態が、屋内で働く第二次・第三次産業に移行してきたことが一因になっているようにも思われる。お日様の光を頼りに働く第一次産業においては、太陽の運行を基準とした自然の時間こそが生活行動の目安であった。しかし科学の進歩は人工の光をもって夜の闇を駆逐し、それによって人工的・物理的な時計の時間によって夜も働き、生活することが可能になった。

かつて、これほど全国津々浦々にまで都市化が浸透する以前は、家族とその日初めて顔を合わせるのは朝起きてであり、ムラの人、つまりノラという同じ労働空間を共有する仕事仲間と初めて顔を合わせるのも朝であった。それはマチの人であっても同様で、特別な人々を除いては、初めて顔を合わせるのは朝であった。昔懐かしい「朝はどこから来るかしら」で始まるラジオ歌謡「朝はどこから」では、朝は「希望の家庭」から来るし、夜も「楽しい家庭から」来るとうたわれていた。まさに家族集団を中心として朝が始まり、一日が展開したのである。[1]そしてそのころは、ベンチで愛をささやく恋人たちでさえも、広場の灯も消えるから「早くお帰り夜が更ける」とせかされ家族のもとに帰ったのである。[2]夜は家族と共に過ごすのが当たり前であった。

このころはまだ、夜の闇は生きていた。一番星を見つけ、月の明かりで影踏みをすることができた。影と戯れる楽しさがあった。地方の村だけではなく、東京の夜も暗かった。甘い声でマヒナスターズが、「さよならと　さよならと　街の灯りが　ひとつずつ　消えて行く」とうたったように、[3]街の灯りも色とりどりのネオンも夜が更けると消えてしまっていた。筆者が大学に入学したのは、この歌が流行した翌年であった。名所見物のつもりで訪れた日比谷公園の夜も、真っ暗であった。都会の夜が暗かったからこそ、ネオンはより鮮やかに人々の目を引いたのである。そして路地裏の屋台の酒のほろ苦さを際立たせる都会の月のわびしさも、[4]夜が暗かったこそである。都市化の進展は、ムラの闇も放逐し、生活世界の夜の隅々までも光で満たそうとしている。闇や影は不要の存在と化してしまった。その結果、かえってわずかな闇、かすかな影にもおびえてしまっている。多様な状況や、異なる価値観を許容する余裕を失ってしまった。闇を駆逐してしまった光だけの世界は、かえって文化の厚みを失ってしまったようである。

閑話休題。ともかく、都市化は多様な労働形態を生み、機能分化と空間分化とを進展させた。それに伴って、家族集団の解体をも招来した。労働集団の細分化と多様化とは、労働時間の多様化と生活時間の重層性を顕在化した。労働集団を含む多様な幾つかの集団と日常的にかかわらざるを得ない個人は、それぞれの集団ごとに最初に顔を合わせる人と出会う。当然、分化した機能と空間の社会における伝承体（都市の伝承者集団）には、それ独自の時間が流れている。複数の伝承体とかかわらざるを得ない都市人は、その都度新たな時間とかかわる。そのために「お早う」は、一日に一度だけでは済まなくなったのである。

都市の境界空間である透析室は、顕界（現世）に際どくとどまっている透析患者が、幽界（他界）への移行に、常にさらされている機能空間である。そこで幽界（他界）への移行を阻止すべき機能を託されているH先生は、伝承体としての透析室の時間の中において、同じ伝承素として透析患者に「お早うございます」と挨拶をしたのである。「先生」としてではない「人」としてのHさんにとっては、この日何度目かの「お早うございます」であったはずである。透析室という境界空間の伝承体における伝承素として、透析患者もまたこの日何度目かの「お早うございます」と応えたのである。

しかるに、同じ空間に身を置きながら「今日は」と応えた筆者は、現実には機能分化した都市的空間に身を置きながら、心情的には都市化以前の村の伝承的な空間にある。太陽が司る自然の時間の流れる家族集団を基本とし、その時間に支配されているのである。そのため、透析室という伝承体における自らの伝承素としての性格を、十分には容認しがたい状態にあったということになるのであろう。それ故、境界空間という機能空間において、その機能を十全に果たそうとする―職務に極めて忠実な―H先生が、機能空間の時間の中でまず「お早うございます」という挨拶をしているにもかかわらず、村人としての倉石さんは、まさか「遅よう」というわけにはいかないから、「今日は」と応えざるを得ないのである。

H先生は挨拶に続けて、「血液検査の結果は特に異常は見当たりませんでした。お薬は今まで通りで行きましょう」というので、「ありがとうございます。よろしくお願いします」と応える。それを聞くと先生はすぐに隣のベットに歩み寄り、また「お早うございます」と声をかけた。

時計の針は一二時二〇分を指している。

2 「今日は」

「今日は」。

透析室に入ってTさんに挨拶をする。一一時少し過ぎである。Tさんは透析室に入った所に置かれている長椅子に、いつものように座っている。透析は朝七時三〇分ごろから行なう人と、一一時三〇分ごろから行なう人との二交代制である。H病院では、療養病棟に入院している人がまず透析をし、次に通院患者が透析をすることになっている。ただ始める時間は入院患者のその日の状況によって相違するため、透析の終わる時間は一定ではない。Tさんは通院患者なので、入院患者の透析が終わるのを待っているのである。「おう、こんちは」。Tさんは応える。それから改めて看護師さんに挨拶する。

「今日は。お願いします」。

「今日は。ご苦労様です」。

看護師さんたちも口々に応える。それから定められたベッドに入る。担当の看護師がやってきて、透析の準備が始まる。

「今日は。お願いします」。

「今日は。お願いします」。

改めて互いに挨拶を交わしあう。

Tさんに対する「今日は」は、個人的な挨拶であり、透析室という境界空間に入ったとはいえ、まだ居住地空間時間の自然的時間の延長線上での挨拶である。看護師さんたちに対する「今日は」もまた、共に認識しあい、共有している自然的時間にかかわる挨拶である。しかし「お願いします」「ご苦労様です」という挨拶は、透析室という機能空間における外部の者（患者・依頼する者）と、内部の者（治療者・依頼される者）という関係を表して示している。ここまでが外部空間と内部空間との境界領域であり、そのことが挨拶にも表現されている。

「ごめんなさい。上から刺します。チクッとしますよ。大丈夫ですか」。「大丈夫です」。

「ごめんなさい。下を刺します。チクッとしますよ。大丈夫ですか」。「大丈夫です」。

看護師は、まず上腕部の静脈に血液を戻すための針を刺し、次にそれより手首に近いところの動脈に血液を採るための針を刺す。「ごめんなさい」という謝罪の言葉は、「大丈夫ですか」という気遣いを一層増幅する。「痛いであろう、我慢できないであろう」と患者を思いやる気持ちの発露である。生身の肉体に針を刺すことは痛みを伴う行為であり、しかも、透析室という機能空間において必須の行為である。それは看護師も患者も十分認識している。そのために多少の痛みには、患者も「大丈夫です」と応える。もちろん「痛い！　痛い！」と叫ぶ患者がいないわけではない。だからこそ、余計に「ごめんなさい」と謝るのである。透析室における内部と外部との微妙な関係が示される。

「透析が始まりました。お願いします」。

「ありがとうございました」。

こうして透析が開始されたことを看護師に告げられると同時に頼まれた患者は、看護師に感謝しながら、透析機から延びるカテーテルと血圧計につながれて、大体四時間ほどベッドの上で過ごす。透析患者は、病院に頼んでやむなく延命措置としての血液透析を受けているのである。したがって透析が開始されたことを患者が感謝することは、当然の行為であるから、患者が病院に頼まれる筋合いのものではないはずである。さりながら、直接患者に接する看護師は、自らに託された機能を果たすために、頼んでも患者に治療を受けてもらわなければならない。透析室は、患者に頼まれて治療を承知した病院の一部でありながら、患者に頼んで治療を受けてもらっていることになる。ここにもまた透析室における、内部と外部との微妙な関係が示される。それは「透析室」という空間が、境界空間である病院の中でも、特別な性格を持つ空間であることを示している。

　境界空間である病院は、顕界（現世）と幽界（他界）との間に機能する都市的空間である。そこでは顕界にとどまることを強く願う者が、自らかかわろうとしている空間なのである。

　古来多くの人々は、いつまでも顕界にとどまろうとしていた。それがかなわないことを知るが故に、いっそう不老長寿を願った。月の世界に帰るかぐや姫は、不死を祈って帝に不死の薬を贈ったが、それを山上で燃した故にその山を「不死の山」と呼び、それが富士山であるとは、日本最古の物語とされる『竹取物語』の記述である。人魚の肉を食べた八百比丘尼は、八百歳の長寿を得たという。還暦から始まる長寿の祝いのうち最も高齢の、八百歳の祝いを椿寿と呼ぶ理由である。修験道の祖とされる役行者も、修行によって不死の命を得たと伝えられる。女性の白い脛に心を動かされて失敗はしたが、久米の仙人も不死の命にあこがれた。実際に不老不死の薬を求めた中国の皇帝もいた。「厭離穢土欣求浄土」として、死後の極楽浄土を願った仏教でも、人の死は悲しいことには相違なかった。

　中古から中世にかけての説話を集めた『今昔物語集』には、多くの往生譚が記されている。そこには極楽往生をしたことを貴びながらも、死んだことを悲しむ説話が多く見られる。例えば、死に臨んだ僧良算が「煩悩不浄の身を捨てて、清浄微妙の身を得ることができる」といって喜びの笑みを浮かべていても、それを見守る一山の僧たちはこれを聞いて泣き悲しんだ。[5]確かにその僧たちの悲しみは、自らの死を悲しむものではない。それでは良算本人は、死ぬことを本当に、喜んでいたのであろうか。喜んでいたのは、極楽浄土で生きることができると信じたからであった。地獄へ落ちるより、極楽のほうがよいというだけで、死後の世界で生きることが前提になっていた。僧良算の死を悲しむ僧たちも、当然より良い暮らしを死後の世界に求めていたのであろう。それが出家した動機であろうからである。それでもやはり死を悲しんでいるということは、自らの死をも悲しむべき状態であると認識していたはずである。死を厭う気持ちには、昔も今も変わりがない。

ともかく、永遠にでも顕界（現世）にとどまりたいと願っている患者が、まさに幽界（他界）に赴かんとする状態にありながら、わずかであっても顕界（現世）にとどまり得るように、透析治療を受けているのである。実際にその機能を担っているのが看護師であり、透析機を扱いながら患者に対応するのである。いうまでもなく看護師は顕界（現世）の存在であり、患者はいわば境界的存在である。患者は看護師に頼まれると共に看護師に感謝し、看護師は患者に頼むと共に患者に感謝されるという関係はこうして生まれる。

「はい、終わりにします」。

「お願いします」。

看護師が声をかける。ホッとした患者は「早く終わりにしてください」と頼む。四時間経過して、ようやく透析が終わる。それから針を抜き、止血をする。これでベッドから解放される。

「ありがとうございました」。

「お疲れさまでした」。

看護師に対するお礼の言葉に対する、看護師からの労わりの言葉を受けて、患者は透析室を後にする。ここでは「さよなら」とか、「失礼します」という帰りの挨拶は行なわれない。また明後日には来なければならないし、今後もできるだけ長くお世話にならなくてはならないからである。しかしそれなるが故にきちんとお礼をいおうとするし、労わりもするのである。

透析を必要とする腎不全は、現在の医術ではまだ完治することは望めない。したがって、再び透析室を訪れなくて済むという時は、顕界（現世）から幽界（他界）に赴く時である。それを十分に承知しているひと時の別れが、透析室からの退室なのである。

時計の針は、午後三時四五分を指している。Tさんはまだ透析中である。

3「痛えー」

「痛えー！　痛えー！」。

Oさんの声が透析室に響きわたる。透析を始めるために、針を腕に刺されたらしい。看護師が「ごめんね、ごめんね」と謝っている。いつものことである。

血液透析をするためには、その都度採血する針と、血液を戻すための針を腕の血管に刺さなければならない。そうした二本の針を刺されることは、透析をする以上いかなる状態の患者でも避けることはできない。いわば針を刺される痛みを覚悟した上での、透析治療である。そのため、多くの患者はその痛みを声に出して、表現することはしない。血管がその刺激に反応したり、腕に力が入ったり、あるいは顔が緊張したりすることはあるであろうが、Oさんのように大声で痛みを訴えることはほとんどない。特別なことがない限り、透析室は静かである。しかしその沈黙の底には、痛みに耐える患者の感情がよどんでいる。

それを察するが故に看護師たちは、穿針するのに先立って、

「ごめんなさい。上から刺します。チクッとしますよ。大丈夫ですか」。

「ごめんなさい。下を刺します。チクッとしますよ。大丈夫ですか」。

などと声をかけるのである。上というのは血液を戻す針であり、下は採血するための針である。「ごめんなさい」とまず謝ってしまうのは、針を刺すことが痛みを与える行為であることを十分理解しているからである。職務とはいえ、心ならずも患者に痛みを与えてしまうことに対する、看護師の心の痛みが謝罪の言葉として表現されるのである。「大丈夫ですか」と患者を思いやる言葉もまた、彼ら、彼女らの心の痛みからは発せられた言葉である。針を刺す瞬間は、針を刺される患者の肉体的・生理的痛みと、針を刺す看護師たちの心の痛みとが交錯する時でもある。「大丈夫ですか」と気遣われた患者は、看護師たちの心の痛みを察して多くは「大丈夫です」と応えるが、「ちょっと痛かったですね」、「痛いのは生きている証拠ですから」など、やせ我慢も含めて様々に反応をする。

境界空間に身を置いて延命処置を受ける透析患者にとって、痛いという生理的現象は、生きていることを実感する機会である。そうはいいながらでき得れば避けたいことの一つが、「痛い」という感覚でもある。そのため穿針する部位に、予め麻酔薬を塗ったフィルム（ペンレステープ）を貼ったり、スプレーで麻酔薬を吹き付けたり、あるいは麻酔薬の入ったクリーム（エムラクリーム）を塗ったりして、痛みを緩和しようとしている。しかし針を刺す部位が、麻酔剤の範囲からわずかでもずれてしまうと、痛みを覚えてしまうのはやむを得ない。

時には全く痛みを感じないこともあるのだが、針を刺される瞬間には痛みを予想してつい緊張してしまう。痛みに対する耐性は、経産婦は強く、そうした修羅場を経験することのない男性のほうが弱いようである。とはいいながら、「痛い！　痛い！」と大騒ぎするOさんは女性である。男性があまり「痛い」と騒がないのは、「男性は強い」というさほど根拠のない社会的評価、あるいは文化的認識が、「痛い」という感覚を素直に表現させないのであろうか。

従来民俗学において、「痛い」という感情を研究テーマとして取り上げることはほとんどなかったように思われる。「痛い」という感覚・感情は個人的なものであり、伝承性を持った文化としてはなかなか取り上げにくかったのであろう。しかも、精神的な「胸の痛み」や「心の苦しみ」、あるいは「青春の煩悶」などという精神的な「痛み」は、文学や芸術における重要なテーマであり、心理学の研究対象でもあったから、あえて民俗学が研究テーマとするまでもなかった。また、肉体的・生理的な痛みは専ら医学・生理学が研究対象としていた。だが、人によっては性的快楽を求めてあえて肉体的苦痛（痛み）を与え、受けることがあるやに聞くし、宗教的行為として儀礼化することがあることは周知のことではあった。それにもかかわらず民俗学では、そうした行為や感情を「痛み」の文化化として捉えようとすることはほとんどなかった。

しかし私たちが「痛み」に対して、類型的な対応を全くしていないわけではない。例えば、幼児が転んで膝などを打って「痛いようー　痛いようー」と泣いていると、親や祖父母などが患部を手で優しく撫でてやったり、「フーフー」と口で吹いてやったりする。また、「痛いの　痛いの　飛んでけー」と唱えて撫でてやったこともあるし、よく目にもする。このほかに、「チチン　プイプイ　五葉の御宝」などという呪言もある。さすがにこれらは大人に対して行なう行為ではないが、日本人の「痛み」に対する伝承的な認識がこうした行為にみられないわけではない。

撫でたり吹いたりするのは、幼児を落ち着かせ、その肉体的苦痛を和らげる行為でもあろうが、それによって「痛い」という生理的現象が幾らかでも緩和されるとしたら、それには精神的・文化的な要素がかなり含まれているであろう。呪言に至っては、まさに精神的・文化的行為である。「チチン　プイ　プイ」は呪言としては類型的であって、何らかの呪いをする時にはよく唱えられ、「痛さ」を緩和する時だけではなく、いかような場面でも用いられる。「五葉の御宝」もまた、願い事をするときの定型句である。

注目すべきは、直接「痛さ」に向かって唱えられた「痛いの　痛いの　飛んでけー」という呪言である。これは、「痛さ」は命じられれば「飛んでいってしまうもの」であり、「痛み」は去るものであるという理解のもとに発せられている。つまり、「痛さ」は肉体の内部に起因するものではなく、外部からやってきて表面に取り付いた存在であると考えているのである。もしそう理解することができるとすれば、「フー　フー」と患部を吹くのも、「痛い」という刺激を和らげる行為としてだけではなく、「痛さ」を吹き飛ばす行為でもあったのであろう。とはいえ、Oさんが痛がった時に、「フー　フー」と吹いてやったり、「痛いの　痛いの　飛んでけー」と唱えたりすればいいということではないことは、いうまでもない。民間療法や俗信として民俗学の研究対象とされてきた伝承文化の一つとして「痛み」を認識することによって、根岸謙之助の医療民俗学⑹や、六車由美の介護の民俗学⑺などとは異なる民俗学的世界を見出すことができるのではないかということである。ともかく、透析室における「痛い」という苦痛は、針を刺されることによる「痛み」にとどまるわけではない。

「痛てーよう　痛てーよう　看護婦さん　おむつ換えてよう！」。

今度はAさんの叫び声である。おむつが汚れるとお尻が痛くなるらしい。「おむつ換えてみようかね」。看護師さんがやってくる。Aさんの痛みには、看護師さんが関与しているわけではない。患者の要望に応えるだけであるから、ここには看護師側の心の痛みはない。Aさんの肉体的な痛みがあるだけである。

延命治療を行なわなければならない透析患者たちは、腎臓だけではなくほかにも多かれ少なかれ何らかの病気を持っている。肝心(肝腎)な臓器の一つである腎臓が不調を兆すと、他の臓器にも影響が及びやすいのである。

「痛てッ！」

Fさんの鋭い声である。「ごめんなさい。どこが痛かった？」と、治療している看護師が謝りながら尋ねている。足の傷が痛む透析患者が多いので、透析中に治療をするのであるが、しばしば「痛み」を訴えることがある。Aさんの泣き声にも、Fさんの叫び声にも、他の患者たちの反応は全くない。それはいずれも他人の、しかも個人的な痛みであり、しかしいつそのような状態に自分もなるかもしれないと思うからである。だがその肉体的痛みは、まだ生きている、それでも生きていなくてはならないという、この世にとどまっていることを確認し、認識させられる機会でもある。

境界空間において、ぎりぎり顕界に存在している証が「痛い！」という叫びであり、肉体の「痛み」である。そして「ごめんなさい」という謝罪の言葉になって顕在化する心の「痛み」は、幽界に赴こうとする透析患者をかろうじて顕界にあって引き止めている看護師たちの「痛み」である。境界空間は、顕界と幽界とが交錯する空間であり、「肉体の痛み」と「心の痛み」とが交流し、交錯する機能空間でもある。

「痛えー！」「痛てーよう」「痛てッ！」。

「ごめんなさい」「大丈夫ですか」。

様々な「痛み」が、様々な表現と機能・認識と共に、透析室の中を満たしている。

4「あっちへ行く」

「もういい。あっちへ行って、きれいなネエチャンと酒を飲む」。

Tさんがブーたれている。

「まだ早いって、追い返されるよ」。

間髪を入れずに看護師がいう。Tさんの周囲があわただしい。「目に白い幕のようなものがかかっている」と訴えるTさんの血圧を測ると、最高が八六である。その対応に追われているのである。

しばしばTさんは、「こんなの、人じゃねえ」「粗大ゴミだ」という。寝ているばかりで思うようにならないし、役に立たないから、「人ではない」というのである。そして、そんな状態でいるのは「もういい」というのである。昭和一九年に地元の農家の二三代目として生まれたTさんは、今年（二〇一七年）七三歳である。上背はないが、体重は百キロを超えている。透析をしてもドライウエイト（基礎体重）まで除水しきれずに、五、六〇〇グラムは残さざるを得ないこともあり、しばしば毎日通院して透析している。膝にも負担がかかるからと減量を勧められているが、食欲があり、どうしても減量できないと嬉しそうに話す。また、徹夜でカラオケをし、イノシシの肉を食べながらビールを飲んだと自慢していることもある。若いころは名古屋の塗装屋に勤めていて全国を飛び回り、政治家とも付き合いがあったことも自慢にしている。生家に戻って塗装屋を開業し、透析をしている今でも経営者である。子供が小学生の時には育成会の会長をしていたから、若い子たち（といっても、今は四〇代になっているが）は皆知っており、H病院の看護師たちの三分の一くらいは顔なじみだというのも自慢である。H病院の院長は医学生のころから知っており、「俺が病院を開かせたのだ」といい、理事長や事務長とも知り合いだともいう。透析室ではしばしば看護師を、「M子ちょっと来い」などと呼びつけたりしている。

透析室が境界空間であり、透析患者が生と死との境界的存在であることは、頭では皆理解している。「形あるものは必ず壊れ、生あるものは必ず死す」という理は、これもみな了解している。人は生まれた時から死に向かって、まっしぐらに突き進んでいる。さすれば人生そのものが境界的存在であるということになるが、健常体である時には死を意識することはほとんどない。だが、透析患者が健常体ではないことを本人は十分承知しているし、社会的にも公認され、障害者手帳も交付されている。それにもかかわらず、透析という延命治療を信頼すればこそ、慢性腎不全の透析患者であっても、普段は死を切実に意識することはほとんどない。死ぬまでは生きているという、一種開き直りの気持ちでもある。

かつて高校生を対象として、彼らの「死後観」についてアンケート調査をしたことがあった。当時勤務していたU高校におけるその年の文化祭の統一テーマが「未来」であり、顧問をしていた文芸部では「高校生の死後観」について考えてみようとしたのである。しかし校長は、「高校の文芸部なら、そんなアンケートなどしなくてもいいのではないか」と思ったのかどうか、アンケート調査をすることには、大分ご不満であった。しかし、不確定の未来において、ただ一つ確実なものは「死」である。したがって高校生の「死に対する認識」を取り上げて、彼らの「未来」を考えようとすることは、文化祭のテーマに最もふさわしい、と考えて実施したのである。そのアンケートの結果によれば、「死ぬとどうなるか」と聞くと、ほとんどの者は「無になる」とか、「元素になる」とかと答えていた。「死」を肉体レベルで考えているのである。ところが「死ぬとどこへ行くか」と聞くと、「天国に行く」「極楽に行く」という回答が九〇％を超えたのである。「地獄に行く」という回答がなかったのは、あまりに楽観的に過ぎるが、それはともかくとして、肉体は無になるけれども、何かが、どこかに行くと考えていることこそが興味深かった。一〇代の若者たちが、霊肉分離の伝承的な認識を示していたからである(8)。

現在の我々は、屍体を目にする機会は非常に少なくなった。臨終に立ち会うことも少なくなったが、たとえそうした機会があったとしても、火葬され、時には埋葬されて、物体としての屍体は、すぐに眼前から姿を隠してしまう。『今昔物語集』の説話などに描かれるような、都大路にさえ屍体が転がっていて、カラスがそれをついばんでいるというような情景は、想像すらできない。九相図が描かれたのは、屍体が日常的に目にすることができたからであろう。だからこそ、人は死ぬと、この世(顕界)における姿とは異なってしまうということが、知識としても実感としても理解できるのである。

それでもなおかつ「何らかの存在」が、肉体が無になっても存在し続けると考えようとしている。その「何らかの存在」、仮にそれを「霊」とか「魂」とかと呼ぶのであろうが、それがどのようなものであるかは、判然としているわけではない。だが、顕界におけるのと同様な肉体を持った存在を、観念していたようである。かつての高校生は、自分は死ぬと天国や極楽に行くつもりであったようであるし、Tさんはきれいなネエチャンと酒を飲もう考えている。つまり、「霊」「魂」の存在においては、顕界と幽界という二つの空間は連続している。しかし、人は死後において「無」でありながらも「有」であるという、相矛盾した世界観は今に始まったことではない。

大八島の国や神々の祖先神、伊邪那岐命・伊邪那美命は多くの国々や神々を生むが、伊邪那美命は最後に、火の神に焼かれて死んでしまう。亡妻を慕う伊邪那岐命は黄泉国に赴き、そこに腐れただれた妻伊邪那美命の屍体を見出す。醜い姿を見られたことを知った伊邪那美命は怒って伊邪那岐命を追い、この世と死後の世界との境である黄泉比良坂で夫婦絶縁の事戸渡しをするのである。(9) これは日本神話における死の起源譚でもあるが、死者の二通りの姿を描いてもいる。腐れただれた伊邪那美命と、事戸渡しをする伊邪那美命である。前者は腐れゆくモノ(肉体)としての伊邪那美命であり、後者は絶縁を交わすとともに死者の国を司る存在としての伊邪那美命である。後者の伊邪那美命は既に肉体の機能を失っているはずであるから、精神的・観念的な、いわば霊・魂としての存在である。『古事記』を編纂した八世紀の日本人は、既に仏教を受容していたにもかかわらず、仏教世界とは異なる死後の世界を構想していたのである。そこは、逃げ帰った伊邪那岐命に「穢き國」といわせるような世界であった。つまり、『古事記』に描かれた死後の世界は、柳田國男が発見したような先祖たちが子孫を見守っている世界とは異なっているし、折口信夫が見出したような、時が廻ってくると決まって訪れる常世神の世界とも異なっている。

かつての高校生が死んで極楽に行くと考えたのは、日本文化の中に累積した仏教的な世界観に基づくものであったろうが、Tさんのいう「あっち」は仏教が説く浄土とも異なっている。確かにTさんにとって、「きれいなネエチャンと酒を飲む」ことのできる死後の世界は、「極楽」なのではあろう。しかし、蓮の花が咲き乱れ、迦陵頻伽が舞い遊ぶ「極楽」ではない。もっとこの世の人々が身近に感じている、まさに現在の生活世界と連続する世界と考えているのである。それは現在の生活世界を肯定する心持が背景にあり、この世を「穢土」と見、速やかに「厭離」することを望む人々においては、構想しにくいものであったであろう。そうした意味では、Tさんの顕界における時間は、恵まれたものであったはずである。死後の世界である幽界においても、顕界における生活と同じように暮らすことがTさんの望みなのである。

顕界の存在が「人」であるなら、「人ではない」というTさんは既に半ば幽界の存在であり、境界的存在である。それを実態として認識させている透析室は、顕界にありながらも半ばは幽界の存在なのである。透析室という都市的機能空間は境界空間であり、そこにおける人も境界的存在である。それ故に人は顕界にありつつも、幽界と非常に近しい状態にあって、時には「あっち」に行こうとすることもある。

それに対して「まだ早い」といって引き留めるのは、延命措置を機能とする看護師たちである。したがって、「追い返す」のは、「あっち」の「きれいなネエチャン」ではなく、実は看護師たちなのである。

「きれいなネエチャンと酒を飲もう」とするTさんの希望は、まだまだ容易には達せられそうにない。

5　儀礼としての透析

「明けましておめでとうございます。今年もよろしくお願いします」。

透析室に入ると、まず新年の挨拶をする。今日は一月二日、二〇一七年(平成二九年)という新しい年が明けて、初めての透析日である。国民の祝日である元日が日曜日であったので、今日は振替休日なのであるが、月曜日は透析日に当たっている。

「おう、おめでとう」。

いつものように、透析室の入り口にはベッドが空くのを待っているTさんがいる。

「明けましておめでとうございます」。

透析室のスタッフの方々も、口々に応える。透析室のお世話になり始めると、少なくとも一週間に三回、月・水・金、あるいは火・木・土と定期的に通院をしなければならない。文字通り盆も正月も関係ない。また、雨が降っても雪が降っても槍が降っても、天災地異にもかかわりなく通う必要がある。したがって、透析室においては正月だからといって、何が変わるというわけではないし、別におめでたいわけでもない。まあ、延命措置の効果で、また新しい年を迎えることができたということが、祝うべきことなのではある。新年の挨拶を交わす時だけ、透析室空間外の「めでたい時間」が一陣の風となって吹き込む。

透析室は延命措置を施すための、機能空間である。そこには、延命機能を担う機能集団が存在する。そして、その機能を十全に発揮するためのシステムが存在する。透析患者は、それに従わなくてはならない。表4-2-1「透析手順表」はその一例である。こうした時間進行には、勤務するスタッフの出勤状況や、患者の病状などによって開始時間が変化したり、止血に時間がかかったりすることがあり、多少変化する。しかし、基本的にはほぼ表のように進行する。この手順は、盆であっても正月であっても、雨が降っても雪が降っても槍が降っても、変わりはない。

この時間進行でいえば、透析患者は④一一時二五分にベッドに入ると、⑭一五時四五分にベッドから出るまでは、基本的には何もすることがない。片手に血圧計を巻かれ、もう片方の手は腕に刺された針とカテーテルとによって透析機につながれ、ベッドに横たわったままである。機能空間にかかわる機能を果たす作業は、すべてマニュアルに従

表 4-2-1　透析手順表

<table>
<tr><th rowspan="2"></th><th rowspan="2">時間</th><th rowspan="2">患者</th><th colspan="2">透析室スタッフ</th></tr>
<tr><th>看護師・臨床工学士</th><th>医師</th></tr>
<tr><td>1</td><td>11 時 20 分</td><td>入室</td><td></td><td rowspan="5"></td></tr>
<tr><td>2</td><td></td><td>挨拶：「今日は。お願いします。」</td><td>挨拶：「今日は。ご苦労様です。」</td></tr>
<tr><td>3</td><td></td><td>体重計にのる</td><td>体重測定</td></tr>
<tr><td>4</td><td>11 時 25 分</td><td>ベッドに入る</td><td></td></tr>
<tr><td>5</td><td></td><td></td><td>穿針部位の消毒・穿針・針の固定・血圧測定・体温測定</td></tr>
<tr><td>6</td><td>11 時 30 分</td><td>透析開始</td><td></td><td rowspan="6">診察</td></tr>
<tr><td>7</td><td>11 時 50 分</td><td></td><td>血圧測定</td></tr>
<tr><td>8</td><td>12 時 50 分</td><td></td><td>血圧測定</td></tr>
<tr><td>9</td><td>13 時 50 分</td><td></td><td>血圧測定</td></tr>
<tr><td>10</td><td>14 時 50 分</td><td></td><td>血圧測定</td></tr>
<tr><td>11</td><td>15 時 15 分</td><td></td><td>血圧測定</td></tr>
<tr><td>12</td><td>15 時 30 分</td><td>透析終了</td><td>血圧測定・穿針部位の消毒・針の固定解除・抜針・止血帯を巻く</td><td rowspan="6"></td></tr>
<tr><td>13</td><td>15 時 40 分</td><td></td><td>止血確認・止血帯を巻く</td></tr>
<tr><td>14</td><td>15 時 45 分</td><td>ベッドから出る</td><td></td></tr>
<tr><td>15</td><td></td><td>挨拶：「有難うございました。」</td><td>挨拶：「ご苦労様でした。」</td></tr>
<tr><td>16</td><td></td><td>体重計にのる</td><td>体重測定・除水量確認</td></tr>
<tr><td>17</td><td></td><td>退室</td><td></td></tr>
</table>

って透析室のスタッフが行なうのである。患者は、必要とされる時間をその機能空間にいるだけで、特にすることはないのである。そして患者の行為は、「入室―退出」「体重測定―体重測定」「ベッドに入る―ベッドから出る」というように、ベッドにいる時間をはさんでその前後が対応しており、形式的には相似的である。この形式的行為が、一週間に三回繰り返される。つまり、一週間を単位とする、類型的行為ということができる。これは、A市のH病院における手順である

が、東京のSクリニックにおける手順も基本的には同様である。

この形式的・類型的行為は、機能空間における機能集団としての透析室スタッフにおいても同様である。ただそれは、延命機能を発揮するための医療行為として類型化されているものであり、一定の医療行為を維持・発揮する社会的集団として機能している。しかし、患者は透析室という空間において集団的様相を呈してはいるが、組織的社会集団ではない。だが延命措置を受けるという目的を一にしており、その行動は類型的である。そうした意味では、「集団」としての性格を内在しているということができるであろう。もちろん、透析室における患者は、個別に延命措置を受けているのであり、その類型的行為は個人の行為である。しかし、いずれも同一機能空間における機能集団の対象として存在する。そして、その類型的行為は個人的行為として存在しているだけではなく、今後透析室において人工透析を受ける患者の行為でもあり、継続的な行為なのでもある。

伝承文化が、「世代を超えて伝え、受け継がれる文化」であり、(10)地縁的・血縁的・文化的集団内における類型的行為であって、しかも社会的・時間的連続性を持つ行為であるとすれば、透析室内における透析患者の行為は、都市的機能集団における伝承文化であると考えることができる。それは自然と深く結びついた村落社会における伝承文化ではなく、機能分化した都市的機能空間における「都市」の伝承文化である。

しかも、透析患者にとって境界空間としての透析室における時間は、日常的な時間ではない。祭りのような非日常性は希薄であるが、日常的空間を離れ、定まった機能空間において、類型的行為のもとに一定の時間を過ごすのであるから、日常性も希薄なのである。そしてその希薄な日常性は、時間的・空間的連続性を持っている。そうした意味で透析患者の透析室における行為は、「日常の活動と区別される形式的行動」であるから「儀礼」として把握することもできる。(11)少なくとも「儀礼的」行為である。その儀礼的行為は、一週間を単位とする周期伝承としての性格を持っている。折口信夫は「週期伝承」について、「民間伝承自身、週期伝承を意味していないものはない」といい、年中行事を「暦日的に定着したもの」としている。[12]後にはこれに一日を周期として繰り返される、「日中行事」を加える。

いうまでもなく民俗学が研究資料とし、研究対象とする民間伝承は、伝達・継承される文化である。現在に至るまで累積してきた民間伝承は、一過性の文化ではなく、言葉・行為・感覚・形象などによって、幾度となく伝達・継承を繰り返されてきた類型的な文化である。繰り返されることは民間伝承の基本的要件であり、その繰り返される期間に注目して分類された伝承文化が周期伝承である。

かつて、自然の推移が生活の展開と深くかかわっていた時には、一年を単位とする伝承文化が、私たちが生活する上において大きな意味を持っていた。今でも自然の推移が私たちの生活に大きな意味を持つことに変わりはないが、都市化され、グローバル化した現代日本の生活において、季節の推移にかかわりなく展開する生活の比重が大きくなった。国民の大多数を占める給与生活者は、一週間を単位として勤務し、一月を単位とする給料(月給)によって生活を支えている。定年退職した年金生活者は、年金が支給される二か月を単位として生活する。かつて、生活するための目標として、一年を単位とする年中行事が存在していたとすれば、現在は一月・一週間を単位とする、月中行事・週中行事が多くの人々の生活の目標となっている。給料日や曜日を「儀礼」が行なわれる「行事」日とするのには問題があろう。しかし、月給が支給された日には家族で外食をするとか、機能集団によっては特定曜日に定例会議が開かれるなどという、普段とは異なることが行なわれるということは少なくない。一月・一週間を単位として、類型的な非日常的な行為を行なうのである。周期伝承を通して現代における生活のリズムを把握しようとするならば、一年を単位とする年中行事と共に、一月あるいは一週間を単位とする必要があり、「月中行事」「週中行事」を無視することができない。

透析患者は、一週間を単位として繰り返し透析を受けなければならない。そのため、透析患者の生活リズムにとって一週間を単位とする通院行為は基本的行為である。それだけではなく、通院して透析を受ける行為それ自体が類型的・反復的である。そうした意味で、透析は都市的機能空間としての境界空間における儀礼なのである。

正月の透析室は、「おめでとうございます」という居住地空間の正月儀礼と、「お願いします」という境界空間の透析儀礼の挨拶とが交錯している。

6　重層する時間

「今日は。お願いします」。

月曜日である。今日もまた、透析室に入るといつものように挨拶をする。

「今日は。ご苦労様です」。

透析室のスタッフもまた、いつもと同じように挨拶をする。今週の透析がまた始まる。土曜・日曜と透析をしなかったから、「今日は除水量が少し多いかな」と思いながら体重計にのる。既に気分は透析モードである。

自宅（居住地空間）から自動車などの移動空間を経由し、病院という境界空間に入り、さらにその空間の一部である透析室に至る。この時間的推移において、自宅（居住地空間）では父であり夫であり、あるいは祖父であった生活者が、移動空間では乗客となり、病院（境界空間）において外来患者となる。さらに透析室という境界空間において透析患者になる。機能分化とそれに伴う空間分化が卓越する「都市」において、個人が多元化することはやむを得ないことであり、必然でもある。分化した機能空間を経由する時間の中で、人のあり方も変化する。直進する時間の中で反復を繰り返す類型的な伝承的時間は、異質な時間ではありながら、一個の人間の中ではごく自然に存在している。とりわけ伝達・継承が細分化し多様化した都市社会においては、類型的行為が反復していることは、よほど意識しなければ顕在化することは困難である。

現在我々が営んでいる生活が、過去の生活の累積の上に存在していることは誰でもが承知している。しかし累積された個々の生活文化は、その激しい変化のために、反復し伝承された側面は見えにくくなっている。表層文化に目を奪われ、確実に存在し続けている基層文化を見失ってしまっているのである。それでもなお、全くなくなっているわけではないし、社会集団が存在している以上、集団を維持するために伝承機能は失われていないはずである。

伝承は、時間（世代間）と空間（地域間）とにおいて機能しているが、現代「都市」においては伝承が反復する間隔が小さくなっている。世代は親子間世代だけではなく機能集団構成世代を含み、地域間においては地理的地域・機能空間に及んでいる。それは相互にかかわりあいながら有機的関係を維持しており、多様な伝承集団（伝承体）の紐帯となる時間は、反復を繰り返す類型的な伝承的・民俗的時間より直進する物理的・機械的時間が優越する。反復する時間は、直進する時間の中に拡散してしまっているのである。

もともと「反復する時間」といっても、伝承者個人にとっては全く同じ時間であったはずはない。正月は毎年廻ってくるが、正月を祝う人の状態は同じではない。昨年は父として祝った正月が、今年は舅として、あるいは祖父として祝うということもある。ことによれば、一年前に受験生として迎えた正月を、今年もまた受験生として迎えるということもあるだろう。しかしそれでも現役受験生と、浪人受験生とは、受験生としてのあり方は異なるから、去年の正月と今年の正月とでは、迎える正月のあり方が相違するはずである。だが、伝承母体としての伝承者集団において正月は、やはり「反復する時間」として存在する。

「都市」における伝承者集団（伝承体）において、伝承にかかわるのは個人の一部分（伝承素）である。一個人は複数の伝承体とかかわっており、伝承素もそれらに対応している。個人のかかわる多数の伝承体ごとに反復する時間が存在し、それらの時間を一個の人間が統合するためには、直進する時間を軸にせざるを得ない。それ故に、反復する時間が直進する時間の中に拡散してしまうのは仕方のないことであった。

透析室という機能空間は、居住地空間とも移動空間とも異なる機能空間であって、透析患者はこの空間において延命のために「儀礼」的行為を行なう。それは体内の老廃物を十分に除去できず、日常生活を送ることが困難になり、それを改善するための類型的な行為である。日常生活を営むことができる状態をケ（褻）であるとすると、それができなくなる状態はケガレ（穢れ）である。透析が、そのケガレた状態をケの状態に回復する儀礼的行為であるとすれば、まさにこれはハレ（晴れ）としての行為である。これは、かつて桜井徳太郎の主張した、ケ・ケガレ・ハレの循環構造である。この構造は伝承母体における反復する時間として把握することができるが、より個人（伝承者）的な行為である透析というハレの行為は、生から死へという直進する時間の中で行なわれる。

透析室という機能空間に入室した透析患者は、外部空間から分離される。H病院では透析中に患者の関係者が入室することを制限していない。しかし、東京のK大学付属病院の透析センターでは、患者が透析中は面会を制限していた。透析患者は透析室に入ることによって、基本的には外部空間と遮断される。患者は外部空間から遮断された機能空間において、類型的行為を行なうことによって、再び外部の空間に復帰できる状態に戻される。その類型的行為は入室した時から始まるが、本格的に行なわれるのはベッドに入ってから出るまでの時間内においてである。こうした行為を模式化すると、外部空間から分離し、一定時間経過（過渡）し、再び外部空間と統合されるということになる。

この、分離・過渡・統合の経過は、分離儀礼・過渡儀礼・統合儀礼からなる通過儀礼と相似である。[13]ヘネップは、

「人生の重要な節々のすべてを人が通ってゆく際の、一連の儀式」を主たる対象とし、個人が「ある範疇から別の範疇に移るとき、あるいは他の範疇に属している人々と同じ範疇に身を置こうと思えば、生まれた時から死ぬまで、形態はしばしば異なっていても、機能的には似かよった種々の儀式をとり行わなければならないのである」が、[14]まとまりをもった一連の儀礼としての儀式の総体には、「典型的な一つの連続形、すなわち通過儀礼の図式がみられる」という。[15]人生儀礼として行なわれる儀礼を対象とはしているが、それに先立って実質的通過として空間的通過儀礼についても検討し、「これらの儀礼の大部分は、入ること、待つこと、および出ることに関する直接的、実質的意味を持つものとして捉えられる」と指摘しているのである。[16]いうまでもなく「入ること」が「分離儀礼」に、「待つこと」が「過渡儀礼」に、「出ること」が「統合儀礼」に対応する。つまり、透析室に入る際の行為が外部空間からの「分離儀礼」に、ベッドに入って透析の済むのを待っているのが「過渡儀礼」に、退室する際の行為が外部空間に対する「統合儀礼」に対応するのである。こうした空間的通過儀礼の側面からすれば、容易に透析室にかかわる行為に通過儀礼としての形式は認められよう。

ところが、時間的側面に注目するとその「過渡」の在り方に相違が見られる。一生の間にすべての人が通ってゆく際の通過儀礼として、例えば年齢階級にかかわる通過儀礼では、その儀礼を経ることにより社会的立場が変化する通過儀礼と、透析に見られる通過儀礼とは異なっている。透析における通過儀礼は、形式的には分離儀礼・過渡儀礼・統合儀礼として類型的な行為は見られるが、これらの儀礼的行為によって一定時間経過しても、社会的に変化はしないのである。

人生儀礼としての通過儀礼は、個人の社会的変化にかかわるものであるから、社会的機能を内在している。そうした意味で「過渡」の時間は、社会的位置づけを変化させるために必要な時間であり、直進する時間の経過に見合うだけの実質を持っている。ところが透析にかかわる通過儀礼、とりわけ過渡儀礼は、日常態のケに戻るための儀礼であるから、「過渡」の時間を経ても患者の生活（社会的位置づけ）にはいかなる変化もない。外部空間の直進する時間において、それに相当する変化は存在しないのである。透析室から外部空間に戻る時には、分離した時点に戻るだけである。つまり、透析室内の「過渡」の時間は、外部空間の社会的時間としては空白の時間であり、失われた時間である。もちろん、透析室内の患者における「過渡」の時間は、延命措置を行なう機能集団にとっては、機能空間における直進する時間として存在している。

透析室内には、患者の「過渡」（ハレ）の時間と、機能集団の日常（ケ）の時間とが併存している。そして透析患者はそこで、社会的生活者ではなく延命措置を受ける孤立した患者として、直進する時間から断絶した時間に身をゆだねているのである。

「今日は。お願いします」「今日は。ご苦労様です」

「有難うございました」「ご苦労様でした」

透析室への入室・退室に際して双方で交わすいつもの挨拶は、空間的境界における挨拶であると共に、異なる時間の境界で交わされる挨拶でもある。

註

（1）「朝はどこから」詞：森まさる、曲：橋本国彦、一九四六年

（2）「若いお巡さん」詞：井田誠一、曲：利根一郎、一九五六年

（3）「泣かないで」詞：井田誠一、曲：吉田正、一九五八年

（4）「チャンチキおけさ」詞：門井八郎、曲：長津義司、一九五七年
（5）「金峰山ノ薊ノ嶽ノ良算持経者ノ語第四十」『今昔物語集』三　日本古典文学大系24　岩波書店　一九六一年　二〇二頁
（6）根岸謙之助『医療民俗学論』雄山閣出版　一九九一年
（7）六車由美『介護民俗学へようこそ「すまいるほーむ」の物語』新潮社　二〇一五年
（8）倉石忠彦「高校生の死後観」『上田盆地』一三号　一九七〇年
（9）『古事記　祝詞』日本古典文学大系1　岩波書店　一九五八年　六三頁
（10）平山和彦「伝承文化」福田アジオ他編『日本民俗大辞典』下　吉川弘文館　二〇〇〇年　一六五頁
（11）鈴木正崇「儀礼」福田アジオ他編『日本民俗大辞典』上　吉川弘文館　一九九九年　五一〇頁
（12）折口信夫「民俗学」『日本文学大辞典』新潮社　一九三四年
（13）綾部恒夫・綾部裕子訳、A・ファン・ヘネップ著『通過儀礼』（人類学ゼミナール3）弘文堂　一九七七年
（14）前掲註（13）一六三頁
（15）前掲註（13）一六五頁
（16）前掲註（13）二〇頁

第五章　仮想空間と民俗学

第一節　インターネットと民俗学

一　民俗学と民俗研究

最近、「民俗学」についての論議が賑やかである。[1] もちろん、民俗学研究者による「民俗学」についての論議はおおいに行なわれるべきであり、かつて何度も重要な論議が展開された。それによって、「日本民俗学」の学的体系がより整備されてきたことは周知のことである。だが最近の「民俗学」論においては、民俗学の科学的側面に対する関心というより、「民俗学」をアカデミック民俗学（講壇民俗学）あるいはパブリック・フォークロア（公共民俗学）などという学的体系とは異なる基準による区別、さらにアカデミックと非アカデミック、プロフェッショナルとノンプロフェッショナルというような形式的ともいうべき区別などを行ない、それぞれに異なる民俗学があるかのような主張がなされている。その背景には、アカデミックな場からの視点により、プロフェッショナルを頂点とする民俗学研究者のヒエラルキーを設定するような考え方があるように思われる。

しかし職業や立場によって、学問の性格や内容・方法が異なるとは思われない。そもそもこうした考え方は、アカデミックな場における研究者が、自ら設定した「アカデミック民俗学」の枠に、自らを閉じ込めてしまった結果であるように思われる。民俗学研究が窮屈に感じるのは、学問のあり方ではなくむしろその考え方である。現在の民俗学研究者の知識などが、多かれ少なかれ大学における民俗学教育の影響によることは否定できない。だが、大学の学部における民俗学教育は、民俗学における知識の伝達だけではなく、むしろ民俗学的な見方や、それに基づく民俗の析出と、それに対処する方法や解決の手段を身につけるところに目的があるのではなかろうか。そして大学院においては、それを踏まえて研究者として発見した問題の解決法を、さらに深化し精緻にするために努めるところに、その目的が置かれるのであろう。すなわちアカデミックな場で教えられるのは、学問の特定な枠組みに基づいた知識ではあるが、研究者としてはそれにとどまるのではなく、従来の枠を破って新たな枠組みを作るための努力をしなければならないはずである。そうでなければ学問の発展はない。他人が作った枠内に安住しようとする姿勢は、研究者としてはむしろ否定されるべきものであろう。

そうはいっても大学などにおける「民俗学」の枠組みを、代表的な事典(辞典)類の定義を基準とする傾向があることは否めない[2]。だが、こうした定義が、具体的な民俗研究のあり方とどこまで深くかかわっているかということとはまた別問題である。こうした定義が必ずしも実際の民俗学研究を制約するものでないことは、日本民俗学会年会における研究発表の多様さを見れば、十分であろう。研究者それぞれが、その問題や資料によって多様な「民俗学」の枠組みを有しているのである。かつて小説家北森鴻が、彼の作り出した民俗学者蓮丈那智に「ほとんど学者の数だけ民俗学が存在しているといっても過言ではない」といわせているのも、こうした状況が存在するからであろう[3]。もちろんこれは小説というフィクションの世界のことであるが、民俗学研究者以外の人々が民俗学に抱いている印象を端的に示している例の一つではあろう。

もちろん、「民俗学」は一つの学問体系を持った独立科学である。したがってその独自性を主張するために独自の対象・資料と、独自の目的と方法とが存在することは必須である。だが、それらが大学や大学院など高等教育機関などで教育し研究するか、それともいわゆる在野で研究するかどうかによって異なっているとは思われない。立場などによってその学問体系が異なるはずはないからである。もちろんその学的体系に対する検討は、常になされなければならない。だが現実の研究の場において、まず存在するのは疑問・問題であって、学的体系が先行するのではない。極端にいえば、自らが疑問に思う事柄に答えを出すことができさえすれば、既成の学問の枠組みにとらわれる必要はないはずである。「民俗学」は万能ではないのである。問題によっては民俗学の研究方法とは異なる学問の持つ方法のほうが、より答えを見出すためには適している場合もあり得る。そうした場合に「民俗学」の研究にはならないからといって、その問題に対する関心を放棄するかどうか。放棄できるのならばその程度の疑問であったのである。しかし一定の答えが見出せるまで追究しなければ、自らの知的好奇心を納得させることができないのが研究者なのではなかろうか。

繰り返すことになるが、そもそも学問とは、問題を発見し、それを解決するためのものであり、その方法や目的等の類似するものをとりあえずまとめて、一つの枠でくくったものが「学問」に過ぎないのである。したがってそうして出来上がった学問の成立要件は、独自の目的・対象・方法を持ち、それによる研究成果の蓄積が十分であるということなのである。目的・対象・方法は学問内部の要件であり、研究成果の蓄積は当該学問の枠組みに対する社会的容認にかかわる外部的要件である。だが、問題解決のためという研究の目的からすれば、特定の学問体系にしばられる必要はないのである。まず問題意識があって、その答えを見出すために研究が行なわれる。そうした研究があって、その成果の蓄積の上に対象・目的・方法などに基づく学問の枠組みができるのである。もちろん最初に「こうした学問をつくろう」という意図があって、その後でそれに見合う問題を見つけるということもないわけではないであろうが、それはごくまれであろう。

明治維新後に、近代西欧科学としての人類学・民俗学を学んだ日本の民俗学研究の展開を概観しても、最初から「民俗学」という呼称が中心であったわけではない。明治の先覚者たちは、「土俗学」であるとか「俗説学」であるとかという名称と共に、確かに「民俗学」という呼称も使用していた。しかし、日本における民俗学の祖といわれる柳田國男にしても、「郷土研究」と称し、また「民間伝承の研究」と称していた。日本民俗学の確立期とみなされる一九三五年（昭和一〇年）前後であっても、「民俗学」という呼称はまだ確立していたわけではない。研究者の全国組織である「民間伝承の会」が「日本民俗学会」と称するようになったのは一九四九年であり、それも研究内容そのものに由来するというより、学会連合など外部の社会的要因が大きかったことはよく知られている。西洋近代科学としての民俗学を日本に導入するにあたっても、その問題意識の在り方を踏まえつつ研究を行ない、その累積の結果としての「日本」の「民俗学」を形成したのである。そうした意味では、吉谷裕也が指摘するように「民俗学」と「民俗研究」とは異なるものでもあろう。(4) しかし「民俗研究」は、「民俗学」と全く無縁に行なわれようはずがない。ただ「民俗研究」が、大学・大学院などで「教育された」（教え込まされた）「民俗学」の枠に、規制されるべきものではないということなのである。

したがって民俗研究とは別に「民俗学」があるとしても、それが「講壇民俗学」と「在野民俗学」（とでもいうことができる民俗学）と対置されるかのような言説は、私には全く理解ができないのである。それではいったい『民俗学辞典』『日本民俗事典』『日本民俗大辞典』などで示されている「民俗学」の定義は、どちらの立場の定義なのであろうか。もし事典（辞典）類の「民俗学」の定義が、「講壇民俗学」の定義であるとするならば、いわゆる「在野の民俗学」とはどのように定義される「民俗学」なのであろうか。それとも、いわゆる「在野の民俗学」は「民俗学」とは認めないのであろうか。しかし、研究者の立場、ないしは職業によって「民俗学」が異なるならば、そんな学問は学問とはいえないのではなかろうか。それでも二種類の「民俗学」が存在すると主張するならば、それぞれの「民俗学」の定義・概念を示し、学問上の差異を明らかにすべきであろう。あるいは、「在野」で行なわれる民俗研究は、民俗学という学的体系に基づく研究と認めないということであろうか。それならそれでその理由を具体的事例に基づき明確にすべきである。繰り返すが、「民俗学」のあり方において、高等教育機関における民俗学教育に基づく「民俗学」をのみ特別視しようとする考え方は、私には全く理解できないのである。

二　民間伝承の発見

目下のところ、こうした不毛ともいえるような「民俗学」論争も行なわれているが、「民俗研究」のための「民俗学」にとって、「民間伝承」という伝承的文化事象は欠くことのできない存在であるとすることには異論があるまい。そして民間伝承とは、生活文化あるいは民俗を支える伝承的文化事象である。つまり連続性を持った文化事象である民間伝承は、生活の中に存在するのである。しかし民間伝承は生活文化の中に潜むものであっても、どのような文化事象が連続する文化事象であるかは発見しなければならないのである。つまり、民俗研究の対象となる民間伝承は所与のものではない。

そもそも現在学としての民俗学は、現在の生活の中に胚胎する問題を、現在の生活の中に存在する連続性を持つ文化事象を資料として説明する学問である。そしてその問題は、生活者である我々が、日常生活の中で直面するものである。いうまでもなく日常的に眼前に展開している生活事象は、その程度は異なろうがすべて過去からの累積の上に何らかの連続性を持って存在する文化事象である。それ故に、まずは現在の生活実態を把握しなければならない。把握した生活実態の中からしか、民俗学の研究資料たる民間伝承は発見することはできないからである。

　もう何年くらい前のことになるだろうか、学生から「民俗学研究者として注意していることがありますか」と聞かれたことがある。その時私は、「生活者の感覚を維持しようとつとめている」と答えた。この考えは今でも変わりがない。民俗学は現実の生活と共にあるのだから、研究室の中だけで完結するような学問とは大きく異なっている。もちろん科学であるから厳密な実証性を欠いてはならないが、現在の生活と共に民俗学はあるべきだと思うが故に、民俗学は現在学なのである。そしてその民俗研究の研究資料となる伝承的な文化事象は、その都度研究テーマに応じて見出されるものであろう。だからこそ、まず研究の基本となるのは、研究テーマたる問題(疑問)なのである。

　民俗調査において、伝承的文化事象として取り上げられるものの多くは、調査項目・調査要目などとされてきたものを目安としてきた。しかし、柳田國男の調査要綱をはじめとする様々な調査項目、あるいは実質的な調査要綱である文化庁の分類も、それぞれの問題意識に基づいて作成されたものであり、そこで対象とされた文化事象だけが民間伝承でないことはいうまでもない。生活が変化し、それに基づいて出現する問題・研究テーマが異なれば、研究資料としての民間伝承も異なるはずである。したがって、今まで発見されなかった民間伝承は数多いはずなのである。むしろ対象とされなかった民間伝承のほうが多かったのかもしれない。そして民間伝承を発見するためには、前述したように生活全体を支えている文化事象をまずは把握しなければならない。そして、その中から連続性の認められる文化事象を見出すことが手順であろう。

　ある文化事象に連続性があるかどうかを判断するためには、時代を超えた文化事象を比較する必要がある。文化は変化することはいうまでもないが、その変化は消滅・変貌・変容だけではなく、創出も含んでいる。確かに新たな文化事象それ自体は、まだ連続性を獲得していないであろう。しかしいつの日かそれが受容・伝承され、伝承事象とならぬとは限らない。新しい文化事象も従来の文化的状況の上に形成されたものであり、未来の伝承文化の予備軍として、いずれは民間伝承として民俗研究の対象となるべき性格を孕んでいるのである。

したがって、いわゆる民間伝承を発見するための基本的作業である民俗採訪（民俗調査）は、既に伝承性を持っていることを保障された文化事象だけではなく、生活文化のすべてに及ばなければならない。つまり、民俗研究の対象が「生活文化のすべてに及ぶ」「なんでも対象とすべきである」というのは、既成の民俗研究において対象とされていた文化事象に限定されないという謂いなのである。そうはいっても、生活文化のすべてを対象とし、記録することができないことはいうまでもない。調査者・研究者の視点や問題意識によって調査・記録される文化事象は選択されることは、やむを得ないことだからである。ただ、従来認められなかったからといって、最初から除外してはならないということなのである。

近年「昔と異なり、民俗調査がやりにくくなった」という声を、しばしば耳にする。確かに都市化された現代社会において、かつてと同様な調査はできにくいことは事実である。どこに危険が潜んでいるかわからないような世の中において、見知らぬ人には容易に心を許さず、話し相手にもなってもらえないのも不思議ではない。また、プライバシーに対する認識が変わり、個人情報が保護されるようになった現在、対人関係により細心の配慮がなされなければならなくなったことも関係していよう。さらに生活の変化が著しく、それが伝承力をか細くさせ、今まで研究対象として取り上げられてきた文化事象が少なくなってきていることも事実である。だが聞き手が従来の民間伝承の枠組みにしばられていることが、民俗調査をさらに困難にしている側面も忘れてはならない。

三　インターネットと民俗学

現代社会の特徴の一つが情報の増大である。そうした情報化社会をもたらした最大の要因の一つがインターネットであろう。インターネットは現代科学が生み出した技術である。したがって従来の民俗学においては、インターネットの存在はほとんど問題にならなかった。インターネットの歴史は新しく、それに基づく文化事象に、問題になるほどの連続性は認められなかったからである。せいぜい研究資料収集の手段として問題になる程度であった。時代と共にインターネットの役割はさらに多様化し、私たちの生活の中でますますその存在感を増していくと思われる。このようなインターネットの存在に対し、民俗学は果たしてこれからも無視し続けるだけでよいであろうか。歴史学においては「歴史学研究におけるコンピュータの利用と応用」についての検討が早くから行なわれている⑸。それは情報収集と提供などの手段としての検討ではあるが、民俗学においてはそうした方面における関心も十分とはいえないようである。日本民俗学会理事会には関連する特別委員会が設置され活動しているようではあるが、研究レベルにおける関心は決して十分とはいえない。

インターネットは科学的産物であり、現代生活における生活の道具である。それは情報技術とそれに伴う情報機器が中心的な存在であるから、確かに「伝承的」な存在でない。したがってインターネットそれ自体は民俗学の研究対象ではない。前述したように、民俗学はオールマイティーではないから、すべての文化事象を研究対象とする必要はない。そして文化的側面においても既に情報学やマスコミ論などにおいて研究対象とされ、成果をあげている。「コンピュータ歴史学」は情報機器としてのインターネットと歴史研究との関係について主たる関心を示している。必要があればこうした諸学の研究の成果を学べばよい。ただ民俗学が生活文化の変化に関心を持つ学問である故に、我々の生活を劇的に変化させた、その変化の要因としてのインターネットの存在に無関心ではいられないだけなのである。果たしてインターネットは、民俗研究の対象とする必要はないのであろうか。既に生活文化におけるインターネットの存在が、①伝達手段、②情報提供、③学術情報、④意思の集約、⑤犯罪、⑥文化などにかかわっていることは周知のことである。そうしたインターネットを研究対象とするならば、おおむね次のような諸点が問題になるであろう。

aインターネット利用の研究

b生活文化に及ぼすインターネットの存在

c資料としてのインターネット情報

d現在の生活文化を把握するときのインターネットの存在

e民俗調査の対象としてのインターネット

こうした諸点の中で、民俗学がかかわるべきはまず「d現在の生活文化を把握するときのインターネットの存在」であり、そのための「e民俗調査の対象としてのインターネット」であろう。

つまり、インターネットが現在の我々の生活にどのようにかかわっているかを、文化の連続的視点から捉えなおす必要がある。そのために行なわれる調査の内容も検討しなおす必要がある。いうまでもなく、一九三〇年代から検討が本格化した民俗調査要綱(項目)においては、インターネットの存在は全く考慮されなかった。試みに、過去の調査項目を概観してみよう。様々な問題関心のもとに、様々な調査項目が作られ、公にされた調査項目は多い。近世末における屋代弘賢の「風俗問状」の質問項目はさておくとしても、『人類学雑誌』[6]が刊行されると渡瀬荘三郎は「我国婚礼に関する諸風習の研究」において「婚礼諸風俗の研究項目」を作っている。それ以降も枚挙に暇のないほど多くの調査項目が作られた[7]。もちろんこれらはその一部であり、大学や地方史誌類の民俗調査に際して、その都度調査項目が作られることも多かった。

しかし、そうした調査項目等においてもインターネットの存在には全く配慮していない。つまりそれは民俗―民間伝承とはかかわらない存在とされていたのである。だがもし民俗調査が、現在の生活の中における文化の連続を発見することから出発する故に、「現在の生活文化を把握」しようするのならば、インターネットの存在を無視してよいものかどうか、はなはだ疑問を感じざるを得ないのである。確かに現在のようなインターネットによる情報化社会の歴史は浅い。とはいえそれは、過去の生活の上に累積した存在である。文化の連続という視点からすれば、過去の生活と何らかの形でかかわっているはずなのである。インターネットはその累積する文化に、どのような影響を与え、どのように変えたのであろうか。インターネットによる大量の情報提供および情報発信によって、私たちの日常生活の受けた影響は多方面に及ぶ。特にその影響は対人関係や経済的分野、あるいは遊びなどの分野に著しいように思われる。

つまりインターネットの、より大量の情報を、地域を超えて瞬時に発信することはいうまでもなく、場合によっては、個人の感情までも不特定多数の人々に公開し、見ず知らずの人たち同士をも結びつける契機ともなる。さらにインターネット上において、架空の社会を構築して物の売買を行ない、金銭の流通にかかわることもある。電子空間における空想上の世界はゲームの場ともなり、様々な異世界を出現させる。伊藤龍平の「電承論」は、そうしたインターネット上の架空の世界において作られた伝承を研究対象としようとするものである[8]。非常に刺激的な考え方ではあるが、従来生活文化として研究対象としてきた文化事象には、こうした全く新しい「電承」は含まれていなかった。したがって世間話など口承文芸の分野における伝承的性格が認められはしようが、他の分野における伝承性を保障するものとはなりにくい。

そこで、従来の調査項目等を見直すことによって、インターネットとかかわっていると思われる調査対象事象を拾い出してみよう。その際、主として対象とする調査項目は、生活全域に及ぶ項目を網羅しており、学史的にも重要な位置を占める『日本民俗学入門⑨』、および「日本民俗調査要項⑩」「民俗調査質問文例集⑪」の項目を中心とする。これ等の項目をインターネットの役割を考慮しつつ、その調査対象事象毎に整理すると、次のようになる。

A結婚相手との出会い⑫

B知人・友人関係⑬

C世間話⑭

D売買⑮

E競売⑯

F売買成立⑰

G海上交通⑱

H天気予報⑲。

I伝播者⑳。

J非難される行為㉑。

K制裁㉒。

L玩具㉓。

M遊び㉔。

N言語表現。㉕

これらA～Nは、今までの民俗学の研究資料として、調査の対象とされた事項により整理したものである。この内A～Cは伝達手段としてインターネットにかかわるものであるが、それは結婚相手との出会い、知人・友人関係を作るための情報としてであり、インターネット上での世間話の伝達である。

D～Hは情報提供にかかわる伝達である。従来文化の伝播者として人が果たしていた伝達役割を、電子媒体を用いてインターネットが情報を伝達する機能を果たすようになった。その結果、多様な情報が大量に提供されることになり、その情報によって経済活動を行なう場合(D～F)も多くなった。その他海上交通(G)や気象・天候(H)など、従来は体験知などに頼っていた分野においても、提供される情報を有効に活用しようとしているのである。

Iは地域にどのように文化が伝えられたかという、文化の伝搬者にかかわるものであるが、情報手段の多様化によって個々人の手によるのではなく、情報機器によるものが多くなった。インターネットはその最たるものである。しかもそれらの情報は、一地方・地域にとどまらず、全国的あるいは世界的規模で伝達される。そうした意味では、従来民俗学が対象としてきたものとは異なっている。しかしながら、特定地域において、外部からもたらされた情報によって、何を、どう受容することによって、どう生活を変えたかということは、問題になりうるであろう。

J・Kはいずれも意思の表明にかかわるものであり、非難や制裁にかかわるものである。かつて民俗学が調査対象としていたそれは、いずれも個体識別できる地域社会内で行なわれていたものであった。だがインターネットによるものは、そうした範囲をはるかに超えるものであり、しかも顔の見えない人々によるものである。したがってその非難の方法や制裁は、当然異なったものとなるであろう。しかし人々の生活に及ぼす影響は依然変わりがない。顔の見えない無名の大量の人々の行為は、それ故に従来とは異なる大きな影響を我々の生活に与えることになろう。民俗学でもインターネットの存在を無視できない所以である。

従来の民俗社会にはなかったインターネットの出現は、伝承的な生活文化にも大きな影響を与えたが、それは子供の生活においても同様であった。特に、新しい遊びや玩具としての機能を果たす場合もあった。また独特な言語表現も出現した。それは単に在来文化に働きかける変化要因として機能するだけではなく、新しい文化の出現に機能する存在でもある。特に日常生活における人間関係について、従来は面識ある人同士の一対一の関係を基本とすることが多かったが、ネットやツイッター、あるいはホームページなど、インターネットによる不特定多数の人と関係を結ぶことが多くなった。それがネット犯罪などというような新たな社会問題を生み出すことになった。つまり、知人・友人などの人間関係のつくり方や維持の仕方、あるいはその機能が大きく変化するとともに、重要な問題になってきたのである。

かつて民俗調査において、知人・友人という人間関係については、独立した項目を立てる形では扱われることはなかった。村という地域社会に限定して人間関係を捉えようとする場合には、村内を中心とした地縁・血縁による人間関係に関心の中心があった。したがって、家族・親族・姻族、近隣・村人、若者・娘、同齢者などという、個別具体的な認識によって把握することのできる枠組みで人間関係のすべてを把握することができた。そこには、知人・友人などという主観的・概念的な人間関係に対する認識の入り込む余地はなかったのである。しかも、職縁・心縁などは村の民俗ではないが故に関心外であった。

時に遊び友達とか、幼馴染とかという認識を持って、人間関係を捉えようとすることがあっても、それを人間関係として把握するのではなく、文化事象として現出する行為や儀礼として把握される傾向が強かった。しかも、そうした文化事象は、古形復元により強い関心があったために、新しいと認識される事象には関心を示さない傾向があった。

そしてそれが古いか新しいかという判断は、調査者の認識に任されていた。より古い形に対する関心は、例えば「4玩具はどうして調達するか、買って来るものにどんなものがあるか（最近のものを除く）。家で作って与へるものにどんなものがあるか。子供は幾つ位から自分で玩具をつくるか。それにはどんなものが多いか」というような調査項目のあり方によく表れている(26)（傍線、筆者）。現状は皆がよく承知しているが故に、調査対象から除かれていたのである。しかし、一九四二年（昭和一七年）の玩具のあり方は二〇一三年（平成二五年）の現在から見れば、十分に古いものである。一九四二年に生まれた人は現在七一歳であり、民俗調査における話者の年齢なのである。

しかし、いうまでもなく、インターネットは今まで民俗学が重視していた「地域」の存在を超えて機能する。したがって、地域的特色であるとか、地域差であるとかなどとは無縁の存在である。そこに今まで蓄積してきた民俗学の研究成果との不整合が存在するのである。「郷土」との関係や、地域民俗学、個別分析法、あるいは地域差と時間差との関係に基づく比較研究法など、民俗学の根本的な概念の再検討を迫られることになる。にもかかわらず、いまだインターネットと伝承文化の関係性についてすら未知数である。

インターネットにかかわる文化事象に関心を持つ理由は、まず生活文化の現状把握と記録とにかかわっている。特定文化事象が伝承化されるまでは、民俗学の対象ではないとの理由で記録すらしないということになってしまったら、生活文化の変化を研究目的の一つとする民俗学が、その変化に立ち会いながら見過ごしてしまうことになりかねないのである。

我々は常に生活文化を変化させる当事者であり、刻々と変化する生活文化の渦中にいる。その変化の累積が歴史であるとすれば、今を生きる我々は歴史の証人である。もちろんそのすべてが記録されるわけではない。我々の生にも限りがある。民俗学研究者として、文化の連続に関心を持つとすれば、刻々と変化する現状をきちんと見つめることが必要不可欠であろう。その際、インターネットをあえて除外する必要は全くない。むしろ、その生活文化に果たしている状態を正確に把握しなければならない。それが将来の民俗学の研究世界をより豊かにし、我々日本人の民俗世界を豊かにすることにもつながるはずである。

註

（1）代表的な書物の一つが、福田アジオ・菅豊・塚原伸治『「二〇世紀民俗学」を乗り越える』岩田書院　二〇一二年である。

（2）例えば、『民俗学辞典』（民俗学研究所編『民俗学辞典』東京堂　一九五一年）では「民間伝承を通して生活変遷のあとを尋ね民俗文化を明らかにせんとする学問である。（大藤時彦）」とし、『日本民俗事典』（大塚民俗学会編『日本民俗事典』朝倉書店　一九七二年）では「民間伝承を素材として民俗社会、民俗文化の歴史的由来を明らかにすることにより、民俗の基層文化の性格と本質とを究明する学問である。（和歌森太郎）」とする。また『日本民俗大辞典』（福田アジオ他編『日本民俗大辞典』吉川弘文館　二〇〇〇年）では「世代を超えて伝えられる人々の集合的事象によって生活文化の歴史的展開を明らかにし、それを通して現代の生活文化を説明する学問。（福田アジオ）」とする。大学において民俗学教育を行なうに際し、こうした定義がまず紹介される。

（3）北森鴻『凶笑面』新潮文庫　二〇〇三年　一二頁

（4）「主に講壇的な、場合によっては公共部門も含む「民俗学」と、講壇や公共とは乖離した、だからといって必ずしも在野でおこなわれるとは限らない「民俗研究」とを明確に分ける必要があると筆者か考えている」吉谷裕也「民俗研究の行く末：『驚きの介護民俗学』と『二〇世紀民俗学を乗り越える』を巡って」『加能民俗研究』四四号　一〇一頁

（5）鈴木卓治「地道にそして着実に」『歴博』一四〇号　国立歴史民俗博物館　二〇〇七年

（6）渡瀬荘三郎「我国婚礼に関する諸風習の研究」『人類学雑誌』二号　一八八六年

（7）試みに、その主なものを列挙すると次のようなものがある。

「収集事項目安民間伝承」『民俗学』第三巻第一号　一九三一年

「年中行事調査標目」『旅と伝説』六巻三号～七巻四号　一九三三年～一九三四年

『採集手帖』比嘉春潮編　郷土生活研究所　一九三四年

「山村調査項目」『民間伝承』一号　一九三五年

「産育習俗語彙採集要綱」『民間伝承』二号　一九三五年

『採集手帖』守随一編　民間伝承の会　一九三六年

「婚姻習俗採集項目」『民間伝承』五・六号　一九三六年

「民謡分類案」『民間伝承』七・八号　一九三六年

「葬制資料採集要綱」『民間伝承』一〇号　一九三六年

「祭礼名彙と其の分類」『民間伝承』一一・一二号　一九三六年

「漁村語彙採集要綱」『民間伝承』二巻一・二号　一九三六年

「昔話採集標目」『民間伝承』二巻三・四号　一九三六年

「年中行事採集百項」『民間伝承』二巻五～八号　一九三七年

「食物語彙採集要綱」『民間伝承』二巻九・一〇号　一九三七年

「山村語彙採集要綱」『民間伝承』二巻一一・一二号　一九三七年

「海村生活調査項目」『民間伝承』三巻一号　一九三七年
「住居語彙採集要項」『民間伝承』三巻二・三号　一九三七年
「服装語彙分類案」『民間伝承』三巻六・七号　一九三八年
「禁忌習俗採集要項」『民間伝承』三巻八号　一九三八年
「食事習俗の質問」大藤時彦「食事習俗の質問」『民間伝承』四巻五号　一九三九年
「民間文芸モティフ分類」関敬吾「民間文芸モティフ分類」『民間伝承』四巻七・八号　一九三九年
「食習採集要項」郷土生活研究所編「食習採集要項」『民間伝承』六巻八号　一九四一年
『日本民俗学入門』柳田國男・関敬吾　改造社　一九四二年
『民俗学入門』後藤興善著　火星社　一九五〇年
『民俗学手帖』民俗学研究所編　古今書院　一九五四年
「葬送習俗調査要綱」井之口章次『佛教以前』古今書院　一九五四年
「日本民俗調査要項」郷田洋文・井之口章次「日本民俗調査要項」『日本民俗学大系』一三巻　一九六〇年
「民俗資料緊急調査(基礎調査)要項」文化財保護委員会　一九六二年(文化庁『日本民俗地図I(年中行事1)』国土地理協会　一九六九年)
「民俗調査質問文例集」上野和男他編『民俗調査ハンドブック』吉川弘文館　一九七四年
「調査要綱」井之口章次『民俗学の方法』講談社学術文庫　講談社　一九七七年
「民俗文化財の分類」文化庁内民俗文化財研究会『民俗文化財の手引き―調査・収集・保存・活用のために―』第一法規出版　一九七九年

「民俗調査質問文例集」上野和男他編『新版　民俗調査ハンドブック』吉川弘文館　一九八七年

(8)　伊藤龍平「ネット怪談「くねくね」考―世間話の伝承について―」『世間話研究』一八号　二〇〇八年

(9)　『日本民俗学入門』目次：序、一　緒論、二　住居、三　衣服、四　食制、五　漁業、六　林業・狩、七　農業、八　交通・交易、九　贈与・社交、一〇　労働、一一　村組織、一二　家族、一三　婚姻、一四　誕生、一五　葬制、一六　年中行事、一七　神祭、一八　舞・踊・競技、一九　童戯・童詞、二〇　命名、二一　言葉、二二　諺・謎、二三　民謡、二四　語り物、二五　昔話、二六　伝説、二七　妖怪・幽霊、二八　兆・占・禁・呪、二九　医療、三〇　結語。（柳田國男・関敬吾『日本民俗学入門』改造社　一九四二年）

(10)　「日本民俗調査要項」一　村の概要、二　村の組織、三　家族・親族・婚姻、四　贈与・社交、五　生業、六　労働慣行、七　交通・交易、八　住居、九　衣服、一〇　食事、一一　物質文化、一二　人の一生、一三　年中行事、一四　信仰、一五　芸能、一六　昔話、一七　伝説、一八　民謡、一九　その他の口承文芸。（郷田洋文・井之口章次「日本民俗調査要項」『日本民俗学大系』一三巻　一九六〇年）

(11)　「民俗調査質問文例集」1村落組織、2家族と親族、3生業、4衣食住、5人生儀礼、6信仰伝承、7年中行事、8芸能・競技、9口承文芸、10都市の民俗。（上野和男他編『新版　民俗調査ハンドブック』吉川弘文館　一九八七年）

(12)　1　婚姻の相手はどんな機会にまたいかなる行為によって定められるか。当事者には如何なる選択の自由が許されるか。（『日本民俗学入門』　一三　婚姻　二二六頁）

3　若者と娘が知り合いになる機会と形式。（「日本民俗調査要項」　三　家族・親族・婚姻　婚姻　『日本民俗学大系』一三巻　一二二頁）

(1)結婚の相手はどのようにして決めるか（見合いか、恋愛か）。長男と次三男で相違はないか。（「民俗調査質問文例

（13）集」 5 人生儀礼 ②婚礼 相手の決定 『新版 民俗調査ハンドブック』二四九頁）

27 深い交際のない単なる知合ひを何といつてゐるか。（『日本民俗学入門』 九 贈与・社交 一八二頁）

28 親しい友人・懇意な間柄・同齢者を何といつてゐるか。（『日本民俗学入門』 九 贈与・社交 一八二頁）

6 深い交際のない単なる知り合いをなんというか。村落内で特に親しい家・人はどの家で、特に仲違いをしている家はどの家か。（「日本民俗調査要項」 四 贈与・社交 社交 『日本民俗学大系』一三巻 一二五頁）

7 親しい友人、懇意な間柄、同齢者をなんというか。幼児からの友人、竹馬の友をなんというか。（「日本民俗調査要項」 四 贈与・社交 社交 『日本民俗学大系』一三巻 一二五頁）

13 交際することの呼称、範囲。親類友人などの近い範囲の交際をなんというか。（「日本民俗調査要項」 四 贈与・社交 社交 『日本民俗学大系』一三巻 一二六頁）

(2)団地の女性や子供はどのようなクラブやサークルに集まるか。何を目的に集まっているか。（「民俗調査質問文例集」10 都市の民俗 団地の生活 『新版 民俗調査ハンドブック』二六八頁）

(3)日中の買い物や遊びをさそいあう特定の仲間がいるか。（「民俗調査質問文例集」10 都市の民俗 団地の生活 『新版 民俗調査ハンドブック』二六八頁）

（14）18 打ちあけ話や、ひそひそ話、または耳話をなんというか。噂、泣き言、人の悪口を何といい、言って歩く人をなんというか。告げ口や告げ口して歩く人を何というか。（「日本民俗調査要項」 四 贈与・社交 社交 『日本民俗学大系』一三巻 一二六頁）

(1)都市の中の特別な場所（辻・坂・橋・川岸・盛り場・路地裏など）に何かいい伝えはないか。（「民俗調査質問文例集」10 都市の民俗 世間話 『新版 民俗調査ハンドブック』二六七頁）

(15)

(2)妖怪や幽霊など怪異の起る家や場所はないか。(「民俗調査質問文例集」　10　都市の民俗　世間話　『新版　民俗調査ハンドブック』二六七頁)

(3)浮浪者とか、一風変わった人などについて、何か特別な話はないか。(「民俗調査質問文例集」　10　都市の民俗　世間話　『新版　民俗調査ハンドブック』二六七頁)

59　注文取を何といってゐるか。どんな種類の商品に対して注文を取るか。(『日本民俗学入門』　八　交通・交易　一七六頁)

3　注文取りをなんというか、注文する商品名。(「日本民俗調査要項」　七　交通・交易交易、『日本民俗学大系』一三巻　一三五頁)

63　仲買人を何といふか。賣買はどんな方法で行はれるか。賣買決定のときどうするか。主としてどんなものが仲買人の手を経て賣買されるか。(『日本民俗学入門』　八　交通・交易　一七六頁)

(1)農家の副業の種類にどのようなものがあるか(時代的変化に注意。養蚕、炭焼き、タバコ、竹細工、紙スキなどの行なわれた時期とムラでの比重など)。(「民俗調査質問文例集」　3　生業　①農業　副業の変遷　『新版　民俗調査ハンドブック』二三九頁)

(4)魚介類はどのようにして売られるか。市場までどのくらいの距離があり、どのような運搬方法が用いられているか。(「民俗調査質問文例集」　3　生業　②漁業　市場　『新版　民俗調査ハンドブック』二四二頁)

(15)市を何と呼び、その種類による名称、立つ場所、店売りや露店の名はどのようなものか。市はどのように変遷してきたか。(「民俗調査質問文例集」　3　生業　④交通・交易　『新版　民俗調査ハンドブック』二四五頁)

購入　七　どうしても外から買はなければならぬものは何々ですか。(『採集手帖』郷土生活研究所　一九三四年)

八　買い物には通例どこへ出ましたか。(『採集手帖』郷土生活研究所　一九三四年)

九　どうしても外から買はなければならぬものは何々ですか。—物資の移動と文化移動と深い関係があるか。特にその増減によって、文化進展並に変遷の程度を計ることは出来ないか。(『採集手帖』守随一編　民間伝承の会　一九三六年)

一〇　買い物には通例どこへ出ましたか。(『採集手帖』守随一編　民間伝承の会　一九三六年)

(16)

61　競り売りを何といふか。競る場所を何といってゐるか。庭料が払はれるか。どの位か。それはどうして定められるか。これを何といつてゐるか。(『日本民俗学入門』八　交通・交易　一七六頁)

62　競売はどんな方法で行はれるか。入札・落札をなんといふか。(『日本民俗学入門』八　交通・交易　一七六頁)

4　競売をなんというか、その場所、庭料。競売の方法、入札、落札の有無と名称。(「日本民俗調査要項」『日本民俗学大系』一三巻　一三五頁)

(17)

70　売買はどうして成立するか、法律上の効果は何によつて定められるか。道徳上の効果だけか。(『日本民俗学入門』八　交通・交易　一七七頁)

71　売買成立のとき手打や酒をのむことがあるか。これによつて契約は成立するか。解約はどんな場合に有効か。解約者はどんな義務を負わされるか。(『日本民俗学入門』八　交通・交易　一七七頁)

(18)

2　信号用具と信号方法。大漁などの標識。潮流利用の操船法と名称。風利用の法、風名。帆の利用法。衝突を防ぐ法。船を廻す方法。陸地に船をつける法。船の位置の確認法。(「日本民俗調査要項」五　生業　漁業、『日本民俗学大系』一三巻　一二九頁)

3　陸地とフネとの距離・方向測定法、夜間に船が流されるときの測定法。(「日本民俗調査要項」五　生業　漁業、

(19)『日本民俗学大系』一三巻　一二九頁）

(20)(2)天候の異変を予測するのはどのような方法によっているのか。（「民俗調査質問文例集」3　生業　②漁業　民俗知識と信仰『新版　民俗調査ハンドブック』二四二頁）

(21)一二　御札配り、行脚僧、遊芸人、箕直し、鍛冶屋等主としてどちらから入って来ましたか。―文化の伝播者としての役割が知りたい。且つそれ等の人々に対する村人の態度感情が知りたい。（『採集手帖』一二　御札配り　守随一編　民間伝承の会　一九三六年）

(22)一九　つき合ひの悪い人はありませんか。（『採集手帖』郷土生活研究所　一九三四年）

五九　一般に人のいやがることはどんなことですか。（『採集手帖』郷土生活研究所　一九三四年）

58　如何なる行為が重く、どんな行為が軽くあつかはれるか。（『日本民俗学入門』一一　村構成　二〇八頁）

57　どんな違反・どんな過失に対して制裁が行はれるか。古くから制裁される行為が定まつてゐるか、あるいは随時に決定されるか。（『日本民俗学入門』一一　村構成　二〇七頁）

61　制裁は如何なる方法で行はれるか、どんな人が立ち会うか。非制裁者も出席するか、制裁者はどうして定めるか。村役人がなるか。（『日本民俗学入門』一一　村構成　二〇八頁）

(23)1　玩具を何といつてゐるか。幼児にはいつ頃から、どんな玩具を与へるか。単に見せるだけのものにどんなものがあるか。男女児に異なつた玩具を与へるのはいつからか。（『日本民俗学入門』一九　童戯・童詞　三二五頁）

3　子供はどんな種類の玩具を好むか。年齢男女によつていかに異なるか。（『日本民俗学入門』一九　童戯・童詞　三二六頁）

4　玩具はどうして調達するか、買つて来るものにどんなものがあるか（最近のものを除く）。家で作つて与へるものにどんなものがあるか。子供は幾つ位から自分で玩具をつくるか。それにはどんなものが多いか。（『日本民俗学入門』一九　童戯・童詞　三二六頁）

(24)　9　競技運動に用ゐる玩具を一般に何といふか。この種の玩具にどんなものがあるか。（『日本民俗学入門』一九　童戯・童詞　三二六頁）

(9)主として屋内でする遊びにどのようなものがあるか（お手玉・綾取り・おはじきなど）。（「民俗調査質問文例集」8　芸能・競技　競技と遊び『新版　民俗調査ハンドブック』二六三頁）

16　一般に遊具を用ゐて遊ぶのは幾歳から幾歳位までか。女児と男児とでいかに異なるか。（『日本民俗学入門』一九　童戯・童詞　三二七頁）

57　大人のどんな遊戯または行為を模倣した遊戯があるか。（『日本民俗学入門』一九　童戯・童詞　三三〇頁）

7　生長度や年齢・場所・相手・監督者などとの相互関係のもとに把える。（「日本民俗調査要項」一五　芸能　童戯『日本民俗学大系』一三巻　一五二頁

(25)　9　新語・新文句―命名技術の上から見て興味のあるものを主とし、地方的な特徴をとらえること。鳥獣草木その他の方言語彙。他の部門の調査の間にも注意を怠らず、また即物的に聞く。（「日本民俗調査要項」一九　その他の口承文芸　命名『日本民俗学大系』一三巻　一五七頁）

(26)『日本民俗学入門』柳田國男・関敬吾　改造社　一九四二年　三二六頁

第二節　民俗学とインターネット情報

一　問題の所在

現代社会における情報伝達手段の発達は、目覚しいものがある。とりわけインターネットの普及は、従来の文字媒体や、音声媒体によるだけであった伝達のあり方を、大きく変えた。それに伴い、新しい文化形態も現れるようになった。

伊藤龍平は「ネット怪談「くねくね」考―世間話の電承について―」において、そうしたメディアの発達の中で新しく生まれた「電承」という概念について論じている(1)。伊藤はまず、「ネット―雑誌―テレビというメディア」の中で流通していった説話伝承があることを指摘する。そしてこうした話は従来の研究体系の中に納まりにくいが、メディアの中でとはいえ「厳として存在する伝承世界を、説話研究者が放置し続けておくわけにもいかない」ので、「電承」という概念で捉えようとする動きがあることを指摘する。「電承」という表現は、いわゆる「ネットロア」「ネット伝承」という意味なのであろうが、これでは従来説話研究者が用いてきた「口承」「書承」という語と並べると、字面の上でバランスが悪いので、一部で用いられ始めている「電承」という語と概念を容認しようとすると共に、「電承説話の多くは、相当のリアリティを持って受けとめられる同時代の話という意味で「世間話」の範疇に入れられよう」という。

しかし、こうした概念を世間話として把握しようとすると、「口と耳を用いず、目と耳を用いる世間話もあるのだというパラダイム転換が必要になる」ことをも指摘する。つまり伝達・継承における媒体として、従来音声としての言葉、身体表現としての行為、心意的表現としての感覚、物質的表現としての形象などを想定していたが、電子機器画面上の文字のみによって伝承される世間話を認める必要があることになるというのである。説話伝承研究においては、書承資料として文字資料による伝承を対象とすることは従来もあった。だが、電子機器画面上の文字のみによる伝承もそれに加えようというのである。こうした論議は、インターネット上の説話伝承を対象としており、民俗資料全般に及ぶものではない。しかし、少なくとも口承文芸研究においては、積極的にインターネット上などで語られる、いわゆる「電承」の伝承を取り上げようとしているのであろう。

もちろんこうした「電承」という表現や概念については様々な意見があろう。とりわけ伝承とは同音であり、さらに検討する必要があろう。それはそれとして、現代の生活における伝達手段や情報検索に、インターネットの存在は無視できない。そして、民俗学研究においてもまた、インターネットの情報を活用しようとする傾向がないわけではない。インターネットは大量の情報を内蔵し、それを常時提供しているのであるから、それを活用することができれば、民俗学研究にも一定の効果が期待できるであろう。

だが、インターネットの活用について、民俗学は従来あえて避けてきたといってもよい。言葉・行為・感覚・形象などによって伝達・継承される文化を重視してきた故に、インターネットはなじまなかったのである。そしてそれは近代化の中で失われていった伝承文化をまずは調査・研究対象としてきた日本民俗学にとっては、当然のことでもあった。しかしインターネットなどが発信する大量の情報は、社会的にも文化的にも無視できない存在となっていることも事実である。

　そして現在学としての性格を重視する日本民俗学にとっては、こうしたインターネットの存在は既に等閑視することができない状況にあるといってもよいであろう。もちろん、インターネットによる情報は、フェイスブックなど仲間同士で行なわれるものもあるが、時と場とを共有しない匿名の関係にある人々との間で交換されていることも多い。そこに見られる伝承（伝達・継承）は、従来民俗学が対象としていたような伝達・継承の関係とは全く異なっている。伝達者と伝承者とは時と場とを共有することによって、情報を交換した。それ故に伝承は地面を這うように伝承（伝播）したのである。それは常に、現実の生活世界を背景として行なわれていた。伝達・継承は個人間で行なわれていたとしても、その背後には常に生活を共有する目に見える人々の集団があったはずである。

　ところがインターネット情報は、時は共有するにしても場は共有せず、しかも初対面どころか対面することもない全くの他人同士の間でも行なわれる。そこで行なわれる伝達・継承は、画面上に記された文字情報、あるいは映像を無条件に信頼することによって成り立っている。考えてみると、それは有るか無しか判然としない、いうならばインターネット空間の中でやりとりされる伝承である。しかしそれでも、伝達者も継承者も同じ文化―人類文化という規模であったとしても―を享受するもの同士であり、そうしたインターネットが作り出す空間も現実の世界を背景としていると信ずることによって、その伝承は成立しているはずである。つまり、インターネット情報はインターネット空間内の情報であり、そのすべてが正確なものであるとは限らず、虚構である可能性が全くないわけでもないことを知りつつも、現実の世界の中における情報であることを前提としているのである。

　それではこうした、匿名の個々人が電子機器画面上の文字のみによって伝達・継承して形成するインターネットの世界の伝承を、民俗学は研究対象とすることができるであろうか。民俗学が研究対象とする伝承の世界は、前述したように文字だけではなく言葉・行為・感覚・形象など、様々な情報によって伝承される文化事象の再構成によって認識された世界であった。古老が語る伝承は、何十年か以前の出来事の思い出であり、あるいは世代を超えて伝えられてきた伝承であった。中には伝承者の作り出す仮想の世界の伝承もあった。もちろんそれは、生活集団における事実の記憶として、伝承の世界が作り出した仮想の世界であった。

そうしてみると同じ仮想の世界であっても、インターネット空間内で行なわれる伝承は、従来民俗学が調査・研究対象としてきた伝承とは確かにその性格を異にする。生身の人と人とが交流することによって作り出す現実世界の伝承ではなく、いわば仮想の世界の伝承だからである。だがそれは、現実に我々が生活している都市的生活世界の中に存在している。もしその世界が我々の生活世界の一部であり、一定の機能を持つ存在であるとするならば、それは仮に仮想の世界であったとしても、その機能は発現する空間として存在することは認めざるを得ないであろう。それはまさに都市における、仮想空間と呼ぶべき空間である。

こうしたインターネットの作り出す都市の仮想空間が想定できるとすれば、民俗学はこうしたインターネット空間とどのようにかかわっていくことができるのであろうか。既にインターネットを用いた研究も散見し、活用されている研究者もおられるようである。最近目にした『日本民俗学』などの学会誌にも、アドレスやアクセスした時点を明記したインターネットを活用した論文が掲載されている。(2) 現実の生活世界において、こうしたインターネットの作り出す世界を全く等閑視することもできなくなっており、その情報を実際に活用されているとしたら、民俗学研究においてどのようにそれと向き合うことができるかを真剣に考えざるを得ないであろう。

そこでまずは民俗学研究におけるインターネット利用の可能性を考えてみたいと思う。いったい民俗学研究においてインターネット機能はどこまで有効に機能するのであろうか。それほど有効でないとしても、インターネット情報を無視することができるか。利用するとしたら、どのような問題があるのであろうか。まずはその機能について考えてみよう。

二　情報源としてのインターネット

1　研究情報

インターネットが民俗学研究にかかわる場合は、まず情報を提供する情報源として存在する。したがって、研究情報の収集に一定の役割を果たすことが期待される。ただ、その情報は、従来の民俗学研究における情報のあり方と大きく異なるため、それが研究資料としてどれほど信用の置けるものであるかを検討しておく必要性がある。

インターネットの情報提供者はネット上の、不特定多数の匿名者である。そこでの情報は、研究資料であることを前提としてはいない。情報は雑多であり、玉石混交である。十分に検討された資料と、ほとんど吟味されない資料とが混在している。また、研究成果の無断流用が行なわれる可能性もあり、それぞれの情報源は必ずしも明記されていないことも多い。仮に出典が明記されていても、それをそのまま引用したり、資料としたりするのは孫引きであり、原典に当たって確認する必要がある。インターネットの百科事典である「ウィキペディア」の記事であっても、資料とすることには慎重を期す必要がある。また、インターネット情報は、日々更新され安定性を欠いている。このようにしてみるとインターネット情報は、研究情報としては慎重に扱うべき情報であるということになろうか。

2 研究資料

確かにインターネットの情報には、その信憑性からは限界があるといわざるを得ない。だが果たしてインターネット情報は、全く民俗学の研究資料とすることはできないのであろうか。そこで改めて、インターネット情報の資料としての信憑性について検討しておこう。

まず、官公庁・公共団体等の公的ホームページの情報である。これらは、その情報源が明確であり、当該情報についての確認をすることもでき、公的機関がその責任を保障するものである。研究資料としての要件を備えていると考えてもよかろう。同様の性格を持つものとして、諸企業・諸団体のホームページなどの情報がある。これらの情報もほぼ信頼できるものが多いと考えられる。ただ、その企業・団体が果たして信用の置けるものであるかどうかは確認する必要があろう。その他の情報が研究資料になるかどうかは、個々の情報によってその資料としての信憑性は異なるであろう。慎重に扱うべきかと思われる。

いずれにしても、日々更新される存在であるから、資料とする場合は、そのアドレスと日時を明確にしておく必要があろう。

これらのインターネットの情報の資料提供者は、従来の民俗学研究における資料提供者とは基本的に異なっている。民俗学はフィールドの科学として直接生活の場に臨み、そこで生活を営む人々と膝を接して聞き取り調査を行なうことによって、話者と共同で民間伝承という資料を発見してきた。話者は地域の生活文化のあり方を保証する存在であり、調査者と共にその資料の信憑性に責任を負う存在であった。

ところが、インターネット情報の提供者は、そうした聞き取り調査の話者とは基本的に異なっている。その特性はまず、匿名性にある。仮に記名されていたとしてもそれが実在の人であり、その本人である保証はどこにもない。しかもその情報は不特定多数の匿名者によって、容易に拡散し変化する。顔の見えない人々による群集的意思形成形式をもって、情報は提供されている。

次に問題となるのは、その情報の伝承地が特定できないということである。仮に地名が記されているとしても、その地名が事実である保障はない。そしてそれが伝聞であるのか、実際にその土地で行なわれているのかどうか、その実態も実は不明確であることが少なくない。伝承地が特定できないということはその情報によっては空間把握ができないということであって、地域差を見出すことができないということである。地域差は時間差であるとする民俗学の比較研究法において、伝承地が特定できないことは致命的である。

仮に、重要な情報を得ることができたとしても、それが事実であるかどうかを、何時・誰にでも追確認ができなければ、それは資料として十分ではない。また、民俗資料が文化事象の変化を明らかにするための資料であるとすれば、その変化を語るものでなければならない。民俗学研究の重要な方法論の一つである重出立証法は、文化事象を比較するるのではなく、変化の過程を比較しようとするものであると井之口章次はいう(3)。ところがインターネット情報は日々更新されその定着性は極めて薄弱である。仮にその情報を得たアドレスと、日時が明記してあったとしても、それでも再確認や、追確認は非常に困難である。そうした意味で、インターネット情報の資料性は極めて限定的である。

それではインターネット情報を民間伝承であると認めることができるであろうか。「民間伝承」とは、文字だけではなく、言葉・行為・感覚・形象などによって、世代や集団を超えて伝達・継承された文化事象である。そうであるとすれば少なくともその情報が伝達・継承という伝承性を有する資料でなければならないであろう。インターネット自体が伝承機能を有しているから、その情報は当然伝承性を内在している。ただその伝達—継承の過程を検証することは困難である。

インターネットは伝承機能を持つと共に、拡散する機能も持つ。その過程でどのように変化するかが問題なのである。膨大なインターネット情報の中から、伝承事象を見出すと共に、そうした文化事象の変化をも見出す必要がある。インターネットによる情報は、電子空間という仮想空間で提供され、そこに示されたものだけである。当該情報が生活の中でどのように位置づけられるのか明確ではない。また、文化事象の背景も明確とはいえず、伝承地の確認や話者（情報提供者）の情報も必ずしも明確ではない。その上、伝承者集団である伝承体（伝承母体）の確認もできにくい。つまり、インターネット情報から民間伝承としての文化事象を抽出することは、極めて困難なのである。

したがって、インターネット情報によって、文化事象の伝承や変化を明らかにし、日本文化の基層に迫ろうとすれば、従来の「民間伝承」という概念の上に想定していた文化事象から、新たな文化事象に展開する必要がある。それが不可能ではないことは伊藤が指摘しているように、説話研究においては試みられているのである。

伊藤はインターネットなどのマスメディアによって伝承される説話伝承を対象にしてではあるが、「電承」というテクニカターム（学術用語）によって把握される文化事象に関心を示している。だが、民俗学が研究対象とする伝承文化全体から見ると、果たしてインターネット情報は研究対象になるかという問題は、インターネット情報の何を伝承文化とみなすことができるかということから検討しなければならない。

考えてみると、人が作り出した情報媒体を用いて発信される情報は、人の営為の結果である。そしてそこに類型性を見出すことができれば、それを文化事象と見ることができるであろう。それ故、伊藤のいういわゆる「電承」も、現代文化の一形態と考えることができる。元来、民俗学は現在学であり、民俗学研究は、現在の文化事象をまず把握するところから開始されるはずである。そう考えるならば、民俗学はインターネット情報（文化）を研究対象とすることを検討しなければならない。

しかし、インターネット情報に基づく民俗学研究の資料が従来の民間伝承と異なる性格を持つものであるから、当然資料分類も異なるであろうし、その扱い方(研究法)にも検討を加えなければならない。それは、研究蓄積の薄弱な筆者のよくするところではないし、拙速に行なわれるべきものでもない。ただ、「電子空間内において類型的な文化事象が形成され、その事象が変化・変容するさま」を明らかにすることができれば、日本の都市民俗研究にとっては新たな研究分野を開くことになる。当然それは、日本民俗学研究の発展にもつながるであろう。

三　インターネット伝承文化研究の方法

民俗学の資料としての民間伝承は、紛れもなく民俗と呼ぶ文化を構成する文化事象である。そして、文化はそれを作り出し、享受し、支持する集団が必要である。つまり、伝承文化が伝承されるためには、伝達・継承する当体としての集団が必要である。かつてそれは伝承母体とされた。そして、伝承母体はムラと呼ばれる地理的空間概念と密接にかかわる概念であった(4)。

ところが、インターネットという電子空間はそのような地理的空間を超える情報媒体である。したがってそれは、特定の地理的空間によって把握できる集団ではない。しかし、インターネットという電子空間において、一定の文化的形態を形成することがあるとすれば、それを支える集団があるはずである。そしてその集団は、匿名の個人が電子空間内においてインターネット情報を媒介として形成される集団である。したがってこれは、地理的空間概念と密接にかかわる伝承母体とはいえない。しかしそれは、ある目的のもとに形成された集団であり、個人の一部のみがかかわる集団である。インターネットが活躍する都市的社会において、情報伝達機能を担う機能集団は、特定の電子空間内において形成される。それは都市の機能空間でありながら、実態のある物理的空間ではなく仮想空間である。そうした仮想の機能空間にこそ存在するが、それはやはり機能集団であり、伝承体として認識することができるであろう。つまり、インターネット上に形成される文化は、仮想の機能空間の伝承体内において形成される伝承文化である。

しかしこのインターネット上の集団は、極めて安定性を欠くあいまいな集団であり、果たして集団といえるのかという問題がないわけではない。インターネットにより形成される集団は、ある情報をめぐって随時形成され、離脱は任意である。集団として把握できるほどの安定性はない。だがインターネットという電子空間の伝承文化を認めようとするならば、そうした集団によって形成される伝承体の存在を認めなければならない。電子空間という仮想空間における伝承文化を生み出し、支える集団を構成するものは、個人の一部であり、それが伝承素としてインターネット上にのみ機能する集団は、極めて都市的な存在である。

電子空間内におけるタマゴッチ・ペットトレスなど具体的な文化事象が、従来も民俗文化の一表現形態として世間話の形成に関与することは指摘されていた。いったいインターネットという電子空間の伝承文化にはどのような文化事象が考えられるのであろうか。民俗学研究の対象として考えるということになれば、おおよその範囲を考えておくことも必要であろう。

そこで仮に、民俗学研究の対象として考えられるものを列記してみよう。

A　物（道具）として

（1）　機械機能

①付属機能

②画面

③音声

（2）機材

①デザイン

②装飾

（3）用語・表現

①専門用語

②略語・略称

③慣用語

B　伝達手段（意思表示）

（1）具体的個人への伝達

①業務・用件

②情報交換

（2）不特定多数への伝達

①公的情報（公的ホームページ。公開情報）

②私的情報（ブログ・私的ホームページ）

③募集（企業・学校・企業・友人・異性）

④営業・販売

⑤サイト（見解表示・意見交換）

⑥知識・知的情報

⑦意思表示・非難・抗議

C架空世界の形成

（1）世間話

（2）ゲーム

もちろんこれは、民具(A)・伝達(B)・説話(C)などという分野を念頭に作ったものであって、何ら研究実績に基づくものではない。こうした作業は既に情報学などにおいては行なわれているのかもしれないが、まだ確認を行なうまでの段階に至っていない。具体的な事象を取り上げた研究が進むと共に、当然検討されて加除訂正がなされなければならないものである。

インターネットという電子空間の伝承文化の具体的研究成果の乏しい現状において、その研究法についての検討はこれからである。しかしその調査・研究は、電子空間内情報の収集から始めることになるであろう。電子空間内に存在する必要な特定情報を伝承文化と認めるのは、日常生活の中から民間伝承を探し出すのと似ている。「民間伝承」は所与のものではなく、必要に応じて発見するものであり、電子空間内に存在する伝承文化もまた発見しなければならないものだからである。

「民間伝承」の調査項目(要目)が示されるようになったのは、柳田國男がようやく自らの学問の体系を作り出すことができたころからであった。[5] 資料は研究と共にあるはずのものであるから、研究蓄積のない段階で、その資料を予測することは極めて困難である。だが期待した、あるいは必要な情報と出会い、それを伝承文化であると認めた時には、民俗調査の折の話者情報と同様にアドレス・日時などは、まず明記しておく必要がある。

そうした資料を用いての研究手順であるが、いかにインターネット情報であるといっても、民俗学研究においては比較という手続きは欠くことができないであろう。その際には、a電子空間内情報同士の比較と、b電子空間内情報と文字媒体情報などとの比較という、異なる情報との比較がある。

a電子空間内情報同士の比較は、電子空間内で完結するようなものにおいて行なわれ、その情報内容の比較である。

b電子空間内情報と文字媒体情報などとの比較は、もちろん内容の比較も行なわれるが、それとは別に、情報の信憑性や情報内容の確認として行なわれることも多いはずである。年中行事や地域の儀礼や行事・芸能などは、公的情報としても存在するし、見学者・参加者としての立場から、情報を提供しているものもある。そうしたものは、別にまた紙媒体として情報が提供されていたり、過去の研究資料としても存在しているものも多いはずである。そうしたものとの比較研究は、既に目にしてもいる。

こうした比較によって、従来の伝承文化との類似や相違が明らかになれば、あるいは電子空間の伝承文化の特徴を明らかにすることができるかもしれない。それは、日本文化の今まで知られざる文化の一面であり、総体としての日本文化を明らかにしようとする日本民俗学の新たな研究分野として、その存在を明確にできるかもしれない。

註

（1）伊藤龍平「ネット怪談「くねくね」考―世間話の電承について―」『世間話研究』第一八号　世間話研究会　二〇〇八年

（2）例えば、以下のような論考がある。
加藤幸次「郷土玩具概念再考―物質文化へのまなざしと様々なコンセプト―」『日本民俗学』二五六　二〇〇八年

竹沢泰子「〈特集〉多文化共生と文化人類学　序―多文化共生の現状と課題」『文化人類学研究』七四巻一号　二〇〇九年
陳天璽「中華学校に通う日本の子どもたち」『文化人類学研究』七四巻一号　二〇〇九年
増成和敏・石村眞一「日本におけるテレビジョン受像機のデザイン変遷(2)―白黒テレビジョン受像機の成熟期からカラーテレビジョン受像機の普及期まで―」『生活學論叢』一四　二〇〇八年
濱雄亮「医療におけるアマチュアリズム：ピアカウンセリングの事例から」『生活學論叢』一四　二〇〇八年
佐藤誠「町おこし再考―ひむか邑運動と宮崎県東諸県郡綾町を事例として―」『生活學論叢』一四　二〇〇八年
飯倉義之「「口承文芸研究からの現代批評」都市伝説は陰謀する―二〇〇〇年代後半の「都市伝説」ブーム・走り書き―」『口承文芸研究』三一号　二〇〇八年

(3) 井之口章次『民俗学の方法』岩崎美術社　一九七〇年

(4) 福田アジオ『日本村落の民俗的構造』弘文堂　一九八二年

(5) 柳田國男『民間伝承論』(一九三四年)、『郷土生活の研究法』(一九三五年)、「年中行事調査票目」(『旅と伝説』六・七巻　一九三三・四年)

第六章　仮想の民俗と民俗学者

第一節　小説における「民俗学」

明治維新後に西欧近代科学としての人類学が我が国に流入し、その流れの中で坪井正五郎が「民俗学」という言葉を用いたのは一八九〇年（明治二三年）であった。(1) 柳田國男も一九一〇年に、『石神問答』で「民俗学」という言葉を用いている。(2) そして石橋臥波たちが日本民俗学会を結成したのは、一九一二年（大正元年）である。(3) しかし、現在の日本民俗学に連続する「民俗学」に深くかかわり、「民俗学」という名称が多くの研究者によって認知されるようになったのは、一九二九年（昭和四年）に、折口信夫たちが民俗学会を結成し、雑誌『民俗学』を発行してからであるとされる。(4)

だが、柳田國男が全国組織として一九三五年に立ち上げたのは「民間伝承の会」であり、これが一九四九年に「日本民俗学会」と改称されようとした時にも、柳田は最後まで同意しなかったという。「学」になり得ているかどうかにこだわったのであるが、それは「民俗学者」というよりは、「民俗学研究者」もしくは「民俗学徒」という表現のほうがしっくりくる私などの感覚にまで連なっているようである。それはともかく、「民俗学」という表現は現在では広く使用されており、市民権を得ているようである。

かつて日本学術会議には、文化人類学・民俗学研究連絡委員会が設置されていた。そうしたことからすれば民俗学は、確かに人文研究の一分野として周知されてはいた。だが果たして本当に民俗学は社会的に認知され、その内容にまで理解が及んでいるのであろうか。例えば、民俗学はしばしば「民族学」と混同される。そんな時、「私の携わっている研究は家族の族の民族学ではなく、人偏の俗の民俗学です」などと説明するのであるが、「それでは家族の族の民族学とはどう違うのか」と聞き返されることはあまりない。つまり、ミンゾクガクと呼ばれる学問があり、それには二種類あるようだということはわかっても、その違いが明確にならないでいることが多いようである。「民俗」という言葉より「民族」という言葉のほうが様々な機会によく耳にするからか、あるいは書店などで目にする機会が多いからなのか、多分その両方なのであろうが、「民族学」のほうの認知度が高いことは認めねばならないであろう。

日本民族学会が日本文化人類学会に改称されたこともあり、「文化人類学」という名称が一般化したことに伴い、こうした混乱はなくなったであろう。しかし、ミンゾクガクという言葉を使うことが少なくなることにより、「民俗学」という学問それ自体の認知度が下がることも考えられないことではない。そうした恐れはあるものの、民俗学研究者の全国組織である「日本民俗学会」が存在し、かつては民俗学の学術用語であった「日常」「非日常」あるいは「ハレ」「ケ」などという言葉が、大和言葉としての「晴」「褻」としてではなく、ごく当たり前に用いられている現状からすれば、「民俗学」という学問が存在し、その研究成果もそれなりに認知されてはいるようである。

最近、民俗学研究者の若い友人から、民俗学者が登場する小説があることを教えられた。北森鴻の『狐闇』[5]である。早速読んでみると、古美術商と民俗学研究者とが協力して事件を解決するという推理小説である。小説という虚構の世界ではあるが、民俗学についての見解が各所にみられ、次のような民俗学の性格についても触れられている。

「民俗学という言葉から、たいていの人が思い浮かべるのは柳田國男の《遠野物語》であろうか。だが、現実には民俗学は民話の採集だけではなく、古民具の歴史と変遷、祭祀、ジェンダーの意識変化と、その範囲は無限と言ってよいほど広い。民俗学者が百人いれば、百通りの民俗学が存在するといってもよいかもしれない。当然のことながら、古美術商との接点も多くなる。ただし、両者の間には絶対に相容れない深い川のようなものがある。古美術品を商品として扱い、それを流通させる業者と、同一のものを研究・保存の対象とする民俗学者は、天敵の関係にあるといっても過言ではない[6]」。

こうした民俗学者として登場するのが、蓮杖那智である。私立東敬大学の助教授で民俗学を教えており、モンゴロイドとはかけ離れた、どこか中性的な容貌の女性で、その美貌とは裏腹に、言動は常に冷静で、学界の重鎮に媚びることは一切なく、異端の民俗学者と呼ばれている女性である。そして民俗学者蓮杖那智は、古物商（であった）主人公宇佐美陶子が手に入れた三角縁神獣鏡をめぐる事件にかかわりあうことになり、「昭和二年、《文藝春秋》の七月号に掲載された「柳田國男・尾佐竹猛座談会」などを手がかりに、「明治時代の壮大な国家戦略が、この平成の世で暴かれる」のに手を貸すのである。

つまり、近代史の闇を暴くための手助けをする民俗学者として描かれているのである。推理小説であるから民俗学研究の世界を描くのが目的ではなく、その知識と推理力とによって事件を解決するのである。虚構の世界における民俗学研究者であるから、どのような知識のもとに、どのように推理を働かせようと全く問題がないといえばそうなのであるが、その背景には現実の民俗学研究が存在していよう。つまり、虚構の世界ではあるが、その小説世界に存在する民俗学は、現実の民俗学と全く別のものではないであろうということである。確かに蓮杖那智という民俗学研究者は、少なくとも筆者などの持つわずかな民俗学の知識の範囲を超越した、かなり異なる分野の知識を豊富に持っている。まさに小説という仮想空間にこそふさわしい民俗学研究者である。

多分、古物商の扱う骨董と民具との近縁関係から民俗学者の登場となったのであろう。古物商・骨董業者はそれぞれに守備範囲を持っており、民具を専門に扱う業者、書画を得意とする業者などがあり、古物商の陶子が得意とするのは焼き物、ガラス器といった器物、古墳や遺跡から発掘された出土品、寺院の収蔵品と呼ばれる古物などであるというから、(7)考古学や美術史関係の研究者であっても何ら不自然ではないと思われるが、民俗学研究者を登場させたところに、民俗学の持つイメージが作用していよう。

颯爽とした美人民俗学者の活躍は、小説の上では効果的ではあり、その広範な知識に裏付けられた民俗学のイメージは、現実の民俗学と異なってはいても、小説世界の中で読者の共感を獲得し、読者を感動させることができたとすれば、もう一つの虚構の世界、仮想空間においては、確かに存在する仮想の「民俗学」である。そしてそれはこの世界において我々と文化を共有し、生活世界を共にする作者が作り出した「民俗学」である。そしてまた、我々と文化を共有し、生活世界を共にする読者が享受する仮想の「民俗学」である。

仮想空間における仮想の「民俗学」では、その範囲は無限であると蓮杖那智はいうが、例示されているのは「民話の採集」「古民具の歴史と変遷」「祭祀」「ジェンダーの意識変化」の四つである。現実の民俗学の分類に対応させれば、口承文芸・民具・信仰と「ジェンダー意識」ということになろうか。「古民具」「祭祀」は、本作品の直接のテーマにかかわる分野であるから、例示されるのは当然であるにしても、「ジェンダー」という分野はこの仮想空間の民俗学独特の分野である。現実の民俗学の分類では、あるいは「社会生活」の中に含まれるのであろうか。ただ、「民話」は、「民話の採集」とされ、調査行為が強調されている。「民話」という概念は、民俗学ではその範囲が問題であり、学的分野としてはあまり用いられていない語であるが、仮想の民俗学では調査対象として重視されている。つまり、民俗学においては「民話」が重要であるという認識と、ジェンダーにかかわる学問であって欲しいという期待とが反映しているように思われる。民俗学は主として古い文化を研究対象としながら、現代の社会事象にも及ぶ学問であると認識されているといってよいであろうか。

何万部も印刷され購読されるのであろう文庫本の小説に、民俗学が登場すること自体は、民俗学の存在が広く認知されている証であろう。そしてそこには作者によって作り出された、仮想の民俗学がイメージされている。それが現実の民俗学とどのように整合するかということも問題ではあろうが、どのような学問であって欲しいのかという期待を見出すこともできよう。

小説に登場する民俗学者は、蓮杖那智だけではない。少し古い小説ではあるが内田康夫の小説には、三輪昭二という民俗学者が登場する。(8) 三輪はT大学で民俗学の教鞭を執っており、「痩身で」「髪の毛は完全な銀髪で、顔は対照的に真っ黒に日焼けし」た「学者らしい風貌」である。だが彼は被害者の一人であり、蓮杖那智とは異なり事件を解決する役を担わされているわけではない。三輪は学生を連れて「アフリカへ遠征」したり(同書五八頁)、佐渡で殺される時も調査に赴いていた時であった。三輪夫人は、「主人は物見遊山のためだけで、無用な旅行などはいたしませんから」といい、「主人の専門は民俗学でして、いろいろな地方の伝承文化などを研究しておりますから、気が向けばどこへでも出かけていきました」という。(9) この民俗学者もかなり格好良く描かれており、「真っ黒に日焼けしている」ほどのフィールドワーカーでもある。

三輪の調査の対象は、その婦人が証言するように伝承文化であり、各地に調査に出かけ、アフリカにも学生を連れて調査に赴いている。調査地は日本国内にとどまってはいない。日本の民俗学者がアフリカに民俗調査に行くことが全くないわけではないが、あまり多くはないであろう。そうした意味では民俗学はフィールドワークを主体とする学問で、民族学・文化人類学に近い学問がイメージされている。また、「アフリカへ遠征中」という表現からすれば、未開の地を探検するようなイメージもあるように思われる。いずれにしても、未知の文化事象を調査する学問として民俗学はイメージされているのである。

ただ、その「未知なる文化」は、単に「民俗」「民俗文化」ではなく「伝承文化」であるところに、三輪昭二という仮想の民俗学者の「民俗学」の性格を見ることができよう。それは「ジェンダー」に関心を示す蓮杖那智の「民俗学」とは異なっている。小説世界の中における仮想の「民俗学」は、現実の「民俗学」を背景にしつつ様々なイメージを膨らませている。

現代都市化社会において、小説という仮想空間に遊ぶ人々は、現実世界とは異なる世界で新しい文化を享受するのである。もちろん、小説という仮想空間にかかわる読者は、専ら伝達される文化を継承するだけである。ただ継承する際に、自らの体験や知識に基づいて継承し、伝達された文化に対して自らの持つ文化を投影することによって、独自の仮想空間を作り出している。伝達される世界は、読者―継承者によって、異なる様相を見せるのである。

現実の「民俗学」が、小説という仮想空間において仮想の機能を与えられ、仮想化された「民俗学」に生まれ変わる。その仮想の「民俗学」が、社会的に容認された時には、現実の民俗学研究の世界とは異なる「民俗学」が出現する。現実の民俗学研究者の「民俗学」に継承された時には、現実の「民俗学」が相対化され、差異に対する違和感と、今まで認識されていなかった可能性とが顕在化する。二つの「民俗学」の狭間に置かれた民俗学研究者は、いったいどのように対処すべきなのであろうか。それは民俗学研究とは異なる世界のことであるからといって無視するか、それともその差異を解消しようとするか、あるいは可能性を検討するか、その選択肢は幾つかあろう。ただいずれにしても、仮想空間における「民俗学」が存在する以上、それを理解することは無駄ではないであろう。

もちろんここに取り上げた二例だけで、小説世界における「民俗学」を論ずることはできない。ただ、小説におけるこうした描写を通して、「民俗学」がどのように理解され、イメージされているかを理解することはできよう。それは、民俗学研究が現代日本における社会的認知度を確認すると共に、どのような役割を期待されているかを理解することにもなろう。もちろんその期待にどれほど添おうとするかは、また別問題である。しかし、現在学として、現在の生活の内に胚胎する問題の発見と、それを解決するための視点や選択肢を示そうとする役割を担う学問としては、社会的な期待を承知しておくことは無駄ではないであろう。

註

（1）坪井正五郎「ロンドン通信」『東京人類学雑誌』五巻五〇号　一八九〇年
（2）柳田國男『石神問答』聚精堂　一九一〇年
（3）『民俗』一号　日本民俗学会　一九一三年
（4）『民俗学』一巻一号　民俗学会　一九二九年
（5）北森鴻『狐闇』講談社文庫　二〇〇五年
（6）前掲註（5）二一七頁
（7）前掲註（5）三二一頁
（8）内田康夫『佐渡伝説殺人事件』角川文庫　一九八七年
（9）前掲註（8）七二頁

第二節　民俗誌の構想と記述—小説との比較において—

一　問題の所在

民俗学の目的や方法、あるいは性格についての民俗学研究者の見解は必ずしも一様ではない。しかし、その研究対象は、伝承者と時と場とを共有することによって発見する—顕在化された—民間伝承である、ということについては異論のないところであろう。そしてその発見された民間伝承を、発見者—調査者—の手によって、伝承地—空間、あるいは集団—ごとに再構成されたものを「民俗誌」と呼ぶことについても異論はあるまい。たとえ、暮らしの全体像を描くことを目的としたり、地域の特質を描き出すために、民俗のある側面にのみ注目するものであったりしても、その趣旨を明確に認識していればいるほど、発見し、再構成することにこだわる必要を認めるであろう(1)。

つまり、民俗学という科学は、民間伝承の発見と、再構成という手続きを経た資料なくしては、成立し得ない科学であるということになろう。そしてそれは、「発見」され、「再構成」されるという過程を経るが故に、調査者・記録者の主観や意図が本来的に内在しているということになる。民間伝承の発見は、伝承者と調査者との共同作業であるという認識によって、調査者の独断はできるだけ避けることを心がけても、調査者の存在を消し去ることはできない。伝承者が語ってくれるのは、基本的に調査者の質問に応じてである。少なくとも伝承者は調査者・訪問者に対して語ってくれるのである。語ることによってその人は伝承者になる、といってもよい。しかし伝承者の独り言は、それを聞く人が存在しなければ資料として発見されることはない。いくら伝承者が発見したことであってもである。

参与観察の場合であっても同様である。確かに直接伝承者が語りかけることはなくても、時と場とを共有することによって、時には伝承者が考えてもいなかったことを、調査者は発見するのである。そうすることによって、そこに伝承者は出現するのである。

こうしたあり方は、民間伝承を資料化する過程でさらに明確になる。資料化とは耳や目や心で発見した文化事象を切り取って、何らかの形で定着する行為である。録画や録音や文字で資料化するのが普通だが、スイッチを入れたり切ったり、あるいは書いたりする時にはその対象を選別する。写真はいうまでもなく場面を切り取るのだが、録画や録音にしても映像や音声を記録する時に選別している。二四時間機械を回し続けても、連続する時間の流れの中から、その二四時間を切り取るだけである。文字化する時、何を文字として書きとどめるかは、全く記録者の判断に任される。できるだけ臨場感溢れるようにといったところで、声の表情やその場の空気のよどみまで文字化することは難しい。第一、声の表情や空気のよどみは感じ取るものであり、その人個人の心で感じるものである。感受性の鋭い人と、そうでない人との間には、かなりの差がある⑵。

そうして作られた記録資料によって、調査結果の全体像を示す「民俗誌」が再構成される。ある特定の意図・目的のもとに記録資料が選別され、組み立てられるのである。つまり、調査者が何を発見したのか、何を記録しておかなければならないのか、何のために「民俗誌」を作るのかという目的に沿って行なわれるということである。そこには明確なメッセージがこめられるはずである。そのメッセージのあり方が「資料集」と「民俗誌」との違いの一つであると思われるが、「資料集」であっても全く主張がないというわけではない。何をどう分類して、どう並べるかは大きな問題であり、悩むところである。つまり、どうしたら資料が資料としての価値を、よりよく保ち得るかという判断を迫られるのである。資料集作成者の意図・思想が示されるはずである。「民俗誌」であれば、その意図や思想性がさらに明確であるはずである。

調査者・研究者の研究成果に基づいて発見された民間伝承が体系化された「民俗誌」は、民俗的世界が再現されたものであるはずである。それはいかに伝承世界がリアリティーをもって描かれているかということによって評価されよう。つまり、既に今となっては聞き取りでしか体験できない伝承的な生活世界を、文字によって追体験することができることを目指したものであるからでもある。

生活世界が文化事象の羅列ではなく、有機的な関連を持ちつつ存在していることを知る私たちは、「民俗誌」にもそれを求めている。そのために、いかに文化事象を組み立てるかに苦慮するのである。辞書・事典のように「引く民俗誌」ではなく「読む民俗誌」を目指そうとするのもそのためである。

しかし、私たちの生活世界のありようを、文字によって再現するのは「民俗誌」だけではない。ドキュメンタリーリポートもそうであり、小説などにしてもそうであろう。だが、これらの作品において再現される生活世界は同じ性格のものではない。しかし、いかにリアリティーを持たせるかは、その作者の思想性と共に問われるところであろう。

そこで、小説と「民俗誌」との関係について考えてみたいと思う。

二　民俗誌としての石坂洋次郎『石中先生行状記』

民俗学と小説との関係について触れたものは多くはない[3]。ただ、福沢昭司は「都市民俗の調査と記述―宮部みゆき

『理由』をめぐって―」で、都市民俗に限定してではあるが、小説に学ぶ民俗調査の方法を提唱している[4]。福沢は村落の民俗調査は、エリアを限定したサンプル調査がある程度効果を持っていたが、都市においては時と場とを設定することによって初めて民俗調査とその記述とが効果を持つのではないかという。その方法を宮部みゆきの小説に見出したのである。

確かに小説は基本的にはフィクションの世界であり、仮想の世界である。作者のメッセージがリアリティーをもって読者に伝達されるために創造された世界である。つまり古い言い方でいえば、虚実皮膜の世界である。そしてその虚の世界は、確かに民俗誌の目的とするところとは異なっている。ただ、読者と世界を共有するために、現実の生活世界から全く遊離したものではなく、そうした意味では実の一面も備えている。もちろん何が虚で、何が実であるかが問題にはなる。

元来、小説には多かれ少なかれ、現実の世界が投影されているはずである。いかに想像を逞しくしても、その背後には想像する人間の知的・肉体的体験が存在している。その枠組みから逃れることはできない。広い意味での体験知は個人々々異なっている。そうした不特定多数の人々の共感を得ることができるような世界を構築するのが、小説としての営みの一つであり、それがどこまでできるかは作家の感性のあり方によるのであろう。

小説家は小説という方法によって、何らかのメッセージを読者に伝達しようとするのであるが、そこには時代という時が存在する。書き手と読み手とは時を共有し、そこに創造された生活世界を追体験する。過去の読者を想定することはできないから、現在と未来との読者に対するメッセージである。多分それは現在という時を忠実に生きる人々の、形を変えた生き方の表現である。多くの読者を獲得する作品は、多くの人々の共感を得ることができる世界をそこに構築しているということができるであろう。

その世界は、時代の最先端を掬い取るものや、時代の影の部分を強調したもの、あるいは時代の夢想の世界など様々である。どのような世界を作り上げるかは、作家のメッセージの内容とかかわるはずである。しかしともかくそうした様々な世界の中に、同時代の世相・風俗を写し取ろうとして作り出された作品もある。「風俗小説」あるいは「通俗小説」などと呼ばれる小説の世界である。昭和二〇年代から三〇年代以降における、その代表的な作家の一人が石坂洋次郎であった。

かつて筆者は、高校生のころ彼の作品を愛読した。最近はほとんどそうした世界から遠ざかってしまったが、『国文学　解釈と鑑賞』六五巻九号が「特集　石坂洋次郎の世界」⑸であることを知って、改めて石坂洋次郎の小説を読み直してみた。そして、かつての印象とあまりに異なっていることに愕然とした。高校時代にあれほど共感し得た世界が、違和感のみでしか読み得なかったのである。もっとも、石坂洋次郎について専門的な知識がそれほどあるわけではない。彼が「百万人の作家」と呼ばれたことも今回初めて知った程度であり、石坂の小説の多くが、既に絶版になっていることも初めて知った。新刊書で手に入れることが難しかったはずである。古書店でもほとんど目にすることがなかった。時間の中で消費しつくされてしまったのである。ただ、その同時代人にとってそこに描かれた生活世界は、確かにリアリティーがあったし、共感を呼ぶ存在でもあった。その時代をよく反映していたように思われる。時代を超えてそこに描かれた生活世界が支持されなくなったのは、つまり、時間の推移の中でそうした生活が大きく変化してしまったからであり、その変化の中で筆者自身の感性も変わってしまっていたからであろう。

もしそうであるなら、石坂作品の文学作品としての芸術性はさておき、時代と共に存在していた生活世界は、かなり忠実に描いていたことになる。だからこそ「風俗」小説なのであろうが。そして「百万人の作家」といわれたほど多くの共感を得た存在であるなら、そこに写し取られた時代と共に生きる生活世界は、確かに存在していたのである。

「百万人」の読者が証人である。ただしかし、そこに描かれている人々や生活が、ただ一人の作家が創造しただけの存在であるとしたら、いくらリアリティーがあったとしても、小説の世界にとどまることになろう。

今、民俗調査において、話者として民間伝承を発見する際に力を貸していただく方々の多くは、大正から昭和初期生まれの方々が多い。[6] つまり、昭和二〇年代から三〇年代というのは、現在における話者の方々が若者として、あるいは地域社会の中核として重要な役割を担っていたころである。それは高度経済成長期以前の生活世界を発見しようとするときに、大きな意味を持つ時期である。そうした時代相を写し取っている小説の生活世界は、話者と共に発見した民間伝承をもとに再現した民俗誌の世界と重なるところがあっても不思議ではない。

しかし、小説である以上、そこには作者の意図・思想が優先されているであろう。いくら時代と共にあった風俗小説であっても、作者の意図がまず存在している。作品の評価はそれがいかなるものであり、素材に対する評価より、いかに作者の意図した世界が的確に、緊張感を保ちつつ構成されているかによって定まるのであろう。石坂作品においては、とりわけそうした小説のあり方と距離を置き、素材に重点を置いているかのように思われるのが『石中先生行状記』である。

この文学作品の評価は必ずしも芳しいものではない。確かに、「では『石中先生行状記』は、時代から取り残された、何の取り柄もない作品であるのかといえば決してそんなことはない。無論、ダメな作品もあるが、すべてがそうであるわけではない」というが、[7] こうした評価のあり方自体があまり高い評価であるとは思われない。「不幸な女の巻」「お玉地蔵の巻」について、「これではシュチュエーションを変え、時代を別にして二作を書いてみても母子相姦のテーマは深まらない。酷であることを承知で言ってみれば単に素材の異常さによりかかって書いては見たものの、そこから先へは一歩も進めてはいないわけであるから、テーマの追求という点からすれば腰砕けであり、中途半端であり、敵前逃亡であって、作家としては無責任というほかないであろう」という。[8] 作家とは辛いものだが、これはしかし読み方によっては、素材をそれほど変えてないということになる。誇張され、戯画化されてはいても、素材があり、もしその本質的な部分を忠実―ということがいえるかどうかは検討を要しようが―に記録したのであるなら、それは素材としての価値がある。とりわけそれが時代と深く結びついている存在であるならなおさらである。作者が時と場とを共有する中から発見した生活のあり方は、「民間伝承」としての要件を備えている可能性があるからである。

これと比較することが許されるかどうかは問題ではあろうが、あえて比較してみると、柳田國男が『遠野物語』に、「鏡石君は話上手にはあらざれども誠実なる人なり。自分もまた一字一句をも加減せず感じたるままを書きたり」と記した態度と共通する点が全くないというわけではない。[9] 一方は表現を重視し、一方は感情を重視しているが、伝承事実をもって、生活世界の真実に迫ろうとした点は同様である。さすれば、『石中先生行状記』は、その素材のあり方に注目すれば、民俗誌とはいわないまでも、説話集としての性格を見出すことも可能であろう。

鷺は、『石中先生行状記』に収められている作品について、「津軽風流譚」「重い主題―1　深刻悲壮」「重い主題―2　母子相姦」「重い主題―3　妻妾同居」「ダフニスとクロエー」の五つのテーマを取り上げて論じている。[10] これは小説を批評する立場からのテーマ分類であろう。

埃にまみれた古い新潮文庫をようやく探し出してみたが、三冊しか見当たらない。四冊目は買いそびれたと思われる。その目次を羅列すると、第一部は「隠退蔵物資の巻」「同窓会の巻」「もすもすの巻」「エロ・ショウの巻」「林檎景気の巻」「髪結所の巻」「人民相談日の巻」「根ッ子町の巻」[11]、第二部は「タヌキ騒動の巻」「仲たがいの巻」「アイ・ラヴ・ユーの巻」「黒いワンピースの巻」「貸と借の巻」「お化け大会の巻」「祭礼の巻」「夫婦貯金の巻」[12]、第三部は「青銅時代の巻」「無銭旅行の巻」「罪悪の巻」「埋立地の人々の巻」「干草ぐるまの巻」「人民裁判の巻」「馬車物語の巻」「帰去来の巻」⑬である。いちいちの内容に踏み込むことは差し控えるが、一目しただけで、生活の中に存在するエピソードを取り上げていることがわかろう。「エロ・ショウ」とか「林檎景気」「人民相談日」「人民裁判」など、懐かしい時代を写し取った表題も目に付く。しかもこれは疎開していた「石中先生」が、体験・見聞した出来事を書いたことになっている。少なくとも作品においては、時と場とを共有する中から、「石中先生」が発見した出来事である。つまり、戦後の一地方の生活の実態を見出すことができよう。それにしても小説ではあるから「記録」というわけではない。「記録」がフィクションと共に再構成されている。それは、「戰時中郷里の青森県弘前市に疎開し、さらに敗戰後二年余り滞在していた間に得た題材を、練達な筆致で自在にこなして戯画化してみせた風俗小説」だからである⑭。つまり戯画化することによって、より真実が明確になるということである。

例えば、「タヌキ騒動の巻」では、病気の亭主を心配した妻がイタコの口占を信じて焼物のタヌキを拝むことになった顚末を描いている。イタコの口占と、それを聞いた妻の反応は確かに戯画化されてはいるが、まさにあり得るような話である。それは津軽の町の話であり、執筆時現在の話ということになっている。時代に生きる民間信仰の姿である。イタコは「お前が毎日、町へ働きに行く途中の路に、一目見て身体がゾクゾクするような有難い神様がある。その神様を信心すれば、亭主の長患いも次第に直るであろうぞ。他人に語らず、一人で、信心するがよい」という⑮。そのゾクゾクと感じたものが焼き物のタヌキであったのだが、イタコと依頼者との関係が、地域と時代を背景として躍動している。この事件の顚末に先立って、中学生のころの出来事として、「川田君は、悲しい文章を書きたかったので、母親が死んだことを空想してその作文を認めたことがわかり、受け持ち教師から小っぴどくしかられた」。それに対して「作文とは何ぞや?.文を作ることではないか。作るとは創作することである。しからばどんな内容を扱おうと作者の自由ではないか?.学校の教師などには文学がわからん」と反応する作者の分身を描いている⑯。しかしイタコをめぐる事件のすべてが全くの創作であったのではあるまい。少なくともここにはイタコをめぐる同時代人の視点を見出すことはできよう。

イタコは依頼者の依頼に応じて新口古口などの口寄せをするほか、病気を払ったりもする。そのやり方は一様ではないが、一つの型はあるようである。これは宮城県のオガミサマの例であるが、「最初にハッケをして病気の原因を探り、それに応じて祈禱をする。この時のカミオリシにはオシラサマを用いる。祈禱が終わると、オマブリ(守護符)を渡されるので、依頼人はそれを受け取り、病人の体をさすって川へ流す」という。[17]民間伝承を比較研究するための資料としては、こうした記述でなければならないのかもしれない。しかし、巫女と依頼者との人としての交流が、こうした記述によってでは具体的にイメージできないのではないであろうか。

こうした記述の仕方に倣えば、石坂が描いたイタコの口占の場面は「夫の病気がなかなか治らないときにイタコに占ってもらった。イタコは町に行く途中の道に有難い神様がいるのでその神を拝めといった」とでもなるのであろうか。どちらが時と場の再現としては妥当なのであろうか。確かに口寄せの場面は、「まず、カミオロシをし、次に般若心経を唱え、それから口寄せに入った。今度このたび立たれし我身の後生はくどくど問われるが、問われてみれば、受けて喜ぶ。我が身の別れは娑婆の別れや、浮世の別れに、冥途と引くいけ(池)は水ばのそやをおゆるが如く、浮世、娑婆よとつく息は、ささがみのいどおよりも細いほど、別れを求めてお定まりおいだ」などという記述のほうが忠実なのであろう。[18]だがこうした記述がすべてではない。まず、ここにはカミオロシの仕方は記述されていない。記録者は専らそのオガミサマの口寄せの言葉に関心があったのである。したがって、口寄せのときの動作や状態などは全く触れていない。その場の様子の記述すらない。それは資料化のためにより忠実な再現をこころがけても、調査者・記述者の視点と意図から解き放たれているわけではないことを示している。

三　民俗誌の記述

結局、民俗誌といえども、特定の視点や意図に基づいて生活世界を記述するのであり、その点では小説と基本的に相違はない。仮想の世界を描きながら、生活世界を文字化して再現するという点からすれば、むしろ小説のほうがより優れているということになろう。民俗誌を読んで、そこに描かれている世界に驚き、わくわくすることがどれほどあったであろうか。

生活世界を記述した民俗誌は、そこに生きる人々の生き様を知るために読むというより、実際には資料を集め、比較するという特定の問題の解決のための作業の一環として読むことが多い。つまり研究のために民俗誌を読むことが多いので、必要と思われる資料がすぐ手に入ったほうが便利である。筆者自身も、そうした資料集として民俗誌を活用することが多い。したがって項目別分類がなされ、資料が羅列されているもののほうが有難いと思うことがある。できるだけ生活世界を再現し、再構成するといっても、資料集のレベルで捉えることが実際には多い。

だがもちろん伝承文化の世界を再現するということは、それにとどまるものでないことは当然である。民間伝承を顕在化するのが、伝承者と時と場とを共有することによってであるとしたら、再現された民俗的世界は、時と場とが特定されているはずのものである。小説の世界が、作家の体験知から全く自由になれない存在であったとしても、すべて想像上の仮想の世界であっても不都合はない。しかし、民俗誌はその記述者の体験知を踏まえたものでありながら、仮想されたものではなく、伝承者との合作であり、その時と場とを離れては成り立たない存在である。

小説の生活世界がいかにリアリティーをもって写し取られていても、それは虚構の世界であることが前提となっている。民俗資料を再構成した民俗誌は、いかにその再現のために想像をめぐらし、記述に工夫を凝らしてもそれは事実を写し取っているということが必須の条件である。『石中先生行状記』の素材が、その時代の中で見出された事実であったとしても、どこがどれほど潤色されているかが明確でない限り、具体的な研究資料としては取り扱いにくい。だが、それにもかかわらずそこに描かれている生活世界のあり方が、真実味を帯びて読者の眼前に提示されていることも事実である。

したがって、生活世界を研究対象とする民俗学が小説に学ぶべきことは、生活世界の把握の仕方であり、再構成の技術である。そこには自ずからが想像をめぐらして発見した世界を、読者にどのように伝達すべきかという共通の関心があるはずである。小説と民俗誌とは全く異なる存在に見えて、実際にはそれほどの差はない。古く『おはなし長野県の民俗』[19]は場面を想定して記述されたものであり、『廻間の食と暮らし』[20]もおじいさんとおばあさんとが子供たちに語りかける形式を持って記述されている。架空の場面を想定したのは、そのほうが民俗的世界をより再現しやすく、読者に伝達しやすいと考えられたからにほかならない。だからといって、これが民俗誌的な価値を減じているというわけではもちろんない。むしろ効果的ですらある。優れた民俗誌は、新しい民俗的世界を写し取っているはずである[21]。民俗誌は民俗世界を、小説は作者の創造した生活世界を描き出すという根本的な差異は存在するが、民俗世界は生活の中に存在するのであるから、生活世界を描き出すという点には差異がないのである。

民俗的世界の再現には、豊かな想像力がどうしても必要である。いかなる現実主義者であっても、伝承者と共同して民俗世界を顕在化し、それを不特定多数の人々―読者―に効果的に伝達しようとする時に洞察力を欠かすことができない。つまり民俗誌を作るということは、発見された民間伝承のあり方を洞察し、正確な知識と豊かな想像力とによって物語を構想し、それを文字化して一つの作品を作り上げるということである。そして、その民俗誌は、時と場とを共有していない読者にとっては、仮想空間における仮想の生活世界である。そうした意味で、民俗誌と小説との距離は、それほど離れてはいない。

註

（1）「民俗誌は研究者が現実と対峙するところからはじまり、その問題意識が事実の裏付けをもって概念とともに提示される場であるといえる」。古家信平「民俗誌」『日本民俗大辞典』下　吉川弘文館　二〇〇〇年

（2）これはフィールドワークを行なったものであるならば、誰でもが体験していることである。つまり「一方では、書くためにはどのように見ればいいか、という点に関するコツを身につけていくことが、常に問題となるものだが、他方では、記録対象や記録方法を選択していく際のセンスが物の見方そのものを規定し制約するものであるという点についても意識的にならざるを得ないからである」。R・エマーソン／R・フレッド／L・ショウ著、佐藤郁也／好井裕明／山田富秋訳『方法としてのフィールドノート―現地取材から物語作成まで―』新曜社　一九九八年　六一頁

（3）数少ないものの一つが野本寛一『近代文学とフォークロア』(白地社　一九九七年)である。ただこれは、近代文学の作品中に見られる民俗的な文化事象を中心にしている。文学と民俗学とのあり方を問題にしているわけではない。

（4）福沢昭司「都市民俗の調査と記述―宮部みゆき『理由』をめぐって―(上)」『長野県民俗の会通信』一五三号　一九九九年九月、「同(下)」『長野県民俗の会通信』一五五号　二〇〇〇年。民俗誌と小説との関係については、長野隆之「都市民俗誌としての「読み」の可能性―滝田ゆう『昭和夢草子』を中心にして―」『都市民俗研究』三号　一九九七年、細沼辰郎「小説『凶器の桜』が描き出す「渋谷」」『都市民俗研究』一〇号　二〇〇四年、などでも検討している。篠原徹は近著『民俗学断章』(社会評論社　二〇一八年)において、「文学と民俗学」の章を立てて、興味深い考察をしている。

（5）『国文学　解釈と鑑賞』六五巻九号　至文堂　二〇〇〇年
（6）『平成八年度　民俗採訪』（國學院大學民俗学研究会）に掲載されている話者一覧表を見ると、その生年は、明治四五年を最年長として、以下大正元年から五年まで九人、大正六年から一〇年まで六人、大正一一年から一五年まで一一人、昭和元年から五年まで九人、昭和六年から一〇年まで八人、昭和一一年から一五年まで四人、それ以降昭和三七年生まれを最年少者として三人であった。
（7）鷺只雄『石中先生行状記』『国文学　解釈と鑑賞』六五巻九号　至文堂　二〇〇〇年　一一八頁
（8）前掲註（7）一一八頁、一二〇頁
（9）『柳田國男全集』4　ちくま文庫　一九八九年　九頁
（10）前掲註（7）一一七〜一二二頁
（11）石坂洋次郎『石中先生行状記』第一部　新潮文庫（六刷）一九五五年
（12）石坂洋次郎『石中先生行状記』第二部　新潮文庫（五刷）一九五五年
（13）石坂洋次郎『石中先生行状記』第三部　新潮文庫（一〇刷）一九五七年
（14）前掲註（11）二六四頁
（15）前掲註（12）二五頁
（16）前掲註（12）九頁
（17）文化庁編『巫女の習俗Ⅴ』（『民俗資料選集』31）国土地理協会　二〇〇三年　四二頁
（18）前掲註（17）一一・一二頁
（19）長野県教育民俗研究会編『おはなし　長野県の民俗』上下　信濃教育会出版部　一九八三年

(20)　春日井市教育委員会『廻間の食と暮らし』(調査・執筆　脇田雅彦)　二〇〇三年

(21)　宮本常一『忘れられた日本人』(宮本常一著作集一〇　未来社　一九七一年)は、その代表的な作品の一つであろう。

第三節　大坂天満・五鈴屋幸の生活暦―髙田郁『あきない世傳 金と銀』―

一　問題の所在

民俗学の研究対象は、いうまでもなく民俗であり文化事象である民間伝承である。それは日常生活の中に累積して存在しているが、それを発見することによって初めて顕在化し、研究対象となる。しかし、顕在化する作業は個々に調査段階において行なわれるが、研究者が共有し、民俗学研究の資料となるためには記録されなければならない。記録の方法は一様ではないが、文字記録が一般的である。言葉・行為・感覚・形象などによって伝承されてきた文化事象をいかに記録するかは、研究を行なう上で重要な問題である。

伝承事象の記録には、大きく分けると個別伝承資料を分類整理して羅列した資料集と、個別伝承資料をもって生活を再構成した民俗誌の二種類がある。個別伝承資料を羅列した資料集は、類似資料を収集したり、辞書的に求める資料を見出したりする時には便利である。しかし、伝承事象は本来様々な事象と有機的関係にあって、その事象が孤立しているものではない。したがって、伝承事象の機能や存在理由を理解するためには、他の伝承事象との関連を理解することが不可欠である。つまり、伝承事象をより正確に記録しようとすれば、他の事象と関連させ、具体的な生活として再構成する「民俗誌」的な記述の必要がある。古家信平は民俗誌とは「ある社会の人々の民俗を描写した記録で、執筆者の明確な視点の下に民俗の多岐にわたる分野に目配りをして暮らしの全体像を描いたり、民俗のある側面に注目して地域の特質を描き出したもの」であると定義しているが[1]、いずれにしても調査などによって発見した個々の資料の有機的関係を十分に考慮して、伝承事象を記録したものである。伝承世界は、発見した伝承事象に基づき調査者が再構成するものであるから、換言すれば、民俗誌は伝承世界の再構成である。

そうした意味では、伝承世界は現実の生活の中から立ち現れるのであるが、民俗誌として再構成したものであるから、記録者のイメージや想像力が働いていることになる。「民俗誌」は事実を正確に記録したものでなければならないが、再構成する過程において記録者の意図が働くが故に、創作的な一面を持っている。

もし民俗誌が、想像力を駆使して生活を再構成したものであるとすれば、虚実皮膜の間において生み出される小説における生活描写と通ずるところがあるということができよう。もちろん小説は小説家個人の創作作品であり、民俗誌のように調査記録だけに基づいているものではなかろう。しかし、小説は創作作品であり、作者の思想信条に基づくものであるとしても、読者を想定したものである以上、読者の共感を得る必要があろう。それは、作者と読者との間には、共有することができる文化と生活世界とが存在しているということである。その共有する文化は、人類文化であろうし、民俗文化であろうが、そこには累積した伝承文化が存在しているであろう。

そうであるならば、ある種の小説から伝承文化を発見することができるのではないかと思われる。それは、伝承的な文化事象を見出すというだけではなく、伝承的な生活世界を見出すこともできるということである。その伝承的な生活世界とは、生活のありようということであり、個々の文化事象にとどまらない。

伝承的な生活は、ハレ（非日常）とケ（日常）とによって構成される世界であり、時間の推移と共に展開される世界である。そうしたハレとケとの生活を、時間の展開と共に把握しようとするものに生活暦がある[2]。小説には、様々な生活が描かれるが、その中に生活暦を発見することができれば、架空の世界に投影した我々の生活世界の展開を見出すこともできよう。それは、伝承的な生活世界を、民俗調査によって把握し、再構成した民俗誌を相対化することであり、従来の民俗誌のあり方を検討し、より良い民俗誌を記述するための一助ともなるのではないかと思われる。

二　五鈴屋の生活暦

江戸時代後期の大坂を舞台にした、高田郁著『あきない世傳《せいでん》　金と銀』(3)という小説がある。二〇一八年二月現在五巻まで刊行されているが、まだ継続するようである(4)(以下、同書からの引用は、巻数・頁数を「〇・〇〇頁」のように示す)。主人公は、摂津国武庫郡津門村の私塾、凌雲堂の長女として生まれた幸という少女である。物語は享保一六年(一七三一)、幸七歳の七月から始まっている。父と兄の死によって享保一八年九歳で大坂天満の呉服屋五鈴屋の女衆に奉公に上がるが、一四歳で四代目五鈴屋徳兵衛の妻となり、番頭治兵衛に「商い戦国時代の戦国武将」になることを奨められる(2・七四頁)。そして、五代目・六代目の妻になりながら、知識を広げ、知恵を絞って、店を盛り立てるために奮闘する。編年史的に記述された幸の成長は、自然と人事の変化を背景として描かれる。

五鈴屋は、「貞享元年(一六八四年)に初代が五鈴屋の暖簾を掲げ、創業から二三年で大地震に襲われ、その一七年後に妙知焼けによって、何もかも全て焼失した」呉服商であるが(4・一二二頁)、そのたびに再起し、延享二年(一七四五)には六代目徳兵衛が五鈴屋の店主となり、幸は二二歳になっている(4・一〇〇頁)。物語は編年史的に叙述されているとはいえ、取り上げられている歴史的事項は必ずしも多くはない。

幸が生家を離れて女衆奉公に上がるきっかけの一つが享保の大飢饉であり(5)(1・四九頁)、番頭治兵衛が「商い戦国

食物				自然				
儀礼食	魚	野菜	その他	天然	樹木	草花	鳥	虫
大福茶、雑煮、赤飯、数の子			丸餅					
七草粥								
小豆粥								
	鰤の骨煮							
芥子菜の味噌和え・小豆飯		菊菜のお浸し			梅花咲く		四十雀鳴く	
					梅花満開		雲雀飛ぶ	
							燕飛ぶ	
					枝垂桜・山桜・雪柳花咲く、	菫・筆竜胆の蕾	目白鳴く	
		蕗と油揚の煮付け			柳の枝			
	鯉のお造り				杜若・牡丹・藤花			
							キビタキ鳴く	
		独活の金平					燕の子巣立つ	
			冷えたお茶		楓の新緑		初雁	
					新緑・卯の花・躑躅の花・モチ躑躅		頬白鳴く	

表 6-3-1　幸の生活暦一覧表

月	日	行　事			路　上　の　情　景			衣服
		家の行事	祭　り	振り売り	群　衆	遊び	その他	
睦月 1月	1	年神迎え・若水・初詣		若戎の札売り		羽根突き、初笑い		綿入
	2	初荷			初荷			
	4						堂島の初相場	
	7	七草						
	10	十日戎			参詣者			
	15	小正月・松が取れる・左義長	とんど神事(天満天神社)					
	20	骨正月						
	25		初天神		参詣者			
如月 2月	初午		稲荷祭		参詣者	太鼓を叩く・凧揚げ		
	15		涅槃会					
	半							
	晦日							綿入
弥生 3月					花見の人	花見	白魚漁・鯛漁	綿入
	朔			桃の花売り				
	3	上巳の節供(桃の節供)、節季			潮干狩りの人	潮干狩り		
	5	出替り		端切れ売り	口入れ屋			
	20			牡丹の花売り				
	23							
	25		天満天神縁日		参詣者			
	26							↓
卯月 4月	初夏	田の神迎え					田植え	袷
	8	灌仏会・天道花・花祭り		卯の花・躑躅の花売り				↓

食物				自然				
儀礼食	魚	野　菜	その他	天然	樹　木	草　花	鳥	虫
				梅雨				
		南京の煮付け	冷茶・水菓子					
かき餅							夜鷹鳴く	
					楓の若葉			
			白玉の浮いた冷水・素麵		綿の花			
								コオロギ・鉦叩き
								羽黒蜻蛉
	太刀魚・鰯の塩焼き・煮付け				南瓜		星羽白	赤蜻蛉
里芋の煮物・団子	うおぜの煮付け			露		薄		鈴虫・邯鄲・鉦叩き
	舌鮃の煮付け	里芋の煮付け		露降る	萩散る	菊	蜻蛉	
								油蟬・熊蟬・蜩・法師蟬
					銀杏・桜葉・欅の紅葉			邯鄲鳴く
	鯖の煮付け							
								松虫・鈴虫鳴く

月	日	行事			路上の情景			衣服
		家の行事	祭り	振り売り	群衆	遊び	その他	
皐月 5月								単衣
	5	端午の節供・節季						↓
水無月 6月		疫病送り		団扇売り				単衣
	朔	歯固め	愛染祭					↓
	6	手習い始め						↓
	大暑						打ち水	↓
	24・25		天満天神祭		祭りの祭礼			↓
	27・28		生玉神社祭礼		祭礼			↓
	晦日		住吉祭		祭礼			▼
文月 7月							金魚	単衣
	7	七夕		団扇・蓮の葉売り				↓
	中元	盆・初盆・節季						↓
	20						青葱の植え付け	↓
		地蔵盆・盆踊り						↓
葉月 8月								単衣
	15	十五夜・月見						▼
長月 9月	晩秋							袷
	5						蚊遣り	↓
	9	節季						↓
	13	十三夜	住吉の宝の市	鞘豆売り				↓
	半							▼
	彼岸							袷

食物				自然				
儀礼食	魚	野菜	その他	天然	樹木	草花	鳥	虫
		冬瓜のあんかけ				蒲の穂		
	鰯の生姜煮			氷雨降る			梟の子離れ	
					楓紅葉		鵯鳴く	
					銀杏		雁渡る	
					楓の紅葉			
	鯖の煮付け・昆布の佃煮	里芋の含め煮			落葉、楓紅葉		鶯	
					梅の花咲く			
					楓の落葉			
				氷柱				
					楓落葉		目白	
							山雀鳴く	
	鰯							

月	日	行事			路上の情景			衣服
		家の行事	祭り	振り売り	群衆	遊び	その他	
神無月 10月				艾売り・焙烙売り			大根干し	綿入
	朔							
	8							
	9	亥ノ子	西宮の市	大根売り				
	半							
	20	誓文払い		炭団売り				
霜月 11月							大根漬け、火鉢	綿入
	7	ふいご節季						
	末							
	20			暦売り	雪かき			
師走 12月				煤払い竹売り・暦売り、万両・南天の鉢植え売り	掛け取り		大掃除・正月飾り・障子の張り替え	綿入
	1				雪かき			
	6							
	8			餅つき屋	大根を運ぶ			
		節季払い		牡蠣舟・屋台うどん			夜なべ	
	13	事始め			肥汲み礼、餅つき		餅つき	
	27						餅つき	
	大晦日	節季		札売り				

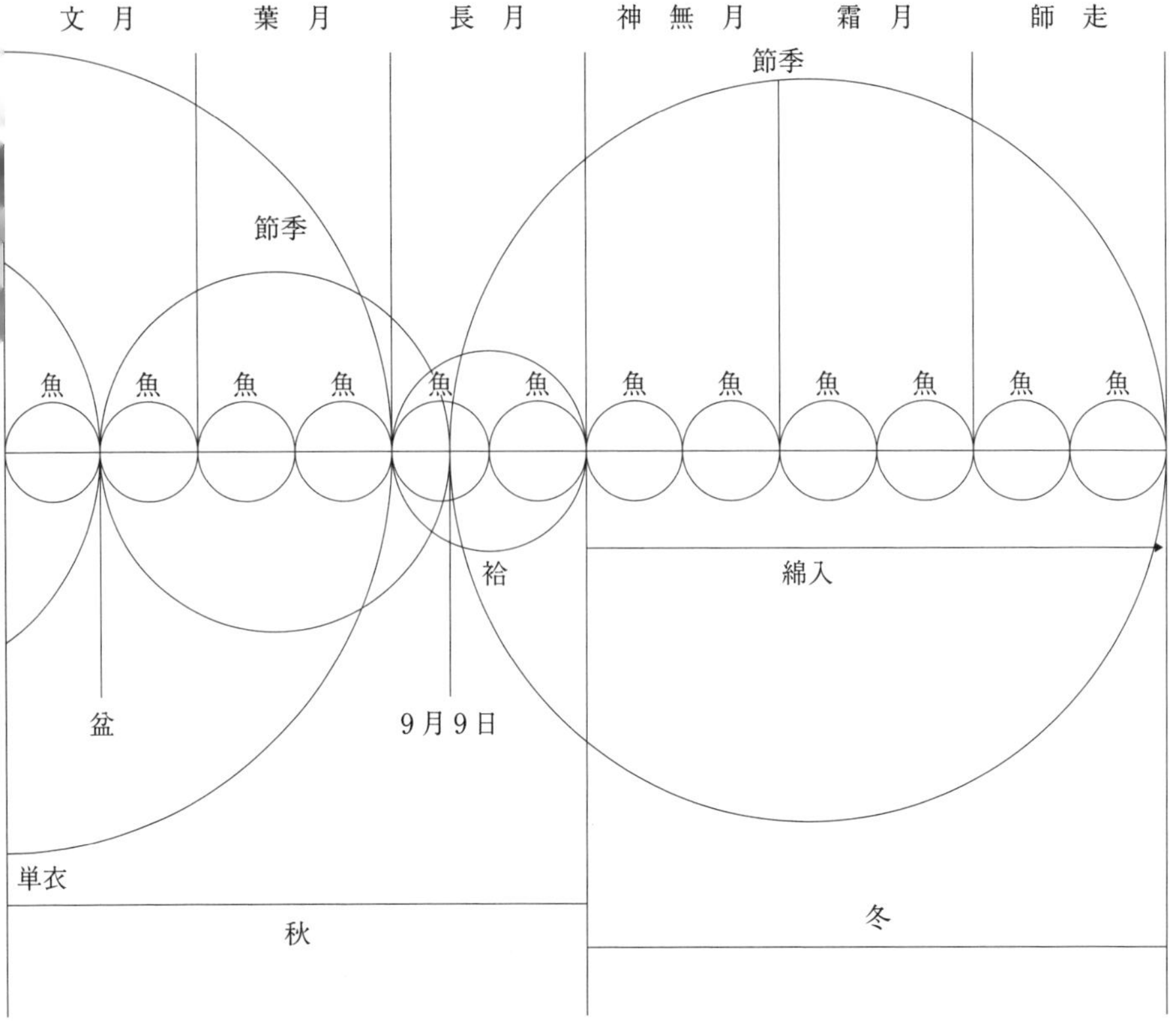

時代」というような物の売れない状況を作り出したのが享保の倹約令[6]であるということ位である（1・一四一・一六八頁）。五鈴屋も被害を受けた享保九年の妙知焼け[7]も歴史事実ではあるが（1・七六頁）、それは物語の背景の一つとして語られているだけである。手形の考案者が天王寺屋五兵衛であるという記述も（1・二三八頁）、呉服の現銀売りを考えたのは高麗橋の岩城桝屋であるとするのも（2・一四三・一六六頁）、いずれも暦年は明示されているわけではなく、小説世界の背景として記述されているだけである。

　数少ない歴史的事実は、あくまでも幸の成長を描く小説世界の構成の要素の一つに過ぎない。そうした歴史的事実より、小説世界によりリアリティーを感じさせているのは、細部にわたる日常生活の描

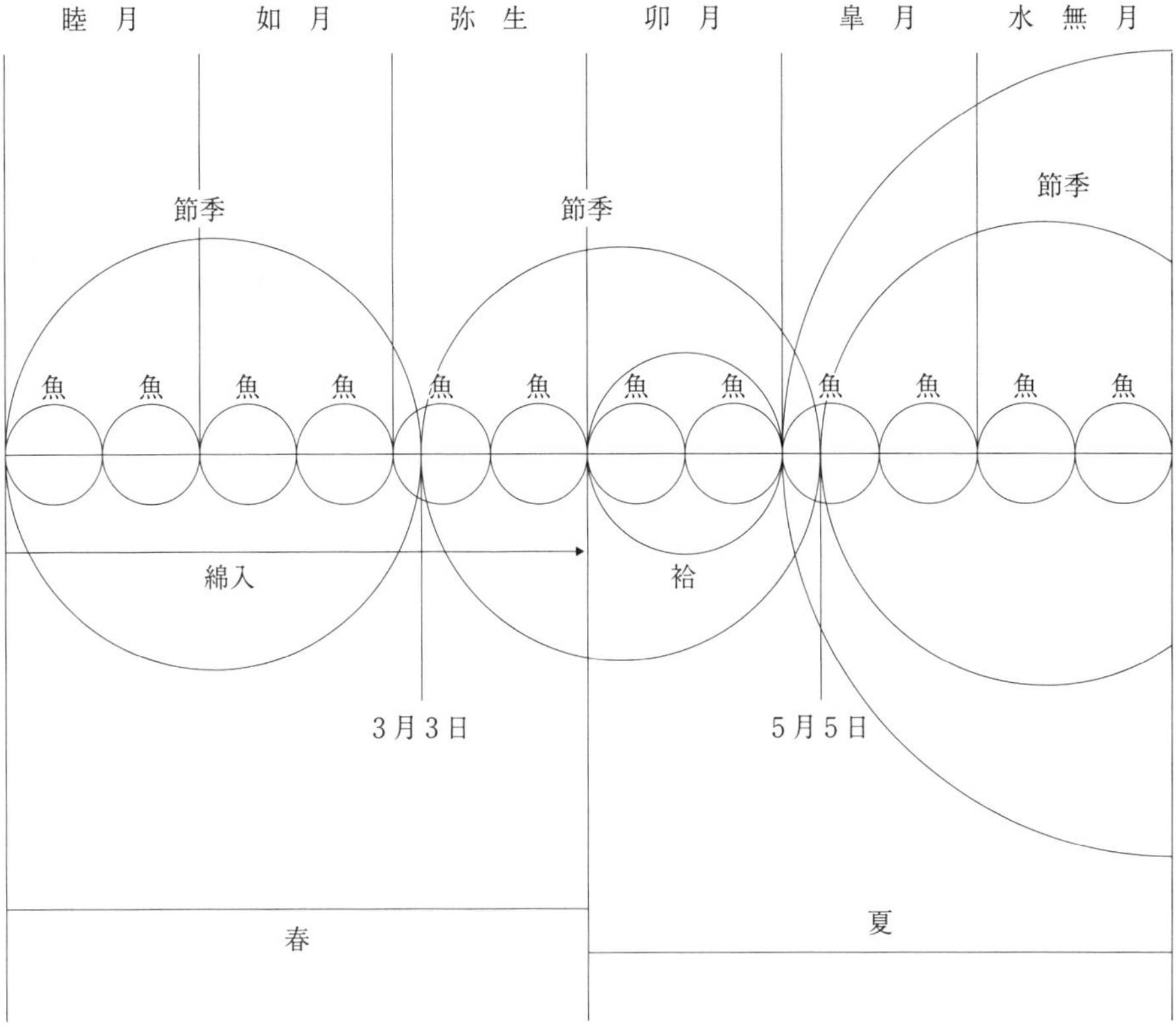

図6-3-1　幸の生活暦の構造

写であり、自然と人事の変化である。それは、まさに小説世界の中の架空の生活暦であり、日常生活の展開の中で幸が成長する姿を描くために必須のものである。それが江戸後期の大坂における商家の、実際の生活実態であるかどうかが問題なのではない。小説であるから史実そのままではないことは当然であり、作者自身が「特定のひとり、特定の店に特化しているわけではありません」と明言していることによっても明らかである[8]。問題は小説世界を構成する時間的展開を、どう表現しているかなのである。仮想世界の仮想の時間と生活とが、どのように記述されているかである。そしてそれによって幸の成長がいかにリアリティーをもって、読者に語りかけているかである。

幸の七歳から二二歳までの一五年に及

ぶ生活暦を整理すると、表6-3-1「幸の生活暦一覧表」のようになる。一見してわかるように非日常の記述が、日常の記述より圧倒的に多い。

非日常(ハレ)に関する記述は、五節季といわれる盆と大晦日・三月三日・五月五日・九月九日、そして年中行事としての正月・初午・四月八日の天道花・八月十五夜・九月十三夜の月見、師走などのほかは、天満天神社をはじめとする縁日、そして夏祭りなどだけである。だが、この内の五節季は、年中行事として描かれるというより、呉服屋である五鈴屋にとっては掛け取りの機会であり、商売と深くかかわっている。五鈴屋にとってはハレの日ではあるが、日常生活と深くかかわる日なのである。そして、これらの行事のすべてについて、その内容が必ずしも詳細に記述されているわけではない。

こうした限定された行事の存在についての記述のほかは、日常(ケ)の日々の記述である。特に都市の賑わいを示すために、路上の情景がしばしば描写されており、また時に食事と自然の変化が詳細であることは注目に値する。「天下の台所」と呼ばれ、近世の三都に数えられた大阪の商家の生活を描くために、季節の推移を示す自然の変化を描くことは効果的であった。

三　街の情景

津門村から初めて大坂に連れてこられた九歳の少女の目に映ったのは、「乾物を商う店が軒を連ね、天満天神社へ詣でるひとびと、買い物を楽しむひとびと」の姿であり(1・七六頁)、一〇歳の少女が初めて見た大坂の繁華街は、「行き交うひとの華やかさ、お客を店に呼び込む声や、工夫を凝らした看板、煌びやかなその佇まいに目を奪われそうだった。吹き抜ける風の色までが違っていた」のである(1・一六二頁)。それは、村では目にすることのない情景であった。こうした田舎から出てきた若者が都会の情景に目を奪われるのは、明治の時代においても同様であった。九州熊本から上京した三四郎は東京で「電車のちんちん鳴るので驚いた」のである。(9)それからそのちんちん鳴る間に、非常に多くの人間が乗ったり降りたりするので驚いた。三四郎は文明開化の先端を走る東京において、事物と人の多さに目を奪われ、新しい時代の空気に触れながら新しい人生を踏み出していくのである。幸はそれに先立つ一六〇年ほど前の大坂で、路上の人々の姿と商いの様子に目を奪われつつ、商いの未知に励むのである。

幸の見た大坂の繁華街の路上の情景は、季節の推移と共に変化する。それが最もよく現れるのが路上の雑踏の様と、折々に見られる路上の振り売りの姿であり、呼び声である。

正月元旦には若戎の札売りの「わかえびすぅ　わかえびす　新しい年、新しい札、わかえびすぅ」という声が聞こえ(4・一三四頁)、初詣に行く「松竹梅や鶴亀、宝尽くしなどのめでたい紋様の晴れ着に身を包んだ老若男女」が行き交う(4・一三九頁)。正月二日には「幟をはためかせた船が連なって浮かび、天満の街の界隈には、満載の荷を紅白の幕で飾り立てた荷車が景気よく行き交う」(4・一三六頁)。正月一五日は小正月で、左義長の儀式が行なわれる。天満天神社では「とんど神事」が行なわれ、参拝を終えたものは、神事の火を火縄にもらい受けて、火縄を小さく回しながら家路をたどる(5・一〇頁)。

「弥生に入り、大川沿いの桜が満開」になれば、「船を浮かべて花見に興じるものあり、堤沿いに花を愛でつつそぞろ歩く者あり、それぞれが爛漫の春を謳歌し」(4・一五七頁)、また桃の花枝を抱えた花売りが行き交う(2・八〇頁)。桃の節供である弥生三日には、蛤の入った桶を抱えた潮干狩り帰りの家族連れも見られる(2・一〇〇頁)。

卯月八日は灌仏会で、花売りが天道花にする卯の花・躑躅を売り歩き(3・一〇四頁)、文月には蓮の葉売りが姿を見せる(2・一八一頁)。葉月一五日は十五夜の月見であり、長月一三日は十三夜の月見で、「さやさやぁ、鞘豆ぇ、旨い旨い鞘ぁ、十三夜にぃ、さやさやのぉ鞘豆ぇ」と鞘豆売りが街を行く(3・一八・一三七頁)。

神無月には艾売りが「江州―、伊吹山のふもとっ　風邪に良い、冷えに良い、薬もぐさよぅ」と呼び(1・二〇七頁)、大和の焙烙売りも通る(1・二〇七頁)。また、大根漬けにする大根売りが「天満名物、天満大こーん　皮のうすーい、甘い甘い大こーん」と呼び歩き(4・四七頁)、炭団売りも「炭団、たどーん、炭団　じっくり燃えてぇ　火持ち良しぃ」と呼びながら売り歩く(4・二五六頁)。そして、霜月になると早くも暦売りが「丙寅ぁ　大小柱暦ぃ　丙寅ぁ　巻暦ぃ」と翌年の暦を売り歩く(4・一〇一頁)。

師走に入ると、「商家の奉公人らが、掛け取りのために忙しなく通り過ぎる。大根を山と積んだ荷車を引く百姓や、杵を担いだ餅つき屋が行き交い、街は師走ならではの様相を呈していた」し(4・二六五頁)、「街は気忙しさと清浄とが入り交じる師走特有の景色になっていた。この界隈に暮らすひとびとは、節季で右往左往する一方で、掃除をして店を清めることを怠らない」(2・二三二頁)。そして、煤払い用の竹を束ねて歩く振り売りや暦売りが行き交い(3・六九頁)、師走二五日ともなると「天満の街は、迎春の準備を滞りなく進める厳粛さと、残り四日の期限を切られた掛け取りの殺気とが入り交じる」のである(4・二七七頁)。

四　季節の認識

都市の賑わいはとりわけ盛り場において際立つが、それは都市特有のものでもある。「芝居小屋の殷賑」が耳に届くと、「その賑わいに誘われるように、着飾った老若男女が道を急ぐ。手前の幅広の日本橋は紀州街道へ繋がるからか、晴れ着姿の町娘に混じって、綱で繋がれた牛や馬ものんびりと歩いている」という、ハレとケとが混在する賑わいでもあった(3・一一六頁)。そうした路上の人々の服装は、春夏秋冬という変化に富んだ暮らしでは、一枚の着物にも単衣、袷、綿入れと季節に合わせて手が加えられた(2・二四二頁)。例えば、「嫁いだ時は綿入れで、その綿を抜いて袷にし、袷の裏を取って単衣とし、秋の訪れと共に裏を付けて袷に戻し、やがてまた綿を入れる」のである(2・二四二頁)。

そして、綿入から袷に替わるのは卯月であり[10]、皐月になると単衣に替わる[11]。そして、長月には単衣から袷に替わり[12]、神無月には袷から綿入になる[13]。

つまり、着物が春夏秋冬という季節に合わせて、単衣・袷・綿入れと変わったとしても、それは一二か月を四等分した四季の対応するものではなかった。袷が、春と秋に着る着物であったとすれば、春は卯月一か月間であり、秋は長月一か月間なのである。

五鈴屋幸の時代より少し後の時代にはなるが、『東都歳事記』によれば天保時代の江戸では、四月一日に「袷衣」(綿入)から「袷衣」になり、五月五日からは「麻の衫」(単衣)に変わり、九月一日から八日までは「袷衣」を着、九月九日からは「袷衣」を着る習わしになっていたという[14]。つまり、着衣を基準にすれば春は一か月と四日であり、秋はたった八日間であったことになる。

こうした衣服を通して見た四季の認識は、環境が異なっても存在するが、それは必ずしも暦年を四等分したものではなく、自然型として分類できるものであった[15]。つまり、季節の推移は一年一二か月を四等分した暦の季節と、気温に対応して衣服によって認識される体感の季節とがあったということになる。

それだけではなく、五節季の五鈴屋にとって掛け取りをする五節季は、時間の推移を認識する重要な節目であった[16]。

もちろんこれは四季ではなく、一年を五期とするものであるが、その節季は年中行事を目安にしている。しかしこれは、経済活動における時期区分であり、村の生活における生産暦に類似するものではあろうが、村においては、ほとんど認識され得ない時期区分である。それにしても五鈴屋幸の生活においては、三種類の時間が重層していたのである。

五　自然の変化

それに加えて、小説の世界における季節の推移を示すものとしての動植物がある。季節と動植物とは密接な関係にあることはいうまでもないが、物語中に描写されている草木鳥虫などは、それらの内から特に選ばれたものであり、仮想空間の時間的推移と仮想空間のあり方とを象徴的に示すものである。

冬の寒さがようやく緩む如月半ばには、梅の花が満開になり(3・八八頁)、芳しい香りに包まれる(2・六一頁)。雲雀が賑やかに囀り(3・八八頁)、四十雀も「つつぴー、つつぴー」と楓の枝に止まって囀る(2・五三頁)。そして晦日には燕も姿を見せる(2・七五頁)。

弥生一日には菫や筆竜胆が蕾を抱き、枝垂れ桜は七分咲きになる(2・七九頁)。枝垂れ桜・山桜、雪柳などが桃色、薄紅色、真白の花弁を付け(3・二四九頁)、杜若、牡丹、藤の花なども咲き(3・二六一頁)、柳の枝が揺蕩う(4・一六五頁)。めじろは「長兵衛　忠兵衛　長忠兵衛　長兵衛　忠兵衛　長忠兵衛」と、ひとの名を呼んでいるように鳴き(2・七九頁)、黄鶲《きびたき》が「ぴっぴ、くるる、ぴっぴ、くるる、と一日の名残を惜しんで鳴く」(2・一〇八頁)。そして、巣立ったばかりの燕の子が「じゅいじゅい、と声を揃えて機嫌良く囀っている」(2・一一七頁)。

卯月になると、「楓の赤かったはずの新芽が緑へとすっかり衣替えしていた。季節が春から夏へと移ったのがわかる。」（3・一六七頁）。頬白《ほおじろ》が「一筆啓上、仕り候　一筆啓上、仕り候」と囀る（3・一〇七頁）。

皐月は梅雨の時期であり（4・一八〇頁）、水無月になると、「涼風が楓の青葉を鳴らして」奥庭から「奥座敷へと吹き抜ける」（2・一六八頁）。「嫁起こし」の異名を持つ夜鷹《よたか》が「きょきょきょ　きょきょきょ」と「眠りを破る」（4・一八九頁）。

文月の地蔵盆前日に羽黒蜻蛉が「ひらひらと飛んでいる」、「お盆の頃に姿を見せる羽黒蜻蛉は、その羽に亡くなったひとの魂を乗せて運ぶ、と言われていた」（4・二二六頁）。

葉月一五日になると、「朝夕、草花や木々の葉が白く丸い露を抱くようになり」、「薄の穂に朝露が一休みしている」（1・一九六頁）。鈴虫が「りーん、りーん」と鳴き（2・二七七）、邯鄲、鉦叩も鳴き始め（2・二八〇頁）、「燕たちも、徐々に旅立ち始め」（4・二二七頁）、「渡り鳥の星羽白《ほしはじろ》の群れが波間に紛れて憩う」（1・一八四頁）。「赤蜻蛉の群れが薄羽に陽光を留め、真澄の空の低いところを漂う」（4・二四三頁）。

長月には菊が咲き（3・一九六頁）、「路には銀杏の黄、桜葉の赤、紅葉の黄赤、欅葉の茶色が敷き詰められ」（3・一五六）、「一陣の風が」「名残の萩を絡め取り、地面に零して去った」（4・一〇頁）。法師蟬が「つくつくほーし　つくつくほーし」と鳴き、「油蟬から熊蟬、蜩、そして法師蟬、と鳴く蟬の声で季節の移ろいを知る」（3・二六七頁）。青空には茜色の「無数の蜻蛉が群れている」（3・一九六頁）。また、「突然、かんかんかん、と賑やかな鳴き声が頭上から降り、道行く者たちに天を仰がせる。吸い込まれそうな碧空に、楔形に群れをなして飛翔する鳥の姿があった。寒くなると北の国から渡ってきて、ひと冬を大阪の湾で過ごす真雁の群れ」である（3・一八九頁）。邯鄲《かんたん》が「るるるる」と鳴き（3・一三四頁）、「松虫・鈴虫がしきりと鳴く」（2・一八六頁）。

神無月朔日に「晩秋から初冬へと季節をくっきり分かつ氷雨」が降り（3・二〇五頁）、楓の葉は濃淡の紅に染まった（2・二〇〇頁、4・一八頁）。「雁の群れが律儀に楔の形のまま飛翔」し（4・四八頁）、「ひーよ、ひーよ　ひーよ、ひーよ」という鵯《ひよどり》の声が聞こえる（4・二三頁）。また、「ごっごっご、ぎゃぎゃぎゃー」と親梟の子別れの鳴き声がする（3・二〇九頁）。

霜月に入ると　雪かきをしたり（4・九〇頁）、火鉢に炭を足すようになり（1・二七五頁）、「黄に紅に茶に樺色、と錦の衣装を身に纏っていた木々は丸裸となり」（4・四九頁）、「美しい緋色の衣を纏い、皆の目を楽しませた楓が、何時の間にか寒々しい姿を人目に晒」すようになる（3・二二九頁）。冬の日射しが溢れ、鷽《うそ》の「ひゅーひゅー」という口笛に似た鳴き声が聞こえる（1・二六一頁）。

師走には氷が張り、氷柱が下がり、雪かきをするようになる（4・一一三頁）。裸の楓の枝には目白《めじろ》が身を寄せ合い（4・一三一頁）、「つぴー、つぴー」と山雀《やまがら》が囀る（4・二七〇頁）。

こうした自然描写は物語の展開と深くかかわっており、作者は単に時間的変化を示そうとしているだけではないし、そのときに記述されたとおりの現象があったということを主張しているのでもない。そのために、記述には季節による濃淡があり、睦月や皐月にかかわる記述はほとんどなく、水無月・文月の記述も少ない。村の生活でいえば、収穫期を除く農繁期にあたる季節の記述が少ないということになる。五鈴屋幸の生活暦の特徴の一つである。

しかし、生活暦でこれほどの自然描写を行なっている民俗誌は、それほど多くはない。これは近世都市を対象としているから可能であるのか、現代大都市においても可能であるのか、検討する余地があるであろう。

六　食事と季節観

五鈴屋のご寮さんになる幸は、初めに女衆として奉公に上がったことも関係しているのであろう、台所の描写も多いし、食事の献立についての記述が多い。といっても五鈴屋の食事の品数が多いということではない。「昼餉には炊きたてのご飯に香々、それに煮物が一品つく。夕餉は冷やご飯に熱いお茶をかけて、香々でお茶漬け。翌朝、さらに冷たく固くなったご飯を茶粥にして食する」だけである(1・一〇九頁)。後には月に二度、朔日と一五日の昼餉には魚がつくようになった(1・二〇一頁)。

そうした食事であるから、ほとんど一年間代わり映えはしない。ただ昼餉の煮物と、月に二度の魚に季節の変化を認めることができる。例えば、如月には菊菜のお浸し(2・五七頁)、弥生には独活の金平(2・一二六頁)・蕗と油揚げの煮付け(4・一六七頁)・鯉のお造り(3・二六一頁)、水無月は南京の煮付け(2・二六四頁)、葉月はうおぜの煮付け(4・二二七頁)、長月は里芋の煮付け(4・一五頁)・生姜をきかせた鯖の煮付け(1・二〇二頁)、神無月は冬瓜のあんかけ(1・二〇九頁)・鰯の生姜煮(3・二〇六頁)、霜月は里芋の含め煮・鯖の煮付け・昆布の佃煮(1・二六〇頁)などである。

もちろんこれは普段の食事であって、年中行事の折には特別な料理が作られる。元旦の祝い膳には雑煮・赤飯・数の子を付け、湯飲み茶碗に小さな梅干しと結び昆布を入れて若水で入れた出花のお茶を注いだ大福茶を飲み(1・一五三頁)、七日の七草には、なずななどの菜を入れた七草粥を食す(5・二二四頁)。また二〇日は骨正月でぶりの骨を煮て食する(4・一五六頁)。初午には小豆飯を炊き、供え料理として芥子菜の味噌和えを作る(2・三一頁)。水無月朔日は歯固めで、かき餅を食す（4・一八一頁）。葉月一五日は観月の宴で薄を飾り、里芋の煮たものと団子を供える（4・二三九頁）。

このほか、卯月になると客には冷えたお茶を出すし（2・二四八頁）。水無月には冷茶や水菓子（2・二六三頁）、文月には白玉の浮いた冷水を出すなど（2・一七六頁）、暑さに対応しようとしている。師走の寒さに対応しようとすれば、家での食べ物ではないが、牡蠣舟や屋台店の饂飩で身体を温めようとする（1・一四五頁）。

こうした食事に関する記述は、物語の展開に必要であるからなされるのであって、そもそも小説は民俗誌ではない。そのために、年間を通してまんべんなく記述されているわけではないし、年中行事の儀礼食が詳細に記述されているわけでもない。そうした意味では、小説の記述だけで生活暦を再構成できるわけではない。ただ、食生活を通して季節の推移を認識できる可能性を指摘したかったのである。

七　生活暦の構造

以上、髙田郁著『あきない世傳　金と銀』を資料として、小説に描かれた仮想の世界の生活暦について考えてみた。そこに見られたのは、図6-3-1「幸の生活暦の構造」に整理してみたように、四季一二か月という暦日によるだけではなく、生業とかかわる五節季であり、春・秋の短い着衣の種類にかかわる季節観、そして旬の食材による季節観という、幾重にも重層する時間認識である。確かに、社会生活を営む以上、多くの人々と共有する時間認識の存在は欠くことのできないものである。それ故に一五日ごとに昼餉の膳にのる魚の存在によって、暦日を知ることができることは便利であった[17]。だがその感慨は、実生活においては必ずしも暦日によるだけではなく、より自然の推移と生業とに結びついた時間認識に依っていることを示しており、仮想の世界の生活暦ではあっても、その構造は民俗誌に記述された伝承資料に基づく生活暦とは基本的に相違はない。それは私たちの生活の中に見られるのと同様に、暦日に基づく季節観と、生産暦など自然の影響を強く受ける生業活動にかかわる季節観、そして自然暦とも呼ぶことができる自然の変化に基づく季節観が、重層的に存在しているのである。

私たちは、社会生活を営む上で共通の時間認識を必要とする故に、暦日に基づいて時間の推移を認識しようとしている。しかし、実際には暦は単なる目安であって、意外に自然の影響を強く受けている。寒暖によって身につける衣服は変化し、食べ物も旬の食材と深くかかわっている。いうまでもないことではあるが、年中行事も自然の影響を強く受ける生業作業の展開に基づいて行なわれるものが多かった。

しかしその行事が暦日に固定されることによって、私たちの生活は暦日に規制されるようになってしまった。とりわけ比較的自然の影響を受けにくく、多様な人々が集住する都市の生活においては、時間認識を共有することは必要不可欠であった。いきおい暦日に基づいて時の推移を認識するようになり、自然を暦日のほうに引き寄せることになった。しかしそれでもなお、私たちの生活は自然の影響を全く排除することはできないし、自然の変化に敏感に対応しようとしている。

一見「自然」から遠ざかったところに位置づけられている「都市」ではあるが、「都市」の中に「自然」を見出してこそ、より良い生活を営むことができるのであろう。そのために都市の生活暦の有効性をもう一度検討する必要があろう。そのために、仮想の世界において発見された自然の姿であっても、それは現代都市社会に生きる私たちが自然を発見するための手がかりになるであろう。

註

（1）古家信平「民俗誌」福田アジオ他編『日本民俗大辞典』下　吉川弘文館　二〇〇〇年　六四九頁
（2）倉石忠彦『年中行事と生活暦—民俗誌への接近—』岩田書院　二〇〇一年
（3）小説では全編で「大坂」表記になっている。「大阪」表記が一般化したのは一八七七年（明治一〇年）前後からであり、あえて「大坂」表記を用いているのは、物語世界を歴史事実により即して描こうとしているからであると思われる。
（4）髙田郁『あきない世傳 金と銀 源流篇』角川春樹事務所　二〇一六年、『あきない世傳 金と銀二 早瀬篇』角川春樹事務所　二〇一六年、『あきない世傳 金と銀三 奔流篇』角川春樹事務所　二〇一七年、『あきない世傳 金と銀四 貫流篇』角川春樹事務所　二〇一七年、『あきない世傳 金と銀五 転流篇』角川春樹事務所　二〇一八年。
（5）享保一七年（一七三二）に伊勢・近江以西の西国一帯を襲った大飢饉。
（6）徳川吉宗八代将軍治世下における享保の改革。
（7）享保九年（一七二四）の、江戸時代大坂における最大級の被害をもたらした大火。
（8）「治兵衛のあきない講座」髙田郁『あきない世傳 金と銀 源流篇』角川春樹事務所　二〇一六年
（9）夏目漱石『三四郎』春陽堂　一九〇八年
（10）「弥生を見送り、卯月を迎え」「三人の丁稚は、綿を抜いたすっきりとしたお仕着せ姿」になり（3・九五頁）。
（11）卯月の末に五鈴屋のお家さんの富久は、三男の智蔵に単衣を届けさせるのである（2・一三七頁）。
（12）「葉月晦日は、単衣でいる最後の日」であり（1・一九六頁）、「長月に入れば着物が袷に切り替わる」（2・一八六頁）。
（13）文中に明確な指摘はなされていないが、神無月に五鈴屋のご寮さんであった菊栄は綿入を着ているし（1・二〇七頁）、智蔵も神無月八日に綿入を着ている（4・一九頁）。ただ、「長月の寒さに慣れぬ身を、冷気が綿入の外から刺していた」

という記述もあり（3・一〇頁）、ちょっと揺れが見られるが、ほぼ神無月には綿入に替わったといってよかろうと思われる。

（14）朝倉治彦校注　斎藤月岑『東都歳事記　二』　東洋文庫一七七　平凡社　一九七〇年

（15）倉石忠彦「生活暦の展開と構造」『日本人の民俗的時間認識に関する総合的研究』（昭和六〇年度科学研究費補助金研究成果報告書　研究代表　坪井洋文）　一九八六年（『年中行事と生活暦―民俗誌への接近―』岩田書院　二〇〇一年所収）

（16）年に一度の大節季払いを、「盆暮れのほか、三月三日、五月五日、九月九日の各節季ごとにまとめて支払ってもらうようにする」（3・五五頁）。

（17）「昼餉の膳にうおぜの煮付けを認めて、智蔵が嬉しそうな笑顔になる。（略）朔日、十五日と魚がお膳に並ぶと、日付が自ずと身に刻まれるもんだすなぁ」（4・二二七頁）。

第四節　宗像教授の民俗学―星野之宣『宗像教授伝奇考』―

はじめに―問題の所在―

明治維新以降、西欧社会と肩を並べることに急であった明治政府の急激な「文明開化」政策は、西欧化政策でもあった。その結果、日本の在来文化はその如何を問わず否定されようとした。そうした趨勢に対して、日本の在来文化を再評価しようとする動きもあった。人文科学界においても、時代の変化と深くかかわりながら、自己内省の学・世相解説の学として独自の学的体系を確立していった。それは「土俗学」「俗説学」「郷土研究」「民間伝承の学」などとも呼ばれたが、昭和初期には「民俗学」という呼称もほぼ定着した。一九三五年（昭和一〇年）に組織された民間伝承の会は、一九四九年には日本民俗学会と改称され、二〇〇〇年（平成一二年）には二千数百人の会員を有する人文科学分野における有数の規模を誇る学会に成長した。

「常民」とか「伝承」とか「ハレ」など、民俗学の学術用語も日常的に目にするようになった。「民俗学」はそれなりの社会的認知を獲得したということができよう。それは小説などにも反映され、民俗学研究者を名乗る人物が登場したり、「民俗学ミステリー」などと名乗る小説が書店に並んでいたりする。「民俗学」は単に学問として認知されたばかりではなく、商品価値も認められようとしているのである。それによってさらに民俗学の存在は一般化し、民俗学に対するイメージも社会的に拡散することになる。しかしそのイメージは、必ずしも現実の民俗学の研究実態を忠実に反映したものではなく、小説という虚構の世界における仮想の民俗学であり、その民俗学研究を行なうのは仮想の民俗者である。それは、虚構の世界が必要とする学問であり、研究者である。

したがって、現実の民俗学の学的体系そのままを継承するものではなく、仮想の世界を成立させるための手段とする民俗学である。だが、既に社会的認知がなされている学問であれば、全く異なる学問であっては、享受する読者は共感できないであろう。伝達者としての小説家が、伝達したいと望む仮想世界は読者に継承されず、その仮想世界は成立しないことになってしまう。したがって、仮想の民俗学であっても、それ故にこそ、社会的認知のなされた現実の民俗学のある一面が強調されることになる。それはまさに虚実皮膜の間に作り出された民俗学であり、民俗学者である。そのようにして創作され仮想された民俗学者の先駆けの一人が、星野之宣の『宗像教授伝奇考』(1)の宗像教授である。

『宗像教授伝奇考』によれば、宗像教授は本名を宗像伝奇《むなかたただくす》といい、東亜文化大学の民俗学教室の教授である（f1・一二頁、f5・二〇二頁。以下、同書からの引用は、file番号・頁数を「f〇・〇〇頁」のように示す。なお、file番号については後掲三二七頁参照）。次節で取り上げる北森鴻の仮想した蓮丈那智は東敬大学の助教授であるから、大学こそ異なるが宗像教授は民俗学研究者としては先輩に当たるということにもなる。東亜文化大学における民俗学の位置づけは明確ではないが、前学長が世界民俗学会に出席しているから（f22・一七八頁）、複数の民俗学の教員がいることになる。専門科目で少なくとも二名の教授がいるということになれば、学科はともかく民俗学の専攻コースは設置されているのであろう。だがあまり詳しいことは明確ではない。この点、蓮丈那智が職を奉じる「私立東経大学」の民俗学の位置づけが、ある程度想像されるのとかなり異なる。ただ、宗像は自ら「反権力の鬼」と称しており（f31・四九頁)、権威にとらわれないところは蓮丈那智の先輩としてはふさわしい。

また、「因果な家業です。人の気持ちも考えず、何でもほじくり出そうとしてしまう。性分ですかな…」(f5・一七八頁)と宗像教授自らが概嘆するように、その探究心の旺盛なところもまた蓮丈那智とよく似ている。だが、決定的な違いが一つある。それは、蓮丈那智は小説の世界で活躍しているのに対し、宗像教授はマンガの世界で活躍しているのである。

一　小説とマンガ

マンガに描かれた実在の民俗研究者としては、柳田國男・折口信夫がいる。いうまでもなく柳田・折口は民俗学研究においては欠くことのできない大先達である。

柳田の登場する『北神伝奇　上』②は、「第一講　神隠し考」「第二講　マヨイガ考」「第三講　間引き考(前編)」「第四講　間引き考(後編)」、『北神伝奇　下』③は、「第伍講　異郷考」「第六講　司祭考」「第七講　ニライカナイ考」「最終講　世相篇」によってそれぞれ構成されている。

また折口の登場する『木島日記』は二分冊で、『木島日記①』④は、「第一話　死者の書」「第二話　春来る鬼」「第三話　妣が国・常世へ」「第四話　古代研究」「第五話　水の女」、『木島日記②』⑤は、「第六話　若水の話」「第七話　乞丐相」「第八話　砂けぶり」によってそれぞれ構成されている。

いずれも柳田語彙・折口語彙というべき用語や書名等をタイトルとしており、それだけで民俗学に多少とも関心のあるものであれば、その内容がイメージされるはずである。しかし、民俗学の概説書ではないから、当然そこで直接それらを解説してはいない。柳田も折口も表面上は主人公としてではなく、登場人物としてその世界にかかわるだけである。本書では両者の民俗学研究の方法、つまり民俗学の体系的なあり方を描こうとしているのではない。筑波大学で民俗学を学んだ大塚英志がイメージした柳田・折口の世界を描いているだけである。「ああ、大塚英志は柳田・折口の民俗的世界とはこのような世界としてイメージしているのだ」というだけであって、読者はそこに民俗学のイメージを喚起しなくても、全くかまわないのである。柳田國男・折口信夫という名前と、大塚によって創造された両者のイメージは、読者にある印象を与えるであろうが、これによって民俗学という学問体系のイメージが読者の脳裏に形成されるとは思われない。そうした理由によって、これらの作品については深入りしないことにする。

ただ、いずれにしても文学作品は、文字表現が基本であって、具体的な姿形は読者が独自に創造し、イメージするものである。ところがマンガは基本的には絵画表現であり、既に形象化・視覚化されているものである。作者はその意図を文字化することを省略することができると共に、読者には視覚を通してより具体的に伝達することができる。しかし同時に読者のイメージは作者のイメージによって制限される。換言すれば、読者は作者のイメージを強要されるのである。

とり・みきは、「異端の考古学教授・稗田礼次郎が黒服・長髪で名前は稗田阿礼からとっているのに対抗してか、異端の民俗学教授・宗像伝奇もまた夏でも黒の外套、しかも頭は対照的にスキンヘッドで、名前は南方熊楠からとっている、という具合に、諸星さんへのライバル意識がかいま見えるのが面白い」といい[6]、鎌田東二は、「宗像教授は「東亜文化大学」の「民俗学」教室の教授であるが、その研究分野と関心は広く、世界の神話・歴史・民俗に及び、日本民俗学という枠に収まることはない。その点で、スキンヘッドの魁偉な風貌といい、その学識と関心の深さ・広さ、推理と論証の大胆さといい、南方熊楠を髣髴とさせる魅力的なキャラクターだ」と解説しているが[7]、こうした指摘はマンガとしての描写があるからこそであって、研究者の人物像を形成する上で、この形象化がなされるということは軽視できない。しかしそれは、研究内容までも人物像によって制限されてしまうことでもある。

それではここで、その内容を概観してみよう。星野之宣『宗像教授伝奇考』は、第一集から第六集まで刊行され、それぞれ次のような構成になっている。

『宗像教授伝奇考　第一集』file1「白き翼　鉄の星・前編（白鳥伝説・製鉄民）」・file2「白き翼　鉄の星・後編」・file3「潮盈珠（浦島伝説・海彦山彦）」・file4「宗像の海（斎き島姫）」・file5「贄の木（猪猟・猪神人）」・file6「巨人伝説（だいだらぼっち）」「解説　とり・みき」

『宗像教授伝奇考　第二集』file7「両面宿儺」・file8「狗の骨」・file9「鉄人の逆襲」・file10「女たちの神」・file11「鼠浄土」・file12「白雪の伝説」「解説　竹内オサム」

『宗像教授伝奇考　第三集』file13「佐用姫の河」・file14「彗星王・羅　編」・file15「彗星王・計都編」・file16「牛王の訪来」・file17「瓜子姫殺人事件」・file18「酒呑童子異聞」「解説　田中芳樹」

『宗像教授伝奇考　第四集』file19「殺生石・前編」・file20「殺生石・後編」・file21「縄文の虎」・file22「「父祖の地」・file23「魔将軍」「解説　斉藤光政」

『宗像教授伝奇考　第五集』file24「西遊将門伝　前編」・file25「西遊将門伝　中編」file26「西遊将門伝　後編」・file27「菊理媛は何を告げたか」・file28「冬の兎」・file29「水天の都」「解説　加門七海」

『宗像教授伝奇考　第六集』file30「氷の微笑（雪女）」・file31「桃太郎伝説（桃太郎の故郷）」・file32「夢と知りせば（小町伝説）」・file33「流星剣　前編（義経伝説）」・file34「流星剣　中編」・file35「流星剣　後編」「解説　鎌田東二」

こうしてみると全三五話は様々な分野に及んでいるようにみえるが、神話・伝説を中心とした口承文芸分野にかかわるテーマを主たる対象としている。もちろん本シリーズは「民俗学や考古学の学術論文」ではない。したがってそこには「民俗学の知見を寄せ集めた」「短編小説の趣」を見出すことができても不思議ではない[8]。そして、「宗像教授のライフワークが白鳥伝説や羽衣伝説などの日本神話を世界神話の中で解明すること」にあって、「はるかな場所から始まった伝説が日本にまで伝わる─世界の中の日本の伝説を考察することがわしのメインテーマである」と作中で語らせており、「まさにこれは柳田民俗学の枠内に納まりきらない南方民俗学的地平である」と鎌田東二は解説する[9]。

こうした解説において、「民俗学」と並んで「柳田民俗学」「南方民俗学」という表現がごく当たり前のように取り上げられているのは、いかに柳田國男・南方熊楠の存在が大きいかを示すものである。しかしそれは同時に、「民俗学」という学問の全体像に対する理解が必ずしも十分ではないということになろう。こうした言い方からすれば、日本民俗学という枠に収まることはない宗像の学問は「宗像民俗学」と称されるべきものであろう。

仮想の民俗学者である蓮杖那智が指摘するように、「民俗学の学問体系が確立されたとは、決していいがたい。むしろ《南方民俗学》《柳田民俗学》《折口民俗学》という言いかたが定着していることが示すように、研究のアプローチも方法論も、学者によってまるで違うのが現状だ。現在ざっと上げるだけで《都市民俗学》《宗教民俗学》《伝承民俗学》《環境民俗学》《道具の民俗学（さらにこのジャンルは、幅が広い）》《性風俗民俗学》など、ほとんど学者の数だけ民俗学が存在しているといっても過言ではない。思い余ってかどうかは知らないが、民俗学者とはすなわち「民俗学」という混沌の海に形を求める人々の総称ではないか」などとする理解と[10]、よく似ているところが見られる。これが、民俗学に対する社会的認識の一端なのであろう。

二　宗像教授の民俗学

1　研究目的―民俗学の目的

明治以降、在来文化の再評価に端を発した民俗学研究は、幾多の経緯の結果、ともかく一九三〇年代半ばには、独立科学としての枠組みを示し得たといっていい。ただ、研究者の研究目的、あるいは関心が完全に一致しているわけではない。研究対象としての民間伝承の具体的事象もまた、限定されたものではない。文化を連続の視点で捉えるために、伝承された文化を対象とするとはいいながら、それらは私たちの生活を構成し、支えている文化であり、遍在しているものであるから、研究はまず伝承性を持った文化(民間伝承・民俗・伝承文化・民俗文化)を発見することから始まるからである。その伝承性を確認するためには、伝承されたものであることを証明する必要がある。そこには歴史的視点があり、それこそが目的であるとする考え方と、そもそも日本文化の再評価から始まったものであるとすれば、日本文化の特徴、あるいは基層文化のあり方を目的とするという主張もある。こうして文化の動態と静態の両面から、日本文化のあり方を明らかにしようとしているのである。

宗像教授は、民俗学の目的を明示してはいない。ただ自らの明らかにしようとしている課題、つまりは研究目的であるが、それはテーマごとにかなり明確に述べている。

事例1「潮乾珠・潮盈珠の伝説は　独自に生き続けたわけだ　その伝説の原型はいったい　どこから来て　どこへ消えていったのか…」(f3・九二頁)

事例2「はるかな場所から始まった伝説が日本にまで伝わる―世界の中の日本伝説を考察することがわしのメインテ

ーマでもある　つい先日も白鳥伝説の跡を追ってヨーロッパからトルコにかけて旅してきたが…紀元前二千年頃からのアーリア人の大移動がこの伝説を運んだことはルートから見てまず間違いない　しかし　どうして全世界にまで伝わっていったのかその原動力はなんだったのかは　まだわからん　今後の課題だな…」（f1・一一頁）

事例3「文化ははるかな国から伝わってくる。災厄もまたはるかな国から訪れてくるものだとね…」（f16・一六四頁）

事例4「人間の記憶はあいまいなものだし、伝説は語り伝える人によって変わっていくのが自然だ。興味があるのはいったい何が際限なく人を物語に駆りたてるのかということ。この風土か…」（f30・三九頁）

こうしてみると、事例1は原型・起源についてであり、事例2・3は文化の伝播、事例4は変化と心理といえばよいであろうか、伝承のメカニズムにかかわる問題である。「伝奇的な題材を意匠として利用するのではなく、正面からテーマにするということは、つまりそれらの仕掛けや風習を作った古の人々の心に真摯に触れることである。宗像教授が掘り起こす遺跡や伝承には、闇に葬り去られた人々の念が込められており、それに関わる現代の人々の業もまた、この作品では必ずパラレルに描かれている。宗像自身もそういう業を背負った人間の一人だ。言葉にすると安っぽいが、つまり根本は人間ドラマであるということだ」とする理解[11]は、創作作品としての理解であり、学的理解ではない。ただ事例4は、文化の基層に存在するものに対するものに対する関心であり、人類文化全体を対象としての疑問である。日本文化に限定されていないところに宗像教授の独自性がある。ただこれらは研究課題とでも称するものであって、民俗学の目的とはいいがたい。

そうした研究課題としては、歴史的な側面に対する関心も強い。

事例5「歴史には古代も近代も民俗学も史学もないのかもしれん。求めるものはつまるところただ一つ—。人間とは何なのか—。動き、集まり、離れていく無数の不可思議な心の奥がどんな複雑な模様を紡ぎ出して歴史となって

いくのか。わしはそれが知りたいと思う」（f23・二四八頁）

事例6「ひょっとするとこうした話は、古い狩猟時代の痕跡を―人間がまだ魚貝や獣肉、木の実などに頼っていた頃を伝えているのかもしれん」（f31・六八頁）

事例7「わしはこの伝説に半世紀前の将門・純友の乱のイメージが影響しているとにらんでおる！　もっと言えば次第に巨大になっていく武士勢力への都の人々の恐怖が―」（f18・二一三頁）

こうしてみると、宗像教授は現代にまで伝承されている文化事象の歴史と、その背後にある人々の意識・認識について、深い関心を寄せていることが読み取れよう。それは歴史性に対する関心とも、歴史の構造に対する関心ともいうことができよう。

2　研究対象

それでは、どのような文化事象に対して関心を持っているのであろうか。

事例8「白鳥処女説話という世界的な広がりをもつ伝説がある―」（f1・八頁）

事例9「金属鍛冶を生業とする、いわば〝鉄の民〟も世界に広がる―。彼らはしばしば白鳥の渡りを追って移動した。白鳥にまつわる神話や伝説も伝わる。ギリシア神話の七人の星の女神伝説が日本にまで到達したのが羽衣伝説だ」（f33・一四三頁）

事例10「玄界灘から朝鮮・中国を望む北九州沿岸は　古代　海人族と呼ばれる海洋民の一大根拠地であった　それらは大きく三つの部族に分かれる　安曇族　住吉族　そして宗像族である」（f4・一三三頁）

事例11「道祖神は中部地方に多い守り神で　村の入口や路傍に置かれるものだ　こんな山の中にあるはずがない　そ

れに仲睦まじい男女の姿を表わすのが普通だ—これは全く違う?」(f7・一七頁)

全三五話に及ぶ作品群であるから、それなりに多くの文化事象を取り上げているが、まずは説話である。それは神話・伝説・昔話を横断しながら、文化の移動・伝播とかかわるものとして取り上げられているのである。事例8および事例9はそうした関心に対するものであるが、説話の分野を横断しているように、その伝播もまた日本にとどまらず世界的な規模で捉えようとしている。また取り上げられる文化事象の伝播は、金属や海と深くかかわる人々の移動によるものであるとしており、必然的に稲作民族とは異なる、漂泊的な生活を営む人々の文化に対して深い関心を寄せているということができる。もちろんこうした関心は、フィクション性を内在している創作作品であるから、歴史的・文化的にどこまで研究成果を踏まえているかということとは別である。作者—宗像教授の関心の赴くところ、イメージは広がり独自の世界観を構成することになる。それは物語世界であるから、それはそれとして興味のあるところであるが、民俗学という学的体系とかかわらせると、その研究対象は異なる意味を持ってくるし、理解の仕方も異なることになる。

例えば事例11は道祖神についての発言である。宗像教授も、蓮丈那智も道祖神についてはかなり関心を持っている。それは、いわゆる道祖神碑の「仲睦まじい男女の姿」という形象が深い印象を与えるからであろう。道祖神の形象がそうしたものにとどまっていないことは、現実の民俗学が明らかにしている。また、道祖神が中部地方だけにまつられるものではなく、全国的な信仰であることも民俗学研究者には周知のことであろう。それにもかかわらず宗像に道祖神は中部地方に多いといわせているのは、社会的認知の反映であろう。こうした宗像教授の発言は、文化事象についての解説であり、社会的な認知に基づいているが故に、通俗的な理解を追認することになる。

そして、宗像教授が関心を示し、その研究対象とされる民俗事象は、物語の展開のために奉仕させられる事象である。そのためにまず物語のストーリーがあって、それを効果的に展開するために、幾つかの文化事象が恣意的に取り上げられている。したがって、宗像教授の研究対象とする文化事象から、その民俗学観を分析することは非常に困難であるが、ともかく研究対象としては、世界的規模で伝承される説話と、その伝承者としての民族集団に深くかかわる文化事象に重点が置かれている。

3　研究方法

それでは宗像教授の民俗学における研究方法とはどのようなものであろうか。もちろんそれは対象と目的とに深くかかわるものであり、方法だけが孤立したものではあり得ない。具体的な研究対象ごとに異なるものではあるが、研究方法にかかわると思われるところを随時抽出しながらみていくことにする。

まず研究の態度としては次のようにいう。

事例12「学問とは、事実を積み重ねた先に結論を見出すものだ。先に思いつきのような結論があってそれを証明していこうとするのは学問的な態度ではない」（f25・八四頁）

事例13「カンだな。いつもカンで始まるのさ」（f33・一六一頁）

事例14「「桃太郎」は全国各地にあまねく伝わる昔話だ。特定の地域や史実に原点を求めるのは反対だな。要素さえ揃っていればいいのなら日本だけに限らなくなってしまうぞ。例えばインドの「ラーマーヤナ」だ。妻を連れ去られたラーマ王が猿のハヌマーンの力を借りて鬼王ラーヴァナを倒す物語がある」（f31・五六頁）

これらは具体的な方法についてではないが、研究とは資料に基づくものであることを強調する。事例12でいうように、それはいくら建前であるにしても、資料を蓄積することによる科学的であろうとするのである。それでは実際にはどうであるかというと、事例13でいうようにそれはカンから始まるのである。研究の手順からすれば、まず何が問題になるか、どのような資料が必要かを見通して資料を集める、ということになる。したがって、カンとはいいながら、それは全くの思いつきから生まれるのではなく、過去の研究成果や、自らの調査資料の累積の上に立って初めて生まれる直感である。そしてその直感―カンがより効果的であるためには、そうした知識がどれほど蓄積されているか、一つの文化事象の背後に、どのようなものが存在しているかを洞察することができる想像力がなければならない。それは宗像教授も十分理解している。

このような基本的な認識のもとに、宗像教授はどのような方法によって課題を解決しようとしているのであろうか。マンガという表現形式のもとに、三五話という規模によって形成されている宗像教授のシリーズにおいて、具体的にその方法論を論じている場面はない。ただ、個々の課題の展開の中で、その方法論を推測させるような場面を見出すことはできる。

事例15「伝説伝承とは、かくも他愛のない連想から作られるものなのさ。だが時としてそれが鋭く本質をついている場合もある」(f29・二三八頁)

事例16「―巨石ですな。これがご神体だったんだろうか…？　塞の石といって巨石が邪悪なものを遮るという信仰は確かにある―」(f16・一五四頁)

これらはいずれも、連想と伝承とが深くかかわるという理解のもとに、事例15は説話の性格についての見解であり、事例16は事例の意味を連想によって理解しようとするものである。「説話伝承」とか「塞の石」とかというような概念について問題がないわけではないが、伝承事象が「連想」によって形成されるのであるとすれば、文化事象の意味も「連想」によって理解しようとするのである。だが連想は、個人の知識や感性のあり方によって異なるものであるから、厳密には方法とはいいがたい。あるいはそれは「比較」により近いものとして理解すべきかもしれない。

いうまでもなく民俗学の研究法は、古くから比較研究法とされてきた。比較の行なわれない研究はあり得ないが、民俗学は民間伝承という文化事象を比較しようとするところにその独自性がある。連想もまた、幾つかの文化事象を比較することによって、かかわりある要素等を発見しようとするものである。その「かかわり方」は一様ではない。

事例17「メチャメチャなのが本来の形に近いのかもしれんのさ。よく知られた昔話ほど口当たりよく加工されたものなんだ。「桃太郎」「花咲爺」「猿蟹合戦」、この三つの昔話の根がひとつだったとすれば―役どころを古い形に戻してやればいい!」(f31・七六頁)

こうした発言から、宗像教授の伝承事象に対する考え方をうかがうことができる。

まずは伝承の「本来の形」に対する関心である。伝承の起源に対する関心は、誰でもが抱く関心の一つであろう。そして民俗学が歴史学的な性格を有している限りにおいて、そうした関心に応えようとする努力はしなくてはならない。民俗学が現在の伝承事象の確認から出発するものであるから、起源にまで遡行することができるかどうかは別としてである。「桃太郎」「花咲爺」「猿蟹合戦」という伝承事象は起源を同じくするものではないかという仮説を証明するために、宗像教授は「役どころを古い形に戻」そうとする。

つまりこの作業には伝承の要素分析、比較、変化の復元、古い形の発見という段階が必要なのである。それは伝承事象を構成する構造の発見と、その比較といってもよいであろう。具体的な方法には触れていないから、詳細は不明であるが恣意的な連想だけではなく、事例12でいうような、確実な資料に基づいて行なわれなければならないはずである。そして要素の存在と地域差とが、変化を復元するために大きな役割を果たすであろうことは、認識している。

事例18「だが時代は移り記憶は薄れた―。様々な物語要素が入りこんできて、いつしか犬は桃太郎という人間にとってかわられ、猿も敵役を鬼に譲った。古い形を残した話は地方ごとに細々と生き続けた…。これが桃太郎伝説の歴史だったとわしは思う」（f31・八三頁）

したがって伝承事象の分布は、宗像教授の民俗学にとっては非常に大きな意味を持つものである。しかもそれが単なる変化を見出すためだけではない。

事例19「ただ奇妙なのは日本中に分布する伝説なのにそれぞれの名前が似通っている点だ　ダイドウボウシ　ダダボウシ　ダイダッボ…それで柳田国男などは　北九州の大太という巨人伝説がすべての原型になったのではないかと見ている―つまり巨人ダイタの伝説を語りつぐ人々か　あるいはダイタそのものが九州から東へ移動していったということだ　なぜ巨人は日本各地を転々としたのか―？」（f6・二〇六頁）

分布はすなわち、伝播の経路示すものであるとするのである。伝承は伝承者の移動によって行なわれると考えるのが、宗像教授の基本的な認識であるとみられるから、ここでも「伝説を語りつぐ人々」か「ダイタ」かが移動したというのである。

ともかく連想は、比較という作業を伴い、要素分析などの過程を経て行なわれるもので、単なる表現上の連想にとどまるものではない。しかし、傾向としては表現上の類似等によって、古い姿を連想しがちである。

事例20「…おそらくあの木も時代とともに意味が忘れられたか　わざと　言い換えられたものでしょう　本来はニレの木ではなく　贄の木と呼ばれていたはずだ」（f5・一七八頁）

事例21「佐用姫の〝さよ〟とはもともと〝塞の神〟から来ていると言われておる。塞の神とは道祖神など境界を守る神のことだが、さかのぼれば黄泉の国でイザナギが死者を封じるために置いた大石のことだ。つまり、地下水を封じ川の流れを分けるこの巨石が水神を鎮める佐用姫として信仰されていたのだ！」（f13・二三〇頁）

これらは表面的な発音の類似のみを根拠として、その古形を推測し主張しているのであるが、当然背後にはそれを裏づける根拠が存在するはずである。そうでなければ単なる言葉遊びに過ぎないことになる。それでは研究方法とはいえないことはいうまでもない。作品の展開上記述はされていないが宗像教授も、そうした推測の背後には、十分分析した成果があるはずであると考えられる。

伝播が伝承者の移動により行なわれ、類似の伝承事象が世界大的に存在するとすれば、宗像教授の目が世界に向けられても不思議ではない。事実宗像教授は民族・国境を超えて類似の伝承を結びつけようとする。

事例22「この伝説の原点は中央アジア周辺らしいが　ドイツからヨーロッパ全域　北方圏ではロシアからアメリカ大陸にまで類型の伝説が残っておる　南方に向かっても西アジア　インド　東南アジアから太平洋諸島に至るまで広がっていったらしい　伝説の波及はおそらく数千年前に始まったに違いない　そんな古代にも文化が全世界を巡っていたという証明だな　北方の伝播ルートが白鳥の渡りの分布と重なるのは興味深い事実だ　白鳥の知らない南の地域では　娘たちは天女や海女とされる―」（f1・九頁）

事例23「白鳥処女伝説がギリシャに伝わってでき上がった神話とも考えられる―しかし　プレアデスの神話は現実の天体現象に基づいておる　つまり逆にこちらが原型であったと考えるべきだ！　白鳥説話も羽衣伝説も数千年前の原点は星の神話だった―わしはそう睨んでおる！」（f1・二五頁）

事例24「私は　かねてから古代アーリア人の移動と共にヒッタイト系などの金属器文化を担う人々が日本にも渡来したと考えてきた　人と文化の移動があって初めて伝説も伝わっていく　白鳥伝説も白雪姫のはなしもこうして日本に伝わったと―」（f7・二八頁）

事例25「わしは古い時代に鉄や金属鉱石を求める人々が世界中へ広がっていったと考えておる…それがコボルトとい

う名の小人たちだったかどうかはわからないが　様々な伝説の原形を世界へ交流させる担い手になった可能性はあるだろう」（f12・二一八頁）

事例26「グリム童話にはこうした血なまぐさい残酷な部分が残されているんだ。シンデレラの姉たちをアマノジャクに重ねれば瓜子姫の話に似てくるだろう。…わしはかねてからヨーロッパ起源の伝説が日本まで伝わる文化の移動を研究をしてきた。だがこれはいわば全世界共有の犠牲儀礼も考えなければならんのかもしれん」（f17・一九五頁）

事例27「兎が月で餅をつくというが、似たような言い伝えはインドにもあって、東南アジア・中国などから日本に伝わったらしい。因幡の白兎についても全く同じことが言える―。たとえばインドネシアなどでは小鹿がワニ一族をだましてまんまと川を渡るという話がある。他にも兎がスッポンをだまして川を渡ろうとしたが、最後にばれて尻尾を食いちぎられ、それ以来兎の尻尾は短いという伝説もある。同じパターンの伝説が東アジア一帯に広まり日本にまで到達したことは確実だ。つまり渡ってきたのは兎ではなく伝説だった―。伝説を伝える人間たちだった！」（f28・一八三頁）

個々の解釈についての分析はさておくとして、伝播する文化事象として多く取り上げられているのが口承文芸であるということは、注目しておいてよかろう。確かに金属文化や儀礼などにも触れてはいるが、それらは口承文芸を通して考えている。民族の移動に伴う文化の伝播ということであるのなら、当然世界観を含む生活文化の体系的伝播であろう。たとえ自然的・社会的環境の変化に応じて文化が変容したとしても、その民族文化の基層的なあり方はどこかに見られるはずであろう。民族の移動によって口承文芸のみが伝播するということは考えにくいからである。

事例28「古代の日本へ鉄鉱石を求めて渡来してきた人々のことがかねてから気になっていた。白鳥を追いながら出雲へ来た人々。ヨーロッパの伝説を運びつつ北海道へわたった人々、バラモン教の神像とともに岐阜の山中に移り住んだ人々。鉱石を掘りながら彼らは山から山へと果てしなく移動しつづけた―時には〝山の民〟時には〝山窩族〟と呼ばれながら」（f18・二二一頁）

事例29「わしは古代のある日、〝スクナ族〟と言うべき一団が出雲地方に漂着したのではないかと考えておる」（f28・一八五頁）

こうした記述からは、日本に移住した人々が民族と呼ぶべき集団を形成していたのかどうかは明確ではない。しかし次々と日本に異なる民族文化・民俗文化を持った人々が移住してきたと考えているのである。したがって日本は多民族国家であり、そうした人々が地域文化の形成にも大きな役割を果たしていると理解しているのである。それは方法論というべきレベルの問題ではない。宗像教授の信念であるが、そうした信念を持つに至る過程は明らかではない。

おわりに

以上、仮想の民俗学者である宗像教授の考えていると思われる、民俗学のあり方を概観してみた。小説とマンガという表現形態のせいであろうか、民俗学研究のあり方をふまえて読者に与えるであろう民俗学のイメージは、断然蓮丈那智のほうが鮮明である。ただ視覚化した民俗的な世界は宗像教授のほうがわかりやすい。それが私などの考える民俗学であるかどうかを別にすればであるが。

それにしても『宗像教授伝奇考』に描かれている、こうした世界大的規模で行なう研究であるならば、自民族の伝承文化を研究対象としようとする民俗学の枠にとどまることはできない。むしろ人類文化を研究対象とする文化人類学に近いし、神話学・考古学・歴史学など、既成の学問を横断して行なわれる必要がある。

事例30「紐・櫛・果物　この三つは世界あまねく広まった人を殺すための呪物だったと思う　神話も童話も区別はない　原形は民間伝承だ　はるかな古代に物語や呪いが民衆から民衆へと全世界に伝わっていった何よりの証拠だ！」（f12・二三〇頁）

これは論理的とはいいがたい理解であるが、民間伝承の存在を認め、それに大きな価値を与えていることは、民俗学のあり方からすれば当然である。ただ、「原型は民間伝承」であるという表現からは、「民間伝承とは、人々が世代や空間を超えて伝達・継承した文化事象」という理解とは異なる。宗像教授は「民間伝承」という概念はどのようなものと考えているのであろうか。それは明確ではない。ただ、世界的に共通する文化事象が存在し、それは伝承性を持った文化であるという理解はわかる。

事例31「神功皇后の時代、瀬戸内海を渡っていた皇后たちの船に突然海から現れた巨大な牛が襲いかかってきた。そのとき住吉明神が老翁の姿で現れ、牛の角をつかんで投げ倒したそうだ。そこでその地は〝牛転び〟と名づけられたが、のちに訛って牛窓になり今も古い港として残っておる。凶暴な牛を、角をつかんで倒す伝説は中東やギリシャにもある。そもそも牛は弥生時代頃の外来動物だからどこか遠くの伝説を道連れにしてきたのかも知れんな…」（f16・一二七頁）

こうしてともかく、日本に現在伝承されている文化は、いずれも伝播した文化であると理解しようとするのであり、世界の伝承文化としての視点から把握しようとするのである。これは民俗学ではなく、文化人類学の視点であろう。もちろん比較民俗学では他民族文化も研究対象とするが、その目的は自民族文化を相対化し、より深く理解しようとするためのものである。外来文化かどうかよりも、日本人がどのような文化を作り出し、どのようにそれを理解しているかが問題なのである。文化は様々な要因によって変化する。ただ変化しやすい部分と変化しにくい部分とがあるだけである。そしてそうした文化の型や、変化の仕方・価値観など、具体的な文化事象の背後に存在する（はずである）、民族文化の独自のあり方を考えようとするのが民俗学であると私は理解している。

したがって、宗像教授の問題意識やテーマそのものはともかく、その研究が現実の「民俗学」研究とはかなり異なっている。そうした意味では宗像教授の民俗学は、まさに「宗像民俗学」といってもよいであろう。

註

（1）星野之宣『宗像教授伝奇考　第一集〜第六集』潮出版　二〇〇四年
（2）大塚英志＋森美夏『北神伝奇　上』角川書店　一九九七年
（3）大塚英志＋森美夏『北神伝奇　下』角川書店　一九九九年
（4）大塚英志＋森美夏『木島日記　①』角川書店　一九九九年
（5）大塚英志＋森美夏『木島日記　②』角川書店　二〇〇一年
（6）とり・みき「解説」星野之宣『宗像教授伝奇考　第一集』潮出版　二〇〇四年
（7）鎌田東二「解説」星野之宣『宗像教授伝奇考　第六集』潮出版　二〇〇四年
（8）竹内オサム「解説」星野之宣『宗像教授伝奇考　第二集』潮出版　二〇〇四年
（9）鎌田東二「解説」星野之宣『宗像教授伝奇考　第六集』潮出版　二〇〇四年
（10）北森鴻『凶笑面』新潮文庫　二〇〇三年　一一二頁
（11）前掲註（6）

第五節　「異端の民俗学者」蓮杖那智―北森鴻『凶笑面』『触身仏』―

はじめに

小説が民俗的な題材を扱うのは、今に始まったことではない。明治以降、民俗的社会を舞台にした小説は数多いし、民俗事象を取り上げたものも少なくない。伝奇小説などと呼ばれるものは、多かれ少なかれ民俗的社会や民俗事象とかかわるものであった。だがそれらは、作者が作り出そうとする世界の舞台としてであり、一要素であるに過ぎなかった。都市人としての知識人・小説家が、自らが生きている世界と異なる、古い、あるいは珍奇な暮らしのある世界として、民俗社会が措定されていた。

民俗社会に起因するような事件を題材とする小説の場合にも、まずその事件の謎解きが中心テーマになる。かつての捕物帖であり、探偵小説であり、現在のミステリーやサスペンスや、あるいはホラー小説である。書店の棚を占めるそうした小説の数の多さに圧倒される。それが社会的事件・犯罪であれば、謎解きの役割を担うのは、警察や法律関係者であり、民間人であっても謎解きを職業とする私立探偵たちである。横溝正史の小説における金田一耕助は私立探偵であり、内田康夫の小説における浅見光彦は「フリーライター」であり、警察と連携して謎を解き、事件を解決するのである。

確かに法律に触れるような社会的事件を解決する社会的機能は、警察や法律関係者が担っている。だがそれとは異なる、文化にかかわる謎を解き機能は、普通は研究者が担うものとされている。したがって、事件が文化的な背景と深くかかわるような場が設定されている時には、警察だけではなく考古学者・歴史学者・文化人類学者などの学者（研究者）が謎解きに挑むことも多い。それが事実であるかどうかということではなく、小説においてそうした世界が作られるということである。そうした時に、民俗学者（研究者）が登場することがある。しかし民俗学者（研究者）の場合には、単なる登場人物であったり、脇役であったりすることが多かった。

しかし、正面から「民俗学ミステリー」と銘打ち、民俗学者が謎解きをする小説も目につくようになった。いつごろからそうした状況が生まれたのか詳細は不明だが、ともかく小説の世界にも民俗学が参入し始めたのである。

それにしても、小説の主人公として民俗学者が設定されることは、それほど多くはなかろう。一〇代のころ、ドイツの（だったと思う）短編小説で、恋に破れてなお生涯を民謡研究に捧げる民俗学者の物語を読んで感銘を受けたことがあったが、それ以降は民俗学者を主人公とする小説を読む機会がなかった。

近年、推理小説であっても、民俗学者を主人公とする小説が書かれ、文庫本で出版されるようになったということは、民俗学という学問の存在が社会的に認知されたということだけではなく、それが売れる可能性があるということであり、民俗学が商品化されたということである。

民俗事象―有形無形の民俗文化財など―が商品化される例は過去にも多かったが、それだけではなく、民俗学が、商品としての価値を認められたのである。

そこで、その一つである北森鴻の作品について、民俗学がどのように商品化されているのかを検討してみよう。北森鴻の『凶笑面』(1)には、「鬼封会」「凶笑面」「不来屋」「双死神」「邪宗仏」の五編の短編を収めている。『触身仏』(2)には、「祀供養」「大黒闇」「死満瓊」「触身仏」「御蔭講」の五編の短編を収めている。これらには「蓮杖那智フィールドファイル」というシリーズ名が付けられ、「民俗学ミステリー」を名乗っている（以下、同シリーズからの引用は、『凶笑面』をⅠ、『触身仏』をⅡとして、シリーズ・頁数を、「Ⅰ・〇〇頁」のように示す）。文庫本化されるまでに数年を経ているので、今話題にするのはやや遅きに失しているのであるが、真正面から「民俗学」を名乗っているのであるから、民俗学の商品化の例として取り上げるのにそれほど異論はなかろう。

もちろんこれは小説であり、法月綸太郎が「解説」でいうように、「古典的な本格ミステリーの定型、より具体的にいうと、シャーロック・ホームズの短編様式を律儀になぞっている」し、「蓮杖那智のエキセントリックな性格と天才的な名推理は、ハッタリのかまし方まで含めて、ホームズの末裔であることを示しているし、コンプレックス丸出しの助手・内藤三国が、忠実なるワトスン博士の役割を果たしていることは誰の目にも明らかだろう」というような、本格的ミステリーの系譜に連なる作品なのではあろう。(3)

また、田中貴子が解説するように、「国文学研究室から来た佐江由美子はいみじくもこう言う。「民俗学って、まるで推理小説みたいですね」と。いかにも文献至上主義的国文学徒の言いそうな言葉であるが、この一言により、本シリーズの民俗学は物語上での存在として相対化されることになる。物語の中では必ずしも現実の民俗学を論じる必要はない。ここで扱われるのは、北森氏の手になる別の枠組み、いわば「北森民俗学」といってよいものだからだ」ということではある。(4)

だが、「商品化」された「北森民俗学」であれば、「現実の民俗学」のどの部分をどう「商品」としたのかは、確認しておいてもよいであろう。仮想の民俗学であっても、現実の民俗学を背景としているからであり、そして仮想の世界に遊ぶ読者も、これがフィクションであることを承知しながらも、「現実の民俗学」にも対するイメージもまた影響を与えることになるであろうからである。

そこで、ミステリー小説としての、謎解きの側面は無視して、専ら民俗学の学的な側面に注目することにする。そして仮想の世界において商品化された民俗学を具体的に体現しているのは、シリーズの主人公である民俗学者「蓮杖那智」であるから、それは「蓮杖民俗学」という仮想の民俗学の枠組みを明らかにするということになる。

一　蓮杖那智のプロフィール

「蓮杖民俗学」の分析に先立って、民俗学者・蓮杖那智のプロフィールについて概観することにする。それは、蓮杖那智には常に「異端の民俗学者」という表現がつきまとっているからである。彼女の民俗学が、仮に「現実の民俗学」といかに異なっていようと、それは「異端の民俗学」であるから当然であるという作者の言い訳が聞こえるようである。

しかし、仮想の世界における異端であれば、仮想の世界における正統もあるはずである。蓮杖那智の民俗学が、仮想世界の正統な民俗学に対する異端であるのか、それとも仮想世界の正統な「民俗学者」に対する異端の「民俗学者」であるのかは、判然としないところがある。仮想の世界が現実の世界と表裏の関係であれば、「民俗学」も「民俗学者」もまた、現実と仮想とは表裏の関係にあろう。民俗学者・蓮杖那智の背景には、そうした二重の世界が存在している。

蓮杖那智は、東京都狛江市に存在する私立東敬大学の助教授であり、年齢不詳の女性民俗学者である。研究室を持ち、内藤三国という助手がいる。彼は、蓮杖の秘書的な役割を果たしており、その民俗学に対する見解は上司である蓮杖とほとんど同一である。

内藤は仮想世界の助手であり、現実世界においては助手という職は極めてまれである。かつて、民俗学研究室所属の助手がいなかったわけではないが、その助手は独立した研究助手であり、秘書的な役割を持つものではなかった。蓮杖は「フィールドワーク・民俗学各論2」など（Ⅰ・一〇頁）、週八コマの授業を受け持ち（Ⅰ・一三四頁）、受講生は八六人である（Ⅱ・三〇頁）。「今から十年余り前、那智が講座を開設した当時は、二百名定員の教場に入りきれない男子学生が、窓の外から彼女の姿をのぞき見て溜息を吐いた」という美貌の持ち主である（Ⅱ・八二頁）。

私立東敬大学には蓮杖が講座を開設するより以前から、民俗学の講座が開かれていたようである。彼女と同級生であった教務部の狐目の男性は、民俗学界の大物の後継者と目されていたというからである（Ⅱ・五七頁）。ただ、民俗学担当の教員が蓮杖以外にいるのかどうかや、民俗学科が設置されているのかどうかは不明である。しかし、蓮杖の担当する科目が「フィールドワーク・民俗学各論2」など、週八コマの授業を担当するということであるから、「民俗学概論」や「民俗学各論1」、「民俗学演習」や「民俗学特論」などもあるはずである。こうしたカリキュラムが組まれているとすれば、少なくとも民俗学コースは設置されているであろうことは推測される。

蓮杖那智の年齢は不詳とされている。しかし民俗学研究者として、専門科目担当の教員として採用されるためには、それ相応の研究業績が必要とされる。現実の大学では、国の「大学設置基準」などに基づいて作られた、各大学の任用規定や施行細則・内規などに則って、審査が行なわれている。それに倣えば蓮杖那智も、私立東敬大学に採用されるに際しては、研究業績などについてかなり厳密に審査されたはずで、相応の研究期間と研究実績があったはずである。

しかも、「学者は論文を発表しなければ意味がないけれど、垂れ流すのはもっとよくない」と考えているのであるから(1・一〇四頁)、その研究態度は慎重であったとみられる。しかも、「安易な否定は学者にあるべからざる態度」であり(Ⅰ・三二〇頁)、「論争なしに学説の発展はありえない。また、論争を拒むものに、研究者を名乗る資格はない」というのであるから(Ⅱ・一七三頁)、かなり闘争的であったと思われる。

しかし、「確証がない内は―ということは推測の域を出ない内は―、この異端の民俗学者は決して軽々しく学説は口にしない」というから(Ⅱ・一八頁)、慎重でもあったのである。仮想の民俗学における「推測」ではない「確証」とは、どのようなものを指すのかはわからないが、伝承事象を比較して相対的な前後関係を見出すような方法を用いる現実の民俗学において、「推測の域を出ない」「確証」は、極めて困難であるといわざるを得ない。

蓮杖那智はそうした困難さを克服しようとしており、それは「異端」ではない。通説を疑い、困難を克服するのが研究者だからである。そうした意味ではまさに蓮杖は仮想の世界においてばかりではなく、現実の世界においても「正統」な民俗学者である。

それではいったいどのようなところが「異端」なのであろうか。

事例1　蓮杖那智という人は、自分の調査を妨げるものを決して許さない。たとえそれが古くから伝わる因習の鎖であっても、平気で引きちぎることのできる女性である。だから民俗学者という彼女の肩書きの前には必ずといってよいほど、―密やかではあるが―「異端」という言葉が冠されるのである。(Ⅰ・三九頁)

事例2　《異端の民俗学者》の称号は、ほとんど那智のために用意されたものであるといっても過言ではないが、それは同時に周囲が抱く畏怖の意味を含んでいる。自由闊達なフィールドワークと奔放な発想が導き出す独自の説は、物議を醸しながらも常に新しい課題を民俗学界に投げかけるからだ。(Ⅰ・二六五～二六六頁)

事例3　天皇家の継承物を、「運転免許証云々」に喩えて平然としている所にこそ、異端の民俗学者の異端たる所以

がある。そうしたことにまるで無頓着だからこそ、かえって奔放な発想が生まれるとも、いえるのだが。（Ⅱ・一六二頁）

「異端」といわれる理由に触れた箇所の内、事例1は調査の仕方についてである。その「調査を妨げる」「古くから伝わる因習の鎖」を「平気で引きちぎること」ができる故に「異端」とされるという。仮想の世界において、何者にも束縛されないが故に、たとえそれが伝承者との共同作業によって民間伝承を発見する場においても、自らが思うままに調査をするということなのであろう。

仮想の民俗学において、「調査」をどのようなものと考えているかは不明である。「古くから伝わる因習の鎖」が、調査法にかかわる民俗学上の方法であれば、それを「平気で引きちぎる」ことは何ら不思議なことではない。現実の民俗学の調査においてなされていることだからである。ただ、「古くから伝わる因習の鎖」が調査対象であった場合は、むしろその「因習」こそが調査の対象となるであろう。「因習」とは伝承事象にほかならないからである。その伝承事象としての「因習」を、調査の段階で引きちぎるべき「鎖」であると認識しているとすれば、蓮杖那智はまさに「異端」と称するに値しよう。

しかし、事例2の「異端」が、「自由闊達なフィールドワークと奔放な発想」であるとすれば、これまた「異端」でも何でもない。研究とはそうしたものだろうからである。そこから発想された独自の説が「物議を醸」すとしても、それは話題になるということであって、研究の進展のためにはあるべき姿である。そうした意味では蓮杖那智は、何ら「異端」ではない。

事例3では「天皇家の継承物を、「運転免許証云々」に喩えて平然としている」ことが「異端」であるというが、「そうしたことにまるで無頓着」であることが、なぜ「異端」であるのかという根拠は必ずしも明確ではない。その

「喩え」が社会的常識から外れているということであるのかとも思われるが、研究者はそもそも社会的常識にとらわれないもののはずである。「研究」とはある意味で社会的常識を打破し、乗り越える行為だからである。そうであるとすれば、「異端」であるのは蓮杖那智以外の仮想の研究者であることになる。

蓮杖那智の研究に対する姿勢それ自体には、「異端」性は見られない。「優れた民俗学者はすべからく優秀な探偵でなければならない」と言い切るような（Ⅱ・一七七頁）、「学会で異端の名を冠されるほど奔放な洞察力を持ち」（Ⅱ・二六六頁）、社会的常識にとらわれることのない、研究者としての純粋さが際立っているということである。自らの研究に忠実であり、既成の枠組にとらわれないのである。

事例４　蓮杖那智という民俗学者は、理不尽のかたまりのようで、その実彼女の理不尽は常に明確な理論の裏付けを有している。ただ、その実践法及び方法論の面において、他人の事情や環境整備の問題を全く考慮しないという点に、問題があるのだ。全く意味の通らないことを口にしたり、それをメッセージとして伝えるような人物ではない。（Ⅱ・一四四頁）

そうした意味で、「曖昧模糊とした民俗学の海を、オール一本で漕ぎ渡るには、那智先生レベルの強固な意志がなければ、とてもとても」と言われるような（Ⅱ・二八七頁）、確固とした信念を持った研究者であるということである。もしこうした研究者を「異端」であるとするならば、「正統」な研究者こそが問題であろう。あるいは、そうした世俗の「正統」性を相対化するために設定された「異端」であるということなのであろう。確かにその「正統」の仮面をむしり取られる学者たちは、フィクションとして「凶笑面」にも「御蔭講」にも登場してくる。

蓮杖那智は研究者であると同時に、教員でもある。したがって当然講義も行なっているはずであるが、そうした場面は描かれていない。そのため蓮杖那智の民俗学の枠組みは明確ではない。ただ、試験問題の幾つかは見ることができる。
事例５　東経一三七度三〇分　北緯三四度四〇分の付近の海上に南北五キロメートルほどの小島を仮定する。住民八十名ほどのA集落と七十名ほどのB集落に、このたび民俗調査を試みた。その結果非常に興味深い事実を得ることができた。＊この島には渡来神伝説、及び浦島伝説に類する伝承が一切ない。このことについて可能な限りの仮説を上げよ。（Ⅰ・九頁）
事例６　ラーメンの丼に浮かぶナルトについて、ガラパゴス式の進化論を、民俗学的見地から構築すると仮定する。この場合の調査方法を、自分の仮説と共に順次列挙せよ。（Ⅰ・一四頁）
事例７　大坂における中流の、四人家族を想定する。ある朝のこと、家の主人は既に出勤。ぎりぎりの時間に目を覚ましたこの家の息子―推定高校一年生―が、食卓に納豆を発見した。納豆嫌いの高校生は激怒し、母親に向かって食卓を引っ繰り返して家出をした。これは関西、特に大阪を中心として語られることの多い話である。がしかし、現実的に、こうしたことが頻繁に行なわれるとは考えがたい。とするなら、この物語はごく限られた地域におけるステレオタイプの都市伝説であると推定することができる。では民俗学的なアプローチを用いて、この都市伝説を分析せよ。（Ⅰ・一三九～一四〇頁）
そして、問題文にはなっていないが、五百羅漢をまつる村の資料を示して、次のような問題を出している。
事例８「あの五百羅漢の内包する問題点は？」「一つ目の謎は場所」「謎の二つ目は、どうして堆積岩に彫ったのか」「そして、なぜ五百羅漢でなければならなかったか」そういって那智は、さる仏教系大学の教科書として使われている『宗教学ハンドブック』という書名と、仏像の見方を一般人にも分かるように説明したガイドブックの書名を挙げた。「これらの資料を参考にした上で、以上の謎と、R村に残る山人伝説との関わりを考察せよ。」（Ⅱ・

一四四頁）

これら四つの問題のテーマは、事例6が食文化についてであり、その他は神話・伝説に関するものである。神話・伝説に寄せる関心の深いことがわかる。ただこれらの問題は、単に民俗事象に対する知識だけを求めているのではない。事例5は仮説を立てる問題であり、事例6は仮説を立てて、その仮説を立証するための調査法についての問題である。そして、事例7・8は民俗事象に対する分析であり、考察であるが、いずれも確たる資料が示されているわけではなく、自らが状況を推測しながら分析・考察する問題である。まさに、「民俗学というものは、数学のように答えが明確にあるものではない。むしろいかにして仮説を証明してゆくか。その答えがどこにもないことを知りつつ、考証を重ねて行く過程そのものが、民俗学なのだ」という考え方に基づく問題であり（Ⅱ・二七頁）、「要するに想像力と調査能力とが、徹底的に足りんのだ」と嘆かせるような答案ができあがらざるを得ない問題でもある（Ⅱ・二八頁）。民俗学者蓮杖那智は「民俗学とは決して奇をてらう学問ではありません」といいながら（Ⅱ・二八頁）、国文学研究者からは「民俗学って、まるで推理小説みたいですね」と評価されるのは（Ⅱ・二七四頁）、こうした問題を課す蓮杖の民俗学に対する姿勢から来ているのであろう。

しかし、民俗学だけではなく、いかなる学問においても、仮設と調査と洞察力・想像力が必要とされないものはない。もちろんその仮説や洞察力の背後には、今まで積み上げられてきた膨大な資料と、研究成果とが存在しなければならない。そうでなければ仮説の立てようもない。そのために「学問の基本は、疑問と疑惑の解明」「それにフィールドワーク、でしたね」という会話にみられるように（Ⅰ・一六〇頁）、フィールドワークを重視しようとする。

また、「研究とは、無駄を省くことではありませんよ。むしろ無駄と思われるものを一つ一つ検証し、そこから新たな説を積み上げてゆくべきものです」という主張は（Ⅰ・二九七頁）、仮想の民俗学を超えて、現実の民俗学でも同様であろう。研究者としてだけではなく、教育者としても優れた見識を持っているといえよう。ただ、現実の民俗学の授業において、こうした問題を出すことができるかどうかという点については、躊躇せざるを得ないが。しかし、仮説の民俗学においてであっても、蓮杖那智の模範解答がどのようなものであるかに対する興味は抑えがたい。

二　蓮杖那智の民俗学の方法

さて、それでは蓮杖那智の民俗学の枠組みとはどのようなものであろうか。具体的な民俗事象（謎）についての解明の方法は、事件の謎解きと一体化して、それぞれの物語を構成している。

つまり、法月綸太郎が指摘するように、「謎の提出が常に二段構え—①民俗学的な謎と、②小説的な謎となって」おり、「民俗学的な謎と、探偵小説的が重なってしまう「奇妙な符合」そのものを俎上に載せている」のであり⑤、小説上の謎解きの方法は、必ずしも民俗学の方法とは関係なく、まさに蓮杖那智という人物の才能の問題として処理されるような存在である。

そこで、まずは総論としての蓮杖の民俗学のあり方についてみていくことにする。

事例９　民俗学の学問体系が確立されたとは、決していいがたい。むしろ《南方民俗学》《柳田民俗学》《折口民俗学》という言いかたが定着していることが示すように、研究のアプローチも方法論も、学者によってまるで違うのが現状だ。現在ざっと上げるだけで《都市民俗学》《宗教民俗学》《伝承民俗学》《環境民俗学》《道具の民俗学（さらにこのジャンルは、幅が広い）》《性風俗民俗学》など、ほとんど学者の数だけ民俗学が存在しているといっても過言ではない。思い余ってかどうかは知らないが、民俗学者とはすなわち「民俗学」という混沌の海に形を

求める人々の総称ではないかと、暴論を唱えるものもいるほどである。（Ⅰ・一二頁）

これは、助手の内藤三国が、地の文においてもらしている民俗学についての認識であるが、本シリーズにおいて通底する認識であると思われる。「民俗学の体系化」はいまだなされていないことを前提としながら、なお様々な「民俗学」という学問の存在を認めるのである。ただ、ここに列挙されているような「民俗学」が、現実の研究世界において存在しているかどうかは別問題である。

そして内藤は、蓮杖の同級生であり、先輩である教務部の狐目の男性と、次のような会話を交わしている。

事例10「民俗学という学問体系そのものが、すでに死に向かっていると思えたんだよ」「死に向かっている学問ですか」「いくら研究を重ねたところで、そこに答えはない。学問としての意味もない。柳田國男という巨人が作り上げた学問体系に、疑問を抱いた。あるいは―失望したのかもしれない」（Ⅱ・一五一頁）

かつて、山折哲雄が民俗学の現状を、「落日の民俗学」と評して話題になったことがあった⑥。民俗学という学問は、時代の中でまさに滅びゆく最後の光を放っているのではないかというのである。現実の民俗学が十分にそうした認識に答える努力を継続してきたか、まだ検証は十分になされていないが、仮想の世界における狐目の男性の感慨は、それと似通っているところがある。余談ではあるが、作者の北森は、学生時代に兼任講師であった山折の民俗学の講義を受けた可能性がある。

それはさておき、狐目の男性は、民俗学は「学問としての意味もない」という。それは「いくら研究を重ねたところで、そこに答えはない」という点を踏まえてであると思われる。民俗学の抱える問題点として、事例9では、研究のアプローチと方法論が明確でないことを指摘し、事例10では答えのない点を指摘している。しかし、民俗学で求める答えとは何であろうか。多分それは民俗学の研究目的とかかわるものであろう。アプローチも方法論も、その研究目的なくしては存在しないはずである。だが蓮杖は、それについては何も述べてはいない。

民俗学に限らず、一つの学問が独立科学としてその存在を主張しようとすれば、そこには学問の独自性が主張されなければならないであろう。その独自性は少なくとも、研究対象と、研究方法と、研究目的とであろう。そしてそれに基づく研究の成果が十分に蓄積されて初めて、独立した学問として社会的に認められるといってよいであろう。そうした事情は、現実の世界を反映している仮想の世界においても同じであろう。

蓮杖は目的こそ示していないが、事例４に見られるように、明確な理論的裏付けを持っており、自らの信ずる方法論に従って研究を遂行している。それでは、その研究対象はどのようなものであろうか。その主なものを列挙してみよう。

シリーズⅠの『凶笑面』に収められた五編で対象としているのは、次のようなものである。

「鬼封会」―鬼・修二会・廃仏毀釈

「凶笑面」―仮面・異人・異人殺し伝承

「不来屋」―女の家・死と豊穣・雪形

「双死神」―だいだらぼっち・製鉄民・神話・古代史

「邪宗仏」―神話・古代史・仏像

シリーズⅡの『触身仏』に収められた五編で対象としているのは、次のようなものである。

「秘供養」―五百羅漢・山人・製鉄民・飢餓・葬制

「大黒闇」―神話・大黒天・新興宗教

「死満瓊」―神話・勾玉・巴文・三種の神器・蹈鞴製鉄・忌み言葉

「触身仏」―土中入定・即身成仏・神話・塞の神・製鉄民
「御蔭講」―講集団・藁しべ長者伝説

もちろんこれらは、小説で扱われている主な題材の幾つかを無作為に取り出したに過ぎず、細部にわたると民俗学にかかわる事項で扱われているものはさらに多い。時には五来重や折口信夫の説なども引用されている。だがそれらは蓮杖の活躍する場を整備するためのものであり、仮想の民俗学の枠組みとは直接かかわらないので、ここでは省略する。

作者が参考文献を挙げつつ、「数多くの資料を参考にさせていただきました。なお物語の都合上、意図的に内容を変えた部分があります」と注記しているように(Ⅰ・三二四頁)、フィクションに奉仕させられているからである。どの部分を、どのように変えているかという検証は、各論にあたるものであり、本稿では取り上げないことにする。ともかく、その研究対象は多様である。しかし、事件の内容に即して神話伝説や宗教関係、特に仏教関係の題材が多い傾向が見られる。もちろん蓮杖が、こうしたものだけをもって彼女の研究対象としているわけではない。

事例11　いったいどのような思考方法をしているのか、一度頭脳の中を覗いてみたいと周囲に思わせることがしばしばある蓮杖那智だが、彼女のファイルの中身を一目見ただけで、ほとんどの人間がその気を失うだろう。要するに言葉と情報の断片が無造作に保存されていて、見事なまでの混沌、無秩序、未整理、順不同―と思いつく限りの言葉を並べてなお、いい足りないほどの惨状が、そこにはある。(Ⅱ・一五〇〜一五一頁)

こうした記述を見ると、蓮杖はあらゆるコトとモノとをその関心の対象としているようである。そこには何らの共通性のないことが強調されている。もちろん民俗・民間伝承・伝承文化などという文化の性質・性格で、その研究対象を示してはいない。様々な、個別の文化事象が取り上げられるのである。つまり、研究対象としての独自性―文化のあり方―について、蓮杖は特に意識しているとは思われない。

それでは、その研究目的については、どのように考えているとみることができるであろうか。これについても、蓮杖自らは明確には語っていない。ただ、歴史学との関係については次のように語っている。

事例12「歴史と民俗学には認識差がある。歴史学は点を、民俗学は面の解明を目指す」（Ⅰ・三二頁）

事例13「歴史の選択肢は一つではない。無数の選択肢の中からどの道が選ばれたか、史実が抹殺された以上、現代に生きる我々はあらゆる状況証拠からそれを摑む以外にない」（Ⅰ・四八頁）

このような発言からは、民俗学と歴史学とは、共に歴史（変化・変遷）を明らかにするものであると認識しているように思われる。ただそこに、歴史に対する認識の差と、対象とする資料とに違いを認めているのである。

仮想の世界における蓮杖那智の活躍を踏まえてみると、事例13では、権力者によって文字で記録された（作られた）歴史とは異なる歴史があるとすること、そのために文字記録以外の資料を対象とすることの必要性が強調されている。ただ注意しなければならないのは、ここで「歴史」というのは勝者の歴史であり、抹殺された歴史とは、敗者の歴史なのである。常民の歴史についてではない。

しかし、事例12において、「民俗学は面の解明を目指す」としており、これによれば常民の歴史を対象としていると理解することもできる。もっとも、歴史における「点」と「面」とは、異なる基準によって認識されるものである。

歴史が時間的経緯において形成・認識されるものであるなら、時間軸の一点に注目して、その時点における歴史を解明することはできよう。だが、「面」はいかに連続性をもって把握・認識しようとしても、時間軸上には収まらないであろう。これはむしろ、空間概念として理解することこそふさわしいものであろう。つまり竹田聴洲氏のいう、常民性を構成する性格の一つである凡常性に相当する概念として理解することができるからである。(7)あるいはこれは、文化の連続的把握と断絶的把握の差として理解するほうが妥当であろうか。

ともかく、民俗学の独自の目的を歴史(文化の変遷・変容)の解明というだけでは、歴史学との違いはない。しかも、「漢字が似ているから同じ意味であると考えるような、安直な発想方法は歴史学においては無意味です」という蓮杖自身の発言からすれば(Ⅰ・二九一頁)、その発言内容の妥当性にもかかわらず、歴史学と民俗学との関係は判然とはしない。ただ、「そもそも民俗学という学問自体が、まだ生まれて一世紀にも満たない若い学問である。それまで顧みられることのなかった事物にスポットを当てるのだから、新資料の発見は困難かつ、どこから見つかるか分からないという一面をもっている」という発言からは(Ⅰ・一〇三頁)、研究対象については従来とは異なる事物を対象とする学問であり、歴史学との違いについてもその点に独自性を見出しているということになろう。

それにしても、その対象についての概念規定は明確ではない。そういう意味では、民俗学の性格や方法論に関する発言の多い割には、独立科学としての民俗学の学的枠組みについて、蓮杖那智がどのように考えているのかは不明である。

民俗学におけるフィールドワークとデスクワークとの関係については、「口伝による調査を重要視する柳田民俗学の徒は、こうした文献調査を否定しがちだが、那智にいわせると、《そういう柳田國男自身が、実は文献を実にうまく使って論文を仕上げている》のだそうだ」という(Ⅰ・二四頁)。蓮杖が記紀神話に、伝承に基づく資料を加味しつつ、古代史を復元しようとするのは、そうした認識によっている。そこに神話学や古代史学と民俗学との違いがあるというのである。少なくとも、文献資料も伝承資料も等価値である。

したがって、「民俗学とは、すなわち広大無辺の情報の海から、任意に取り出した項目を系統学の思想を持って整理し、推理する学問」であり(Ⅰ・一三四頁)、「偶然で片付けてよい事象に対して論理の道筋を付ける学問ではないのか」という(Ⅰ・二三三頁)。それだから「民俗学には論争はあっても結論がない。生み出される視点が否定されることはあっても、抹消されることがないのだ。したがって民俗学の世界では新たな学問が際限なく増殖する結果となるのである」といい(Ⅰ・七五頁)、また、「論題を投げかけ、論争することによって、互いに新しい視点を生み出すことができる。民俗学とは、想像と論争の学問であると繰り返す那智は、しばしばこうしたディスカッションを試みる」(シリーズⅠ・七五頁)のである。「広大無辺の情報の海」が蓮杖の関心の範囲であり、あるいは研究の対象である。そこに存在する資料を系統的に整理し、論理の道筋を立てるのが民俗学だというのである。その「系統」や「論理」は、歴史を復元するためのそれである。研究者の視点ごとに結論を導き出すことはあっても、唯一絶対の結論があるというものではない。無限の論争と、拡大がそこでは行なわれる。ここには民俗学に対する一定の評価が見られるが、民俗学という学問に対する評価は保留されている。しかし、その学的独自性についての評価がなされていないわけではない。

事例14「おや、民俗学では鬼や妖怪の存在も手懸けるではありませんか。だからといってかつて日本に鬼や妖怪が本当にいたわけではないし、それを証明する学問でも、民俗学はない」「もちろんだ。民俗学とは全てを受容した上で、存在理由と成立過程の系譜を論じることが目的だから」(Ⅰ・二一五頁)

「存在理由と成立過程の系譜」は、「本当に存在した」かどうかとはかかわらずに形成されるという認識は、日本の文化のあり方や、日本人の考え方を理解することこそが目的であるという認識であろう。そこには民俗学の独自性に対する評価が存在する。

事例15「そっちの世界には、ある種の魔力があってね。毒といってもいい。その世界にしか通用しない表現の方法、逆に言えば、それさえ身につけておけば、万事ことが足りると思いこんでしまう危険なやり方が、確かに存在するんだ。その毒に犯されると、こいつはやっかいな仕儀になる」ことに民俗学の世界は、と狐目が続けた。どこまで考察を突き詰めてみても、明確な答えが見つからないことと、最初から曖昧なままに捨て置くことは明らかに違う。(Ⅱ・二八七頁)

事例16「ことに宗教に関しては綿密な調査が必要なのですよ。そこにどのような信仰を持つ人々が住んでいたか。あるいは彼らがそこからいついなくなったか。どのような民話が残され、風習が伝えられているか。すべて考慮してもなお、我々は仮説以上のものをたてることが許されないのです。それが民俗学という学問ですから」(Ⅱ・二二九頁)

これらは疑問に対する明確な答えがなくても、見解や仮説を示すことができることに対する仮想の民俗学に対する評価である。しかし、唯一絶対の解答がないことを前提として研究が行なわれているわけではない。常に新しい見解が提出され、新しい世界が発見されるところに研究も学問も発展がある。それは現実の民俗学のみならず、人文科学一般についてもいえることであり、自然科学においても同様であろう。

そして具体的な民俗研究の手順については、次のようにいう。

事例17　バージョンの分類、与えるべき考察。従来にない別の意味合い。いずれも民俗学の解析上必要な方法論ではあるが、しょせんその枠組みから一歩も出ることのない保守的手法でしかないね。さらにいえば、どこをとっても明確なビジョンの見えない抽象論だ。(Ⅱ・二九四頁)

こうした仮想の民俗学の方法において、蓮杖は独自の視点を加味することができる。想像力・洞察力を必要とするというのである。つまり、民俗学者に必要なのは「迅速な行動」と「大胆な仮説」であるというのである(Ⅰ・一〇八頁)。そして、「こうした調査・分析の場合、真っ先に調べなければならないのが、類型伝承の有無なんです。どの地方に、どのような形で伝承されているか。様々な相違点をデータ化することで、切り落とされたパーツ、ゆがめられたパーツを探ることができる」という(Ⅱ・二七四頁)。

こうした方法が、仮想の蓮杖民俗学の具体的な研究方法である。資料の収集・分類・類型化・比較・地域差の発見と伝承の復元、それは確かに現実の民俗学の方法でもある。それは単なる機械的な単純作業ではなく、研究者の洞察力に基づく直感が大きな役割を果たすことが多い(8)。そういう意味で仮想の蓮杖民俗学は、現実の民俗学の方法をかなり忠実に反映しているということができる。

おわりに

以上、仮想の世界における「蓮杖那智の民俗学」の方法について概観してきた。そこには、「現実の民俗学」の方法を踏まえた「仮想の民俗学」のあり方や、「現実の民俗学」に対する評価が内在していた。

蓮杖那智は、全国各地におけるフィールドワークに基づく資料を比較検討することによって、歴史的復元を試みようとしている。それは地域差の見られる伝承資料を比較検討する「現実の民俗学」の研究法でもある。そしてその研究者としての態度は、エキセントリックと評されるほどに、自己の問題意識に忠実かつ厳密であろうとしている。そこに現実味は希薄であるとしても、研究者の一つの典型あるいは理想的な姿を見出すことができる。それは仮想空間におけるからこそ実現できるものかもしれない。

すなわち民俗学研究者のありようとして、蓮杖那智はかなり明確に造形されている。ただ仮想の民俗学の学的体系は必ずしも明確ではない。しかし、教務課の狐目の男性の口を通して民俗学は相対化され、仮想空間における民俗学に内在する弱さが述べられている。それは現実の民俗学が、選択肢を示しながらも明確な答えを出し得ないことに対するもどかしさであり、類型化した方法論に対する批判でもあろう。

だがそれは、現実の民俗学の持つ現在学の側面が、仮想民俗学では軽視されていることと無関係ではなかろう。辺鄙な田舎に存在する、特異な、あるいは珍奇な文化事象に主たる関心を向けているのである。確かに初期の民俗学においてはそうした傾向がなかったわけではない。しかし現在、現実の民俗学では、ごく普通の生活の中に胚胎する様々な疑問・問題を、「いま」「ここ」で把握できる文化事象を資料として解明しようとしている。そこに仮想の民俗学と現実の民俗との間に差異がある。

それは、不可思議な、普通では理解できにくいような事件を設定しようとする、ミステリー小説という仮想空間における民俗学の持つ宿命なのかもしれない。非日常性、あるいは異界性とかかわる場面を設定することにより、そうした文化事象を研究対象とする学問として認知した民俗学が選ばれたのであろうからである。

もちろん異界性や非日常性を具体化する時、そこに描かれる文化事象を対象とする学問は民俗学だけではない。考古学であったり宗教学・神話学・古代史学、あるいは心理学や地域史学である場合もあろう。そうした学問分野のいずれとも親縁関係にあって、それほど読者の違和感を覚えないような研究者として民俗学者が選ばれたのであろう。

そうした意味では「蓮杖那智」は、必ずしも民俗学研究者でなくてもよかったのかもしれない。魅力的な美人で、快刀乱麻を断つような才能を持つ女性であれば、他の学問分野の研究者でも、その役割を果たすことはできたかもしれない。エキセントリックなほどに、自己の問題意識に忠実かつ厳密であろうとして、「正統」をはみ出した「異端」の研究者は、どの研究分野にもいるはずだからである。それにもかかわらず「民俗学」が商品としての価値が認められたのは、他の学問分野にはない何かが民俗学にはあるのであろう。

仮想の民俗学のあり方を理解しておくことは、現実の民俗学を相対化することになり、現在学としての民俗学が果たすべき役割とその社会的機能をを認識し直すために、一定の効果があるのではないかと思われる。

註

（1）北森鴻『凶笑面』新潮文庫　二〇〇三年
（2）北森鴻『触身仏』新潮文庫　二〇〇五年
（3）法月綸太郎「解説」北森鴻『凶笑面』新潮文庫　二〇〇三年　三二七頁
（4）田中貴子「解説」北森鴻『触身仏』新潮文庫　二〇〇五年　三一九頁
（5）法月綸太郎「解説」北森鴻『凶笑面』新潮文庫　二〇〇三年　三一八・三一九頁
（6）山折哲雄「落日の民俗学」『フォークロア』七号　本阿弥書店　一九九五年
（7）竹田聴洲「常民という概念について」『日本民俗学会報』四九号　一九六七年
（8）井之口章次は、民俗学の代表的な研究法である比較研究法の実際の操作手順について、「①同じ系列に属する伝承かどうかの判定。②重出させるべき要素摘出の手続き。③どちらが古いかの判断」の三段階のあることを指摘している（井之口章次『民俗学の方法』講談社学術文庫　一九七七年　一二〇頁）。いずれの段階においても研究者の洞察力に基づく直感が重要な役割を果たすはずである。

第六節　「民俗学者」竹之内春彦——秋月達郎『京都丸竹殺人物語』——

一　民俗学者竹之内春彦教授の登場

北森鴻の急逝により、「民俗学者蓮杖那智」の活躍は終わったが、(1)新たに「民俗学者竹之内春彦」が登場した(2)（秋月達郎『京都丸竹殺人物語—民俗学者竹之内春彦の事件簿—』。以下、同書からの引用は頁数のみ示す）。蓮杖那智が東京の二〇〇〇年前半における民俗学者であるとするならば、竹之内春彦はそれよりやや遅れて登場した京都における民俗学者である。

竹之内春彦は、京都文化大学民俗学部民俗学科の教授である。この学部学科に民俗学研究者が何人所属しているかは不明であるが、国の大学設置基準によれば専門の専任教員は一学科に最低六人は置かなければならないことになっている。(3)したがって仮想の世界における京都文化大学民俗学部民俗学科は、現実世界の日本における最大の民俗学研究者を要する国立歴史民俗博物館民俗学系の一〇人（教授四人、准教授五人、助教一人）と同等かそれに次ぐ規模である。(4)しかも、現実世界における日本の大学では、民俗学部民俗学科を設置している大学は現段階においては存在していない。

しかし、竹之内教授は「大学の中では肩身が狭い。フィールドワークにかまけて、ろくすっぽ講義も行なわず、休講ばかり目立っているという評判だから」である(三三五頁)。それでは何をしているのであろう。

事例1「実際に何をしているかといえば、ほかでもない、雑煮やら漬物やらを求めて地方を回り、例えば雑煮であれば「どの地方は白味噌で、どの地方は赤味噌なのか」とか「具はどのようなものを入れるのか」などといった分布状況を調べ、図表に落とし込むのである。それが、雑煮や漬物などの食品から、運河や建造物などといった大がかりなものまで調べている。とにかく地域ごとに差異のある風俗や習俗などといった様々なものを調べ、かつ比べるのが、春彦の研究である」(三三五頁)

こうして作成した図表は「おおむね文化庁に提出されるため、春彦は文化庁の民俗文化専門調査員という肩書きも与えられている」(三三六頁)。大学の講義を休講にして全国を回り、「食品」から「建造物」などまで、「地域ごとに差異のある風俗や習俗など」を対象として調査し、民俗分布図を作って文化庁に提出しているのである。どの習俗に地域差があるかは調べてみないとわからないはずであるから、春彦の調査対象範囲は無限である。仮想世界の文化庁は、仮想の民俗文化専門調査員に膨大な調査を依頼したものである。しかもその整理まで担当させ、調査カードの提出ではなくて分布図にして提出させている。春彦に大学の講義などしている時間的余裕などあるはずはない。

現実の世界における文化庁は、一九五〇年(昭和二五年)から六〇年にかけて民俗資料緊急調査を行なった。都道府県それぞれに三〇地点、後にそれに加えて一五〇地点、合わせて一八〇地点の調査が目安であった。三〇地点の調査結果は一〇年かかって、『日本民俗地図』一〇巻にまとめられたが[5]、一五〇地点と合わせた一八〇地点の調査結果はとうとう全国規模でまとめることはできず、膨大な調査資料は現在も文化庁のどこかに埋もれたままになっているはずである。その調査に従事した延調査員数はほぼ調査地点数に等しいから、八〇〇〇人以上であり、一〇年間かかった『日本民俗地図』作成のためにも相当数の人員がかかわっているはずである。

現実の大学では、たとえ文化庁の仕事であっても大学以外の仕事をする時には毎年兼務願を出して、承認を得ることになっているはずであるから、大学側でも竹之内教授が膨大な文化庁の仕事に従事して、休講していることを容認していることになる。仮想の大学であるにしても寛容な大学ではある。

ともかく、現実世界における民俗調査と分布図の作成には相当の人員がかかわり、なおかつ完成しなかった作業を、仮想の世界とはいえ、竹之内春彦教授個人が実施しているということになると、彼の体力と才能とは驚嘆すべきものであるといえよう。竹之内春彦以外に、何人の民俗文化専門調査員がいるのかは明確ではないが。

さて、竹之内教授は三〇代の若い教授である。現実の世界で教授になるためには、当該大学の専任にいつ採用されたかにもよるが、普通は助教・准教授を経て教授に昇格する。専任教員に採用されるためには大学に設置されている教員資格審査委員会などの資格審査によって、その資格があることが認められる必要がある。そして大学院後期課程修了資格として課程博士学位が授与されるようになった現在では、ほぼ博士学位が必要とされるのが普通である。学歴によらず、研究成果だけによって授与される、いわゆる「論文博士」は、それ相応の研究歴と業績とがなければ授与されにくいから、若手研究者の場合はほとんどが「課程博士」学位である。

大学院後期課程の修了要件としては、規定の期間在籍して必要な単位を取得すること、博士論文（学位請求論文）を提出して受理され、博士学位を授与され（後期課程修了）ることが必要である。つまり、大学院後期課程を修了するためには、飛び級をしなければ順調にいって学部卒業時が二二歳であるから、最短で大学院前期課程（修士課程）修了時が二四歳、後期課程修了時が二七歳ということになる。後期課程は三年であるからこの段階で博士論文を提出する資格は取得できるが、実際に後期課程三年で博士論文を提出できる学生は少ない。早くて三〇歳前後であろうか。

さらに専任教員に採用されてからも、教授に昇格するためには何年かが経過しなくてはならない。大学によって状況は幾分異なるであろうが、おおよそ、助教三年、准教授七年というところであろうか。したがって教授になるのは専任教員に採用されてから約一〇年は経過していることになる。

つまり、竹之内教授のように、三〇代で教授になるためには、二〇代で専任になっている必要がある。専任に採用されるための資格審査では、当然研究業績（研究論文数）が問われるが、それだけではなく教職経験も問われるので、大学院在籍中に兼任講師（非常勤講師）をしている必要もあろうか。専任になってからも准教授・教授に昇格するためにはそれぞれ資格審査がある。

つまり、よほど傑出した研究者でなければ、三〇代で教授になることは難しいということになる。近年は審査対象が研究業績だけではなく、教育業績や社会活動にまで及んで拡大されている。また、休講するとそれに相当する補充授業を義務づけている大学もある。休講が目立つということは、現実の大学においては「肩身が狭い」で済む問題ではなくなっている。仮想の大学では状況が異なっているのかもしれないが、京都文化大学における竹之内春彦教授は、確かに傑出した研究者なのであろうが、その実態はよくはわからない。

この点で、仮想の大学ではあるが、前節で取り上げた東敬大学の蓮杖那智とはやや異なっている。蓮杖は研究者としてだけではなく、教育者としても自らの信念に従ってかなり厳しく学生に接していた。それに比べると、竹之内教授は、教育者・研究者としての実態はよくわからず、専ら事件の解決の場面における活躍が目立つ。「民俗学より探偵学に鞍替えした方がよい」と揶揄されるのも、故なしとしない（三六頁）。またその服装は、「ツイードの上下にカントリーシューズ、腰にはコードバン、頭には中折れ帽」といった格好で、「いっこうに教授然とした雰囲気ではない。テロテロになるほど肌になじんだ生地や、肩に下がっている使い古した革鞄」という姿は、「野暮ったい」というう以上に「民俗学研究者の姿としてはなじまない」というが（九頁）、「民俗学研究者の姿」としてはどのような姿がイメージされているのだろうか。

二　竹之内春彦の活躍

さて、この若く傑出した民俗学者は、仮想の世界でどのような活躍をするのであろうか。彼は事件に際して、「常人離れした思考力と洞察力で謎を解き明かし、ゆたかの憂鬱を解消してきた。そのように卓越した直感と推理がどうして備わっているのかは分からない」という(三六頁)。

ゆたか(小比類巻ゆたか)は、三三歳の京都府警察本部刑事部捜査一課警部である。春彦は祇園下河原町の料理旅館「祇園・月の宮」に下宿しており、その女将である小比類巻すみれは、ゆたかの母親である。下宿の若旦那の担当する事件に、下宿人としてかかわってその解決に力を貸すのである。

事件は京都の街中で起きた連続殺人である。ゆたかの依頼により、竹之内は同年配の編集者である辻本千里と共に事件を追う。したがって、竹之内の活躍の舞台は京都市内に限定され、そこに描かれる様々な文化事象も古都京都の文化にかかわるものである。仮想の世界は、京都を背景としてイメージされている。

かつて蓮杖那智が訪れていたのは僻陬の村落部であり、日本民俗学の草創期より主たるフィールドとされてきたところであった。しかし竹之内春彦が直面する事件は古都京都における事件であり、そうした意味では都市民俗的な事象が対象となる。日本各地における「地域ごとに差異のある風俗や習俗など」を調査している竹之内春彦にとって、都市の民俗は不案内であるのかもしれない。

事件にかかわる都市の文化事象として取り上げられているものと、竹之内春彦の反応の幾つかを抽出してみよう。

なお、カッコは筆者の補筆である。

事例2 (雛人形の様々な種類の説明を千里から受けて)「はあ、そうなんですかあ」春彦の感想は、相変わらずのんびりしたものだ。…頼りなさげに聞いている春彦に、(千里は)丁寧な説明をし始めた。(四三頁)

事例3「弔うと、おっしゃいますと」「ああ、人形供養のことです」春彦の質問に、(人形店の人形制作部門の部長職らしき)小林はこうこたえた。(五二頁)

事例4 (糸屋輪宝、西陣織の説明を聞きながら)「はい、風通織という織物をお聞きになったことはありませんか」「いえ、すみません…」春彦とゆたかは、同時に首を振った。(九七頁)

事例5 (わらべ唄・丸竹夷について、小比類巻すみれは)「丸竹夷いうんやけど、知っといやすか」(ゆたかと春彦の)ふたりとも、そろって首をふった。(一二六頁)

以上の四例は、雛人形の種類、人形供養、西陣織、わらべ唄・丸竹夷について、竹之内春彦などが質問し、それに対する応答の場面である。

つまり、これらは、竹之内春彦の知らなかった知識である。もっとも専門分野における知識のないのはやむを得ないことなのであるから、自らの知らない知識を現地の方に教えてもらう、フィールドワークの場面に相当する。しかし、竹之内教授ほどの研究者が、雛人形に衣装着人形と木目込み人形があるとか、人形供養が行なわれているなどということについての知識が全くないとは思われないのだが。

事例6　a「これ、貝合、ですね」　b「へえ、雛祭りには、貝合がつきもんどすから」　c「貝合が？」春彦の瞳に、なにかが点った。d「どうして、つきものなんです」　e「貝は、おなごの象徴やて、昔からいうんどすわ」　f「なにか、いわれでもあるんでしょうか」　g「さあ、しりまへんなあ」佐和江は、首をふった。h「せやけど、雛壇には、関東では蛤、関西では田螺、瀬戸の方では浅蜊をお供えして、このあたりでは勢田蜆の佃煮を食べるんどっせ。あと、雛祭りに食べるんはササカレイなんやけど、ちかごろは高うおますやろ。せやから、みなさん、ミズカレイ、食べはるんねん。むかしは、どこのお宅もササカレイ食べとったんやけどなあ」　i「カレイはともかく、その貝なんですが…」　j「はあ」　k「もう一度、おたずねしますけど、女性の象徴とされてきたんですね」　l「まちがいおまへん」（一一九頁）

ちょっと長い引用になったが、民俗学者・竹之内春彦の調査の仕方がよく現れていると思われる場面である。それぞれの会話の頭には、便宜上アルファベットを付した。聞き手は竹之内教授であり、話し手はかつて喫茶店を営んでいたという七九歳の西村佐知江である。

竹之内教授の民俗調査ではよく行なわれている会話なのであろうが、現実の民俗調査であれば、iの「カレイはともかく」というような発言を調査者は、まずしないのではないだろうか。せっかく、話者の口からhのような話が出たのであるならば、それに飛びつくはずである。だが、竹之内教授はこのような興味深い発言に対して全く関心を示さず、彼の関心は専ら貝を「女性の象徴」とされることのみに集中している。

竹之内春彦が、習俗の地域差に関心があり、民俗分布図を作る研究者であるなら、hは格好の情報といってもよいであろう。もっとも、彼は全国を歩き回って調査をしており、これらは既に承知していた情報であり、目新しい知識ではなかったのかもしれない。しかし、貝を「女性の象徴」とすることがことさら目新しい知識であったとすれば、竹之内教授の知識・関心は相当に偏っているようである。こう考えるのは、品性に問題のある筆者の知識のあり方こそが問題であるのかもしれないが。それにしても、民俗調査は話者から教えてもらうのであるから、話の腰を折るような態度は不自然ではある。

ちなみに、『日本民俗地図』(年中行事1)には、「雛壇に供えるもの」については取り上げられていない。『食習採集手帳』[6]にも項目はなく、したがって『日本の食文化』[7]にもなく、『歳時習俗語彙』[8]や、『分類食物習俗語彙』[9]にもみられない。現実世界におけるこうした状況からすれば、仮想の世界であっても日本全国における「雛壇に供えるもの」についての話題は、まさに民俗学者竹之内春彦の出番であった。それに関心を示さず、事件の解決を優先する彼の態度は、あるいは「民俗学より探偵学に鞍替えした方がよい」と揶揄されるのは(三六頁)、的を射ていたのかもしれない。その服装や言動などからすれば、竹之内春彦は多分に戯画化されているようであるが、それは現実の民俗学研究者の投影された姿なのでもあろう。

三　わらべ唄研究者藤村志乃

戯画化された民俗学研究者の竹之内春彦に対して、もう一人注目すべき研究者がいる。洛中女子大学文学部国文学科准教授で、わらべ唄研究者の藤村志乃である。彼女は同じ大学の国文学科教授であり、わらべ唄研究者の輿田克彦のもとにあって、わらべ唄「丸竹夷」の調査・研究にあたっている。洛中女子大学文学部国文学科は、わらべ唄の分野にかなり重点を置いていると思われ、少なくとも複数の専任教員を擁している。それと共に教授は、研究の上でも准教授を指導しているようである。

五十路がらみの輿田克彦教授は、「民俗学会」や「日本わらべ唄学会」などの学会にしばしば出席している。国文学科に所属しながら「民俗学会」に出席しているのだから、輿田教授は民俗学研究者なのであろう。そうしてみると洛中女子大学の民俗学は、国文学科の中に置かれているのであろう。それはきっと、口承文芸や説話学などの分野の研究者が多く所属しているからなのであろうか。ともかく、輿田教授の指導の下にある藤村准教授も、また同じ学会の会員であるとすれば、彼女もまた民俗学会に所属する民俗学研究者である。

藤村志乃准教授は、「萌黄色のスーツを軽やかに着こなした京風の美人で、古色蒼然とした研究室にはあまりそぐわない。束ねた髪をほどけば、烏丸通の銀行で敏腕に立ち働いていた方が似合いそうな」女性である（二〇七頁）。東京の私立東敬大学の蓮杖那智助教授は、学生たちにため息をつかせるほどの美貌の持ち主であったが、藤村志乃准教授もそれに匹敵する。ただ、藤村准教授の勤務する大学は女子大学であり、学生たちにため息をつかせたかどうかはわからないし、教員としての状況はほとんどわからない。しかし、研究者としての藤村志乃は、わらべ唄の調査や整理を一切こなしている才媛である（二六三頁）。

事例7「丸竹夷は、これといって定まった歌詞がないんです。歌詞のなかほど、魚の棚…までは、伝承されているものがほぼ同じなんですけど、その先がちがうんです。もともとはさらに別な歌詞があったとおもわれるんですが、それはともかくとして、十条通が加えられているのは、いかにも変なんです。十条通は、大正初年に都市計画道路として新設され、昭和の三十年代に入ってから拡張舗装されたものですから」「えっ。そんなに新しい通りなんですか…」これには、春彦も驚いた。たしかに、戦後になってしばらくしてから完成した通りの名がわらべ唄に詠われるはずもない。あきらかに後世になってから新しく書き加えられた歌詞にちがいない。（二一三頁）

これは藤村志乃がわらべ唄「丸竹夷」について、竹之内春彦に説明しているところである。事例6までの単に拝聴することに徹していた竹之内春彦とは、研究者としてのあり方が大きく異なっている。自らの調査結果と研究の内容とを、きちんと説明しているのである。確かに教えてもらう場面と説明する場面という、場の違いはある。そうした違いを考慮しても、研究者としては、はるかに藤村志乃のほうが優れているといわざるを得ない。仮想の世界における存在であったとしても、かなり大きな違いである。

ただ、「大正初年に都市計画道路として新設され、昭和の三十年代に入ってから拡張舗装された十条通」が、わらべ唄の歌詞に加えられていることが「いかにも変」といえるかどうか。また、「戦後になってしばらくしてから完成した通りの名がわらべ唄に詠われるはずもない」かどうか、という問題はある。

昭和の三〇年代から既に半世紀経過している。わらべ唄「丸竹夷」が、京都の通りに名前を記憶するための機能を備えていたとすれば、新しい通りの名称をむしろ積極的に追加するはずのものであろう。だからこそ、幾通りもの歌詞が累積するのである。子供の遊び唄であるわらべ唄が、子供たちの関心・興味のままに作り替えられることのあることは、現実の民俗学においては既に通説になっていることであろう。

仮想世界における傑出した民俗学研究者である竹之内春彦が、新しい通りの名が「わらべ唄に詠われるはずもない」などと考えていたとすれば、何らかの思い違い、それも致命的な思い違いをしていたとしか思われない。しかし、仮想の世界が、現実の世界の投影されたものであるとすれば、「伝承事象は変化しないものである」とする認識が現実世界の民俗学にも存在しているのであろうか。

興味深いのは、民俗学研究者竹之内春彦と、わらべ唄研究者藤村志乃の描かれ方の違いである。事件を解明する「探偵」としてはともかく、研究者のあり方としては竹之内春彦を驚かせる藤村志乃のほうが有能に見えるのである。それは、古色蒼然とした国文学の研究室において研究にいそしむ研究者と、全国各地を回ってフィールドワークを行なっている研究者に対する社会的評価の反映でもあろうか。それとも、デスクワークを主とする研究者のほうが、研究者らしいとするイメージによるものであろうか。

四　民俗学研究者のイメージ

仮想の小説の世界とはいえ、竹之内春彦を通してイメージされる民俗学研究者像は、蓮杖那智像とはかなり異なる。もちろんそれは作者の民俗学研究者に対するイメージの違いにもよろうが、その仮想の世界を享受する読者の民俗学研究者に対するイメージと全く無関係というわけでもあるまい。つまり、竹之内教授を通して作り上げられる、中途半端な教育者、浅薄な知識しか持ち合わせない研究者、民俗学はフィールドの科学であるとはいいながら話者との関係も十分に作り上げられない調査者という、戯画化された民俗学研究者の姿である。

それは、東敬大学の蓮杖那智助教授が、研究者として自己の問題意識に忠実・厳密であろうとしつつ、フィールドワークに基づく資料を比較・検討することによって歴史的復元を試みようとする、民俗学研究者の一つの理想的な存在として描かれていたのとは対照的である。また前節で見たように、蓮杖那智にとって民俗学は、考古学・古代史学・神話学・宗教学・地域史学など、様々な学問とかかわり合う、総合的な学問と認識されていた。

また、ほぼ同じころ、東亜文化大学民俗学研究室の宗像伝奇教授は、第四節で見たように世界の神話・歴史・民俗に関心を寄せつつ、日本神話を世界神話の中で解明しようとしていた。それは文化の基層に存在するものに対する関心であり、人類文化全体を対象としての疑問から発するものであった。日本文化に限定されていないところに宗像教授の研究の独自性があったが、現代にまで伝承されている文化事象の歴史と、その背景にある人々の意識・認識について、深い関心を寄せていたのである。そうした関心と疑問とに応える学問として民俗学は位置づけられていた。

蓮杖那智と宗像伝奇の民俗学に対するイメージは、同一ではない。それらは仮想の民俗学であるから、当然現実の日本民俗学の学的あり方とも同じというわけではない。それにしても、民俗学は近接諸科学と相わたり、それらの研究成果を総合する役割を果たすと考えていた蓮杖那智や、日本に現在伝承されている文化は、いずれも伝播してきた文化であると理解し、日本文化を人類文化の中に位置づけつつ歴史を再構成しようとしていた宗像伝奇の何と颯爽としていたことであろうか。仮想の世界の中とはいえ、民俗学も日本の伝承文化を理解するために、何とその有効性を認められていたことであろうか。

仮想の民俗学者・蓮杖那智や宗像伝奇があまりにも傑出し、有能であったが故に、現実の民俗学研究者は困惑せざるを得なかった。かつて若手の民俗学研究者が、蓮杖那智を主人公にしたテレビドラマを見た同僚に、「先生も彼女のような研究をしているのか」と質問され、一瞬絶句したという話を聞いたことがある。仮想の世界と現実の世界との境界が、消滅してしまったことに対する困惑である。だが、たとえあの颯爽とした民俗学研究者と同類であると見られたことに困惑したとしても、必ずしも迷惑というだけではなかったはずである。

しかし、民俗学など何の役に立つのかとばかりに、思う存分戯画化された民俗学研究者竹之内春彦と同類に見られたとすれば、仮に仮想の世界における、仮想の民俗学研究者であると笑い飛ばしたとしても、迷惑なことこの上ない。いったいなぜ民俗学は、このようにイメージされる存在に成り下がってしまったのであろうか。

仮想の民俗学研究者竹之内春彦がハードカバーで登場してから五年後に文庫本で再登場したという事実は、現実の世界において相応の支持を得たことを示している。それは、不特定多数の人々がその存在を認め、共感したということである。つまり、傑出した民俗学研究者である竹之内春彦が、実は何らの伝承文化に関する知識がなく、研究成果も不明な存在であることを容認したのである。いわば日本民俗学に対する現実世界におけるイメージが、こうしたものなのである。

現実の世界の民俗学研究者の全国組織である日本民俗学会は、二三〇〇余人の会員を抱え、かつての日本学術会議文化人類学・民俗学研究連絡委員会においては、文化人類学会と共に幹事学会をつとめ、他の構成学会とは比較にならないほどの規模の大きな学会であった。毎年開催される年会には五〇〇人を超える参加者が集い、一五〇になんなんとする研究発表が行なわれている。学会主催の卒業論文発表会や、修士論文発表会も開催され、多くの学生が研究成果を問う場も増えた。一九四〇年代五〇年代はいざ知らず、筆者が参加し始めた一九六〇年代の年会の参加者は、一枚の集合写真に収まるほどであり、研究発表の会場は一会場だけであった。そのころの日本民俗学会の会員で、大学の専任教員は手の指で数えることができるほどであった。民俗学はまさに在野の学であった。

しかし現在は、大学専任の民俗学研究者も増え、日本のアカデミズムの頂点に位置する東京大学にも、複数の民俗学研究者がポストを得ている。その結果、民俗学は既に在野の学ではないという声さえ出始めた。まさに民俗学部民俗学科が設置されても不思議ではない状況になっている。だが、そうした状況下において、仮想の世界の傑出した若手民俗学研究者は、「ツイードの上下にカントリーシューズ、腰にはコードバン、頭には中折れ帽」といった服装にはこだわりながら、その研究は、地域ごとに差異のある風俗や習俗などを対象として調査し、民俗分布図を作るにとどまっているのである。

かつて山折哲雄の「落日の民俗学」発言が[10]、大きな反響を呼んだことがあった。一九九八年（平成一〇年）に京都の仏教大学を会場として開催された、第五〇回日本民俗学会年会では、この発言を受けてミニシンポジウム「落日のなかの民俗学」が行なわれた。基調報告者である山折哲雄は、戯曲「夕鶴」を取り上げ、その残照を浴びて夕焼け空の彼方に飛び去る鶴のイメージを、日本民俗学に重ねた[11]。しかし、壇上のコメンテーターからは、ようやく民俗学が成熟した旨の発言が相次ぎ、会場を埋めた会員たちにも悲壮感はなかった。むしろ陽の光の中を颯爽と飛ぶ鶴の姿に、あこがれさえ感じていた。

その鶴の姿は、後に仮想の民俗学者として顕在化する蓮杖那智・宗像伝奇の颯爽たる姿でもあった。それに対して竹之内春彦に重なる民俗学のイメージは、夕闇の瓦礫の中を、頭を垂れて微かな提灯の明かりを頼りに惑い行く野辺の送りのごとくである。同じ仮想の民俗学研究者であっても、その落差の大きさに驚かざるを得ない。

こうした仮想の民俗学研究者竹之内春彦を通して見た民俗学に対するイメージは、悲観的すぎるであろうか。もちろん筆者自らの民俗学研究のあり方に対する後ろめたさが、こうした理解の背景になっていることを自覚していないわけではない。そもそも筆者などは、民俗学は本来現在学であると主張しながら、現実と十分に切り結ぶことができなかったという自覚がある。都市化の中で「都市」を効果的に対象化することができず、「都市」の中に新しい民俗世界を発見し、提示することすらできなかった。時代と共に変化する現在を直視することによって、自文化を再評価しようとする民俗学が、その学的あり方を十分に機能させることができなかったのである。そのため「雑煮や漬物などの地域ごとに差異のある風俗や習俗など」の古い文化事象にしか関心を示さないと揶揄され、民俗学は現実に機能することのない学問と理解され、そうした民俗学に対する不満が仮想の民俗学研究者竹之内春彦を生み出し、支持したのではなかったろうか。

人々の期待に沿うことができなかった筆者を含む現実の民俗学研究者が、その責任を逃れることはできない。それ故にこそ現実の日本民俗学が、仮想の竹之内春彦のイメージのままでよしとすることはできない。いずれ仮想の民俗学者竹之内春彦が、大空を颯爽と羽ばたく鶴の姿を取り戻すことができるように、現実の民俗学研究者は、自らの研究を鍛える必要があるのであろう。

註

（1）北森鴻『凶笑面』新潮文庫　二〇〇三年。同『触身仏』新潮文庫　二〇〇五年

（2）秋月達郎『京都丸竹殺人物語―民俗学者竹之内春彦の事件簿―』新潮文庫　二〇一三年（二〇〇七年　実業之日本社加筆訂正）

（3）大学設置基準の別表1によれば、文学関係の学部を一学科で組織する場合の専任教員数は一〇人。二以上の学科で組織する場合の専任教員数は六人と定められている。

（4）ちなみに平成二四年度（二〇一二年度）において、三人以上の民俗研究者を要する関係大学における民俗学研究者の人数は次の通りである。筑波大学歴史人類学専攻民俗学・文化人類学コース（五人）。神奈川大学大学院歴史民俗研究科（五人）。國學院大學文学部日本文学科伝承文学専攻（四人、なお平成二五年度は五人の予定）。成城大学文芸学部文化史学科（三人）。

（5）文化庁『日本民俗地図』全一〇巻　国土地理協会　一九六九～二〇〇〇年

（6）『食習採集手帳』民間伝承の会　一九四一年

（7）成城大学民俗学研究所『日本の食文化』岩崎美術社　一九九〇年

（8）柳田國男編『歳時習俗語彙』民間伝承の会　一九三九年

（9）柳田國男『分類食物習俗語彙』角川書店　一九七四年

（10）山折哲雄「落日の民俗学」『フォークロア』七号　本阿弥書店　一九九五年

（11）第五〇回日本民俗学会年会ミニシンポジウム「落日のなかの民俗学」、基調報告者：山折哲雄、コメンテーター：米山俊直・宮田登・上井久義、コーディネーター：吉井敬郎

第七節　仮想の民俗学者の系譜―白川紺子『下鴨アンティーク』―

はじめに

仮想の民俗学は、小説という仮想空間における仮想の民俗学者によって研究されている。小説は、読者を想定して小説家が独自の世界を仮構して作り上げたものであるから、当然現実世界における民俗学とは異なる学問である。しかし、現実の民俗学は、現実世界において認知されている学問であり、小説の作者も読者もそれなりのイメージを持っている。そのイメージと全く異なる学問であっては、いくら小説の仮想の学問であるといっても、読者の共感を得ることはできないと思われる。それ故に、小説家も参考文献として様々な文献を列挙しているように、現実世界との差異を少なくしようと心がけている。それでもなお、基本的には小説で描かれる世界は仮想の世界である。ただそこには現実世界が投影され、現実の民俗学のあり方も投影されているはずである。前節までは、そうした個人の仮想の民俗学者とその民俗学の世界を垣間見てきた。

ところが、家系につながる民俗学のあり方をイメージした作品もある。白川紺子『下鴨アンティーク』シリーズ（全七冊）である。各冊には三編から四編の短編が収められ、連作になっている。特にそれぞれには集番号も、各短編に記号なども付されていないが、仮に刊行順に番号を振り、各作品に記号を付して列記すると、次のようになる。

白川紺子『下鴨アンティーク　アリスと紫式部』一（a「アリスと紫式部」、b「牡丹と薔薇のソネット」、c「星月夜」）　集英社オレンジ文庫　二〇一五年
白川紺子『下鴨アンティーク　回転木馬とレモンパイ』二（a「ペルセフォネと秘密の花園」、b「杜若少年の逃亡」、c「亡き乙女のためのパヴァーヌ」、d「回転木馬とレモンパイ」）　集英社オレンジ文庫　二〇一五年
白川紺子『下鴨アンティーク　祖母の恋文』三（a「金魚が空を飛ぶ頃に」、b「祖母の恋文」、c「山滴る」、d「真夜中のカンパニュラ」）　集英社オレンジ文庫　二〇一五年
白川紺子『下鴨アンティーク　神無月のマイ・フェア・レディ』四（a「星の花をあなたに」、b「稲妻と金平糖」、c「神無月のマイ・フェア・レディ」、d「兎のおつかい」）　集英社オレンジ文庫　二〇一六年
白川紺子『下鴨アンティーク　雪花の約束』五（a「星の糸」、b「赤ずきんをさがして」、c「雪花の約束」、d「子犬と魔女のワルツ」）　集英社オレンジ文庫　二〇一六年
白川紺子『下鴨アンティーク　暁の恋』六（a「椿心中」、b「月を隠して懐に」、c「暁の恋」、d「羊は二度駆ける」）　集英社オレンジ文庫　二〇一七年
白川紺子『下鴨アンティーク　白鳥と紫式部』七（a「雛の鈴」、b「散りて咲くもの」、c「白鳥と紫式部」）　集英社オレンジ文庫　二〇一七年
以下、本文中に文章の一部を引用する時には、ここに示した番号・記号と頁数によって、引用箇所を示すことにする。

主人公野々宮鹿乃は、和服を好む高校三年生である。野々宮家は近世までは陰陽道を家職としており、戦前までは公家華族で子爵の家柄であった。鹿乃は兄良鷹とその友人八島慧と共に、京都・下鴨神社の糺の森の近くの大正時代

に建てられた赤煉瓦の華麗な洋館に住んでいる（二d二一〇頁）。鹿乃の両親は鹿乃が二歳の時に交通事故で亡くなっており、鹿乃は祖母芙二子に育てられたが、その祖母も、一年ほど前に病気で亡くなった。

祖母の芙二子のもとには、ひとの想いが宿った、不思議なことを起こすいわくつきの着物が集まってきており、それらの着物は庭の西隅にある蔵に収めてあった（五a二〇頁）。鹿乃は、亡き祖母から蔵の着物の管理をゆだねられていた。管理とはいうが、ただしまっておけばいいというのではなく、ときおり外に出して風に当てなくてはならない。そして着物に異変が起これば、着物にこめられた秘密をひもとき、もとに戻すのが役目だった（五c一六四頁、七a一一頁）。兄良鷹は古美術を扱う骨董商である。下宿をしている八島慧は良鷹の大学時代からの友人で、近くの私立大学で近世文学を講じる准教授である。

祖母は野々宮家の一人娘だったために（一a二八頁）、華族制度が廃止になった戦後、野々宮家が財産税の攻勢を切り抜けるために、大阪の財閥の次男で商人である健次郎を婿養子にむかえた（一a三三頁、c一八四頁）。

一　野々宮家の民俗学者

芙二子の息子であり鹿乃の父親の慶介は、民俗学者で古代祭祀や民間信仰を研究していた（五c一八九頁）。しかし、妻千鶴と共に実地調査に向かう途中、交通事故に遭って二歳の鹿乃を残して二人とも亡くなってしまった（四b九五頁）。『下鴨アンティーク』シリーズの刊行が始まったのが二〇一五年（平成二七年）、この時、高校三年生の鹿乃が二歳の時といえば、慶介が事故死したのは現実の世界の二〇〇〇年ごろということになる。

三〇過ぎの慶介が一七、八歳であった千鶴と結婚したのは、まだ大学の助手か講師かの時であった。千鶴は早くに両親を亡くし、中学を卒業するとすぐに働き出て、慶介と結婚したころは喫茶店でウエイトレスとして働いていた(四b九五頁)。千鶴は民俗学に特に関心があったわけではないが、本好きで慶介の母芙二子からしばしば本を借りていた。慶介と親しくなったきっかけも、芙二子から借りた『ギリシア・ローマ神話』を下鴨の家に返しに行ったことからであった。慶介が亡くなってしまっても、蔵書はそのまま残されており、未整理の調査ノートなども残されていた。その中には、口丹波の旧家でまつる藪神の調査ノートも含まれていた(六d二六八頁)。

慶介の祖父で芙二子の父信篤も、民俗学者であった。信篤が妻汐子と結婚したのは大学生であった二〇代半ばのころで、峰倉汐子は一六歳で女学校を中退しての結婚であった。汐子は東京の財閥の娘であり、縁談が調うと新婚夫婦のために、父は京都下鴨にある野々宮家の所有地に早々に館を建てた(四d二一六頁)。汐子が一六歳で丙午の生まれで、京都・下鴨の野々宮邸が大正時代に建てられたとすれば(二d二一〇頁)、当時は数え年であろうから、汐子が生まれたのは明治三九年(一九〇六年)であり、結婚したのは大正一〇年(一九二一年)であることになる。ちなみにこの時に信篤が二〇代半ばであるとすれば(四d二三〇頁)、彼はそれより一〇年ほど早く生まれているはずであるから、明治二九年(一八九六年)ごろということになろうか。

結婚に先立ち京都を訪れた汐子は、丙午年生まれの女は男を食い殺すという迷信をどう思うかと信篤に問う。それに対して信篤は、次のように答える。

事例1「僕の家は根拠のない迷信は毛ほども気にかけへんから、安心してええよ―あなたのほうこそ、気にならへんかった?」(四d二三五頁)

「根拠のない迷信」は気にかけないのは、自分だけではなく「僕の家」、家系では迷信は信じないと答えるのである。それは「陰陽師の家系」である我が家ではということであり、また「陰陽師」はという意味も込められていよう。だから婚家に安心して欲しいというのだが、むしろ迷信を信じているのは汐子のほうではないのかと、「僕の家は拝み屋だの憑きもの筋だの言われてると思うけど」と逆に質問するのである。これに対して汐子は、「陰陽道は、そんなあやしげなものではなく、学問でございましょう」と答える（四d二三六頁）。信篤も汐子も、陰陽道・陰陽師に対して極めて高い見識を持っていたことを示している。信篤は家職としての陰陽師・陰陽道の内側にあっての認識であるから当然ともいえるが、汐子の認識は驚嘆に値しよう。ただ、陰陽道が学問であると考える根拠は示されていない。

こうした会話に先立ち汐子は、一般論としての迷信に対する見解を信篤に尋ねている。

事例2「信篤様は、迷信のたぐいは気になさるほうでしょうか」信篤はきょとんとした。「迷信？研究対象としては大いに興味あるけど、気にするか言うたら気にはしいひんな」「研究対象？」と汐子は首をかしげる。「信篤様が研究なさっているのは、史学だとお聞きしましたけれど」「史学ゆうか、史に残らへん民俗に興味があるんやわ、僕の場合」（四d二三四頁）

信篤の興味は「史に残らない民俗」であり、研究対象としては迷信を含む「民俗」であるという見解を汐子に示している。「史に残らない民俗」という認識を、どう理解するかは難しい。これは後の民俗学者野々宮信篤の「民俗」の定義に相当しようが、歴史書を意味する「史」に残らない「民俗」の範囲が明確ではないからである。ただ、大学では「史学」を研究していることになっているが、歴史に対する関心から「史に残らない民俗」に興味を持っているというのであるから、いわゆる文献史学では満足できないでいることは推測される。

現実世界の歴史的事実が、仮想の世界に反映されているとすれば、このころの信篤は、京都帝国大学文学部の学生であったと思われる。帝国大学令によって京都帝国大学が設立されたのは、明治三〇年（一八九七年）であり、帝国大学と別種の大学が認められるようになるのは大正八年（一九一九年）に施行された大学令（勅令第三八八号）によってである。これに基づき京都に初めて認定されたのが同志社大学であり、一九二〇年(大正九年)のことであった。したがって、一九二一年には京都には二つの大学があり、信篤がどちらの大学の学生であるかは判然としない。しかし、史学に対する見識からは、入学したばかりの学生とは思われない。ちなみに、京都帝国大学文学部には、国史学二講座、史学・地理学三講座が置かれていた①。

信篤が結婚したと思しき一九二一年(大正一〇年)ごろの現実世界における日本民俗学は、ようやく準備期を脱し、雑誌『郷土研究』を中心にした第一次模索期から、雑誌『民族』を中心とする第二期の模索期への移行の段階にあった。その前年である一九二〇年一〇月、四六歳になっていた柳田國男は京都に新村出を訪問し、京都帝国大学図書館で琉球の古書、「由来記」を読んでいる②。仮想の世界と現実の世界を重ねると、信篤はあるいは柳田と図書館ですれ違っていたかもしれないのである。この年柳田は慶應義塾大学で民俗学の講義を行ない、また國學院大學郷土研究会例会で「フォクロアの範囲」を講演しているから③、「史に残らない民俗による史学」が民俗学という学問であるという理解が、若い学生の認識としてあっても不思議ではない。それにしてもこの時代に、そうした認識を持ち得ていたということは、かなり民俗学についての理解が進んでいたということはできるであろう。こうしてみると野々宮信篤は、京都に於ける仮想の民俗学者の先駆者の一人として位置づけることができようか。

二　野々宮家をめぐる民俗学者

野々宮信篤は京都の仮想の民俗学者の先駆者の一人であり、大学教授であったと思われる。研究テーマははっきりしないが、先述したように迷信を含む「民俗」に関心があったというから、その研究対象はかなり広かったと推測される。信篤の弟子にあたる仁礼利一はその著書『流浪する和泉式部』の奥付のプロフィールに、《野々宮信篤博士に師事》と記しているから（六c一七二頁）、信篤の研究範囲には口承文芸も含まれていたのであろう。

仁礼利一は、和泉式部伝承の研究者として知られ、その人柄については次のように語られている。

事例3「仁礼先生は学究肌の純朴な人で、ちょっときついところのある美根子さんとは、うまいこと馬があったんやないかと思います。（略）先生みたいな学問以外にてんで関心のない人には、ちょうどよかったんやわ」（六c一八一頁）

事例4「根っからの学者気質だったのよ」―どんな言説でも、鵜呑みにするようでは学者やない。真偽を確かめ、自分で判断をくだしてこそだと」（六c二〇七頁）

事例3は、仁礼より一五歳も年下ではあるが親交の篤かった民俗学者の益実の証言であり、事例4は仁礼利一の妻美根子の姪の証言である。後輩と身内の証言ではあるが、仁礼は「学究肌」で「学問以外に関心のない人」であり、また「どんな言説でも鵜呑みにせず」、「真偽を確かめ、自分で判断」をくだそうとする学者であったという。「根拠のない迷信は毛ほども気にかけ」ないといった若き信篤と、「真偽を確かめ、自分で判断」をくだそうとする仁礼の態度は、よく似ている。民俗学に真摯に向き合った師弟であったのであろう。

信篤の孫、慶介も、また大学に籍を置いた民俗学者であり、フィールドワークの途次で命を落としている。祖父信篤との民俗学者としてのつながりは不明であるが、蔵書は残されていたようであるから、何らかの影響を受けたことは推測される。また、信篤の弟子、仁礼利一の友人益実を紹介したのは健介の同僚であった半井純子であったから、間接的ではあるが民俗学者の交流を通して信篤と健介とはつながっている。

半井純子は雪の民間伝承を研究しており、慶介の蔵書の中に、『牧之の見た雪―北越雪譜―』『雪の伝説』『雪中の幽霊』など彼女の著作が架蔵されている（五ｃ―一六八頁）。半井純子は、同僚であった慶介について次のようにその印象を語っている。

事例５「野々宮先生―あなたのお父様は、ちょっとぼんやりしたひとだったけど。雰囲気はあなたにちょっと似てるかもね」（五ｃ―一七五頁）

そして鹿乃について、「あなたを前にすると、やんわり、こっちの想いを全部吸い込んでくれそうで、何でも話せてしまう」と語っているから（五ｃ―一六四頁）、慶介も話者の話を聞き出すのがうまいフィールドワーカーであったと思われる。半井純子の父は物理学者で、雪の研究をしていた。研究分野は異なるが、雪の研究対象とする学者として父娘はつながっている。

民俗学者の半井純子が慶介の同僚であるということは、二人が籍を置いた大学には複数の民俗学研究者がいたということになる。ちなみに、仮想の世界において慶介が死んだ後のことにはなるが、現実の世界では、二〇〇七年に複数の専任の民俗学研究者がいる京都の大学は、三人以上が三大学、二人が五大学であり、他に六大学に専任の民俗学研究者がいる。(4) ただし、名簿からの算出であり、若干の誤差は否めないが、大体の傾向はつかめるであろう。この数字をどう見るかは人によって異なるであろうが、複数の専任の民俗学研究者がいる大学はもっと多くてもよいと思われる。

野々宮家をめぐる学者として、文学研究者である人々がいる。鹿乃は初めて出会った田村教授に、「君は野々宮慶介先生の娘さんやな」といわれて面食らってしまう（三ｃ―一六五頁）。田村教授は専門が違うので面識はなかったというが、野々宮健介のことは知っていたのである。ところが田村教授の息子で近世文学を専門とする八島慧准教授は、鹿乃の兄良鷹の大学時代からの友人で、野々宮家に下宿しているのである。田村教授は『平家物語』「宇治川先陣」

考』という著書がある軍記物語などの中世文学の研究者であり（四ｃ一九〇頁）、良鷹も学生時代には、その講義をとっていた（四ｃ一七九頁）。田村教授の先妻は中世文学専門の明楽教授の娘で、八島慧の義母に相当する。良鷹と慧を媒介として、民俗学と国文学とは非常に近い関係にある。

三　良鷹と鹿乃

仮想の民俗学者の家系の末端に位置し、国文学との媒介になる位置にある野々宮兄妹は、仮想の民俗学にどのようにかかわっているのであろうか。

野々宮鹿乃は私立大学の附属高校の三年生で、そろそろ学校では進学先についての話題が出始めている。

事例６「ああ、鹿乃、史学科希望してるんやんな」「うん。国文学より日本史のほうが好きやから」（略）「鹿乃のお父さんって、日本史の先生だったんだっけ？」「ううん、民俗学」「どう違うん？」「よう知らんけど、史学のカリキュラムのなかに民俗学が入ってるん」父がやっていた学問を学んでみたい、という気持ちもすこし鹿乃にはあった。（五ｂ九一頁）

日本史と民俗学との違いについても理解していないが、「父のやっていた学問」というだけで大学で民俗学を学ぼうとしている。今後研究者のなるのかどうかは全くわからないが、民俗学に非常に近いところにいることになることだけは想像できる。

鹿乃の兄、良鷹は既に古美術品を主とする骨董屋になっている。めったに仕事をしないが、たまにどこからか骨董を仕入れてきて、目玉の飛び出るような高値で好事家に売りつけたりしている目利きの古美術商であり（一ａ一五頁）、そうした意味では商人であった祖父の系統を引いている。それとともに、精魂こめて作られ、受け継がれてきたものを、愛している古美術商である(一b一七一頁)。

事例7　(良鷹の)机の上にはノートや原稿用紙のたぐいが積まれていた。「それ、お父さんのノート?」「そうや。整理してんねん。テーマも年代もばらばらに書きこまれてるから。書きかけの原稿用紙もあちこち散らばってるし」どうやったらこんなにぐちゃぐちゃにできるんや、と良鷹はぶつぶつ文句を言っているが、ぐうたらな彼が進んでやっているのだから、面白いのだろう。(七b八六頁)

こうした良鷹の姿を見ると、「兄はたぶん、父や曽祖父が研究していた分野が好きなのだ」と鹿乃は思う(七b八七頁)。曽祖父・父の歩んだ民俗学の世界から離れたところにいるように見える兄もまた、民俗学に近いところにいるのである。

こうしてみると野々宮家は、仮想の民俗学者の系譜を引く家系であるということができそうである。それは近世までは代々陰陽師を家職とする家系であったからであると、良鷹は理解している。

事例8　(良鷹)「ひとには役割ちゅうもんがあるから。野々宮家は女系なんや」「女系?」「曽祖父さんも父さんも、こっち方面は得意やなかった。そやから学問でこういうもんにアプローチしようとしたわけやけど」曽祖父も父も民俗学の学者だった。『野々宮』ていうんはな、野宮―山の神に仕える巫女の住まいのことや。この家は女が中心なんや」(六b一四八頁)

着物が不思議なことを引き起こす時、その着物たちに秘められた想いをひもとき、鎮めることができる、鹿乃や祖母芙二子の持つような能力は、男たちにはなかったと良鷹はいう。祖父や父が民俗学者になったのは、野々宮家代々の女の持つような不思議な能力―霊力を持ち得なかった男たちが、それに代わるものとして近世までは陰陽道、近代以降は民俗学という「学問」によって、人の思いや不思議なこと、異常な現象に対処しようとしたと、良鷹は鹿乃にいうのである。これは、まさに仮想の民俗学というべき民俗学の姿であった。

そして曽祖父母が、陰陽師の家系である野々宮家について初めての意見を交わした時、曽祖母汐子は「陰陽道は、そんなあやしげなものではなく、学問でございましょう」と答えていたのも（四d一二三六頁）、陰陽道と民俗学との関係をたぶん直感によって見抜いていたのであろう。野々宮家の女性の持つ能力は持ち得ていなかったかもしれないが、端倪すべからざる能力を汐子も持ち備えていたのである。そうした意味では、汐子は信篤の妻となるにふさわしい女性であった。

四　野々宮家の女性

鹿乃は、祖母芙二子から託された着物の管理を行ない、その謎を解き明かしつつ、高校の卒業式を控えて、野々宮家の女性に受け継がれてきたものを引き継ぐ覚悟を決める。

事例9「受け継がれるもの―」鹿乃は胸を押さえた。―受け取りました、と胸の内でつぶやく。こうやってつながってゆくのだ、と思った。（七b一三八頁）

こうした覚悟を決めるに至ったのは、単に祖母芙二子から託されて不思議な着物の謎を解いたことを契機としてだけではなかった。野々宮家の女性であることを自覚したことによる。

曽祖父の妹英子は、近世までの野々宮家の女性の系譜を継ぐ最後の女性であり、姪芙二子に勝る能力を持っていた様であるが、「種を残して」野々宮家を出てしまった（七b一二五頁）。使用人である恋人と結婚するためであったが、それによって野々宮家の女性が継承してきた能力が失われてしまうことのないための配慮であった。

事例10　桜吹雪の向こうから、彼女は手を伸ばす。鹿乃に向かって、その手を取るよう、目でうながしている。鹿乃は、おずおずと手をさしだした。手が英子の手に触れる。その瞬間、桜の花びらがふくれあがるように量を増し、視界を覆った。離れそうになった手を、ぎゅっと握られる。力強い、しっかりとした手だった。（七b一一四頁）

生前の英子の様子を知るために、彼女の住んでいた吉野を訪れる前夜、英子が鹿乃に野々宮家の女の力を伝えた瞬間であった。さらにそれが、単に曽祖父の妹からの継承だけではないことを示す幻想を鹿乃は見る。

事例11　（桜吹雪の向こうに、祖母芙二子の姿、そして英子の姿を見るが、）それも桜吹雪がひと撫でするようにしてかき消し、またべつの人物を垣間見せる。誰だか知らない、海松色の着物を着た女性だった。だが、目元に鹿乃や、芙二子に似た面影がある。桜吹雪は、次々に幾人もの幻を見せた。髻を結い、赤い打ち掛けを羽織った公家の姫らしき若い娘に、下に流れ落ちる長い黒髪に、小袿姿の女性、襦裙姿の少女—めまいがしそうだった。桜の花が雪のように鹿乃に降りかかってくる。ぎゅっと目をつぶり、細く開けると、その向こうにいたのは、白い衣と裳を身につけた女性だった。強いまなざしで鹿乃を見ている。その面ざしは、やはりどこか、鹿乃や芙二子、英子と共通するものがあった。顔立ちというよりも、その表情、まなざしが。／これは、巫女だ、と鹿乃はなぜかわかった。この身に流れる血のようなものが、それを教え、伝えて、幾筋かの流れがひとつにつながる。なにかが鹿乃の胸の中に、たしかなものとして残る。脈々と続いてきた、野々宮の女たちの血潮だ。（七b一三六頁）

少し長い引用になったが、代々の女性の姿を見ることによって鹿乃は、先祖につながる系譜を自覚するのである。それは、先祖からの血潮（系譜）が現在の自分に集約されているという認識・自覚でもあった。そして、兄良鷹が「『野々宮』ていうんはな、野宮—山の神に仕える巫女の住まいのことや。この家は女が中心なんや」（六b一四八頁）といったことを思い出す。自らが巫女の系譜に連なる女性であることを、実感するのである。

事例12「成仏するだのしないだのていうんは、生きてる人間の理屈であって、都合や。この世には生きてる人間だけがいてるわけやあらへん」祖母は淡々としたものだった。野々宮の家職は陰陽道だったが、千年にわたり脈々と受け継がれてきた血のようなものがそうさせるのだろうか。（三d二一六頁）

他界・異界との境にあって、神仏と人とを仲介する女性の力が代々継承されていることを、祖母は認識していた。孫の鹿乃もまたその系譜に連なる女性であり、同じ能力を継承し、その力を用いようとする覚悟を決めるのである。しかし、兄良鷹やその友人である八島慧にとっては、すでに妹鹿乃の力は実感していた。

事例13「俺にしろ良鷹にしろ、なんだかんだで鹿乃には助けられてきたんだよな」つないだ手を見下ろして慧がいった。（七b一四二頁）

それは、鹿乃は自覚していなかったが、代々野々宮家の女性に備わっている力を、鹿乃も持ち得ていることを兄たちは知っていたのである。鹿乃は、女性が家の神の祭祀者であった日本の古くからの信仰の形態を継承する、野々宮家の女性の系譜に連なる存在であり、まさに「妹の力」を体現する存在であった⑤。

おわりに

野々宮家という仮想の家系につながる、仮想の民俗学者の系譜を中心として主な登場人物の関係を示すと、図6-7-1「仮想の民俗学者の系譜」のようになる。

野々宮家は近世までは陰陽師を家職としていたが、近代以降、男は民俗学研究者としてその役割を継承する。ただ、

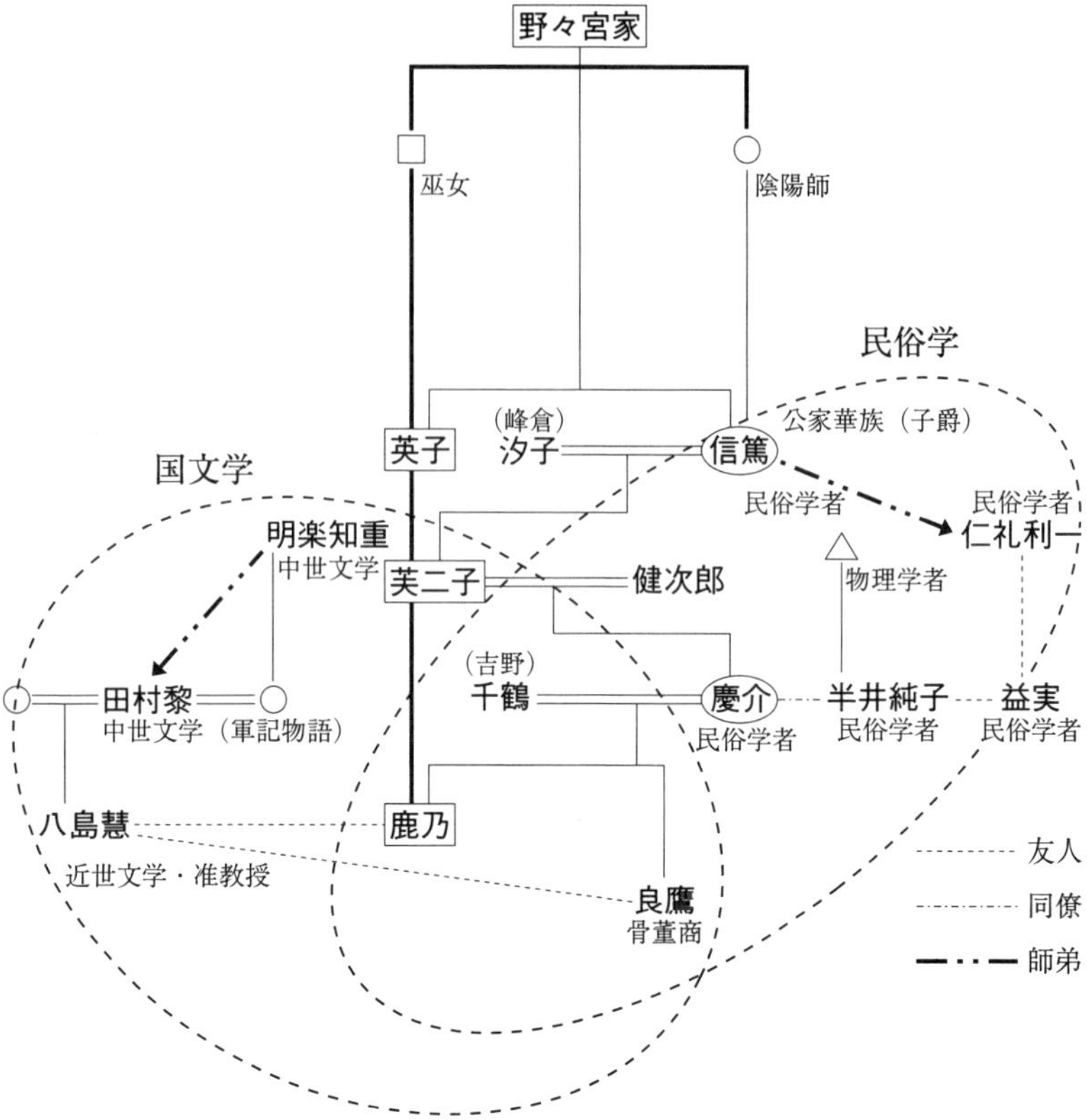

図 6-7-1　仮想の民俗学者の系譜

仮想の民俗学者は野々宮家の男の系譜で、女の系譜は別にあり、『下鴨アンティーク』シリーズはむしろ女の系譜を中心としている。野々宮家の女は、「ひとの想い」「異変」「異常な出来事」に対して、身に備わっている力によって対処するのである。それらは野々宮家という仮想のイエの継承についての物語であり、男と女の役割分担の系譜でもある。

良鷹は、野々宮家の男と女の役割分担について、次のようにいう。

事例14「ひとには役割ちゅうもんがあるから。野々宮家は女系なんや」「女系?」「曽祖父さんも父さんも、こっち方面は得意やなかった。そやから学問でこういうもんにアプローチしようとしたわけやけど」曽祖父も父も民俗学の学者だった。（六b一四八頁）

野々宮家における民俗学は、「ひとの想い」「異変」「異常な出来事」に対処する陰陽師の役割を、学問として再編成したものであったというのである。そして近代科学としての民俗学は、多かれ少なかれ近代研究教育機関としての大学とかかわっている。それ故、研究対象は異なってはいても、研究者同士の交流が行なわれる。それは、仮想の民俗学の人的ネットワークである。

その学的交流は大学という研究教育機関を中心としたものであるから、他の学問と全く孤立したものではない。鹿乃の兄良鷹と、その友人で野々宮家に下宿している近世文学研究者の八島慧を介して、国文学の世界とも交流する。慧の父は中世文学研究者であり、その前妻の父は恩師である。

仮想空間において、仮想の民俗学に最も近い学問として、国文学が位置づけられている。仮想世界において、たとえ民俗学が史学のカリキュラムの中に入っていたとしても（五b九一頁）、変化・変遷を明かにする歴史学としてより、思想・信条・人の思い、あるいは異変・異常などの事象・現象を描く文学を対象とする国文学に近い学問として民俗学がイメージされているのである。

そして今まで野々宮家において、民俗学は陰陽師の系譜につながる男の学問であった。ただ、鹿乃は大学において民俗学を学ぼうとしているから、これからは変わってくるかもしれない。仮想のイエにおいて、ひいては仮想の世界において、民俗学は女性にも開放されつつある。仮想の民俗学者半井純子や蓮杖那智は、民俗学界で活躍している。そうした変化は、現実の女性民俗学研究者の活躍を反映しているのかとも思われる。

そうした民俗学のイメージと並行して、野々宮家の女性の霊力の存在と継承とが語られる。

事例15　鹿乃は、最近よく、野々宮家のことを考える。もとは山の神に使えた巫女の血を汲む、女系の家。野々宮の女たちのことを―ひいては自分のことを、考えている。（七b八五頁）

それは主人公鹿乃の自己存在・自己認識にかかわっている。今の自分のあり方を考え、生き方を考えるために、イエを考えているのである。そして鹿乃は、過去から続く家の系統に流れる血（力・能力）は、現在に生きる自らに至っていると認識する。過去を指向するのではなく、未来に向かって生きる自らの存在を認識する。それはイエの女性の系譜に連なる自らの存在と、自らが果たすべき役割に対する個人の認識である。

仮想の野々宮家の女が、もとは山の神の祭りに奉仕する巫女であったとすれば、それは陰陽師・陰陽寮に先立つ存在である。陰陽師は、「古代律令制において中務省陰陽寮に属して公的占術を任務とした技能官僚」であり[6]、大宝律令は大宝元年（七〇一年）に成立している。山の神に対する信仰は記紀神話にも語られており、民間信仰として古くから存在していたであろうからである。その山の神をまつったのが巫女であったかどうかはともかくとして、野々宮家が古代技能官僚であった陰陽師に連なる家であったとしても、女の霊力を継承する系譜はそれに先立っていたことであろう。

女の霊力は、男の持たない「生む性」としての身体に起因する本能的な存在であり、虫の知らせ・胸騒ぎ・夢見などの予知能力として、現在でも発現している。そうした女の霊力は、女の血筋によって継承され、血につながる家族、とりわけ最も近い存在である兄弟に対して発揮される。それが柳田のいう「妹の力」である。(7) したがってその霊力は、他人に対して発現することはほとんどなく、職能にかかわる力ではないし、巫女という宗教者としての力とは異なっている。そうした意味では、野々宮家の女性の持つ霊力は「ひとの想い」「異変」「異常な出来事」に対処することのできる力であるから、「妹の力」としての霊力を超えている。仮想空間における女の霊力である。

しかし、血につながる女の霊力の継承は、血の濃さとかかわる故に代を超えるにしたがって薄れ、婚家における異なる血と混じることによって弱くなる。野々宮家における英子から芙二子に、そして芙二子から鹿乃へという、代を隔てて強い霊力を継承することは難しく、それ故に英子は「種」として霊力をこめた着物を残して置く必要があったのであろう。いずれにしても、現実の民俗学が見出した「妹の力」とは異なる女の霊力の存在を仮想の空間において見出し、男の技術としての民俗学と対置するのである。

こうして先祖に連なる女の霊力の系譜についての認識は、今を生きる女性が自らの存在理由についての認識である。それに対して、死後一定の期間を経て個性を失った魂は、祖霊と一体化すると考える祖霊信仰は、観念的なイエと一体化する家族としての認識であって、イエの始原を指向する。しかも、イエの先祖は男性であり、祖霊は男性の系譜をふまえていた。祖霊信仰下における女性は、男性と結婚し、子を産み子孫につながることによって、イエの系譜につながることができた。そうした意味では、婚入した女性は、男性の血を引く子供を仲介として家系にその居場所を得たのである。

ところが仮想の女系には、婚入した女性は含まれていない。図6-7-1「仮想の民俗学者の系譜」において、野々宮家の女性の系譜は子を持たなかった英子から一代おいた芙二子に、そして孫の鹿乃に継承されている。芙二子の母汐子や鹿乃の母千鶴などは、婚入した女性故「野々宮家の女性の系譜」には入っていない。「血を汲む」ことが、女性の霊力を継承するための必須の条件なのである。たとえそれが、間に男性を介在させたとしても、女性の霊力の継承には女性の血筋こそ優先するのである。それでは、婚出した時、その霊力は婚家の女性に継承されるのであろうか。それについては何も触れられていない。

野々宮家という仮想のイエを中心とした仮想の空間においては、男性の系譜と対等の女性の系譜が存在している。それは女性の霊力の優先であり、男系の祖霊信仰に対抗する女系の血筋が存在することの主張である。そしてそれは、人の思いや、異変・異常という事象・現象を解明する科学としての仮想の民俗学の存在の、重要な用件となっている。女性の能力に及ばないことを自覚した男性の学問としての民俗学に、いよいよ女性が参入し始めた。それは現実の女性民俗学研究者の活躍、もしくは期待が反映しているのであろう。霊力において男性に優先する女性の、民俗学研究への参入によって、当然従来以上の研究成果は挙がることになるとすれば、仮想空間においても現実の世界においても喜ばしいことにはちがいない。

註

（1）「帝国大学令（大正八年勅令第一二号）」第二条　各帝国大学ニ置ク学部ノ種類ハ別ニ勅令ヲ以テ之ヲ定ム。
「京都帝国大学各学部ニ於ケル講座ニ関スル件（大正八年勅令第一五号）」　文学部　国史学二講座　史学、地理学三講座

（2）柳田国男研究会編著『柳田国男伝』別冊　三一書房　一九八八年　二六頁

（3）前掲註（2）

（4）日本民俗学会『会員名簿』二〇〇七年
（5）柳田國男『妹の力』創元選書　創元社　一九四〇年
（6）木場明志「陰陽師」『日本歴史大事典1』小学館　二〇〇〇年　五六七頁
（7）柳田國男『先祖の話』筑摩書房　一九四六年

第七章　都市民俗研究への助走―私的都市民俗研究史―

第一節　「団地」の調査から「都市」の研究へ

はじめに

日本民俗学会第六十回年会は、二〇〇八年（平成二〇年）一〇月に熊本大学を会場として開催された。そして百名を超える会員の、研究発表が行なわれた。あまりの多さに、その発表内容に関心を持ちながらも聞くことができない発表も多かった。そうした発表の一つに、川村清志氏の「都市民俗学とフォークロリズム」と題された発表があった。発表要旨集には、かつて筆者などがかかわった『都市民俗学へのいざない』（雄山閣出版　一九八九年）という書名と、筆者および小林忠雄・岩本通弥（要旨集には「通哉」になっているが、「通弥」が正しい）両氏の編者名も明記されていた。(1)二〇年前の筆者たちの活動にどのような評価がくだされるのかについて、興味がないはずはなかった。しかし、様々な状況下にあって、ついに拝聴することはできなかった。ただ、その発表要旨集の文章から、「都市民俗学」草創期の研究背景に深い関心を抱いておられることは察せられた。

川村氏が取り上げられた『都市民俗学へのいざない』が刊行された一九八九年は、筆者が都市民俗に関心を抱き始めて間もない時期でもあった。まだ自らの研究を回顧するような立場にはないが、都市民俗にかかわってきた経緯を思い出してみることにする。

一　団地の民俗への関心

従来の研究対象外であった「非ムラの民俗」に関心を抱いたのは、一九六八年(昭和四三年)四月に長野県上田東高等学校に転勤してからであった。大学を卒業して直ちに赴任した長野県塩尻高校(赴任した時には、桔梗ヶ原高校であったが、後に改名した)に勤務していたころは、年中行事などに関心を持ちつつ、木曽谷や松本平の村々を歩いていた。村落の民俗を研究対象にすることに、全く疑問を感じていなかった。それが転勤と共に上田市に転居し、五月に、まだ新しい「みすず台団地」(上田市蒼久保)に入居したことによって、状況が変わったのである。

当時、団地に住む人々を、「団地族」と称することがあった。そのために、ついに「団地族」の一員になるのかというささかの感慨もあった。自らの生活環境が変わると共に、民俗学的関心もこれを契機に変わることになった。五反百姓の農家の長男として生まれた筆者には、抜きがたい農民意識があった。村の民俗調査においても、人々の生活には親近感を持っていた。したがって四年間の東京の生活には違和感があった。その華やかさに幻惑され、慌ただしい人々の動きにはついていけない思いであった。都会育ちの同級生たちの洗練された行ないに、田舎者としての劣等感はますます増幅されていた。そんなこともあって、都市などというものが民俗学の対象になろうなどとは考えもしなかった。

ただ、四年間所属した(もっとも入会したのは、一年生の一一月であったから、三年間といったほうがよいのかもしれない)國學院大學民俗学研究会において、井之口章次先生から民俗学の手ほどきを受ける中で、身近な日常生活も民俗学の研究対象であると認識はしていた。ただ実際には現在の生活実態を、自らの研究対象にしようとする意図も、機会もなかった。二年の夏休みに訪れた広島県の花田植えの早乙女が、割烹前掛けをしているのを見て違和感を持ち、資料収集の際目にした民俗調査報告書に、民間薬としてメンソレータムと記録されているのを見て異様に思う程度の、当時のごく普通の学生であったと思っている。ただ、月に一度、土曜日の夜、民俗学研究会の後で時々井之口先生に連れていってもらった、最上孝敬先生のお宅で開かれていた西郊民俗談話会で、「個人の特異な体験であっても、伝承文化と無縁ではない」などと四年の時に発言して、井之口先生が苦笑されていた記憶はある。身の回りの生活文化がすべて民俗学の研究対象であるはずだという認識は、明確なものではなかったが、何となく抱いていたのだと思われる。しかし、卒業後に学会誌へ掲載されたわずかな論文も、「道祖神信仰の一考察」[2]「木曽須原の信仰と年中行事」[3]「虫送り」[4]などという、いわゆる民俗性の濃い村の民俗事象を対象にしたものであった。

ところが上田市での生活は、今まで体験したことのない環境の中での生活であった。また既に妻子がおり、一人で自由に調査に出かけるには経済的にも時間的にも制約があった。まして生来の怠け者にとっては遠方に出かけるのは気が重かった。どうしても身近なところにフィールドを求める必要があった。大学を卒業して郷里に帰る時に、井之口先生から、せめて一年に一本くらいは論文を書くようにと命じられていたので、何とかしようと思いながら、十分な調査ができないような状況では、論文の書きようもなかった。もし民俗調査という行為が、多かれ少なかれ自らの体験した生活と異なる生活文化に触れるという性格を持つものであるなら、団地生活という新しい生活環境は、まさにそうした条件を備えているものであった。

しかもちょうどそのころ、勤務先の高校の文化祭で、「未来」という共通テーマに基づく研究発表をすることになった。当時筆者は文芸部の顧問をしていたが、人にとって確実な「未来」とは何かということについて生徒と話し合った。その結果、いかなる人々にも平等に訪れる未来は「死ぬ」ということであるという結論になり、全校生徒の死についての考え方をアンケート調査し、それをまとめて発表することになった。高校生が「死」を調査対象とするというので校長はいい顔をしなかったし、調査結果についても手ごたえはほとんどなかった。しかし、「死ぬと無になる」とか「死後の世界はない」などと答える生徒が、いざ自分が死んだらどうなるかという問いには、「極楽に行く」とか「天国に行く」という答えも多かった。さすがに「地獄に行く」という答えはなかった。知識と実感との乖離が目立ったのである。その結果に興味を持ちまとめたのが「高校生の死後観」⑤という報告であった。これにもほとんど関心を示してはもらえなかった。だが、自分自身の中では、こんなこともできるんだ、という手ごたえを感じたようである。

こうなると現代の葬送習俗の変化に関心を持つのが当然であると思われるが、そうした展開はしなかった。葬送習俗にあまり関心を持たなかったのは、死神とも戯称された井之口章次先生という、その分野の第一人者が身近にいたからである。どうせ筆者程度の力で、対等に議論ができるとは思われなかった。最初から葬送習俗については念頭になかった。もし調査をしていれば、都市民俗研究の先駆的な業績として名高い、千葉徳爾氏の「都市内部の葬送習俗」⑥は、一九七一年に公にされたものであるから、ほぼ同時期の資料が明らかになったと思われるのだが、それは後の祭りであった。そしてまた、千葉徳爾氏の業績を知ることになるのはずっと後のことで、日本民俗学会の会員として学会誌は読んでいたが、ほとんど民俗学界の研究動向は把握していなかったし、学級経営などに追われて、把握する余裕もなかった。ただ、大学卒業間際には、全国各地の研究会の幾つかに加入はしていた。しかしそれは、専ら全国の資料が手に入りにくくなることを恐れてのことであった。志が低かったといわざるを得ない。

ともかく、日本人の生活しているところには、日本の民俗があるはずであるから、団地も民俗調査の対象になるであろうと思いながら、ようやく手を付けてみたのが「団地と民俗」⑦である。しかし、そこでは「団地」を都市という概念のもとに、調査しようなどという意図は全くなかった。また、明確な「民俗」概念があったわけでもなかった。ともかく、自らの生活する団地の中に見出せる、民間伝承らしいものを羅列してみただけであった。それがどのような意味をもつかなどということは、考えてもいなかったように思う。あったとすれば、一年に一本の論文を書こうという強迫観念くらいのものであったろうか。そして確かいくらかの研究費が出たので、それに惹かれたこともあった。これもまた志の低いことである。しかしこれが、筆者の団地の調査の最初の成果と呼ぶことのできるものであったことは、間違いはない。東京の新興団地の生活を描いた、塩田丸男『住めば団地』(8)の存在は、全く知らなかった。

この「みすず台団地」には管理組合があって、入居者が回り持ちで役員を務めることになっていた。身近なところにフィールドを設定しようとし、様々な職業の人たちが、各地から集まってきて営んでいる生活もまた、調査の対象になり得ることを認識し始めたころ、管理組合の理事の役が回ってきた。それは入居者のデータも手に入りやすい立場であった。そこで、フィールドとしようとする団地の概要を把握しようとして、資料整理をしたのが「団地社会の形成」(9)である。ここでは、民間伝承を伝承する社会の形成を問題にしたので、入居者の出身地や勤務地などの、生活圏・伝承圏のあり方と共に、人々の付き合い方にも注目した。そこで人々の動きをできるだけ細かに見ようとしたが、休日はともかく、平日の昼間は、筆者は勤めに出ており、全く団地内の動きはわからなかった。そこで必然的に、妻に協力を要請せざるを得なかった。というより、団地の付き合いの資料は、ほとんど妻の情報によるものであった。団地社会が、女性と子供によって支配されているという結論は、男性がほとんどいなくなる昼間の団地では当然のことでもあったが、妻がもたらした情報によるという、資料のあり方とも無関係ではなかったと思われる。これらは、長野県内の高校教員の有志の研究誌に掲載されたものでもあり、どこからも、何らの反応もなかった。

故一志茂樹氏が会長を務めていた信濃史学会では、機関誌『信濃』の八月号を毎年民俗学特集号としていた。その編集を担当していた長岡克衛氏から原稿の依頼があり、入会と同時に送った原稿が採用され、「三九郎考―長野県北安曇郡・南安曇郡・東筑摩地方の道祖神祭―」[10]・「道陸神様―北信濃における道祖神信仰―」[11]と掲載された。そして翌一九七三年にもまた原稿を依頼された。しかし、調査もろくにできないために、卒業論文で集め、その後補充していた道祖神関係の資料も底をついてしまい、苦し紛れに先にまとめた「団地と民俗」「団地社会の形成」に基づいて、新たにまとめなおしたものを投稿した。そしてそれが、「団地アパートの民俗」[12]である。信濃史学会は、長野県を中心とする学会ではあったが、日本の地方史研究に指導的な役割を果たしていた。その学会誌に、こうした論文(?)が果たして採用されるのか。そしてどのような評価を受けるのか、冷や汗ものであった。

だが、苦し紛れに提出したこの小論は、何とか採用され、掲載された。現地踏査―フィールドワークを重視し、「文献資料と民俗資料は等価値である」と常々主張していた一志氏が、掲載を認めたもののようである。[13]この小文に対し、直接的な意見を聞くことはなかった。しかし、抜き刷りを御送りした方々からは、様々なご意見をいただいた。まず変わった民俗を取り上げたとする評価と、それ故、様々な問題が存在するというご指摘をいただいた。ただこうした調査・研究が無用であるとする意見はなかった。むしろ必要であるのでさらに研究をするべきであるというご意見と共に、貴重なアドバイスをいただいた。[14]だが、大変申し訳ないことであったが、その当時の筆者の能力をもってしては、諸先生方のご意見を十分に理解することはできなかった。ただただ、こうした調査研究の価値が、一応認められたという安堵感だけがあった様に思う。単発の調査報告に終わり、これ以上の調査・研究の展開を展望する余裕は全くなかった。

二　「団地」から「都市」へ

ところが、思わぬところから「団地アパートの民俗」に対する反応があり、事態は全く予想もしていなかった方向に転ずることになった。ある日、突然、自宅に宮田登氏から電話があったのである。

それまで宮田氏との交流は全くなかった。もちろん名前を知らないわけではなかったし、日本民俗学会年会などで、お顔を拝見することはあった。だが、挨拶することすらなかった。それなのに出勤中に、「東京教育大学の宮田登です」という電話があったというのである。まさか本当に宮田登氏からとは思われず、家人の聞き違いではないかと思い、最も音の似ているように思われた、宮本袈裟雄氏に電話をしてみた。宮本氏とはこの時既に、数年の付き合いがあった。ところが彼は、電話をしていないという。そこで、それではやっぱり宮田登氏であったかということで、改めて電話をしてみた。そこで初めて原稿依頼の電話であったことを知ったのである。『信濃』の論文を読んだので、白鯨社から発刊される『季刊柳田國男研究(15)』に、「都市民俗研究の方法」という題で原稿を書いてほしい、というのである。

思いもよらない依頼であった。苦し紛れに身近なところにフィールドを求め、とにかく団地に民間伝承を発見しようとしたもので、「都市民俗学」という認識も、「方法論」についても特に考えたものではない。だから、こうしたテーマでの論文は荷が重過ぎると、極力辞退したのであるが、何でもいいから書けという、かなり強引な御依頼で、最終的には承諾してしまった。これが「都市民俗」と生涯かかわることになろうとは、思いもよらなかった。しかしいったん引き受けた以上は、何とかしなくてはならない。だが、体系的に方法論を考えるだけの準備はなかった。結局、

「都市民俗」を「団地の民俗」と読み替え、「方法」は、ともかく民間伝承のあり方を整理することだけしかできなかった。当然不完全な、不満だらけのものになってしまった。特に「都市」概念についてはほとんど規定することができず、単に都市＝非ムラというにとどまっていた。満足できるものではなかった。何とかもう少し、まともな「都市民俗」に関する論文を書きたいというのが、この時、自らに与えた課題であった。

その課題に何とか答えようとしたのが、「都市と民俗学」[16]であった。しかしその実、柳田國男『都市と農村』[17]を取り上げ、その都市論を検討しただけのもので、取り立てて新しい都市論を展開したものではなかった。もし何らかの成果があったとすれば、民俗学と都市との関係を検討する中から、従来のような村落（とりわけ農村）の民俗を中心とするものとは異なる、新しい民俗体系の存在する可能性を指摘したくらいであったろうか。それにしても、いまだ「都市」概念を明確に意識することはできなかった。もちろん「都市民俗学」という、新しい研究分野に関する認識は薄かったといわざるを得ない。その後に発表した「生活と住居空間」[18]も、団地アパートの居住空間と生活とのあり方を論じたものであって、「都市」概念を明確に認識して考察したものではなかった。

ちなみに宮田登氏の「都市民俗学への道」が発表されたのは一九七七年であった。[19]この論文は後に、『都市民俗論の課題』[20]に収録されるが、出版予告の広告では『都市民俗学の課題』であった。

宮田登氏には、『季刊柳田國男研究』の原稿依頼の後も、何かとご指導をいただく機会を作っていただいた。一九八〇年三月二七日にも宮田氏から電話があった。金沢市で開催される第三二回日本民俗学会年会のシンポジウム「都市の民俗―城下町を中心に―」において報告するようにとの依頼であり、七月一三日には、成城大学で打ち合わせが行なわれた。そこでシンポジウムにかかわる、報告者の小林忠雄・岩本通弥両氏をはじめ、討論者の中村孚美・二宮哲雄・福田アジオ、司会の天野武・宮田登の各氏とお会いした。ほとんど初めてお会いする方々であったが、この後も長くお付き合いいただくことになった。席上「都市民俗学」が話題になり、筆者は「都市民俗学」と称するためには、独自の学的体系が必要であり、いまだ「学」と称することはできないのではないか。せいぜい「論」の段階ではないかと主張した。もちろん宮田氏が『都市民俗学の課題』と題する御著書を出版する準備を整えていることなどは、全く知らなかった。この発言がどのように受け取られたかはわからないが、結果的には宮田氏の書名は変更された。

ちなみに、宮田氏の著作目録を見る限り、都市の民俗をテーマとする著作として最も早いものは、一九七七年の「都市民俗学への道」(22)であり、後に『都市民俗論の課題』(23)に収録される「祀り捨ての論理」(24)「民話と世間」(25)などもこの年に発表されている。また、この年の八月に開催された山陰民俗学会の講演「民俗学の新しい課題」において、民俗学の基礎理論として、ハレとケの理論、常民理念、重出実証法と共に、比較民俗学・地域民俗学、そして都市の問題を取り上げている(26)。したがって、これ以前から都市に関心をお持ちであったはずであるが、宮田氏が意識的に都市と民俗学について考え始めたのはこの時期からであったと思われる。

さて、一九八〇年一〇月四日・五日に金沢市の石川県立社会教育センターを会場として開かれた年会には、当日配布された参加者名簿によれば、二〇七人の会員が参加している。シンポジウムの設定理由として、「近年日本の人文社会学界で、都市論が盛んに行なわれている。日本民俗学界においても都市における民俗のあり方についての発言や調査報告の数が増しつつある(27)」という状況認識のもとに設定されたと記されている。

当時長野県にあって、『長野県史　民俗編』の編纂事業や県内各地の民俗調査に追われていた筆者は、そうした日本民俗学界の研究動向に対しては疎く、ほとんど都市論関係の文献は読んでいなかった。注意を払っていたのも、担当していた年中行事と民間信仰関係の文献であった。したがって、「日本民俗学界においても都市における民俗のあり方についての発言や調査報告の数が増しつつある」ことについての、具体的な事実については、ほとんど認識がなかった。情報量が東京などと比較すると、格段に少なかったのである。

したがって、シンポジウムの報告者である小林・岩本両氏について、その調査・研究の内容を全く知らなかったのみならず、まことに失礼なことながら、その存在すら知らなかった。七月の打ち合わせの時が、初対面であった。また、年会における二一人の会員発表のテーマも、都市に関するものは、茂木栄氏の「都市の祭りの一考察―浜松まつりの構成―」だけであった。少なくとも、発表内容からだけを見ると、都市に対する関心が、それほど強いとは思われなかった。だが、「都市の民俗―城下町を中心に―」をテーマとするシンポジウムは、小林忠雄「伝統都市における民俗の構造―金沢を中心に―」、岩本通弥「鳶の社会史―城下町古河の社会と民俗―」、倉石忠彦「マチの民俗と民俗学」という三つの報告をめぐって、活発な討論が行なわれ、多くの会員の関心を惹いたという手ごたえを感じることができた。シンポジウムの後、多くの方々からお声をかけていただいたり、お手紙をいただいたりした[28]。「都市の民俗」を民俗学の対象とするということについての賛否両論があり、否定的な意見もあったが、ともかく学会のシンポジウムとしては、数少ない成功例の一つであったのではないかと思われる。シンポジウムにおける三人の発表内容と討議の内容は、『日本民俗学』一三四号に掲載された[29]。

このシンポジウムにより、「都市民俗学」という存在は広く認知されることになった。しかし、実は名称だけは認知されたが、その内容や概念については何も共通の認識があるわけではなかった。「都市民俗学」という「学」が存在するのかという論議すら、十分には行なわれなかった。「都市」という存在すら明確ではなかった。筆者自身も「マチ」と「都市」との区別は明確ではなかったし、「都市」を通して何を明らかにしようとするのかさえ、はっきりと認識してはいなかった。ただ、いわゆる「都市」も民俗学の対象とすべきであるということが、認識されただけであった。したがって、「都市民俗学」研究においては、入れ物が先にでき、中に何を入れるべきかをめぐってこれから後、多くの研究者によって模索されることになった。ともかく村落の民俗調査・研究に比してほとんど資料や研究の蓄積のない都市の民俗研究を進展するためには、まず「都市」の民俗調査をしなければならない、という当然の認識によって、都市民俗学の研究は開始されたのである。そして、それぞれの環境の中で、様々な方向に向けての模索が行なわれた。

そうした手探り状況の中にもかかわらず、「都市民俗学」は独り歩きを始めた。筆者もその先頭に立って歩くことを期待されたようである。正直、荷が重かった。と同時に、額に貼られたレッテルに、何とか応えようという、若干の興奮も感じていた。そうした中で、依頼されて「都市民俗学の展望」[30]を書き、『浦和市史　民俗編』を書評することにもなった。[31]行政調査においても、いわゆる都市の民俗調査が行なわれ始めていたのである。[32]筆者も長野県大町市の民俗編の編纂事業にかかわることになり、団地の民俗調査も計画した。[33]また、小林忠雄氏からの依頼により「団地と民俗」[34]を投稿したりもした。団地はやはり重要なテーマであった。

都市民俗の調査・研究が進展したとはいいながら、まだ「都市」に普遍化するためには、十分な準備が整っていなかったのである。それにもかかわらず、「都市民俗学」は実態をはるかに超え、「都市民俗研究の方法と課題」[35]などが世間の関心を集めていった。まだまだ地方にあって、わずかに入ってくる情報から、傍観者的な居心地のよいポジションにあって、自らのゆったりしたペースの中で調査したり考えたり、時にはそれを発表したりしながら、[36]『長野県史』(民俗編)刊行に向けての作業にいそしんでいた。[37]都市民俗研究の揺籃期であった。

註

（1）　日本民俗学会第六十回年会実行委員会編『日本民俗学会第六十回年会発表要旨集』二〇〇八年　四八頁

（2）倉石忠彦「道祖神信仰の一考察」『日本民俗学会報』二七　一九六二年
（3）倉石忠彦「木曽須原の信仰と年中行事」『日本民俗学会報』四五　一九六六年
（4）倉石忠彦「虫送り」『日本民俗学』六九　一九七〇年
（5）倉石忠彦「高校生の死後観」『上田盆地』一三　上田民俗研究会　一九六九年
（6）千葉徳爾「都市内部の葬送習俗」『人類科学』二三　九学会連合　一九七一年
（7）倉石忠彦「団地と民俗」『研究集録』六　長野県教員協会　一九七〇年
（8）塩田丸男『住めば団地』弘文堂　一九六三年
（9）倉石忠彦「団地社会の形成」『研究集録』七　長野県教員協会　一九七一年
（10）倉石忠彦「三九郎考―長野県北安曇郡・南安曇郡・東筑摩地方の道祖神祭―」『信濃』二三巻八号　信濃史学会　一九七一年
（11）倉石忠彦「道陸神様―北信濃における道祖神信仰―」『信濃』二四巻八号　信濃史学会　一九七二年
（12）倉石忠彦「団地アパートの民俗」『信濃』二五巻八号　信濃史学会　一九七三年
（13）一志茂樹氏は、既に昭和の初期に柳田國男氏の指導を受けつつ『北安曇郡民俗誌稿』を編纂した経験を有していた。このころは信濃史学会の会長であり、『長野県史』の編纂委員長を務めていた。『長野県史』は長野県の県制一〇〇周年を記念して編集・刊行するもので、その事業は長野県から委託されて、社団法人長野県史刊行会が進めていた。近世期までの史料は既に、信濃史料刊行会が『信濃史料』として刊行していたので、『長野県史』はその後を受けて、明治維新から一九四五年までを対象とするものであった。史料の収集と編纂は、県教育委員会文化課の指導主事が、長野県史刊行会に出向して、行なっていた。その『民俗編』の編纂作業は、ようやく一九七二年に民俗資料調査委員会が発足することによって本格化した。筆者もその末席に連なることになった。そして一九七五年からは常任編纂委員として、『長野県史　民俗編』の編纂に携わることになった。

(14)　例えば、「(略)昭和九年山村調査以来、民俗学は村を調査の場とし、村の内部での皆の生き方を追求してきましたが、村の外に出た調査はほとんど行われないですごしています。しかも第一には村人は共同体結束の固い村内生活と、それから開放された村外での行動は大分ちがっていましたから、村人を知るには村外の生き方をトレースする必要があったと思います。村の結束が次第に弛み、知らぬ人たちの集まる都市化の進んだのが近代・現代ですから、都市や団地の民俗がどういう傾向をたどるかを調べないと、昭和6年の「明治大正史　世相篇」をのりこえられない。私はそれを近頃特に痛感しているので、特に興味深く拝見しました。家意識(系譜的な)なども調査をお願いしたいものです」(一九七三年九月二十三日付、桜田勝徳氏書簡)。

「意欲的な御研究の成果を深い関心をもって拝読いたしました。ともかく既成概念の枠を相対化するために試みられたものと存じますが、これで様々な問題がはっきりしてきたことと存じます。民俗学が比較ということを方法の軸にする科学ですと、その指標をどう設定していくかということが不可欠のものとなりましょう。そのために従来の民俗学が対象とした分野、つまり農村対象の民間伝承の諸現象を基礎にした団地民間伝承の総体化との方法論的ずれをどうするかが問題になると思います。例えば、民間伝承の周期性を除去して措定地域の調査観察をおこなったとしたら、そこに時空を越えた普遍性が把握できるものなのかどうか。団地という場の主体に類型を求めるとしたら、何が指標となりうるのか。主体の思考や行動は、主体と母村(団地移住前)の民間伝承とどうかかわるか、などです。御論考の様に、事実を音節的に記録することから、事実に即して比較の対象を拡大していくというとき、少なくともしばらくは動的な観察が必要になってくると思います。条件が許さぬかもしれませんが、なるたけ同関心の研究者との共同研究で、この問題を進展させていただけぬものかと思います。（略）」（一九七三年一一月一日付、坪井洋文氏書簡）など。

(15)『季刊　柳田國男研究』一～八号　白鯨社　一九七三～一九七五年
(16) 倉石忠彦「都市と民俗学」『信濃』二八巻一〇号　信濃史学会　一九七六年
(17) 柳田國男『都市と農村』朝日新聞社　一九二九年
(18) 倉石忠彦「生活と住居空間」『信濃』三〇巻一号　信濃史学会　一九七八年
(19) 宮田登「都市民俗学への道」木代修一先生喜寿記念論文集編集委員会編『民族史学の方法』雄山閣出版　一九七七年
(20) 宮田登『都市民俗論の課題』未来社　一九八二年
(21) 宮田登追悼会編『宮田登年譜・著作目録』二〇〇一年
(22) 前掲註(19)
(23) 前掲註(20)
(24) 宮田登「祀り捨ての論理」『歴史公論』二二号　名著出版　一九七七年
(25) 宮田登「民話と世間」『國文学』二二巻一五号（臨時増刊）学燈社　一九七七年
(26) 宮田登「民俗学の新しい課題」『山陰民俗』二九号　一九七七年
(27)『第三二回日本民俗学会年会プログラムと発表要旨』日本民俗学会　一九八〇年　二六頁
(28)「今度の日本民俗学会年会のシンポジウムでは貴台の言われたこと立派でした。小生もお説に同感です。それに対して、都市民俗学などと誰も言わぬのに、そんな名称を作ってことさらに反対をしている、としか受け取れない。日本民俗学に都市も村落もあるはずがない。今までの日本民俗学では、便宜上、まず「村の民俗」を調べたという「だけのこと」と私は思う。（略）マチとムラとはそれぞれの面をもつから、それぞれに調査し、研究する必要がある。その結果として、表面的にはマチとムラとに異なった習俗があったとしても、その根底において同じ心意現象を示している、ということが判るかも知れぬ。いずれにしても日本の民俗であることに変わりはない。（後略）」（一九八〇年一〇月一四日付、故山口賢俊氏書簡）

(29)　小林忠雄「伝統都市における民俗の構造(二)―金沢の民間信仰を中心に―」、岩本通弥「鳶の社会史―城下町古河の社会と民俗―」、倉石忠彦「マチの民俗と民俗学―都市民俗学成立の可能性―」『日本民俗学』一三四　日本民俗学会　一九八一年

(30)　倉石忠彦「都市民俗学の展望」『比較民俗学会報』一巻六号　比較民俗学会　一九八〇年

(31)　倉石忠彦（書評）『浦和市史　民俗編』『日本民俗学』一三九号　日本民俗学会　一九八二年

(32)　「都市民俗学」の仕掛け人である故宮田登氏の年譜によると、一九七四年には古河市史民俗編民俗編監修者として、また大田区史編纂専門委員として、行政調査にも参画している（宮田登追悼会「宮田登年譜・著作目録」二〇〇一年一八頁）。日本社会の都市化の進展と共に、一九七〇年代から行政調査においても、いわゆる「都市」の生活文化・民俗文化が無視できなくなってきたということでもあろう。

(33)　倉石忠彦「団地の民俗　アンケート調査について」『仁科路』一六号　大町市教育委員会　一九八一年。大町市史編纂委員会編『大町市史』第五巻（民俗・観光　民俗・観光資料）　長野県大町市　一九八四年

(34)　倉石忠彦「団地と民俗」『加能民俗研究』一〇号　加能民俗の会　一九八二年

(35)　倉石忠彦「都市民俗研究の方法と課題」『信濃毎日新聞』夕刊　一九八三年二月二日付

(36)　口頭発表「マチと民俗」長野県民俗の会第三一回例会　一九八一年一月二十五日、口頭発表「都市の概念」日本民俗学会談話会　一九八四年一月八日、など

（37）　小林忠雄氏は金沢市において『都市と民俗研究』（金沢民俗をさぐる会　一九七八年創刊）を中心として、「都市民俗」研究を進めていた。長野県でも『長野県民俗の会会報』（長野県民俗の会　一九七八年創刊）に、いわゆる都市民俗関係の論考などが掲載されるようになった。

第二節　『都市民俗学へのいざない』のころ

はじめに

『長野県史　民俗編』にかかわる民俗調査をしつつ、「都市」の民俗について考えるという優雅な生活は、長くは続かなかった。『長野県史　民俗編』の資料調査は補充段階に入り、資料編の編纂が本格化してきた一九八〇年（昭和五五年）三月頃であったろうか。勤務中に突然、松崎憲三氏から電話がかかってきた。「国立歴史民俗博物館（仮称）設立準備委員会協力委員」になってほしいという依頼であった。松崎氏は当時文化庁にいたはずであったが、それまで特に面識はなく、全く突然のことであった。「国立歴史民俗博物館」（仮称、以下「歴博」と略す）の設立については日本民俗学会でも要求しており、年会でも話題になったことがあり、その進捗状況に関心は持っていたが、まさかその計画の一端にかかわるなどとは夢にも考えていなかった。あまりにも突然であり、突飛とも思われるような依頼であったので、とっさに言葉が出ず、文字通り笑うしかなかった。しかし松崎氏から強い口調で「どうなんですか」といわれ、つい「わかりました」と答えてしまった。きっと松崎氏はそのつもりではなく、筆者が勝手に強い口調に感じてしまったのであろうが、結局この年の五月一日付で協力委員に委嘱された。

こうしたことがあって以降、しばしば打ち合わせのために「歴博」に出かけ、松崎氏とは何度も顔を合わせることになった。また、会議に同席する坪井洋文・宮田登・福田アジオ・上野和男・高桑守史・佐々木高明の各氏、あるいは大島暁雄氏等ともお近づきいただき、これらの方々とはその後も長くお付き合いいただくことになった。この「歴博」での話し合いは、それまでの研究成果と、民俗学の基礎的理解を確認する機会でもあった。会議では特に都市にかかわる展示について、意見を求められた。また、一九八一年一一月からは、国立歴史民俗博物館共同研究員として「都市における生活空間の史的研究」(研究代表・坪井洋文)に参加し、思わぬ刺激を受ける機会に恵まれることになった。この研究会は一九九二年(平成四年)まで続いた。

それまでは長野県史民俗資料調査委員会の会議や「長野県民俗の会」などの活動の機会に、長野県内の同好の研究者と意見を交換するだけであったのが、これ以降、今までは遠くから眺めるだけであった研究者と、議論を戦わせなければならなくなった。しかし、何ら都市民俗研究に対する信念を持たず、自らの研究成果にも自信の持てなかった筆者にとっては、常に背伸びをし、肩肘を張らなければならない緊張の連続であった。そのため、会議の様子や研究会の内容はほとんど記憶にない。ただ無我夢中であり、勉強不足で視野の狭い、田舎者を自覚せねばならない辛い機会でもあった。このころから「私は田舎者」を自認し、意識的に「田舎者」の視点を強調するようになった。そこには抜きがたい劣等感と開き直りがあったが、「都市」に対する視点として、筆者にできることはそれ以外にないように思われたのも事実である。筆者の「田舎者」意識は、人生の半分以上を東京で過ごした今でも変わらず、生涯「都市人」意識は持ち得ないであろう。

「歴博」における議論の後では、「背伸びをしたら、後で必ずその背伸びした分は補っておくように」という井之口章次先生の注意をしばしば思い出した。「歴博」へはほとんど日帰りであったので、帰りの車中で脳裏に浮かぶのは、専ら自らの至らなさであり、その恥ずかしさに身を揉みながら、赤面を缶ビールの酔いで紛らわしていた。そして、自らの発言に対する根拠を見出したり、資料を渉猟したりするのが常であった。ただ残念ながら具体的な事柄については全く記憶がない。

一　長野から東京へ

一九八二年の夏ごろ突然、宮田登氏から歴博へ助教授として来ないかという要請があり、次いで桜井満教授から國學院大學へ来ないかというお話をいただいた。ちょうど『長野県史　民俗編』第一回配本を目前にして原稿検討の真っ最中であったので、いずれも事情をお話してご辞退し、ご了解をいただいた。それでこの話は済んだものと思っていたら、今度は倉林正次教授から再度お話があり、とうとう一九八三年度から國學院大學に転ずることになってしまった。この経過については既にやや詳しく述べたことがあるので省略するが、全く予想すらできない転進であった(1)。

大学での講義と、『長野県史　民俗編』の原稿整理および執筆と、「都市」への関心が並行して、これ以降しばらく続くことになる。とりわけ筆者の民俗学研究の対象としての都市の存在は、それまでよりも大きくなった。何しろ、東京という大都市に生活することになったのだから。そういうある種、気持ちの高ぶりもあった。そのため、大学からの帰り道に盛り場を徘徊することが多かった。新米の大学教員になりたてのころは、まだ講義以外これといった仕事はなかったのである。新宿歌舞伎町など、田舎者の目を攪乱するような雑踏と紅灯の巷を、夜ごとうろつきながら、これが「都市」だという思いを強くした。そして民俗学の研究対象として、こうした盛り場―「都市」を取り上げるためには、どうすればよいのか。民間伝承としての文化事象には、どのようなものがあるのか。そんなことを思いながら、夜の盛り場をうろつき回っていた。だが、一人で飲み屋やバーの扉を押す勇気はなかったし、いわんや風俗店に足を踏み入れる勇気と金はなかった。ただ雑踏の流れに身を任せ、その捉えどころのない混沌たる大都会の夜に幻惑されるだけの、文字通りお上りさん以外の何者でもなかった。

そして身に沁みて知ったのは、子供のころ、野良仕事の帰りにはるかに望んだ町の明かりに幻想していた、かつての「都市」とのあまりに大きな相違であった。初めて実感する未知の「都市」的な場に身を置いて、改めて感じた手も足も出ない思いであった。思えば、幼少のころから親しんだ地方都市の盛り場は、常に町の一角に存在していたし、町に住む人々も職住近接の暮らしであった。

小学生の時、社会科の授業で職業調べをしたことがあった。近郊農村の小学校では農家が圧倒的に多く、わずかの商店でもほとんどが家族営業であった。「勤め人」は少なく、しかもそのほとんどが長野県庁か国鉄の職員であった。国鉄に勤める人は「停車場行き」と呼ばれ、農家の次三男が多かった。長野駅には国鉄の機関区が置かれていたので、筆者の在籍していたクラスでは一割を超す父兄が「停車場行き」であった。そのため担任の先生は、「ポッポ学級」だといっていた。「ポッポ」はもちろん「汽車ポッポ」である。ちなみに県庁に通う人は「県庁行き」であり、農家の長男であっても「お役人」になる人があったが、クラスに一人いるかいないかであった。農家の長男で教員になる人もいたが、これもわずかだった。筆者の父も教員であった。しかしクラスで教員の子はずっと筆者一人だけであったし、ムラでも教員は長い間父と叔母だけであった。

こうした生活環境において「町」は、田圃の向こうに見える家並みとして、空間的にも明確であったし、縁者なども住んでいたりする身近なところであった。だから農家に育ったものであっても、町に住む人の生活は具体的にイメージできたのである。もちろんそれは自らの生活と体験とに基づくものであると共に、美化されやすくもあった。そのため、筆者の「町」を基礎とした「都市」のイメージは、幻想としてのものであったことは止むを得ないことであった。

大学を終えて帰郷し、高校教員になってからは生徒指導で盛り場を巡回したり、多少夜の居酒屋に出入りしたりして、「町」の盛り場に触れる機会がふえた。あるいは家庭訪問をしたりして、町の生活を垣間見ることもあったが、筆者の「町」のイメージはほとんど変わることがなかった。筆者の体験を踏まえた「都市」の概念は、こうした地方の「町」の生活に基づくものであった。したがってこのころの「都市」に対する認識は、相変わらず「非ムラ」という認識から出るものではなかった。そのためか、このような「都市」のイメージに基づいて捉えようとした大都会「東京」は、全く異質の存在に思われ、どこから手を付けたらよいか戸惑うばかりであった。

このころ行きがかり上、日本民俗学会談話会で「都市の概念」（一九八四年一月八日）を発表し、それをもとに「民俗学における都市の概念」をまとめてはみたが、これは「村」と「都市」とを対置することによって、両者の生活の交流による生活文化の変化と、その伝承者集団のあり方を考えるものであった。(2) つまり「都市」概念を、「ムラ」概念と対置することによって明らかにしようとするものであった。それは初めて実感する大都会の生活を、何とか自らの視点に取り込もうとする営みの一つであった。もちろんこれだけで視点が定まるものではないが、同一レベルで都市と村とを見ると、それぞれに核になる文化がありながら、伝承者集団のあり方が異なること。そして、多様な伝承者集団を統合する存在が都市概念と深くかかわるものであろうとすること。さらにそれらが共通する日本民俗文化の基礎の上に存在しているとするのは、後の筆者の民間伝承を見る視点と深くかかわるものであった。

「都市空間覚え書き」も「都市」の把握に苦慮する中で、その空間的な側面から「都市」の特徴として、機能分化に伴う空間分化と、その空間を結ぶ特殊な空間として移動空間の存在を主張するものであった。(3) 苦し紛れに見出そうとしたものであるが、現在学としての民俗学にとっては、効果的な存在であると、今でもその有効性は信じている。

こうした試行錯誤を重ねる中で、軽井沢町史民俗編委員(一九八三～一九八九年)、伊勢崎市史編纂調査員(一九八五～一九八九年)、塩尻市史編纂専門委員(一九八六～一九九三年)、袖ヶ浦町民俗文化財調査会調査員(一九八六～一九九一年)として、幾つかの行政調査にかかわる中で、異なる地域の町の生活を知ることができた。そしてその都度新たな視点から、その生活文化を捉えようと心がけるようにした。

軽井沢町史民俗編委員としては避暑地軽井沢を対象とするグループに属し、別荘地の生活を担当することになった。そして、宮田登教授の指導下にあった今村文彦・重信幸彦氏らをはじめとする筑波大学の学生・大学院生、および既に歴博の助手になっていた岩本通弥氏、そして妻倉石あつ子らと共に夏の一時期に「都市化」する避暑地軽井沢の実態を調査した。調査は聞き取り調査だけではなく、定点観測や追跡調査、あるいは参与観察など様々な方法をもって行なった。長野県史での調査は在地主義をモットーに、すべて県内在住の委員だけで実施していたので、現役大学生・大学院生、しかも國學院大學以外の学生と一緒に共同調査をすることになったのは、全く宮田登氏の配慮のお陰であった。もっとも岩本氏とは金沢年会以来の付き合いがあったし、重信氏とは大学に移って間もなく「都市民俗研究会」の結成についての相談に、岩本氏と共に大学にお出でになったことがあり、初対面ということではなかった。この話は参加メンバーの問題などがあって、結局実現しなかった。ともかく避暑地軽井沢の調査に参加することによって、大きな刺激を受けると共に、視野の狭さや勉強不足を実感する機会ともなった。(4)

伊勢崎市の市街地の民俗調査をすることになったのは、福田アジオ氏のご配慮によるものであった。一緒に調査していただくことになったのは、岩田重則・内野達矢・岡野健・佐藤(現、内野)清美・谷口貢・日向繁子・古家信平諸氏など、東京に出てきてから交流が始まった若い方々で、初めて共同調査にご一緒する方々であり、妻倉石あつ子も一緒だった。(5)軽井沢町史の経験なども踏まえ、できるだけ新しい視点で把握しようとして、夜遅くまで杯を傾けながら議論をした。その楽しさもあって、この時にご参加いただいた方々の多くは、これ以後も袖ヶ浦町（現、袖ヶ浦市）、浦安市、習志野市などの調査にも加わっていただくことになった。調査ごとに新たなメンバーも加わったが、職業や勤務先、出身大学や所属研究会も様々で、仙川会（後の、伝承文化研究会）にも参加された方が多く、現在に至るまで調査や研究活動以外でもお世話になっている⑹。

こうした調査と共に「歴博」の共同研究、あるいは九学会連合の共同研究などにも参加し、民俗文化にかかわる空間的・時間的側面や、民俗誌、文化の均質化など、様々な課題に取り組むことになった。九学会連合の共同研究「日本文化の均質化に関する総合的研究」への参加は平山和彦氏と一緒であった。筆者が参加することになったのは、日本民俗学会からの参加者を選ぶ学会理事会において、都市化と深くかかわるからという理由で宮田登氏が推薦されたものであり、一応都市民俗論を標榜していた故に辞退する術もなかった。劣等感に基づく不安にさいなまれながら、ともかく機会を与えてくださった方の顔をつぶさないように務めるのが精一杯であった。筆者のような不敏な存在が、このように多くの共同研究に参加し勉強できたのは、東京あるいは國學院大學という環境にあったからこそであり、いずれも民俗学研究の多様な世界を改めて実感する機会であった。そしてこれらは、後の研究の新しいベース作りの機会であった。この時に研究分担者として意見を交換した石井研士氏は、後に國學院大學の専任教授になられたし、佐藤憲昭駒澤大学教授には國學院大學大学院にご出講いただくようにお願いすることになった。しかし今思うと、劣等感を抱えていたにしても、なぜもっと積極的に研究活動にかかわれなかったか、悔やまれることばかりである。

二　『都市民俗学へのいざない』の編集

一九八七年の三月ごろであったであろうか。雄山閣出版の芳賀章一編集長（当時）と編集担当の佐野昭吉氏（現、大河書房社長）が筆者の自宅においでになった。都市民俗学の入門書を作りたいので、編者になってほしいという依頼であった。桜井満教授が主宰する「古典と民俗学の会」では、雄山閣出版から民俗学関係の書籍を出版していたので、その出版社の存在はよく知っていたし、何冊かの書籍も購入していた。その編集長が直接依頼に来られたので驚いたが、入門書というか、研究書の編集については断る理由はなかった。しかし、まだ自らに編者としての責任を果たせる自信がなかったので、他に何人か加え共編とする提案をして了解を得た。一九八〇年の日本民俗学会年会、いわゆる金沢年会以来交流のあった、小林忠雄・岩本通弥両氏の存在が念頭にあったからである(7)。早速両氏の了解を得て、第一回の打ち合わせが行なわれたのは一九八七年四月二三日のことであった。当時金沢在住であった小林氏は当日都合が付かず、集まったのは岩本氏と芳賀編集長・佐野編集担当、それに倉石の四人であった。

打ち合わせに先立って、編集にかかわる原案の作成を依頼されていたので、当日提示した原案の骨格は、次のようなものであった。

【原案資料（作成：倉石）】

1、本書の性格

（1）都市民俗学の入門書的性格を持たせる。

（2）都市民俗学の対象と性格を明らかにする。

(3)都市の民俗的側面に対する関心を喚起する。

2、本書の構成

(1)都市と民俗（都市の民俗に対する学史的展開）

(2)都市の民俗をどう見るか（視点）

(3)都市の民俗にはどのようなものがあるか（対象）

　団地・職場・盛り馬・電車・祭り　etc.

3、編者

　岩本通弥・倉石忠彦・小林忠雄

4、その他・問題点

(1)書下ろし論文集とする。

(2)版型・頁数

(3)執筆者

(4)収録論文

この原案についてまず問題になったのは、「都市民俗学」の性格や対象であった。本書により「都市民俗学」の概要のようなものが何とか示すことができないであろうかと思っていたが、岩本氏はまだ十分な調査・研究成果があげられていない現段階で、「都市民俗学」の概念を固定化し、可能性を制限してしまうことは望ましくないと主張された。その結果、次のような申し合わせがなされた。

【申し合わせ事項】

1、「都市民俗学」に、予め一定の枠付けをしない。

①かつて「都市民俗学」は既成の民俗学に対するアンチテーゼであった。

②それが矮小化されてしまった。

③「都市民俗学」のあらゆる可能性を認めたい。

2、本書は構成原案の(3)、つまり研究対象を主体とし、学史や視点は解説として扱う。

3、「都市民俗学」の抱える問題点・可能性を提示する。

4、第三二回日本民俗学会年会(一九八〇年)のシンポジウムの成果を踏まえる。

これを当日欠席された小林氏に連絡すると、氏からは次のような趣旨の書簡が送られてきたが、結局申し合わせ事項を承認された。期せずして三者三様の考え方が示されることになったが、これを一方向にまとめて「都市民俗学」の枠組みを示すことは不可能であり、結局多様な視点や内容を示すことによって、その可能性を広げていく方針を確認することになった。

【小林忠雄氏書簡要旨】

分類案

①都鄙連続体論としてとらえる都市の民俗(柳田系統)

②都市の独立した民俗の発生をとらえるもの

③都市化によって生じた都市の人々の民俗的心意および現象

第二回の打ち合せは、五月二十八日であった。今回も小林氏は欠席され、参加者は前回と同じメンバーであった。小林書簡を示すと共に、氏の意向も考慮して、次のような事項を申し合わせた。

【第二回打ち合わせ検討事項・申し合わせ事項】

①「都市の民俗」を民俗学の枠内で考える。ただし、具体的には各人の姿勢によるものとする。

②出来るだけ広いテーマを盛り込む。

　空間・盛り場・祭り・信仰・職業・社会変動・遊び・世間話・コミュニケーション（大衆小説・テレビ・漫画など）・生活のリズム・町の人生・都市とふるさとなど

第三回打ち合せ会は六月二五日で、この時にも小林氏は欠席されたが、打ち合わせが終わるごとにその結果を連絡し、それに対する意見も寄せていただいていた。そしておおよその方向性の定まったのを受けて、具体的な打ち合わせに入ったのは第三回からであった。

【第三回打ち合わせ検討事項・申し合わせ事項】

①テーマ及び執筆者の検討

②趣意書の検討

　原案（岩本）をもとに趣意書の前提としての次のような考え方について検討した。

　a　民俗とは、「民俗文化の核」のもとに、文化の伝承がなされながら、常に新しい文化の生成がなされるものである。

　b　都市の多様化と多面性が都市論を越えて先行する。そうした文化をどうとらえ、方法論を構築するかを模索する。

　c　都市に表出する様々な現象に、日本人のアイデンティティ・民俗性が象徴的に現れる。こうした認識から民俗学を出発させる。

d　柳田の著作がリアリティを感じさせたからこそ、それに基づく民俗学はスタートした。したがって、生活者の論理・リアリティを把握する。
e　各論者の様々な都市への関心、興味・方法論の方向付けをしない。
f　現実的な社会状況を考えると、民俗学は非ムラ的なもの＝都市の中から、日本人のアイデンティティを見出していかなければならない。
g　都市から民俗学全体を捉え、改めていく。
h　都市社会における人間疎外・管理社会の歪みを捉える必要がある。

○了解事項
a　都市民俗学が当初持っていた革新的な性格をもう一度見直し、活性化する契機とする。
b　民俗学の方法論を見直す。

第四回の打ち合せ会は七月一八日に開かれ、この会には初めて小林氏も上京して参加され、①趣意書と、②収録テーマおよび執筆者を決定した。この趣意書は、岩本氏の原案を土台にしつつ編者たちの意向を加味したもので、当時の筆者等の「都市民俗学」に対する共通理解の最先端に位置するものであった。
なお、趣意書の文面が決定した段階で、最後に記される編者名は、最年長である故に筆者が筆頭編者になるべきだという提案がなされた。編者名の順番などについては、ほとんど考えていなかった筆者にはちょっとした違和感があった。『長野県史　民俗編』編纂の折から、研究者としては年齢による差異はない。仲間として同等である、と主張してきたからである。そこで五十音順でかまわないのではないかということで、岩本氏は渋っていたが結局は了承された。これ以後も共編の場合は、五十音順で通すことになった。その最初の機会であった。

【『(仮称)都市民俗学へのいざない』趣意書】

現代日本の都市を中心とした、劇的な社会構造・生活文化の変貌は、誰しもが実感する疑いのない現実となって、表出化してきています。そうしたなかで、このたび雄山閣出版から、私ども三人のもとに、一般読者を対象とした、都市民俗学の入門書を刊行してみては、というお誘いがありました。

今日、民俗学内部のなかだけでなく、都市民俗学への関心や期待が、一般読者のあいだにも、次第に高まりつつあるといいます。それは、急激な社会環境の変化に対する一種の危機感のあらわれとも、あるいは日本人としての新たなアイデンティティーの確立が、広く望まれているからとも考えられます。

都市民俗学あるいは都市民俗論という概念が登場し、その必要性が唱えられ、また都市を主たる対象に据えた調査や研究が公然と行なわれはじめてから、およそ十余年の歳月がたちました。この十数年間は、それまでの村落一辺倒の民俗学の、方法論的・認識論的な呪縛から脱皮するための、まさに試行錯誤の期間であったと思われます。しかしこの間、その捉えどころのない巨大で複雑な都市に、関心を抱き、果敢にチャレンジする仲間が、次第に増えていったことは、私ども三人にとって、大変喜ばしく心強いかぎりでした。

一九七〇年代後半の、いわゆる「都市民俗学」の登場には、三つの背景なり、要因があったと思います。一つはいうまでもなく、戦後日本の社会状況の急激な変化です。高度経済成長期を経た日本の状況は、それまでみられた日本の都市と農村の構図とは、明らかに質を異にするものでした。いわゆる都鄙連続体論のような都市と農村の見方では、すでに捉えられない、都市の巨大化・人口集中、産業構造の変化、生活様式の都市化・均質化、出稼ぎ・挙家離村・過疎化など、さまざまな現象が表面化し、それまで続いてきた、民俗文化の伝統的体系にも、構造的な歪みやゆらぎが、生じてきたものと思われます。第二はそうした現実認識にも拘わらず、民俗学自身の問題として、柳田國男の主張した、現在学としての民俗学、自己認識の学としての民俗学からの、乖離した状況への内部批判もありました。現実のなかから、あるいは身近な事柄から問題点を見い出し、疑問を育てていくはずの、民俗学本来の基本的姿勢が、何か見失われていたようにも思われました。柳田の著作には、そうした姿勢が貫かれていたからこそ、読者は生活者としてのリアリティを感じ、民俗学は幅広い支持を得たのだと思います。また第三のもう一つの側面としては、民俗学の体系的な課題として、都市生活者や都市文化を軽視した、従来の傾向・方法への反省や、また長い町住み生活の歴史や民俗への関心なども、存在していたことでしょう。またそれは、村落のみを対象とした民俗学の方法論的な偏りを、改める役割をももっていたものと思われます。

たしかに、「都市民俗学」の本来の主張と原点は、こうしたものでした。しかしその後のここ十余年の流れは、必ずしもそれが生かされたものではありません。むしろ本来の意図とは異なるものに至ってしまったようにも感じられます。民俗の消滅・散逸を前に記録化するという、緊急調査的な傾向の強い、最近の民俗学全体の流れのなかで、「都市民俗学」も、過去の生活文化の復元に追われ、何か矮小化されてしまったように思えます。「都市民俗学」は、本来、もっと豊かな実りをもたらすはずのものでした。私どもの力不足もありますが、近年の都市の過激な変貌と、現象化してくる問題の多様性は、遥かにわれわれの想像を超えたものでした。また、方法論的な反省として、従来の農村部で行なってきた民俗調査法を、そのまま持ち込むことの多かったことなど、試行錯誤の状況として、さまざまな反省点も顕在化してきました。

以上のような問題点や反省点も踏まえ、ここに同学の士の御協力を仰ぐ次第です。現実の都市の多様性・多面性に相応して、多様な問題意識や多様な視点による、さまざまなアプローチが試みられつつある、昨今の「都市民俗学」の状況は、まさに私ども三人の望んでいた状況でもあり、喜ばしいかぎりです。とりあえず私ども三人が編者ということになりますが、基本的な確認事項として、御執筆を依頼する各論者の、さまざまな都市への関心・興味・方法論に、方向づけしないことで、意見が一致いたしました。むしろ各論者の関心や対象に即して、いかなる問題意識のもとで、民俗学として、いかなる方法論で接近していったか、という点も含め、御執筆願えればより幸に存じます。といいますのは、今、「都市民俗学」が一般読者の関心を喚起しているのは、この激動の都市化社会・管理化社会のなかで、いかに都市で生きていくか、生きぬいていくか、が問われているからだと考えます。そうした期待が民俗学への要望として潜在しているのではないでしょうか。各論者の多様な対象への切り口のあり方が、浮き彫りにされていた方が、読者の関心を喚起するばかりではなく、多様で多面的な都市世界の実態も、より鮮明になるのではないかとも考えます。

民俗学はもう、現実の社会状況を考えますと、ムラの生活のなかから日本人のアイデンティティーを説明、喚起していくことは困難となってきています。むしろ非ムラ的な、すなわち都市に生起するさまざまな現象（民俗文化的な現象）のなかから、それを見い出していく必要があるのではないでしょうか。本書が単に「都市民俗学」の概説書としてではなく、民俗学全体のいざないの書になれば、とも念じています。もう一度、今、「都市民俗学」の現状を確認し、また民俗学の原点を見直して、ともに再構築の礎となるよう、御協力・御執筆のほどいただけますよう、御願い申し上げる次第です。

岩本通弥
倉石忠彦
小林忠雄

一九八七年九月

このような趣意書と共に、三人でリストアップした執筆者の方々に、空間・盛り場・祭り・信仰・職業・社会変動・遊び・コミュニケーション・世間話などの大きなテーマに沿って執筆を依頼することにした。執筆を依頼した方々は既に「都市」を対象として、研究成果を公表している方々であった。編者三人の持ち寄ったリストには共通する名前もあったが、筆者の知らない名前も少なくなかった。「都市」研究に先鞭をつけたとはいえ、長らく地方にあった筆者のアンテナの低さは、如何ともしがたかったのである。そのリストアップに最も貢献されたのは、東京育ちであり筑波大学大学院で都市民俗研究を宮田教授に学んだ岩本氏であった。小林氏は筆者と同様に長らく郷里に在って、フィールドワークを積み重ねながら「都市」金沢を見据えてきたので、その視点は筆者とも岩本氏とも異なるものであった。これら三人の置かれた諸条件によって、当然その守備範囲も異なっていたのである。それにしても筆者の視野・人脈・研究が貧弱であったことは否めなかった。

このリストアップした方々に執筆依頼をした結果、ほとんどの方から快諾のご返事をいただいたが、中にはご返事のなかった方、あるいは三人の編者の傘下に入ることを潔しとしないという理由により、辞退された方もおられた。これは今までに経験したことのない反応であり、東京で研究活動するとはこういうものか、という思いを強くした。

ともかくこうした経過の後、お寄せいただいた原稿を「混沌と生成」「情念と宇宙」に二分することになった。これは当初から意図していたことではなかったのであるが、多くの研究者の賛同を得られた結果、原稿が一冊には納まりきらない分量になった結果であった。そのために分冊にしたのであるが、単に1・2にするよりは書名をつけるほうが親切であるということになって、急遽考えられたものである。この命名についての検討にもかなりの時間をかけたが、当初から学問的体系化を図ることを目的とはしていなかったので、その論文内容に基づくものとしたのである。

いわば都市民俗のあり方を、便宜的に形態と内容とに分けてみたということができよう。それぞれ『都市民俗学へのいざない1　混沌と生成』『都市民俗学へのいざない2　情念と宇宙』として刊行されたのは、一九八九年（平成元年）五月および六月であった。

おわりに

同シリーズ（以下、本書）がその後の日本民俗学研究における都市民俗研究の展開に、どのような役割を果たすことになったのかは実はよくわからない。当時、都市民俗の把握と方法論とを模索していた筆者にとっても、本書の存在が研究を飛躍的に進展させたということはできなかった。むしろその研究対象の捉えどころのなさに幻惑されてしまった、といったほうがよかったかもしれない。しかし、全く思いもよらない研究対象があることに気づかされると共に、全国各地に都市の民俗を対象として研究を進めている研究者がいることを確認することができたことは事実であり、都市民俗研究の必要性を改めて認識する機会ではあった。そうであるにもかかわらず、本書の存在を起爆剤として新たな都市民俗研究の展開につなげることができたかというと、そうはできなかった。

それは、自らの研究の狭さと至らなさとを、本書という明確な研究成果を目の前に突きつけられたからであった。その事実にたじろぎ、これをステップとして飛躍するのではなく、問題の多いことばかりに目を奪われ、萎縮してしまったからであった。もちろんそれは、自らの研究に対する確固とした自信の持ち得ないところに起因していた。今にして思えば、たとえ不完全なものであったとしても、本書の研究成果をもとに、都市の民俗の体系化と、新たな研究方法に関する仮説をまとめ、さらなる展開のたたき台を作っておくべきであった。あるいは、都市民俗研究者の組織なども考えるべきであったかもしれない。

ともかく様々な問題はあったが、本書の刊行を契機として日本の民俗学界における都市民俗研究の存在が広く認められることになったことは事実である。そして筆者もまた、これまで細々と書き溜めてきた小論をまとめて批判を仰ぐべく決心をしたのは、本書の編集にかかわったからであり、何とか都市民俗研究の一翼を担おうとする分不相応な思いからであった。再び雄山閣出版の芳賀章一編集長と佐野昭吉氏のお力添えをいただき、翌一九九〇年に『都市民俗論序説』を同じ雄山閣出版から出版した。これは筆者の都市民俗研究の一区切りであった。また、小林氏の歴博への異動に伴い、この年一〇月二七日には國學院大學を会場として「都市を考える懇談会」が発足した⑧。一九八〇年一〇月四日に開催された、第三二回日本民俗学会年会のシンポジウム「都市の民俗―城下町を中心に―」から数えて一〇年余にして、都市民俗研究はようやく新たな段階を迎えたかのようであった。

本書刊行から二〇余年後の現在、都市民俗研究に対する関心は弱まり、研究者の関心は専ら現代民俗研究に移行してしまった。それは都市民俗学が現代民俗学の中に解消されてしまったかのようである。しかし、一九八〇年のシンポジウム「都市の民俗―城下町を中心に―」以降の三〇余年の研究によって、都市民俗の何が明確になったのであろうか。都市という場を無視して、すべて現代という時の中に解消することによって、都市の民俗は効果的に把握することができるのであろうか。そしてまた、今を生きる私たちの生活において、「都市」の存在は無視することができるほどの存在なのであろうか。

註

（1）『口承文芸学への夢―野村純一先生追悼集―』野村純一先生追悼集刊行会　二〇〇八年

（2）倉石忠彦「民俗学における都市の概念」『國學院雑誌』八五巻三号　一九八四年
（3）倉石忠彦「都市空間覚え書き」『長野県民俗の会会報』九号　一九八六年
（4）『軽井沢町誌　民俗編』長野県軽井沢町　一九八九年
（5）『市街地の民俗』（伊勢崎市史民俗調査報告書第六集）伊勢崎市　一九八六年。調査員は、岩田重則・内野達矢・岡野健・倉石あつ子・佐藤（現、内野）清美・谷口貢・日向繁子・古家信平の各氏、および倉石忠彦であった。
（6）谷口貢・鈴木明子編『民俗文化の探求』岩田書院　二〇一〇年
（7）第三二回日本民俗学会年会　一九八〇年一〇月四日・五日　金沢市、石川県立社会教育センター
（8）「都市を考える懇談会」およびその後を受けた「現代伝承論研究会」の成立経過と活動、および研究成果の概要は『現代都市伝承論―民俗の再発見―』（岩田書院　二〇〇五年）を参照。

第三節　現代伝承論研究会と都市民俗学研究会の活動

はじめに

筆者の都市民俗研究において、『都市民俗学へのいざない』二冊(1)の編纂と、それに続く『都市民俗論序説』(2)の出版とは大きな意味を持っていた。一つはそれまでの研究をまとめることによってともかくも研究の現段階を客観的に見ることができるようになったことであり、もう一つは『都市民俗学へのいざない』の共編者であった小林忠雄・岩本通弥両氏との交流であった。

もちろんそれまでも、都市民俗に関心を持つ研究者の方々と交流する機会がなかったわけではない。とりわけ一九八〇年(昭和五五年)五月に、国立歴史民俗博物館の設立準備委員会協力委員を委嘱されて以降、しばしば坪井洋文・宮田登両氏などと席を同じくする機会があり、都市民俗研究の最先端の話を聞くことができたし、翌一九八一年から始まった国立歴史民俗博物館(歴博)の共同研究「都市における生活空間の史的研究」では、色川大吉・小木新造両氏など歴史学の研究者の方々のお話を伺う機会も多くなった。確かにそうした機会に自らの都市民俗研究のあり方を反省し、客観化・相対化することができた。だがそれは自信の喪失という状態を伴うものであった。歴博では「都市」の共同研究と並行して、一九八四年からは「時間認識」、翌一九八五年には「地域差と地域性」、一九八六年には「日本民俗学の方法論」などの共同研究に加えていただき、坪井・宮田氏のほか福田アジオ・上野和男・高桑守史・松崎憲三・篠原徹などの諸氏と勉強する機会に恵まれた。だがそれはまた、とてもかなわないという萎縮する機会でもあった。

どの研究会の折であったかはもう定かではないが、帰りの京成電車で乗り合わせた宮田登氏と「飲んでいくか」ということで船橋で途中下車し、飲みながら「こんな自分でもみんなと同じように研究していけるものなのだろうか」「どうも不相応なところにいるように思われる」などという不安をお話したことがあった。それに対する宮田氏の正確な言葉は覚えていないが、「研究会には来て欲しいから来てもらっているのだ」というようなことをいわれた記憶がある。だがそうした不安はいつまでも消えず、大学や大学院で教えていることが現実のことではないような気持ちにしばしばなることがあった。そんな状態の中で、調査をし、報告書を書き、小論を書き続けたのは、何とかそうした不安を乗り越えたいためであったような気がする。

歴博の共同研究が一区切りついたのは一九九〇年（平成二年）であり、一九八六年から参加していた九学会連合の共同研究「日本文化の均質化に関する共同研究」もこの年度で終わった。このころには小林忠雄氏は、歴博に転勤してきていた。岩本氏も歴博に来ていたが、このころには韓国の大学へ招聘教授として行っていたはずである。

一　都市を考える懇談会

『都市民俗学へのいざない』二冊の刊行が終わっても、歴博に来ていた小林氏とは、共同研究の折には顔を合わせる機会があった。したがって『都市民俗学へのいざない』から継続する都市民俗研究に関する話は、小林氏とすることが多かった。そして、ようやく都市民俗研究には様々な問題があることがわかったので、研究会を開くことはできないだろうか、という話になった。

都市民俗研究に関する研究会を開こうという話は、それまでにもなかったわけではない。一九八三年から、『軽井沢誌　民俗編』にかかわっていた宮田登氏が、別荘地の民俗にかかわっていた筑波大学の大学院生たちを中心として、茗荷谷の東京教育大学E号館小会議室で都市民俗学研究会を開いたのは、一九八四年四月二八日のことであった。筆者も末席に連なったが、それは『軽井沢誌　民俗編』の委員であったからであったと思われる。ただその時の資料もないし、内容もほとんど記憶にない。しかし第二回の研究会が開かれた記憶はないので、それだけで終わってしまったのかもしれない。あるいは大学院生だけで継続していたのかもしれないが、筆者にはわからないことであった。

小林氏との間でどのような話をしたのか詳細は記憶の彼方であるが、あまりきちんとした会でなくてもよいからまずは開こうということであったと思われる。ともかく、「都市を考える懇談会」を立ち上げたのは一九九〇年一〇月のことであった。『都市民俗学へのいざない』刊行の翌年であり、小林氏が『都市民俗学―都市のフォークソサエティー―』を、筆者が『都市民俗論序説』を出版した年であった。③

夏休み明けごろであったであろうか、「都市の問題を考える懇談会のお知らせ」を何人かの方々に発送した。三〇年近く昔のことであり、詳細は忘れてしまったが、初期の発表者の顔ぶれを見ると、望月照彦・有末賢・阿南透・和崎春日の諸氏であったようである。そのお知らせには次のように記されている。

先日来内々にお電話等にてお話をしておりましたように、一度、都市（民俗学・人類学・社会学・住居学等）の調査研究を推進しておられる先生にお集まりいただき、これまでの研究成果を再検討し、今後どのような問題があって、どのような方法によって進めていくことが出来るのか等の都市全般に関する研究懇談会を下記のように開催したいと存じますので、ご参加くださいますようよろしくお願い申し上げます。

そして、第一回の具体的内容として、「取り敢えず都市の民俗関係の成果ならびに問題点を指摘し、それをかわきりに議論したいと存じます。また今後どのようにこの会を続けていくか等のご相談もしたいと存じます」としている。ともかく会を立ち上げようという気持ちばかりが先立つ案内であるが、それだけ切迫した焦りがあったのである。また、「今回の幹事」として倉石・小林の両名の名前が記されているが、これも当面の処置であったことを示していよう。

この通知は歴博に移って間もない小林氏の手によるものであると記憶するが、氏の新しい環境の中で研究をいっそう進めたいという意気込みが感じられる。都市民俗にかかわる研究会の必要を感じながらも、その自信のなさからなかなか具体化できなかった筆者の尻を叩いたのは、小林氏であった。ただ、研究会を開くためには佐倉の歴博より渋谷のほうが何かと便利であるということから、会場は國學院大學で引き受けることにした。

そして、後期授業も軌道に乗った一〇月二七日に第一回の懇談会が國學院大學院友会館「はまゆう」の間で開かれ、発表は担当幹事である筆者が担当した。どなたが出席したかは記憶にないが、幹事のほかには望月・有末・阿南・和崎の各氏は出席されていたように思われる。そして「お知らせ」にあるように今後の会のあり方を相談するために、二次会に席を移した。確か「わかさ」という居酒屋であったように思う。これ以降、懇談会(研究会)の後は「わかさ」で二次会を行なうことが例になった。そして酒席で研究会の続きが継続した。都合で研究会を欠席しても二次会の場所が決まっていたので、そこで議論に加わることもできた。「わかさ」での二次会は恒例化した。時間に制限されずに議論ができるというのは、都市懇(いつの間にかこう呼ばれるようになっていた)の特徴の一つとされた。また、会員制ではなかったので誰でもが参加できたし、会費の定めもなかった。気軽に参加できる会であったが、発表は刺激的であった。

ともかく発足した都市懇は、一二月に第二回(小林忠雄)・翌一九九一年三月に第三回(望月照彦)・四月に第四回(有末賢)・六月に第五回(阿南透)・九月に第六回(和崎春日)と開催され、発足当初のメンバーが一巡したところで、新しい発表者に登場願おうということで、一二月開催の第七回には國學院大學に移っていた石井研士氏にお願いした。一九九二年六月の第一〇回には帰国していた岩本通弥氏が発表を担当し、これ以降、森栗茂一・牛島史彦・阿久津昌三・谷口貢・内田忠賢・篠原徹・佐々木幹郎・長谷部八朗・猿渡土貴・千田智子・岩松精氏等、次々と新しい発表者が登場した。特に、一九九三年四月の第一五回には、宮田登氏が「都市民俗学の未来」と題して発表された。この会の存在はたぶん小林氏から聞いていたのだと思うが、思いがけないことであった。そしてその年の一一月の第一九回には、川田順造氏が「都市民俗の地域的特性をめぐって―東京・深川の場合―」と題して発表された。川田氏は第一五回の宮田氏の発表の時に出席され、それ以後も出席しておられての発表であった。前年に大著『口頭伝承論』(4)を出版され、筆者も求めて読み、大きな刺激を受けたばかりであった。若手の内輪の研究会のつもりでいたのに、このような方々のご参加がいただけたことに、びっくりしてしまった。また、森栗氏は大阪から、阿久津氏は長野から、そのつど参加されたことにも驚いた。毎回行なわれていた「わかさ」での二次会研究会は、森栗氏の乗る新幹線の時間にあわせて散会することが多かった。なお、猿渡・千田両氏はこのころ大学院生であり、若い研究者も発表に加わるようになった。ただこのころの國學院大學の大学院には民俗学のコースが設置されておらず、参加できる大学院生がいないのが物足りなかった。

毎回幹事役を務めた筆者は、開会と閉会を宣言する以外は、発表が終わると「それではいつものようにフリートーキングにいたしますので、ご自由にご発言ください」という以外に特別な役割はなく、参加者が自由に意見を述べあった。あえて意見の整理や、まとめるなどということもしなかった。多様な発表の内容をまとめる力もなかったが、その必要も認めなかった。各自の見解を開陳し合うことこそが重要だと考えていたからである。そうした話し合いの中で、都市民俗研究の現状把握、都市概念の集約、都市分析の基準、都市研究の応用などについて検討しあった。

参加者の広がりをみせる中で、一九九六年四月二七日の三二回をもっていったん会を閉じることにした。(5)まだ基本的な研究が十分ではないにもかかわらず、次第に都市研究の応用的側面に関心が集まるようになったことに、小林氏が不満だったのである。筆者もそれにあえて反対はしなかった。何となくこれでいいのだろうかという気持ちがあったからである。そこで体制を整え直すことにした。

二　現代伝承論研究会

「都市を考える懇談会」の体制を整え直すために、五年以上にわたって参加した方々の意見を聞くことにして設立趣意書を作ることにした。原案は誰が作ったのか記憶がないが、あるいは折々に話し合っていたことをふまえて小林忠雄氏が作ったのかもしれない。それを叩き台として、有末・内田両氏を加えて検討したのではなかったかと思う。

このころ、歴博に行くことは少なくなっていたが、小林・有末・内田氏などとは別のところで頻繁に会う機会があった。一九九二年から編者の一人としてかかわっていた『日本民俗誌集成』(6)の企画では、『日本都市民俗生活誌集成』(7)も並行して刊行されることになっていた。『日本民俗誌集成』が一九九六年から刊行され始めたので、いよいよ『日本都市民俗生活誌集成』の編集も本格化し、編者たちと会う機会も増えたのである。三一書房で夜遅くまで編集会議を行ない、ＪＲ御茶ノ水駅前まで歩き、そこで四人で一杯飲むのがいつの間にか慣例のようになった。「都市を考える懇談会」の後継研究会の設立趣意書も、その酒席で検討されたはずである。

「趣意書」の原案は、次のようなものであった。

1、主旨

本研究会は「都市を考える懇談会」の研究活動を基礎としつつ、その研究をさらに拡大・転換・深化することを目標とするものである。

「都市を考える懇談会」は、平成二年（一九九〇）一〇月に第一回を開催して以来、平成八年四月までの約五年半にわたって三二回の研究会を開催した。参加者は都市民俗学を中心とした隣接科学である社会学・地理学・文化人類学・宗教学・都市計画学などの都市に関心を持つ研究者であり、それぞれの専門的な立場から都市研究の動向に合わせて多くの問題をめぐって討議を重ねた。中でも都市研究の現状把握、都市概念の集約、都市分析の基準、都市研究の応用といった内容を検討する場として機能してきた。

しかし、次第に都市研究の応用的側面に関心が集まり、都市民俗の本質的課題に対する研究から遠のく傾向がみえてきた。その要因は、都市が持っている複雑な構造、多面性と変化の激しい流動性などのためであり、そのことは当初から予想されたことでもあった。様々な都市的現象が研究者の関心を追い越していったのである。そうしたものに対応するには、その文化に対する関心をより深めていかなければならない。

したがって、私たちは再度この都市民俗の本質的課題に立ち戻るために、「都市」を超えて、現代社会における伝承文化の持つ意味、伝承文化のバリエーションと変容の実態、現代民俗の創出などという課題に取り組むことにした。都市をフィールドにすることはもちろん、日本全土を覆う都市化現象を考慮しながら、現代社会全体を視野に入れて、新たな都市民俗論の展開を繰り広げようとするのである。そのためには、現在学としての日本民俗学の再構築をも迫ることになる、伝承概念を再検討しなければならない。

以上のことから、この会の名称を「現代伝承論研究会」とし、新たな研究活動を開始したいと思う。多くの賛同者を得て活発な論議を期待している。

2、活動内容

①　原則として年六回の研究会を開催する。研究会は発表者1名の発表を巡りフリートーキングによる討議を中心とする。
②　通信の発行。研究会のレジメなど研究会活動を中心とした資料を送付する。
③　紀要（論文集）の発行。研究発表を中心とした論文集を発行する。
④　会員は会員の紹介により自由参加。
⑤　会費　三〇〇〇円　通信費・紀要代を含む。
　　賛助金一口五〇〇〇円を募る

3、組織

①　研究会担当
②　通信事務担当
③　紀要（論文集）担当
④　事務局担当

4、事務局

國學院大學文学部　伝承文学第一研究室（倉石忠彦気付）

これには発起人の名前がないが、検討した趣意書には何人かの名前が朱書されているので、話し合いの中で検討されたものであろう。この趣意書がいつ完成し、いつどのように発送されたのかは記憶がない。ただ当然発起人にお願いした方々には事前に連絡し、承諾をいただいていたはずであり、その結果の報告があったはずである。「都市を考える懇談会」が終わり、第一回の「現代伝承論研究会」が開催されるまでの間に開かれた『日本都市民俗誌集成』の編集会議は一九九六年七月四日であったから、たぶんこの時に決まったのではないかと思われる。「趣意書」の主旨は、「都市民俗学」を「民俗学」に、「都市民俗の本質的課題」を「都市民俗の本質的研究」に、「現代社会」を「グローバルな現代社会」に、そして「都市民俗論の展開」を「都市論」に修正し、発起人の名前を加え、その他は省略することになった。あまり組織だった研究会にしないほうがよいということであったと思う。そうした意味では、「都市を考える懇談会」と同様な融通無碍な研究集団を継承したのである。

発起人は、有末・内田・倉石・小林のほかには、阿久津昌三・阿南透・岩本通弥・牛島史彦・川田順造・谷口貢・田野登・長谷部八朗・宮田登・望月照彦・森栗茂一・和崎春日各氏の一六名である。これは、「都市を考える懇談会」に出席されていた主なる方々全員であるが、どなたも快く発起人になることを承諾していただけた。「都市を考える懇談会」の主要メンバーは、そのまま「現代伝承論研究会」のメンバーに移行することになった。事務局は筆者がつとめることになった。また、趣意書に示した組織は実際には作られなかった。

その後、夏休み中に準備を調え、『現代伝承論通信』の第一号は一九九七年一月一日付であった。「都市を考える懇談会」の研究成果の蓄積が、目に見える形で残されなかった反省から、情報提供と発表要旨を出席できなかった方々にもお知らせしようということで企画されたものである。基本的にはB四判二つ折りで、一面は次回発表のお知らせと発表主旨、各種情報、二面は前回の発表要旨で構成することにした。一面は事務局である筆者が作り、二面の発表要旨は、発表者がA四判、もしくはB五判一枚に収まるようにして事務局に送ってもらい、二枚あわせてコピーして二つ折りにすれば『通信』が出来上るようにした。このころはまだB判の紙を使うことが多かったのである。『通信』一号は、まだ第一回発表以前であるから、紙面は一面だけであった。また、会の名称は「仮称」となっている。「仮称」が取れるのは第三号からである。新年の挨拶に引き続き、第二回例会通知、和崎氏の「今和次郎賞」の受賞、そして会活動についてのお願いが記されている。第一回例会通知は『通信』にはないから、下打ち合わせの時に関係者に知らせてあったものと思われる。

第一回の研究会が開かれたのは一九九七年一月二一日で、和崎春日氏が「都市の伝承」と題して発表した。会場は國學院大學の院友会館であった。『通信』第二号には、第三回例会でのは阿南透氏の発表予告と、第二回例会発表の有末賢氏の発表要旨が収められている。第一回例会の和崎氏の発表要旨はついに『通信』には掲載されず、その内容が記録に残らなかったことが残念であった。

「都市を考える懇談会」の主要メンバーが移行した「現代伝承論研究会」であったが、回を重ねる内に次第に発表者の顔ぶれに変化が見られるようになってきた。第六回（真鍋祐子）・第七回（中野紀和）・第八回（後藤範章）・第一〇回（法橋量）・第一一回（矢島妙子）・第一二回（長野隆之）・第一四回（島村恭則）・第一五回（大浦瑞代）・第一八回（竹中宏子）・第一九回（禅野美帆）・第二〇回（本谷裕子）・第二一回（浜日出夫）・第二三回（浅井易）・第二五回（車塚洋）と、次々と新しい研究者の発表が増え、しかも大学院生の参加が目立ってきたのである。もちろん従来から参加されていた方々も出席されているのであるが、全体的に若返ったのである。また文化人類学の分野の研究者も増えた。そうした意味では大学の枠を超え、学問分野の枠を超える研究会になっていった。一九九八年には國學院大學大学院にも後期伝承文学コースが開設されたので、参加したり発表したりする大学院生も増え、大きな刺激になった。

研究会が終わっても会場を移して二次会研究会を行なう慣習は継続され、このころは渋谷中央街レンガビルの「奥座敷」が定例会場であった。二次会の人数が増え、「わかさ」に席を取りにくくなったことが大きな理由であったが、比較的早くから開いていることも理由の一つであった。

この会も二〇〇二年一月一九日の第二七回をもって終わった。最終回の発表は、法橋量氏の「市民運動としての祭―伝統の創造過程とその担い手　南西ドイツ・ファスナハト（カーニバル）の主導的人物を中心として―」であった。『通信』は二八号が最終号であったが、それによれば参加者は延べ二八七人であった。なお、『通信』二八号は六八名に発送されている。ちょうど五年間の活動であった。「都市を考える懇談会」の活動期間を加えれば、途中中断した時期があるとはいえ、一〇年にわたる都市民俗にかかわる研究会活動であった。

だが既に、一時のような都市民俗に対する強い関心は薄れ、学界の趨勢は現代民俗に関心が移る傾向にあった。しかし、都市民俗についての基本的な問題は何ら解決されていなかったのである。一〇年にわたる研究会の成果が、十分には評価されていなかったのである。そこで『通信』二八号では参加者に呼びかけて、論文集を作ることにした。

> 都市・現代・伝承などをめぐって、民俗学・文化人類学・社会学・地理学などの多くの研究者の参加を得て一〇年以上も続けてきた本研究会の成果は、参加された方々それぞれの研究に生かされてきましたが、論文集のようなより明確な形にして次の活動に繋げる必要があると思います。そこで、下記の要領で原稿を募集することにしました。ご協力いただけたら幸です。

呼びかけ人は有末・内田・倉石・小林・和崎の五人[8]であった。そして、一三人の論文を中心にして、会活動の概要をまとめたのが『現代都市伝承論―民俗の再発見―』である。

三　都市民俗学研究会

筆者の研究室に事務局を置く都市民俗研究にかかわる研究会には、「現代伝承論研究会」のほかに「都市民俗学研究会」があった。これは筆者の大学院におけるゼミ生を中心としたものであるが、國學院大學大学院生を中心としてこの都市民俗学研究会を結成することになったのは偶然のことであった。大体、筆者の民俗学の恩師である井之口章次氏は、大学を単位とする学閥的な存在を作ることを嫌っていた。研究の場は広く求めればよいし、発表の場はできるだけ既成のものを活用すればよいので、小さな群れを作る必要はないと常々いっていたからである。[9]そのため、都市民俗研究に関する研究会を開こうという話はあっても、大学を中心として作るつもりは全くなかった。

もっとも、國學院大學における民俗学は、折口信夫教授以来の文学研究法としての性格が強く、[10]「民俗学」は文学部文学科（後に日本文学科）の科目であった。そのため、都市民俗研究に対して、必ずしも十分な理解が得られにくい場面もあった。筆者が学位請求論文として、『道祖神信仰論』と『都市民俗論序説』のどちらにするか迷って井之口氏に相談した時に、「都市民俗論などを審査できるものがいるのか」といわれて『道祖神信仰論』を提出した経緯もあった。

國學院大學大学院には、民俗学の専攻・コースは置かれていなかった。筆者が大学院の講座を担当するようになったのは、國學院大學の専任教員になってから一〇年経過した一九九二年度からであり、担当講座は「民間伝承」であった。この科目がいつから置かれていたのか知らないが、大学院のカリキュラムで民俗学関係の科目は「民間伝承」一科目だけであり、前期の院生を対象とする講義科目であった。

当時、大学院で講座を担当するためには博士学位を持っていることが必須条件であり、この年の一月に博士(民俗学)の学位が授与されたので大学院の講座を持つ資格が得られたのである。ただ、大学院は兼担であったから、後期の院生を対象とする演習科目は担当できなかった。大学を卒業すると直ちに郷里に帰って高校の教員になった筆者は、当然大学院の前期すら経験していなかったから、大学院での講義の仕方もわからず、全く五里霧中の状態であった。しかしともかく筆者に期待されていたのは都市民俗論であろうと思いこんでいたから、講義は都市民俗論を中心として行なった。五、六人の受講生はもともと日本文学専攻の院生たちであったから、都市民俗について関心を持っているといっても体系だった知識を持っているわけではなかった。

筆者も大学院生に十分な内容の講義ができる自信があるわけではなかったから、これを機会に知識を整理し一緒に考えるつもりになっていた。そこで始めに数時間講義をした後は、基本的文献について分担して検討し、その結果を発表してもらうことにした。その結果をどうしようなどというつもりはなかったが、発表を聞いている内にそのままにしておくには惜しいと思うようになった。それは基本的文献を体系的に検討していなかったことに改めて気がついたということもあったが、若い日本文学研究者の見る都市民俗のあり方が民俗学からの視点からとは異なっていたからである。

また、一九九三年には大学院専任になって民俗学専攻のゼミ生もいたことから、発表内容を印刷物としてまとめてみるつもりになった。それが『都市民俗論の展開―都市民俗論ノートⅠ―』である。ゼミでの研究成果をまとめることについては、筑波大学の高桑ゼミの先例があり、(11)それに刺激されたこともあった。それは、二つを並べてみるとすぐわかる。幸いにも高桑氏からクレームは付けられなかったが、クレームを付けられても仕方がないほどその装幀はよく似ている。

もちろん高桑ゼミは民俗学専攻の大学院生によって構成され、しかも三年間にわたる議論を踏まえたもので、単年度単位の前期講座の受講生の論集とは質的に異なっている。しかし國學院大學では、折口信夫没後四〇年以上経っても民俗学は文学研究の補助学的学問として見られがちであり、文学研究においてはことさらそうした傾向は強かった。したがってまずは、民俗学の独自性を必要以上に強調せざるを得なかったのである。そのためには、多少物足りない点はあったにしても、基礎的なところから始める必要があると思ったのである。

そしてとにかく論集をまとめようと思い、論集を講座名で出す了解を当時の大学院委員長の倉林正次教授、そして大学院事務課に得た。しかし予算的な裏づけは何もなかったので、個人で負担することに決めていた。こうして一九九三年度受講生五人の研究成果を集めた『都市民俗論の展開―都市民俗論ノートⅠ―』は、一九九四年三月三一日付で出来上がり、文学科の先生方全員にお配りした。「都市民俗論ノートⅠ」としたのは、毎年こうした論集を出す心づもりからであったからである。

しかし『都市民俗論ノートⅡ』は、翌年には発行されなかった。理由は忘れてしまったが印刷費の工面ができなかったのかもしれない。そして、『都市民俗論ノートⅡ』の出版間際の一九九六年二月に、『日本民俗学会会員名簿』が発行された。当時は会員名簿の巻末に全国の「民俗学関係研究団体一覧」が付いていて、そこに「都市民俗学研究会」が國學院大學伝承文学第一研究室内に存在することになっていた。伝承文学第一研究室は筆者のいる研究室であった。それを見て、日本民俗学会理事会の末席に連なっている身としては、ちょっと慌ててしまった。学会の運営にあたる一員として「学会誌に登録された以上「都市民俗学研究会」が存在しないというわけにも行かないであろう」と思ったからである。それと共に、こうした会があっても悪くはないであろうとも思った。しかし、今まで「都市民俗論」といってきたものとしては、「都市民俗学」を全面的に名乗るにはいささかの躊躇があり、機関誌名には『都市民俗研究』という表現を用いることにした。そして号数は『都市民俗論の展開―都市民俗論ノートⅠ―』を受けて第二号とした。

こうして誕生した都市民俗学研究会とその機関誌『都市民俗研究』は、全く意図せずに生まれたのである。そしてこれはゼミ研究会ではないし、機関誌はゼミ誌でもない。そのため以後はできるだけゼミ生だけではなく、広く執筆者を募ることにした(12)。そして、三号ではゼミ生以外に巻山圭一・中野紀和両氏に、四号では内野達矢・亀井好恵・板橋春夫三氏に執筆を依頼した。しかし、五号以降はまたゼミ生が主体となった。それでもゼミ生に限定していたわけではなかった。

國學院大學に民俗学の専攻・コースとして文学部文学科に「伝承文学」を名称とする専攻が設置されたのは、一九九二年であった。これ以降年次進行に伴い一九九六年には大学院文学研究科日本文学専攻伝承文学コースが設置された。一九九八年には後期にも伝承文学コースが設置された。そして三年後の二〇〇一年には、学部・大学院の全学年に伝承文学という名称ではあるが、民俗学の専攻・コースが出来上がったのである。

ゼミ誌をその前身として誕生した『都市民俗研究』は、大学院生の研究誌を超えて全国の民俗学研究者を対象とした研究誌としての性格を加え、かつ大学院生のための研究発表の場として研究業績作りとしての役割も果たした。だが全国的な都市民俗研究誌として、どれほどの研究成果を挙げたのかということになると、忸怩たるものがある。影響は学内にとどまっていたのかもしれないからである。むしろ、渋谷研究のほうが注目された。

四　渋谷研究会

都市民俗学研究会のワーキンググループとして渋谷研究会が発足したのは、一九九九年一一月のことであった。渋谷研究会の第一回例会は、一九九九年七月六日(火)に筆者の研究室であった伝承文学第一研究室において一四〜一六時に開催された。一部の講義と二部(夜間)の講義の間の時間で、出席者はほぼゼミ生の全員に相当する一二名であった。この席で次のような研究会の概要を提案し、承認された。

1　名称　将来的に『渋谷民俗誌』の作成を目指すことを考慮し、「渋谷研究会」とする。

2　運営方針　國學院大學大学院における演習題目「都市民俗誌の方法」を具体化するために、渋谷におけるフィールドワーク調査に基づいた研究例会を開催することとする。

3　「渋谷」のとらえ方　地理的概念としての「渋谷」と、文化概念としての「渋谷」について。[13]

これを見ると、渋谷研究会の結成は筆者の大学院における演習題目が「都市民俗誌の方法」であったことによるもので、いずれは『渋谷民俗誌』を作成しようとしていたからであることがわかる。「都市民俗誌の方法」について十分な論議を交わすには、時間割の九〇分だけでは足りなかったのである。単位が絡んでいたとはいえ、よくまあゼミ生たちが参加してくれたものである。もちろん参加は自由で、強制はしていなかったはずである。

演習題目の設定と、フィールドワークの対象を渋谷にした理由については同じ『都市民俗研究』六号の「編集後記」に詳しいので、すこし長いが次に引用する。

民俗的生活文化に都市文化が与えた影響は大きい。「都市」概念が空間的・時間的概念ではなく、文化概念であると考えなくてはならないほど「都市」は普遍的な存在である。そうした状況下にあって民俗学も都市を対象とせざるを得なくなったと理解している。いうまでもなく、だからといって村落を切り捨てるなどということがあって良いはずはないし、そんなことは思ったこともない。都鄙連続体論をもちだすまでもなく、民俗学が、文化の連続という視点を持って生活文化を把握しようとすれば、現在に到る文化の連続の中に村落文化が存在していたことは疑いのない事実だからである。しかも今なお厳然として村落は存在している。ムラはさらに広範な存在である。

しかし、現在の生活の中に存在する「都市」もまた無視することはできない。それは文化の連続性を或いは疑わなければならないかと思うほどの存在である。それでもなお「都市」の中に連続する文化を見いだすことができるはずだと思われる。それが文化を伝承(伝達―継承)の側面から把握・分析しようとする民俗学の基本的な視点であると思う。その連続は村落文化の淵源するものであるかもしれないし、都市空間において生み出されたものに由来するものであるかもしれない。またそうした連続の様態を引き起こす理由もまた同一ではない。変化・変容はむしろ連続する文化の有り様としては避けられないものである。そうでなければ時を超えて連続することはできないであろう。だがその変化を経てなお連続しているということは、変化しない部分を含んでいるということである。いかなる要因によってどの部分がどのように変化し、変化しないか。それは具体的な文化事象について確認しなければならない。

「都市民俗誌」の作成はそうした都市の民俗文化の多様な姿を把握・検討する上では欠くことのできないものである。それは本研究会の発足当初からわかっていたことであった。本号からそうした調査・研究の成果の一端を掲載することになった。共同の研究ができるようにフィールドを「渋谷」に設定した。最も「都市」的なフィールドではあるがそれだけではなく、歴史の厚みも保持しているところである。そして何より國學院大學の存在するところであり、私たちが日常的に生活している場である。自らを知る上で生活の場を理解することは欠かすことができない営みである。まだ先の見通しは立っていないが、会員の協力によりあまり遠くない将来に『渋谷民俗誌』をまとめることができればと念願している。[14]

それまで都市民俗学研究会とはいいながら、特に研究会を開いてはいなかったが、これ以降「渋谷」を対象とした調査・研究報告を中心にしながら、定期的に研究会が開かれるようになった。『都市民俗研究』七号では「都市民俗誌を考える」「渋谷を歩く」の二つの特集を組んでいるが、これは「渋谷民俗誌」を作るために「渋谷研究会」を発足させたこととかかわっている。[15]

國學院大學には、別に「渋谷学研究会」が存在する。史学科の上山和雄教授から地域学としての「渋谷学」に参加要請を研究室で受けたのは、二〇〇一年五月二八日のことであった。渋谷研究会が既に存在していたのを承知されていたからである。学部横断で、全学を挙げて渋谷学を展開したいということであった。地域学はえてして一地域の知識を羅列しただけのものに終わっているが、國學院大學が全学を挙げて取り組もうとするのであれば、それを超えて学的体系を立てることを目標にして欲しい。それなら喜んで参加させていただきたい旨をお答えした。渋谷学はその後、公開講座を開くなど國學院大學の事業の一つとして、大きく展開した。[16] 渋谷学研究会は、「渋谷」を研究対象とする研究会なのである。

しかし、「渋谷研究会」は「渋谷」を調査・研究対象としながら、それだけを目的とはしていない。あくまで都市民俗学研究会のワーキンググループであり、「渋谷」を通して「都市」の民俗を研究対象としているのである。そうした意味では「渋谷」は目的ではなく、手段なのである。それ故に『都市民俗研究』誌には、渋谷にかかわる報告・

研究以外に多様な都市民俗の調査・研究の成果を収めていたのである。

筆者の定年退職を控えて渋谷学研究会からの要請により、民俗学の分野から捉えた渋谷の様態を『渋谷をくらす―渋谷民俗誌のこころみ―』として、『都市民俗研究』誌に掲載された論考等をまとめた。(17)これはそのサブタイトルに示したように「民俗誌」としては十分ではない。それは確かに長野隆之准教授の指摘の通りである。(18)だが、都市民俗学研究会の活動として見た時、どのように評価すべきであろうか。

改めて『都市民俗研究』誌を見返してみるとあまりにも多様な試みに溢れており、「渋谷」を対象とした論考はその一部であったことに愕然とした。それも、調査者の五感をフル動員して、対象とする文化事象から、伝承文化を何とかして発見したいという意欲にあふれている。色や音、人々の動きや表現、あるいは空間やファッションなど、新しい資料を発見し、資料化し、民俗を見出そうとする試みがなされている。そうした意味では十分渋谷を超える視点が示されている。「都市民俗学研究会の一七年間」は無駄ではなかったという思いが今さらながら強い。

ただ、都市民俗研究会の後を託そうと思っていた長野隆之准教授が思いがけない病を得て、二〇一一年に長逝してしまった。やむを得ず研究会は終了とし、『都市民俗研究』誌も廃刊にすることにしていた。しかし小川直之教授からの強い要請があり、研究会も機関誌も小川教授が継承することになった。そして二〇一二年より研究会は國學院大學渋谷学プロジェクトの一環として、國學院大學研究開発機構研究開発推進センターに置かれることとなった。(19)

おわりに

國學院大學在職中の都市民俗にかかわる研究会は、「都市を考える懇談会」とその後継研究会である「現代伝承論研究会」、および「都市民俗学研究会」がその主なものであった。前二者は研究者仲間による研究会で意図的に結成したものであったが、もう一つの研究会は偶然の産物であった。しかし、大学院で学んだことのない筆者にとって、大学院で学ぶとはこういうことであったのかと思わせるに十分な充実した機会であった。ゼミ生たちはどのように感じていたかはわからないが、研究会の後はほとんどが二次研究会に参加し、「奥座敷」で酒間に論議を交わすのは「現代伝承論研究会」と同様であった。ゼミ長などという役を改まってお願いしなくても、何となくゼミの取りまとめ役を引き受けてくれる院生ができ、二次研究会の会場を予約することも慣例化した。『都市民俗研究』編集の手伝いも院生たちに依頼し、長野隆之准教授亡き後は、高久舞兼任講師が一手に引き受けてくれた。

こうした研究会の恩恵を最も受けたのは、実は筆者であったかもしれない。大学院生たちには、同じ民俗学研究者であるから議論の上では対等であるといっていた手前、筆者の見解に対する異論は当然あったし、それに負けまいとして筆者も勉強せざるを得なかった。ゼミの運営は全面的に受講生に任せ、発表に対する検討の折の発言は控え、最後に五分だけもらって意見をいわせてもらうようにしていた。別に手を抜いて、楽をしようとしていたわけではない。自分の頭で考え、自分の言葉で表現することが苦手なゼミ生がしばしばおり、それを克服してもらおうとしていたのである。そして、できるだけ発表の機会を増やすために都市民俗学研究会のほかにも、道祖神研究会(『道祖神研究』)・民俗地図研究会(『民俗地図研究』)などを作り、機関誌を発行した。もちろんそれらには筆者自身も発表し、論考を寄せざるを得ず勉強する機会が増えた。

それらがゼミ生や筆者がどれだけ生かし得たか、それはわからない。しかし研究を進めるための機会が増えたことだけは確かである。それにしても、いずれの研究もいまだその道の途中である。研究テーマに疑問点が残っている内は、研究に終わりはない。まだまだ研究の助走の先は見えない。

註

（1）岩本通弥・倉石忠彦・小林忠雄共編著『混沌と生成』（都市民俗学へのいざない　Ⅰ）雄山閣出版　一九八九年。同編著『情念と宇宙』（都市民俗学へのいざない　Ⅱ）雄山閣出版　一九八九年
（2）倉石忠彦『都市民俗論序説』雄山閣出版　一九九〇年
（3）小林忠雄『都市民俗学―都市のフォークソサエティー―』名著出版　一九九〇年
（4）川田順造『口頭伝承論』河出書房新社　一九九二年
（5）『現代都市伝承論―民俗の再発見―』（岩田書院　二〇〇五年）に掲載した「都市を考える懇談会」記録では、最終の会が平成七年になっているが、第一一回開催年以降、年次が乱れている。正確には一九九六年（平成八年）四月の会が最終の会であった。したがって、同書三二五頁の「現代伝承論研究会」設立趣意書中の、「（「都市を考える懇談会」は）平成七年四月までの約五年半にわたって」という文言も「平成八年四月までの約五年半にわたって」と修正されなければならない。作表し、校正を担当した筆者の重大なミスである。
（6）倉石忠彦・高桑守史・福田アジオ・宮本袈裟雄編『日本民俗誌集成』全二五巻　三一書房。八冊刊行して残りは未刊
（7）有末賢・内田忠賢・倉石忠彦・小林忠雄編『日本都市民俗生活誌集成』全一三巻　三一書房。未刊
（8）現代伝承論研究会編『現代都市伝承論―民俗の再発見―』岩田書院　二〇〇五年
（9）井之口章次「少し長めのご挨拶」『伝承文化研究』創刊号　國學院大學伝承文化学会　二〇〇一年
（10）倉石忠彦「國學院大學民俗学研究略史稿」『國學院大學大学院紀要―文学研究科―』第四一輯　二〇一〇年
（11）『「民俗誌」論・試行と展望―高桑ゼミ民俗論集Ⅰ―』筑波大学歴史人類学系民俗学研究室　一九九二年

（12）倉石忠彦「編集後記」『都市民俗研究』二号　一八八六年
（13）「渋谷研究会記録」『都市民俗研究』六号　二〇〇〇年　八〇頁
（14）倉石忠彦「編集後記」『都市民俗研究』六号　二〇〇〇年　八一頁
（15）特集一「都市民俗誌を考える」　有末賢「都市民俗学と都市文化」・谷口貢「民俗誌の困難」・倉石忠彦「都市文化と民俗学」。特集二「渋谷を歩く」　車塚洋「五感で感じる渋谷」・川向富貴子「「場」と「落書き」」・長野隆之「境界としての渋谷駅」。『都市民俗研究』七号　二〇〇一年
（16）上山和雄「はじめに『渋谷　にぎわい空間を科学する』」國學院大學研究開発推進センター渋谷学研究会・上山和雄編著『渋谷　にぎわい空間を科学する』（渋谷学叢書5）雄山閣出版　二〇一七年
（17）國學院大學渋谷学研究会・倉石忠彦編著『渋谷をくらす―渋谷民俗誌のこころみ―』（渋谷学叢書1）雄山閣出版　二〇一〇年
（18）「國學院大學渋谷学研究会・倉石忠彦編著『渋谷をくらす―渋谷民俗誌のこころみ―』（雄山閣出版　二〇一〇年）は、國學院大學特別推進研究助成（研究課題「副都心（渋谷）に関する学際的共同研究―「渋谷学」の拠点形成に向けて―」（研究代表上山和雄教授）の事業の一環として刊行していく『渋谷学叢書』の内の一冊であり、本誌収載論考を編集したものである。その意味では、本年度が「都市民俗学研究会にとっての節目の年」となった理由の一つとしてあげられるものであるが、目標に到達できぬままに刊行したものである。すなわち、『渋谷をくらす』は「渋谷民俗誌のこころみ」であって「渋谷民俗誌ではない。必ずしも「伝承事象に立脚し」ていない論考も含まれているのである。
「渋谷」のみに限ってみても、伝承事象だけで対象の全体像を描ききることはできない。では、「渋谷」で認められる伝承事象だけで一つの世界を表現できるかというと、そうすることもできなかった。民俗学的視点でいかに「渋谷」を

描いていくのか、そのヴィジョンを明確にすることが、都市民俗学研究会の一七年間ではできなかったのではないかと反省するのである。そして、これをクリアにすることが、残された我々の課題ではないかと考えるのである。」長野隆之「編集後記」『都市民俗研究』一六号　二〇一〇年

(19)「『都市民俗研究』一六号までは、都市民俗学研究会が自前の予算で刊行してきたが、本号から國學院大學研究開発機構研究開発推進センターの予算で刊行することができるようになった。(略)本号から、都市民俗学研究会は國學院大學渋谷学プロジェクトの一環として、國學院大學研究開発機構研究開発推進センターに置かれることとなった。従来のように都市に関する論考・報告も募集する。より様々な研究が投稿されることで、充実した研究誌が刊行できるように、議論の場を持ち続けていきたい。」高久舞「編集後記」『都市民俗研究』一七号　二〇一二年

第八章　都市民俗研究の世界

第一節　現在学としての民俗学

一　研究と研究者

近年の民俗学研究の状況を見ると、日本民俗学は混迷の中にあるといわざるを得ない。

いかなる科学も、その進歩は専門化と細分化とを引き起こす。より精確に、より詳しく、より深く追求しようとすると、対象を細分化せざるを得なくなるからである。しかし、フィールドの科学としての民俗学は、それのみにとどまらず、生活の変化と共に研究対象が拡大せざるを得ない宿命を負ってもいる。その結果、民間信仰であるとか、人生儀礼であるとかという伝統的な研究テーマはいうまでもなく、そうしたものばかりでなく、新しいテーマが次々と顕在化してくる。我々研究者たちはそうした状況の中で、常に自らの研究対象と研究法との選択に迫られている。

いうまでもなく研究は、自らの明らかにせんとする欲求に支えられている。したがって常に選択を迫られている研究者とは、常に過剰な問題意識に振り回されている研究者であるともいえる。もちろんそれは悪いことではない。問題意識がないところに、研究は始まらないからである。しかしその問題意識に埋没してしまうと、自らの主体性が見えなくなる。自らの切実な問題意識が自覚されなくとも、他人の問題意識にしたがっていれば、何とか形がつくからである。それはある意味で時流に乗り、学界の動向に順応するものである。しかも、独自で道を切り開く必要がないから、楽でもある。創造することより批判することのほうが容易であることは、既に体験済みであるかもしれない。あるいは、誰も手を付けていない問題に手を付けることも、また容易かもしれない。ただし、そうした問題を見つけ得れば、ということではあるが。

しかしその問題にどこまでこだわり続けることができるかは、また異なった問題である。もう六〇年以上も昔、國學院大學に入学してまだ間もない四月、後に学長を務められた中世文学研究者であった故春田宣教授が、まだ講師であったころ、最初の講義で「研究者とは何か」と問われ、「それは最後まで問題に取り組む者だ」と説かれた。途中で投げ出す者は研究者とはいえない、というのである。どんなに難しいテーマであっても、難しければ難しいほど力を尽くして解明すべきなのである。それは最後まで執着することができるような、切実な欲求に基づく問題に対してこそ、初めて実現できることでもあろう。それなればこそ、どんな小さな発見であっても、そこに研究の成果を実感できる。

筆者は、研究の継続とは、小さな発見に対する喜びの継続であると思っている。他人にとっては無意味に等しいことであり、あるいは問題にもならないことであったとしても、自らの手で、自らが納得できる答えを発見した喜び、それはそこに至る苦しみを忘れさせてくれるに十分である。研究は楽しくなければならない。そうでなければ、ほとんど金にならない研究など、やっていられるものではない。ちなみに、そうした研究の継続によって、自らの研究体系が出来上がった時に「学者」といえる存在になるとは、倉林正次教授が、最終講義で述べられたことであった。とてもまだ自らの考え方の体系が出来上がったとは思えないのが心もとないのであるが、ともかく研究の継続は基本である。民俗学の師である井之口章次杏林大学教授の口癖が、「継続は力なり」であったことを、ご存知の方も多いであろう。

二〇〇九年(平成二一年)一一月七日に、國學院大學國文學会の公開講座で、小川直之教授と共に講演をすることになり、改めて「指折り数える」行為について考えてみた。そして指で数を数える時には、ゼロは五であり、また五はゼロであることに気がつき、びっくりし、ちょっとした興奮を覚えた。久しぶりのことであった。(1)

今までほとんど意識せずに、しかし子供のころから行なっていた行為であったにもかかわらず、今まで全く気がつかなかったからである。しかもそれは自らが数を確認するために指を折る行為と、指を伸ばして数を他人に向かって示し、共に数を確認する行為と対応し、自他の認識と明らかにかかわっていたのである。そんなことがわかって何になる、といわれるかもしれない。確かにその通りである。

しかし、このことが例えば山上憶良の「秋の野に咲きたる花を指折りてかき数ふれば七種の花」(『万葉集』七巻　一五三七番)という歌と結びつけられたとき、何か意味を持たないであろうか。折口信夫はこの歌を『口訳万葉集』で、「秋の野に咲いてゐる目につく花を、指折って数へてみると、ちようど、七種類の花がある」と訳しているが、(2)単に数を数えるだけではなく、自らがその花を確認しているのであり、そうせざるを得なかった憶良の心情とかかわっているとも考えられる。またこうした文学鑑賞にとどまらず、日本人の自他の意識を考える時に、何らかの役に立たないであろうか。もちろんこうしたささやかな発見によって、世の中はどうなるものでもない。しかし全く無意味とも思われない。

思えば民俗学は、常民概念を通して、時と場とを超越した、日本人の文化を発見すると共に、日常の中に発見した新しい世界を提示することによって、私たちの生活を豊かにしてきたのではなかったか。

二　民俗学の世界

　明治維新以後、いわゆる近代化を急ぐ明治政府の主導による西欧文化の移入による文明開化の嵐の中で、日本の在来文化再評価の動きが生まれ、近代西欧科学としての人類学からの刺激を受けつつ、民間伝承を対象とする科学として、民俗学は展開してきた。日本人が長い年月を経つつ築き上げてきた生活文化を理解することが、より良い未来を作るための原動力であるとしたのである。それはつまり、自らを見直すことであり、自己内省の機会である。過去の日本文化を理解し、それに対する自らの生活を見直すことが、これからのより良い生活を築く基礎になるとするのである。いわばこれまでの日本を知らずして、未来の日本を語るなかれというのである。

　そのために、民俗学は時代を先導する知識人の持つ知識とは、また異なる知識や考え方をする常民の文化を、あえて取り上げようとしたのである。そういう意味では、民俗学は極めて現実的な目的を持って誕生した学問であった。ごく普通の生活文化を対象とし、どのような文化事象であっても、あえて奇習とか、珍奇とかということではなく、日本人の普遍的文化事象につながる文化事象として捉えようとした。そのためにも、「都市的な進歩的な文化よりは、いわゆる地方的・農村的な生活様式が興味の中心に置かれる」と柳田國男は認識したのである[3]。

　それは歴史の最先端の知識に関心を置く、諸科学と大きく異なるところでもあった。時代の背後に埋没しようとする在来文化の発見と、それを通してより良い生活を追求するための手がかりを得ようとする新しい科学としての民俗学は、その成果に対する社会的認知度を高めるためにも、学的体系を整えることを急いだ。いかなる学問であっても、それが独立科学として認められるためには、学内部においては独自の対象・目的・方法が整備され、それに基づく研究成果が蓄積されること、そしてそれが社会的に承認されることが必要であるはずである。民俗学はその研究対象を民間伝承とした。それは近世において国学者が関心を持ちながら、遂にそれを体系的には研究しようとしなかったものので、その独自性は明確であった。

目的としては、文化の動的側面、つまり伝達・継承の過程において、変化する部分に注目する歴史的関心と、あまり変化しにくい部分、いわば民族文化の枠組みにかかわる、基層文化に対する関心との二つがある。これは並存するはずのものであるが、筆者はどちらかというと、基層文化の追求を目的とし、歴史の解明はその手段として位置づけたいと思っている。

かつて、いつまでたっても答えの出ないような日本の基層文化の解明を目的とするより、歴史を明らかにすることを目的とすべきであるという発言があった。しかし目的には大きな目的と、小さな目的とがある。大きな目的の解明は容易にはできないが、それを目指して努力することがあっても、よいはずである。それに至る過程では、数多くの課題をクリアーしなければならないはずで、それが当面の小さな目的になっているものでもある。

「人とは何か」「文化とは何か」「神とは何か」などなど、人間の歴史と共にあるような課題は、簡単には解決するとは思われない。何千年という年月をかけて考え続けられながら、これからもなお問題にされ続けるであろう。こうした問題を解明することを目的とするのは、いかがなものかといわれても、それを問題とせざるを得ない人にとって、これは簡単には投げ出せない切実な問題である。

同様に「日本人とは何か」という問題を、文化を通して解明しようとする人は以前からいた。そして民間伝承が基層文化と最も深く結びつき、それが日本文化を枠付けるものであるなら、民間伝承を通して日本文化を考えようとする民俗学が、基層文化を明らかにすることを目的にするのは、ごく普通の成り行きである。それをいかがなものかといわれても返答のしようもない。

「生命とは何か」「宇宙とは何か」などという課題に対して、自然科学では着々と成果をあげつつある。だが文化としての命や宇宙については、なかなか成果をあげ得ない。だから努力不足だといわれれば、その通りである。しかしだからこそ、さらに努力し、研究に邁進しなければならない。一つの科学の目的が、そんなに簡単に達成されるようなものではないはずである。しかも同じ問題を取り上げても、自然科学と人文科学とは、資料も研究法も異なっている。

例えば、「生命」について、自然科学としての生命科学は、着々と成果をあげている。それと深くかかわる医学の世界でも同様であり、「死」さえ人の手にゆだねられようとしている。生命の一形態である「死」は、古くから民俗学にとっての重要な課題であったし、研究成果も少なくない。にもかかわらず日本人にとって「死」とは何であったかという、文化としての「死」が完全に解明されたとはいえない。生物体としての死と、文化としての死の関係も、十分に検討されているとはいえない。社会的には、脳死問題が大きな話題になった。これは文化の問題でもあると思われるのだが、専ら医学や法律の問題として論議されるばかりであった。民俗文化としての死の認識を踏まえて論議がなされないために、どこかに違和感が存在している。それを自覚しているにもかかわらず、民俗学研究者が脳死問題に対して意見を求められたであろうか。

文化を研究する科学としての民俗学に対する社会的認知度が低いといわざるを得ないが、そうした状況に手をこまねいていたのは、筆者らにその責任の一端があることは承知している。反省するばかりである。

それではいわゆる伝統的な文化に対して、民俗学がどれほどの影響を与えているか。二月三日は節分であった。近年は「恵方巻」の丸かじりが流行し、スーパーなどでは盛んに宣伝している。節分習俗として、東京などで行なわれるようになったのは新しい。これが日本文化としてどのような意味があるかは、民俗学のテーマとなり得るものであろう。近畿地方では既に二〇年以上前から行なわれていたという報告がある(4)。その起源は明確ではないが、大阪船場の旦那衆の茶屋遊びから始まったという話もある。するとこの習俗は俄然いかがわしいものとなってくる。着飾った芸者が太い海苔巻きを頬ばっている姿を、旦那が笑いながらながめているのである。とても家族団欒の情景にふさわしいとはいえない。もっともアゲマン・サゲマンなどという花柳界の用語が、大手を振ってまかり通る時代であるから、不思議でもないであろう。みっともない—見たくもない—という言葉が死語になっている現状からすれば、たいしたことではないのかもしれない。しかし、ここに至る経緯を示し、それをどうするかという選択肢を示すことは、民俗学の役割でもあろう。

ところで、民俗学の方法は、目的とかかわりながら具体的に考えられることになるが、一口にそれは比較研究法とされる。科学である以上、比較の行なわれない研究があろうとは思われないが、民間伝承を比較して、文化の動態および静態を明らかにしようとするのは、民俗学だけである。そこに民俗学の比較研究の独自性がある。そして地域差は時間差であるという考え方に基づいて、空間的比較を基本とするために、全く地域的差異の見られない文化事象は研究の対象、つまり民俗学研究の資料にはなり得ないとする考え方が一般的である。しかし、文化事象が伝承されるのは地域的・集団的に行なわれるにしても、実際には伝達・継承の過程で個々人がかかわるのであるから、全く差異のない文化事象はなかろう。

例えば、食具としての箸は、基本的には全国的に二本である。したがって差異に注目する立場からは、その本数を研究対象とはし得ない。だが、材料・形態・作法・使用の機会などには、差異が存在する。つまり、差異にこだわらず、伝承性を有するあらゆる文化事象を研究対象とし得るのである。

今、マスコミや情報機器の普及により、生活文化は全国的に画一化する傾向が見られるという。だが同時に価値観の多様性の進展、あるいは個性的文化の評価などにより多様化する傾向も見られる。かつて人文科学関係の九学会連合が存在していたころ、最後の共同研究に参加したが、その研究課題は、「地域文化の均質化に関する総合的研究」であった。これは日本における地域文化が、均質化しつつあるという認識に基づく研究課題であった。しかしその研究は、「確かに均質化はしているが、その一方で多様化も進展している」ということを明らかにしたのであった。(5) 現在私たちは、様々な文化事象の渦中で、翻弄されていることを実感している。こうした状況に対して民俗学は、手をこまねいているだけでよいのだろうか。

三　現在学としての民俗学

民俗学は、現在学であるという。現在の社会の動きと、民俗学の存在とが、かくも疎遠になっていながら、なぜ現在学なのであろうか。民俗学の性格として、自己内省の学・経世済民の学・世相解説の学と共に、現在学という性格をあげることが多い。だがいったい現在学とはどのような性格の学問なのであろうか。

本稿執筆の過程で、柳田がこの「現在学」という表現をどこで使っていたかを確認するために、改めて『定本柳田國男集』(別巻五)(6)の索引を引いてみて、そこにはないことに気づいた。『日本民俗大辞典』(7)にも「現在学」の項はなく、語彙索引にも載っていない。しかし、この語が筆者の作り出したものでないことは確かであり、以前十年ほど続いた現代伝承論研究会でもしばしば用いられた語であった。(8) ただその概念には、個人差がかなりあったように記憶している。そのとき筆者はそれを、「現在」を対象にするというだけではなく、「現在の生活の中に存在する問題を、現在の生活の中から答えを見出す学問である」というように説明した記憶がある。

柳田には、よく知られているように「現代科学ということ」[9]という論文がある。これは、筆者が非常に強い印象を受けたもので、筆者の民俗学についての考え方の基本を作った論文の一つであった。柳田はここで、「民俗学の特質三つあり（略）、一に曰く普遍性、二に曰く実証性。三に曰く現代性これなり」といい[10]、また、「民俗学は現代の科学でなければならぬ。実際生活から出発して、必ずその答えを求めるのが究極の目的（略）」であるともいっている[11]。そしてまた、柳田は『明治大正史　世相篇』において、「打ち明けて自分の遂げざりし野望を言うならば、実は自分は現代生活の横断面、すなわち毎日我々の眼前に出ては消える事実のみに拠って、立派に歴史は書けるものだと思っているのである」といっている[12]。そして、民俗学がこうした現在性、柳田のいう現代科学としての性格を持つべきだという考えは、至極当然であると今でも思っている。

こうした考えを基本とすると、独立科学としての民俗学は、それを保証する、対象・目的・方法について、常に問い続けなければならない。つまり、生活の変化に伴い、民俗学の研究対象は拡大し続けるのである。しかし、民間伝承という文化事象を研究対象とするのであるから、文化の連続性を保証する伝承性は欠くことができない。民俗学の草創期以来、調査発見すべき民間伝承について、その項目を整備し、民間伝承の体系を明らかにするための分類案を提示するこころみは少なくなかった[13]。それは、その時代の生活を背景として、何を民間伝承とするか、その民間伝承の範囲、つまり民俗学の研究対象を明らかにしようとものであった。

だが一九七〇年代以降、日本人の生活は大きく変わった。現在の生活の中から問題を顕在化し、その生活をふまえて問題を解決しようとするのが民俗学の方法であるならば、新たな民間伝承の体系を模索しなければならない。古い民間伝承の体系にのみこだわるならば、民間伝承はやせ細るばかりである。物は溢れ、生活が豊かになったにもかかわらず、生活文化が貧弱であるということなのであろうか。あるいは、文化の連続性が断ち切られたということなのであろうか。しかし物質的豊かさはそれなりの生活文化を生んでいるであろうし、新しい文化を受容するということは、受容するだけの素地があったということであり、何らかの連続性の存在があったはずである。その連続性が見えないということは、見えるような文化事象を発見できないからである。

それでは、新しい民間伝承とはどのようなものであろうか。残念ながら、いまだその体系は見えてこない。わずかに都市と身体、そして感覚にかかわる幾つかの文化事象が、新たな民間伝承として登場する可能性示すことができただけである。空間認識やイメージ、生活文化にかかわる人々の多元的・重層的なあり方にかかわる概念である。これは大学院を担当し始めてから、ゼミ生と共に、一五年ほどの時間をかけて調査・研究を累積し、ようやく見えてきたものである。その成果の一部は『渋谷をくらす—渋谷民俗誌のこころみ—』[14]としてまとめた。また、これと並行して開かれていた学際的な研究会である「都市を考える懇談会」や「現代伝承論研究会」においても、都市の民間伝承について検討された。その成果は『現代都市伝承論—民俗の再発見—』[15]としてまとめられた。

これらに先立って一九八九年に編纂・刊行された『都市民俗学へのいざない』二巻[16]には、若手（当時における）の研究者の多様な論文テーマを収めた。これらの成果の内容を整理すると、多少は都市の伝承事象の全体像が見えてくるような気もする。しかし、その後のインターネットの普及などを考慮すると、まだ体系を示すのは早いようにも思われる。そもそも『都市民俗学へのいざない』を編集したときにも、体系を示すことが検討されたが、それは都市研究を矮小化する恐れがあるということで、あえて論文を羅列するにとどめたのであった。しかしそうした配慮が、現在の民俗学研究テーマの多様化を生んだ遠因になったことを思えば、あながち間違ってはいなかったということになろう。

「身体」についてはいまだ手や指を取り上げただけで、しぐさなどの身体技法や全身の認識にまでは及んでいない。「感覚」についても、季節感や若者のファッションにかかわる意識をわずかに取り上げられたに過ぎない。したがって調査項目を提示することはできにくいが、ともかくこうした成果を踏まえて、現在の民間伝承の分類項目の整備は、残された時間との競争の中で、これからの筆者の重要なテーマとならざるを得ない。

もちろん激変する生活の状況を踏まえ、研究方法の検討も行なわれなければならない。研究対象や研究資料が異なれば、当然その研究法に対しても早急に再検討を迫ることになるはずである。歴史的関心・地域的関心に基づいた比較研究法によるにしても、今までどおりの周圏論と重出立証法・個別分析法だけで十分とはいえないであろう。既に千葉徳爾は一九七三年に地域変換法を提唱していた(17)。地域変換法についてはその後もほとんど検討が行なわれていないが、これは歴史を再構成するための方法ではない。地域の影響を受けにくい部分と、受けやすい部分とを見分けようとするもので、ある意味では日本文化の基層に位置する文化を明らかにしようとするものであった。

比較研究法として最も早く提唱された周圏論についての検討も、十分とはいえない。柳田國男の『蝸牛考(18)』は、方言周圏論であり、小野重朗の周圏論(19)は文化周圏論である。そして両者の周圏論による歴史的変遷は全く異なる結果を示すことになる。いわゆる「民俗地図」による、時間差を見出すための方法論は、現状では柳田と小野の二つしかないといってよい。しかし、両者の関係は十分に検討されたとはいいがたく、小野の斑雪現象に基づく新古判断の証明についても、十分検討されているとはいえない。地域差は時間差であるとする考え方を基礎とし、周圏的分布をとる場合ですら、見解は異なっているのであって、民俗分布によって歴史を再構成する方法は、民俗学の研究法として確立しているとはいいがたい。周圏的分布をとらない分布図に対しては、ほとんどその検討対象にもなっていない。そうした状況下にあって、最近になって、「民俗地図」を民俗学の研究法として位置づけようとする検討がようやく始まった。「民俗地図」を周圏論に基づいて、歴史の再構成を行なうだけではなく、民間伝承全体を対象とする研究法として、もっと普遍的なものにしようとする動きである。

それは重出立証法にしても同様であって、まだまだ検討されなければならい点が残されている。例えば、福田アジオが批判した文化事象の要素分析とその比較によって歴史を明らかにしようとする重出立証法[20]と、井之口章次のオタマジャクシモデル[21]は、重出立証法といってもその資料の質が全く異なっている。同じ重ね撮り写真になぞらえられる方法であっても、単なる事象と、井之口のいうような変化の比較は同じではない。

井之口は、「オタマジャクシがカエルになろうとは、夢にも考えられないけれども、後ろ足の出ることだけは、自分がこの目で確認したのだから間違いない、という資料群の段階(a)と、次には、オタマジャクシに元はうしろ脚がなかったかどうかは知らないが、うしろ脚だけしかなかったものに、前脚も出てきたことだけは保証するという資料群の段階(b)と、もう一つは、脚のないところから脚が出てきたかどうかは保証の限りではないが、尻尾のなくなったことだけは確かだ、という資料群の段階(c)と、この場合には、少なくともa、b、cの三つの資料群の段階が示されれば、オタマジャクシからカエルに至るまでの、推移の過程は立証できるのである」という[22]。

つまり井之口の比較する資料には、変化の相が組み込まれているのである。したがって福田が重出立証法の手続きである①同種の資料を集める、②類型に分ける、③要素に分析する、④変化を推測する、という方法について[23]、まず「各類型間にいかに序列をつけるか」と批判した点は、問題にはならないのである。類型には順序が予め示されているのである。しかも「各類型間の序列はいかなる意味で変遷となるか」「類型間の変遷の要因を明らかにすることはできない」「民俗の相互連関した変遷を明らかにできない」とする批判[24]は、いずれもその変化に自ら立ち会った話者と、それを確認した調査者との共同作業によって明らかにされているはずなのである。

この井之口の重出立証法に用いることができる資料は、もちろん限られている。変化の過程が示された資料でなければならないからである。つまり調査の段階で一々その変化を確認する必要がある。そこに、変化を保証する話者が、長い人生を体験し、多くの変化に遭遇していた人でなければならない理由がある。話者と時と場とを共有することがフィールドワークの条件であり、子供の遊びなどは、子供に聞いたり、直接一緒に遊んだりしてみるほうが、その時点での情報は確かである。それなのにあえて老人に聞くのは、自らの遊びと子供・孫の三世代の遊びの変化が確認できるからである。

私たちは今、自らが変化する様相を日々目にし、体験している。私たちは幾世代ともなく続く生活の末端にあって、変化し続ける歴史の証人なのである。私たちは自らの生活そのものが、歴史の資料でもあることを自覚すべきである。

四　拡大する民俗学の世界

グローバル化の進展など、時代と生活の変化に伴って、生活文化は多様化した。それと共に、埋没していく文化事象もある。しかし研究分野の細分化ともかかわり、民俗学の対象世界は拡大し続けている。民俗世界の全体像も見えにくくなっているが、それはちょうど、都市化の進展の中で統一体としての自分を実感する機会をなかなか持てないようなものである。だが実際の生活が統一を保っているように、民俗世界もそれに立脚しているものであるから、一つの有機体のようにバラバラに切り離せない存在である。

それでは細分化・多様化した民俗学研究を、どのように統合すればよいのか。これについては、ほとんど論議されていない。もちろんその多様化に伴う学的統合について、関心がないわけではない。日本民俗学会の機関誌『日本民俗学』は、定期的に研究動向号を発行している。細分化され、目の届きにくくなった民俗学研究の動向を、情報として会員に提供しようとするものである。かつてこの特集を中止しようという意見が、理事会で出されたことがあった。雑多な情報を単に羅列するだけであって、必ずしも研究動向としては意味がないというのが、主たる理由であった。しかし、細分化されている研究成果をまとめて確認する機会を学会が提供しないで、どこでするかということで、現在まで継続している。

確かに研究動向号は、執筆者によっては文献目録のようなものがないではない。それはそれとして全く無意味というわけではない。しかしそうなってしまうのは、実は細分化や研究対象拡大に伴う新しい方法論が、いまだ欠如しているからである。

細分化は、総合化と対になるはずのものである。細分化することが目的ではなく、総体としての日本の基層文化を明らかにすることこそ、目的だからである。そのために、とりあえずは地域民俗学的に、特定地域の民俗を総合的に把握し、記述するにはどうすればよいかを追究する必要がある。まだ全国に及ぶ作業はなされていないが、例えば『長野県史』『静岡県史』『青森県史』『山口県史』『伊勢崎市史』『習志野市史』など、県史・市町村史の民俗編では様々な試みが行なわれている。これらを踏まえて総合化する作業は、今後に残された課題の一つである。

もう一つ、文化財の問題がある。有形無形の民俗文化財は、文化財保護法によって指定・選択・登録と分けられてはいるが、激しい時代の中で多くの問題を抱えている。文化財は民俗学が専門委員として国の政策に直接かかわる、数少ない分野である。近年は世界無形文化遺産の登録や、地方の観光資源の問題ともかかわる機会が多くなってきた。

かつて民俗学は、あえて政治の世界とはかかわらないことを方針とするような風潮があった。筆者自身も、あえてかかわろうとしなかった。しかし、民間伝承が時代の動きと深くかかわるようになればなるほど、他人事とではなくなってくる。民俗文化財は、民間伝承そのものに直接かかわるからである。民間伝承は、時代や社会の動向と共に変化するものであるから、変化することには何ら不思議ではない。ただ、地域おこしのために、観光客を呼ぼうとして、住民の意向に反して、強引にその一部を変えてしまうような傾向が見られることには、疑問を感じざるを得ない。民俗学研究者の中には、文化財に対して深い関心を持つものも出始めている。かつて日本民俗学会でも「文化資源に関する特別委員会」を立ち上げたことがあった。結局資料も十分に蓄積することすらできずに終わってしまったが、研究成果の還元についてもっと関心を持つ必要もあると思われる。つまり、応用民俗学とか、実験民俗学という分野である。これもずいぶん昔になるが、日本民俗学会年会のシンポジウムで理論民俗学を主張した会員がいた。

理論のない研究はあり得ないので、筆者自身はあまり共感できなかった。フィールドにおいて問題を見出し、それに対する研究成果をこれからの生活の選択肢の一つとして、フィールドに還元することは必要なことであり、理論は理論だけで終わらせてはならない。調査したら報告書を現地の人々に見てもらうことは当然のこととして、共に現地のことを考えることも必要になってくる。

何を今さら、といわれるかもしれない。既にしている人も多いであろう。しかし、それを民俗学の研究法として位置づけられてはいない。民俗学が現在学として、現在という時代と切り結ぶ研究をするものであるならば、これは避けては通れない問題であろう。

もちろん民俗学は、どのような問題にもかかわれるわけではない。私たちはなぜ民俗学研究をするのか、あるいはこの問題はなぜ民俗学でなくてはならないのか、自問する必要がある。文化人類学にしても、社会学にしても、あるいは生活学にしても、民俗学と同じようなテーマを取り上げている。

民俗学研究者として、生涯をかけて問題と向き合うためには、現在の自らのあり方を自覚する必要があろう。そうした意味では民俗学は、自らにとっての現在学でもある。

註

（1）倉石忠彦「指を折る―指の伝承―」『國學院雑誌』第一一一巻第四号　二〇一〇年（倉石忠彦『身体伝承論―手指と性器の民俗―』岩田書院　二〇一三年　所収）
（2）折口信夫『口訳万葉集』『折口信夫全集』第四巻　中公文庫　一九七五年　四一一頁
（3）柳田國男・関敬吾『日本民俗学入門』改造社　一九四二年
（4）井上忠司『現代家庭の年中行事』講談社現代新書　一九九三年
（5）九学会連合『人類科学』四一号　一九八九年
（6）『定本柳田國男集』別巻五　筑摩書房　一九七一年
（7）福田アジオ他編『日本民俗大辞典』上・下　吉川弘文館　一九九九年・二〇〇〇年
（8）現代伝承論研究会編『現代都市伝承論―民俗の再発見―』岩田書院　二〇〇五年
（9）柳田國男「現代科学ということ」『民俗学新講』（民俗学研究所編）名世堂　一九四七年（『柳田國男全集』第二六巻　ちくま文庫　一九九〇年　所収）
（10）『柳田國男全集』第二六巻　ちくま文庫　一九九〇年　五七一頁
（11）『柳田國男全集』第二六巻　ちくま文庫　一九九〇年　五七七頁
（12）柳田國男『明治大正史　世相篇』朝日新聞社　一九三一年（『柳田國男全集』第二六巻　ちくま文庫　一九九〇年　所収　九頁）

（13）例えば、柳田國男『民間伝承論』（一九三四年）・同『郷土生活の研究法』（一九三五年）、折口信夫「民俗学」（『日本文学大辞典』新潮社　一九三四年）、和歌森太郎『日本民俗学概説』（東海書房　一九四七年）など

（14）『渋谷をくらす―渋谷民俗誌のこころみ―』（渋谷学叢書1）雄山閣出版　二〇一〇年

（15）前掲註（8）

（16）岩本通弥・倉石忠彦・小林忠雄編『都市民俗学へのいざない1　混沌と生成』・『都市民俗学へのいざない2　情念と宇宙』雄山閣出版　一九八九年

（17）千葉徳爾「いわゆる『郷土研究』と民俗学の方法」『愛知大学総合郷土研究所紀要』一八　一九七三年

（18）柳田國男『蝸牛考』刀江書院　一九三〇年

（19）小野重朗『農耕儀礼の研究―南九州における発生と展開―』弘文堂　一九七〇年

（20）柳田國男『民間伝承論』（現代史学大系七）共立社　一九三四年

（21）井之口章次『民俗学の方法』岩崎美術社　一九七〇年

（22）前掲註（21）

（23）「比較研究法」民俗学研究所編『民俗学辞典』東京堂　一九五一年

（24）福田アジオ『日本民俗学方法序説』弘文館　一九八四年

第二節　都市民俗研究の未来

『都市民俗基本論文集』(全四巻別冊二)[1]は、先に刊行された『都市民俗生活誌』(全三巻)[2]と対をなすものである。もともとこれら二つのシリーズは、『日本都市民俗生活誌集成』[3]として企画されたものであり、村落部の民俗誌を集成しようとする『日本民俗誌集成』[4]の姉妹編として企画された。しかし、出版社の都合により企画は中断してしまったので、一部内容を変えながら「都市民俗生活誌」の部を『都市民俗生活誌』として刊行し、「都市民俗論」の部を『都市民俗基本論文集』として刊行することにしたのである。

だがこの間、あれほど民俗学研究者の関心を集めていた「都市」の存在感が、薄れてしまった。もちろん都市民俗研究に対する関心が弱くなったといっても、「都市」そのものの存在が薄れたわけではない。「都市」の影響力はますます強大となり、都市化の波は全国を覆っていった。そして、かつて「都市」と対置された「村」は、「都市」に呑みこまれてしまったかのようであった。そうした状況のもとにおいても、「都市」に対する関心が薄れていった原因は様々であろう。都市の民俗研究において、はかばかしい研究成果を示すことができなかったことが、その原因の一つであったことは残念ながら認めざるを得ない。もちろんこの間、調査・研究が行なわれなかったわけではない。一部の若手研究者間においては、むしろ活発に行なわれていたといってもよい[5]。

日本民俗学会の年会における研究発表のテーマも、年を追うごとに都市にかかわるものが増えている。本シリーズの編者たちも、それぞれの立ち位置と視点から様々な研究活動を展開した。それらは『都市民俗文献目録』[6]を一瞥すれば歴然としている。本文献目録に収録されているのは二〇〇二年(平成一四年)までの業績であり、その後も研究業績は蓄積されているのである。また、『都市民俗生活誌文献目録[7]』には全国各地においても、都市の民俗に注目し、都市生活誌をまとめる作業が行なわれていることが示されている。

こうした調査・研究の蓄積があるのにもかかわらず、「都市」民俗研究に対する関心が衰えたように見えるのは、なぜであろうか。その一つに、「都市」が特別な場でなくなったという事情があろう。しかしそれだけではなく、「都市」に新しい民俗世界を発見し、提示することができなかったことがさらに大きな理由であったと思われる。それは民俗学における「都市」研究の前提としての、「民俗学における都市」の概念が明確でなかったからである。いうまでもなく、概念規定にしても、新しい民俗世界の発見にしても、調査資料に基づいて行なわれるはずである。ところが調査・研究対象としての「都市」が明確でなかったために、思うような調査や研究を行なうことができにくかったのである。確かに景観としての「都市」を認識することは、容易である。だが、調査し研究するのは「景観」にとどまるものではない。むしろそこで展開する人々の生活であり、感性や認識こそが対象であるはずである。だからこそ聞き取り調査が、民俗調査の主たる調査方法なのであった。ところがその明らかにしようとする「都市」が明確ではなかった。仮に景観に基づく「都市」を調査対象にするとしても、そこを生活の場とする人々のあり方が、「村」と「都市」とでは大きく異なっているのである。

つまり、地上に画された一定地域に定着し、大地を耕して生活する農民は、村―ムラという地域社会を構成するイエ・家をその生活および精神基盤として生を養ってきた。それ故に村の民俗調査では、基本的にその村で生まれ育った人々が対象とされてきたのである。そして、その生活はその地域と深くかかわってきた故に、調査資料の比較は地域差を明らかにするための資料でもあった。ところが「都市」―町の生活では、むしろ外から訪れる人の存在こそが大きな意味を持っていた。たとえ町に住む人が大地を耕すことがあったとしても、それのみで町が維持できるものではない。

地域の結節点として物資や情報などが集散し、政治・経済・文化の中心地としての役割を町が果たすためには、開かれた場として多くの人々が訪れる必要があった。町の生活と賑わいとは、そうした外来の人々の存在があってこそ維持されるのである。そして町の規模が大きくなればなるほど、つまり都市的な様相が強くなればなるほどそこに集う人々は増大し、その役割は多様になり、生活圏は拡大する。そして機能分化と空間分化とは進展し、その多様な機能や空間に応じなければならない人々の生活はさらに多様化する。

多様な機能空間を次々と移動しなければならない都市生活者は、新たな機能空間に移動すれば、今までとは異なる機能を果たさなければならなくなる。そして、一日に幾つもの機能空間を移動するということは、単に多くの場・空間を通過するということだけではない。それは新たな機能空間において新たな関係を結ぶための機会の増加であり、多様な行為を伴わざるを得ない場の増大なのである。例えば移動空間に身を任せる乗客や、路上を群衆として移動する歩行者は、常に人や物との間に新たな関係を発生させる可能性を含んでいる。車内トラブルも、路上勧誘も、予め何らかの存在と関係を結ぼうとして移動している人々にとっては、突発的な人間関係の発生である。それは町の賑わいを形成する外来の人々にとっても、避けられないものである。そうした不意に訪れる予期しない関係こそが、むしろ町でしか体験できないことであって、町を訪れる人々が密かに期待することであったのかもしれない。

トラブルこそ避けたい人間関係であるが、華やかなショウウインドウに目を引かれ、呼び込みの声に耳を傾けるのは、むしろ町を訪れた人の予定の行動であろう。そしてそれらに惹かれて店に入れば、そこでは予期していなかった店員との関係が生まれる。その上、手にしようとは思いもよらなかった物とかかわりを持つことにもなる。その結果、予想もしていなかった所有物が生まれたりするのである。つまり、衝動買いなどというのは、都市における予期しない関係を生ずることの最たる行為であるということができよう。

重層的・多元的と言われる都市生活は、人々のあり方をも重層的・多元的なものにする。「都市」は、そこで生活する人々にこそ多様な顔を要求するのである。公私を混同せず、その時と場においてふさわしい行動・行為を行なわなければならない都市生活者は、一面において多重人格的なあり方を要請され、強制されもするのである。

そうした多様な都市生活者の生活のあり方を考慮して、個人のライフヒストリーにも関心が寄せられるようになった。しかし、それらを総合する方法はいまだ明確ではないし、地域と結びつく形で考察され、地域差を見出そうとすることもなかった。そのため、日本全国に及ぶ地域差の比較から、日本人の生活文化の変遷を明らかにしようとする従来からの研究法とは、なかなかなじみ難かった。また、都市生活を支える外来者の存在は、今までの民俗学研究においてはほとんど視野に入れることはなかった。地域民俗学的な視点で都市を取り上げようとして、専ら在地の住人を対象としてきたのである。

しかし外来者によって都市は支えられ、外来者が都市の賑わいを作り出しているのであれば、それだけでは「都市」を調べたことにはならないはずであった。さらに、都市はいち早く外来文化を導入し、常に新しい文化を創り、発信する役割を担っている。そうした先進的な存在であるからこそ、多くの人々の注目を集め、結果的に賑わいを維持することができるのである。それは、「都市」とは常に変化を志向している存在である、ということでもある。

もちろん、この世界に変化しないものはない。それが緩やかか、急激かの相違があるだけである。民俗学が伝達・継承という機能に注目し、生活や文化の連続性を重視しようとするのは、比較的変化が緩やかで連続性の濃厚な生活文化こそが重要であるとする価値観にあった。日本人の生活文化の変遷を明らかにしようとする時に、急激な変化のみに目を奪われるのではなく、むしろ変化の目立たない常民の平々凡々たる生活が、そうした変化の背後にあって日本文化を支えているのであるからだと考えたのである。確かに相対的なものではあるが、村の生活はそうした生活・文化の連続性に注目することによって把握することができた。しかし「都市」は、むしろ変化にこそ価値を認めるところであった。都市生活を連続させるために、あえて変化を求め続けたといってもよいであろう。それが都市の日常であった。従来の民俗学の手法では、「都市」のダイナミズムを把握・理解することができないという批判は、そうした「都市」のあり方を念頭に置いたものであったろう。したがって「都市」の変化と連続性とを、「都市」の民間伝承を資料として把握し、その基層にまでおりて明らかにする必要があったはずである。

だが、従来の村落を対象とする民俗学では、そうした視点も方法も必要ではなかった。時代の先端性とその変化・変遷に注目していたのは風俗学・世相史学であり、民俗学はむしろそれらにはあまり関心を持つことはなかった。つまり「都市」を対象とする場合には、新たな調査法・研究法が必要であったのである。さらに、新たな調査・研究資料としての民間伝承を発見する必要もあった。村落の民間伝承分類については、一九三〇年代から柳田國男を中心として検討・提唱されてきた。それらを考慮しつつも、全く新しい視点から「都市の民間伝承」の体系化を図る必要があった。しかし、対象とする「都市」の概念が明確でなく、何を「都市の民間伝承」とするかが明確にならない以上、「都市」から何を発見すべきかが明確になるはずはない。村落の民間伝承の体系をそのまま都市に当てはめることが妥当でないことだけはわかっているが、新しい民間伝承の発見とその体系は今に至ってもまだ明瞭ではない。

さらに、人々の集散する都市を対象とする以上、民間伝承の前提となる伝達・継承という行為についても、世代間において行なわれるものだけではなく、同一世代間において行なわれる場合も考慮しなければならなかった。それは時間的な側面だけではなく、空間的側面も考慮しなければならないということでもある。それはまた、情報が大きな意味を持つ「都市」の性格を考慮すれば、当然のことでもあった。

これらのことは民俗学の対象として、「都市」を取り上げようとした時から予測されていたことでもあった。それ故都市の民俗研究は、都市的景観を持った地域の民俗調査や研究にとどまるものではなく、従来の民俗学の方法や研究成果全体を再検討することになり、新たな民俗学を再構築するための契機になると考えられていたのである。もちろんそれは、具体的な民間伝承（文化事象）の研究に基づいて行なわれるものでなければならなかった。しかし肝心の「都市」も、「都市の民間伝承」も明確でない以上、それが都市の民俗研究の中に位置づけることが難しいことであることは、いうまでもないことであった。

しかし、伝承事象を資料とする民俗学において、「都市」は地域概念ではなく文化概念であり、「都市的生活様式」を意味するものであるとする理解はようやく認識されるようになってきたようである。そして都市民俗研究は地域民俗学としての性格を超えて、地域性の強い民俗から日本の民俗となろうとしている。それは多種多様な機能空間と機能集団とを多元的・重層的にかかわり合う生活である。

かつて生活基盤となっていた実態ある「郷土」は特定空間を離脱して概念化し、「故郷」化してしまった。そして実態としての、あるいは具体的存在としての「郷土」も「故郷」も失ってしまった都市生活者は、都市化した日本のどこにでもいる現代の日本人である。そうした心の支えとしての生活の場を失い、多様な機能集団と機能空間とを日常的にさまよい歩く不安にさいなまれながら日常生活を送る現代日本人は、柳田のいう「土の生産から離れたという心細さ」から来る不安を抱いていた近代までの都市人とは異なる。(8) 高度経済成長期以後の現代日本人は、日常的に多様な顔を使い分けなければならない「都市的生活様式」を受容した。

第一次産業を基幹産業とする村の生活は、限定的な生活空間とイエ集団とに依拠した統合体としての個人によって繰り広げられていた。しかし「都市」は空間を細分化しつつ拡大し、普遍化した。多様な機能集団に適応するために個人は、自らの姿を見失おうとしている。めまぐるしく変化する日常生活の中で、どれが本当の自分であるのか顧みる余裕を失っている。心を病み、社会生活に適応しがたい人々が増加している。

民俗学が現在学であり、現在の生活に胚胎する問題を、現在の生活の中から解決していこうとする性格を有するものであるなら、こうした生活形態の連続性を断絶させられ、変えられてしまった生活によって生み出された問題にも対処しなければならないはずである。失われた連続する生活文化を回復する方策だけではなく、常に変化に対処してきた都市生活者の体験知・経験知の中から、新たな生活文化をも発見すべきである。そこにも日本文化として伝達され、継承された文化が存在しているはずである。村の生活文化においては見えなかった文化が、異なった生活環境の中で顕在化する文化も当然あるはずである。それがこれからの都市化社会において、重要な役割を果たすであろうことは容易に推測される。現在学としての民俗学にとって「都市」は、新しい民俗知を発見する上では未開地である。

研究者は、先人に学びつつ、それを超えていかなければならない。そうすることが、学問の進展に結びつくのである。そうした意味では、『都市民俗基本論文集』や『都市民俗生活誌』の諸編は、先達方の都市民俗開拓の苦闘の集積であり、私たちが越えてゆくべき、具体的なハードルである。筆者などには、ついに越えられなかったか、という感慨が強いが、「都市」は未開の地であり、開拓する楽しみが待っていることは確かである。

註

（1）有末賢他編著『都市民俗基本論文集』全四巻別冊二　岩田書院　二〇〇一年

（2）有末賢他編著『都市民俗生活誌』全三巻　明石書店　二〇〇二〜二〇〇五年

（3）有末賢・内田忠賢・倉石忠彦・小林忠雄編『日本都市民俗生活誌集成』「都市民俗生活誌」一〇巻、「都市民俗論」三巻、全一三巻予定　三一書房。中断
（4）倉石忠彦・高桑守史・福田アジオ・宮本袈裟雄編『日本民俗誌集成』全二五巻　三一書房。八巻で中断
（5）例えば、一九九〇年に発足した「都市を考える懇談会」、その後を受けた「現代伝承論研究会」の活動は二〇〇二年まで続き、その研究の成果の一端は『現代都市伝承論―民俗の再発見―』（岩田書院　二〇〇五年）に結実した。また、一九九四年には筆者のゼミ生による『都市民俗論の展開―都市民俗論ノート一―』の発行を契機として、翌年には「都市民俗学研究会」が発足し、機関誌『都市民俗研究』を発行した。その掲載論文の内「渋谷」に関するものを集めて『渋谷をくらす―渋谷民俗誌のこころみ―』（渋谷学叢書1）（雄山閣　二〇一〇年）がまとめられたことなどは、その一端である
（6）八木橋伸浩編『都市民俗文献目録』『都市民俗基本論文集』別冊1　岩田書院　二〇一〇年
（7）内田忠賢編『都市民俗生活誌文献目録』『都市民俗基本論文集』別冊2　岩田書院　二〇一〇年
（8）柳田國男『都市と農村』（朝日常識講座六）朝日新聞社　一九二九年（『定本柳田國男集』第一六巻　筑摩書房　一九六二年　所収）

初出一覧

第一章 民俗学と「都市」

第一節 伝承としての「都市」

原題「民俗学における都市研究」(『名古屋民俗』五八号 二〇一一年)

第二節 全国学会と地方学会の民俗研究 新稿

第三節 文化の伝達と継承

一〜四 原題「都市の文化と民俗—「だらしない」と「カッコいい」—」(『都市民俗研究』五号 一九九九年)

五 原題「季節は都市から訪れる」(『都市民俗研究』一〇号 二〇〇四年)

第四節 都市化する老人

原題「都市化する老人—老熟の力再考—」(『長野県民俗の会通信』二五九・二六〇号 二〇一七年)

第二章 「渋谷」の民俗

第一節 民俗研究と東京「渋谷」

原題「日本民俗学における都市研究と東京「渋谷」」(倉石忠彦編著『渋谷をくらす—都市民俗誌のこころみ—』雄山閣 二〇一〇年)

第二節 渋谷を把握する

原題「伝承としての都市—「渋谷」把握の方法—」(『生活學論叢』二六号 二〇一五年)

第三節　渋谷の喫茶店
原題「学生生活と喫茶店」（『都市民俗研究』一二号　二〇〇六年）

第三章　路上の群衆―移動空間―

第一節　都市と群集　新稿
第二節　都市の群衆
原題「都市の伝承者再考」（『都市民俗研究』一八号　二〇一三年）

第四章　透析室という空間

第一節　透析室の人々
原題「透析室の人々」（『長野県民俗の会通信』二五五号　二〇一六年）
第二節　透析室片々　新稿

第五章　仮想空間と民俗学

第一節　インターネットと民俗学
原題「インターネットと民俗学」（『縁』四号　二〇一三年）
第二節　民俗学とインターネット情報
原題「民俗学とインターネット情報覚書」（『都市民俗学研究』一六号　二〇一〇年）

第六章　仮想の民俗学と民俗学者

第一節　小説における「民俗学」
原題「小説における「民俗学」覚え書き」（『長野県民俗の会通信』一九二号　二〇〇六年）
第二節　民俗誌の構想と記述

原題「民俗誌の構想と記述―小説との比較において―」（『都市民俗研究』九号　二〇〇三年）
第三節　大阪天満・五鈴屋幸の生活暦　新稿
第四節　宗像教授の民俗学
原題「宗像教授の民俗学」（『信濃』五九巻一号　二〇〇七年）
第五節「異端の民俗学者」蓮杖那智
原題「蓮杖那智の『民俗学』」（『長野県民俗の会通信』一九三号　二〇〇六年）
第六節「民俗学者」竹之内春彦
原題「「民俗学者」竹之内春彦―世間の見た民俗学者像―」（『長野県民俗の会通信』二三三・二三四号　二〇一三年）
第七節　仮想の民俗学者の系譜　新稿

第七章　都市民俗研究への助走―私的都市民俗研究史―

第一節「団地」の調査から「都市」の研究へ
原題「「団地」の調査から「都市」の研究へ―私的都市民俗研究史（一）」（『都市民俗研究』一五号　二〇〇九年）
第二節『都市民俗学へのいざない』のころ
原題「『都市民俗学へのいざない』のころ―私的都市民俗研究史（二）」（『都市民俗研究』一七号　二〇一一年）
第三節　現代伝承論研究会と都市民俗研究会の活動　新稿

第八章　都市民俗研究の世界

第一節　現在学としての民俗学　新稿
二〇一〇年二月六日　國學院大學　最終講義原稿

第二節　都市民俗研究の未来

原題「都市民俗研究の未来―『都市民俗基本論文集』完結にあたって―」(『都市民俗基本論文集』別冊Ⅱ　岩田書院　二〇一二年)

あとがき

「都市」との付合いが始まったのは一九六八年(昭和四三年)であったから、既に半世紀を経たことになる。「付合いが始まった」といっても、団地アパートに入居しただけであるから大げさなもの言いであるかもしれない。しかし、この団地での生活が、私の都市民俗研究の契機になったことは紛れもない事実である。

もっとも、「団地アパート」を「都市」と認識し、意識的に都市の民俗研究を始めたのは、『季刊柳田國男研究』(白鯨社)に原稿を執筆させていただいた一九七四年以降である。とりわけ故宮田登さんの要請によって一九八〇年に金沢市で開催された日本民俗学会年会のシンポジウム「マチの民俗と民俗学」でパネラーを務めさせていただいてからは、さらに「都市」の民俗研究から離れられなくなった。一九八三年から母校の國學院大學のお世話になることになったのも、都市の民俗研究の研究者であったからであろう。そう考えると私の民俗学研究者としての人生は、意識的・自覚的に選択したというよりは、常に周囲の方々のご好意によっていたということになる。そうした意味では、幸せな研究者人生であったということになるであろう。

そして「都市」の民俗学研究のささやかな研究成果をまとめたのが、一九九〇年の『都市民俗論序説』(雄山閣出版)であった。それから既に三〇年近く経った。その後も都市の民俗研究は継続しつつもなかなか進展せず、遅々たる研究成果は一九九七年に『民俗都市の人びと』(吉川弘文館)をまとめたに過ぎなかった。ただ、このころに考えていた研究の方向はその後も継続しており、断片的な研究成果は『都市民俗研究』(都市民俗研究会)や、長野県民俗の会の『会報』や『通信』などにその都度発表していた。

永年の懸案であり、大学院のゼミ生たちとの約束でもあった『渋谷民俗誌』は、國學院大學渋谷学研究会を主宰する上山和雄教授の要請によって、定年退職の二〇一〇年に『渋谷をくらす—渋谷民俗誌のこころみ—』（渋谷学叢書1）としてまとめることができた。本書はサブタイトルで「民俗誌のこころみ」と言い訳し、故長野隆之准教授の指摘するとおり、多様な都市生活の様相を羅列するに止まるだけのものであった。しかし、今後の研究の萌芽となるべき幾つかの視点だけは提示できたと自負している。「都市民俗誌」は「都市」の認識と表裏一体の関係にあり、「都市」概念が明確ではない現状では精一杯のものであった。

これらの論考はいずれも多くの課題に挑戦したものばかりであり、さらに検討を要するものも多い。都市民俗研究の進展のためには研究の現状を認識し、批評を仰がなければならない。それらに対する評価がたとえ全否定的なものであったとしても、そうした評価によって研究が前進するのであれば研究者冥利に尽きるというものである。一九七〇年代以降、一時期昂揚した「都市民俗学」に対する関心は忘れ去られてしまった。しかし、都市民俗がなくなったわけではない。都市民俗的な個々の文化事象や、社会的状況に対する関心は高まっているからである。だが今もって、「都市」の「民俗」と「民俗学」との関係は明確とはいいがたい。

無為に等しい年月ではあったが、私の都市民俗研究が「序説」からどれほど進展したのか、あるいは後退したのか、研究者の方々に評価を仰ぐのが民俗学研究者の末席に連なった者の責任ではないかとも思い、本書をまとめることにした。本書が「序説」に対するものであるとすれば、それは「本説」であり「結論」であるべきものなのであろうが、そうはならなかった。相変わらず「序説」であり、せいぜい「続序説」程度に過ぎないであろう。研究者としては怠惰であるというお叱りは、ただ甘受するばかりである。

もし本書が「序説」と異なるところがあるとすれば、それは「都市」を「都市的生活様式」の謂であるとし、その生活様式は機能分化と空間分化した社会で営まれる生活であるとしたこと。そうした都市的生活様式の中で見られる生活の幾つかを、具体的に提示したことぐらいであろうか。それらが「民俗」ということができるかどうかは、もちろん検討の余地がある。私自身これらが「民俗」であるという、確たる自信があるわけではない。ただ、都市的様式を営む「都市人」の生活を理解するための資料として、恣意的に取り出した文化事象に過ぎない。

第一章「民俗学と「都市」」と第八章「都市民俗研究の世界」は都市民俗研究の概論であり、第二章「「渋谷」の民俗」は渋谷を通して考えた都市民俗誌論である。第三章から第六章までの四章が、具体的な「都市」の民俗文化の考察であり、「都市」を機能分化すると共に空間分化した社会とし、その機能空間をつないで生活する都市生活者の生活と文化の中から伝承性を見出そうと試みたものである。いずれも調査・研究蓄積がほとんどなく、これらも民俗学の研究の中に位置づけることができるのかどうかも明確ではない。

第三章「路上の群衆―移動空間―」は路上という移動空間の群衆を対象とし、第四章「透析室という空間」は境界空間としての病院および透析室を取り上げた。透析室という特異な空間を対象としたのは、私自身がそこに通わなければならなくなったという極めて個人的な理由からである。

研究は追跡調査や追確認ができなくてはならないということになると、個人的・限定的な事象はふさわしい資料とはいえないことになる。だが都市民俗研究の先駆者の一人であり、長くお付合いいただいた高桑守史さんは透析患者であった。別に彼が同病であったことを喜んでいたわけなどではないが、情報を交換し、資料をすりあわせることはできるであろうという心づもりはあった。ところが全く突然に二〇一八年四月二日に長逝されてしまった。結局透析については、電話で一度話をしただけであった。透析室（病院）はまさに、他界と現世との境界に位置する空間であった。もっとも、高桑さんは自宅で行なう腹膜透析であったが、亡くなったのは病院であった。

第五章「仮想空間と民俗学」・第六章「仮想の民俗学と民俗学者」は、仮想空間の伝承文化である。ここではインターネットと小説とを資料として考えてみた。インターネットは仮想空間を取り上げる際に欠くことはできないと思い対象としてはみたが、機械に弱くあまり活用していない私には荷が重すぎたようである。しかし、仮想通貨やフェイクニュース、あるいはサイバー攻撃や個人攻撃による炎上、個人情報の流出など、様々な社会問題が出現している。これらには手が及ばなかったが、いずれも商い・情報・制裁・盗みなどとかかわる行為であり、文化と無関係ではない。これらを伝承性を持った文化事象として把握することはできないものなのであろうか。検討を要する現象であると思われる。

小説については、民俗学者と民俗的事象について取り上げてみた。現実の民俗学(者)を相対化するための、小説上の民俗学(者)であった。小説は個人的な創作作品であり、それらは仮想の世界における存在であるが、現実の世界を理解するためにはかなり効果的な側面を持っていた。

都市の機能空間としての仮想空間は、当初細分化され分裂してしまった個人の人格を回復するための、現実の都市空間とは断絶した存在として措定されたものであった。しかし、小説という仮想空間・仮想世界で遊ぶ都市生活者は、確かに現実から逃避するために、できるだけ現実性を排除した世界を求めようとする反面、現実社会を理解しようとして仮想世界に赴く一面もあったように思われる。

日々現実世界において細分化された機能空間の連鎖の中で生活する都市生活者が、現実空間から断絶した空間に脱出することには限界があった。しかしインターネットや小説は、様々な空間の持つ機能と併存できる仮想空間であった。多様な機能に対応することに翻弄される都市生活者が、わずかでも現実社会から浮遊し、自分を取り戻すことのできる空間がインターネットや小説などの仮想空間であった。それは、現実社会から逃避して自己回復を図ろうとしながら、ついに現実社会から離れられない都市人の現実にふさわしい空間であるのかもしれない。

第七章「都市民俗研究への助走―私的都市民俗研究史―」は、民俗学研究に特化された私の個人史の一部である。都市民俗研究史を背景とし、常に出自である田舎を背負っていることを自覚している都市生活者の個人史でもある。個人の体験を通して都市生活・都市文化を発見し再構成しようとするのは、近年の都市民俗調査の趨勢である。しかし、それら個人の体験の集合体が「都市生活者」の都市生活であるとすれば、総合し、そのどこかにこの個人の体験史は位置づけられるはずである。だがそれは、今の私のよくするところではない。

ここに取り上げた文化事象の多くが、私個人の生活の中から拾い上げられたものである。手近で済ませてしまったのは、生来の怠け癖にもよるが、機能分化した都市社会において、分化した空間間をどのようにつないで生活しているかというような資料が、ほとんどなかったことが大きな理由である。そして民俗学研究が現在の生活を把握・認識し、現在を記録することから始まると考えるが故に、最も正確に把握できると認識した自らの生活を対象としたのである。

民俗学研究者は、民間伝承を話者と共同して発見する時にも、自らの「世界」を踏まえて行なう。そして諸資料を分類・整理した上で洞察や想像力を駆使して行なう研究においてもまた、自らの「世界」から大きくは逸脱しにくい。そうした意味では、民俗調査の資料も研究も、自らを語るものである。他人に語るに足る自分であり得るかどうかに常に怯え、だからこそ自らの知識を増やし、世界を広げる努力を継続すべきであるということは、論文指導などでは学生に繰り返し説いてきた。翻って自らはどうかということになると、忸怩たるものがある。

そうした意味からは、本書は人目に晒すのをはばかるような、いかにも貧弱なみすぼらしい自らの姿である。残された時間内で、どれほど見栄えが良くなるであろうか。あまり自信はない。ともかく私の人生においては、実に多くの方々のご配慮・ご助力があった。一九七六年に八五歳で亡くなった祖母の口癖は、「あなた　こなたの　お情けで」であった。このごろしきりに、そうした多くの方々の「お情け」のことを思う。現在ある私という存在は、数え上げることができないほど多くの方々のおかげを被っている。人は自分一人だけで生きているのではないという当たり前のことを、今さらながら実感する。本書はそうした多くの方々のご好意・ご助力のたまものである。深く感謝申し上げる。妻あつ子との半世紀に及ぶ生活は、研究者として都市の民俗研究に携わった時間でもあった。共に民俗学の新しい世界の発見にかかわる時間を過ごすことができたことは、幸せなことであった。改めて深く感謝する。本書の刊行については、また岩田書院のご好意におすがりすることになった。出版不況の折、岩田博社長の英断に感謝申し上げるばかりである。

二〇一八年六月一一日　入梅の日に

倉石　忠彦

著者紹介

倉石 忠彦（くらいし・ただひこ）

1939 年　長野県生まれ
1963 年　國學院大學文学部卒業
1963 年　長野県公立学校教諭
1975 年　長野県教育委員会文化課指導主事兼長野県史刊行会常任編纂委員
1983 年　國學院大學文学部専任講師
1993 年　國學院大學文学部教授
2011 年　國學院大學退職・國學院大學名誉教授

主要著作
『子どもの遊びと生活誌』(ぎょうせい　1986 年)
『都市民俗学へのいざない』全 2 編(共編著　雄山閣出版　1989 年)
『道祖神信仰論』(名著出版　1990 年)
『都市民俗論序説』(雄山閣出版　1990 年)
『民俗都市の人びと』(吉川弘文館　1997 年)
『都市民俗生活誌』全 3 編(共編著　明石書店　2002～2005 年)
『道祖神信仰の形成と展開』(大河書房　2005 年)
『現代都市伝承論―民俗の再発見―』(共編著　岩田書院　2005 年)
『都市民俗基本論文集』全 5 編(共編著　岩田書院　2009～2012 年)
『渋谷をくらす―渋谷民俗誌のこころみ―』(編著　雄山閣　2010 年)
『身体伝承論―手指と性器の民俗―』(岩田書院　2013 年)
『道祖神と性器形態神』(岩田書院　2013 年)
『民俗地図方法論』(岩田書院　2015 年)

都市化のなかの民俗学

2018 年(平成 30 年) 9 月　第 1 刷　300 部発行　　定価[本体 11000 円＋税]
著　者　倉石 忠彦 ©

発行所　有限会社 岩田書院　代表：岩田　博　　http://www.iwata-shoin.co.jp
〒157-0062　東京都世田谷区南烏山 4-25-6-103　電話 03-3326-3757　FAX 03-3326-6788
組版・印刷・製本：三陽社　　Printed in Japan

ISBN978-4-86602-050-1 C3039　￥11000E

岩田書院 刊行案内（民俗学関係11）

	著者	書名	本体価	刊行月年
917	矢島　妙子	「よさこい系」祭りの都市民俗学	8400	2015.05
969	裏　　直記	農山漁村の生業環境と祭祀習俗・他界観	12800	2016.07
971	橋本　　章	戦国武将英雄譚の誕生	2800	2016.07
976	小田　悦代	呪縛・護法・阿尾奢法＜宗教民俗９＞	6000	2016.10
977	清水　邦彦	中世曹洞宗における地蔵信仰の受容	7400	2016.10
981	松崎　憲三	民俗信仰の位相	6200	2016.11
982	久下　正史	寺社縁起の形成と展開＜御影民俗22＞	8000	2016.12
988	高久　　舞	芸能伝承論	8000	2017.02
993	西海　賢二	旅する民間宗教者	2600	2017.04
999	植木・樋口	民俗文化の伝播と変容	14800	2017.06
002	野本　寛一	民俗誌・海山の間＜著作集５＞	19800	2017.07
003	植松　明石	沖縄新城島民俗誌	6900	2017.07
004	田中　宣一	柳田国男・伝承の「発見」	2600	2017.09
008	関口　　健	法印様の民俗誌	8900	2017.10
016	岸川　雅範	江戸天下祭の研究	8900	2017.11
017	福江　　充	立山信仰と三禅定	8800	2017.11
018	鳥越　皓之	自然の神と環境民俗学	2200	2017.11
028	松崎・山田	霊山信仰の地域的展開	7000	2018.02
030	秋野　淳一	神田祭の都市祝祭論	13800	2018.02
179	福原　敏男	江戸山王祭礼絵巻	9000	2018.03
034	馬場　憲一	武州御嶽山の史的研究	5400	2018.03
038	由谷　裕哉	近世修験の宗教民俗学的研究	7000	2018.04
039	佐藤　久光	四国猿と蟹蜘蛛の明治大正四国霊場巡拝記	5400	2018.04
045	佐々木美智子	「俗信」と生活の知恵	9200	2018.06
047	福江　　充	立山曼荼羅の成立と縁起・登山案内図	8600	2018.07
048	神田より子	鳥海山修験	7200	2018.07
053	藤原　　洋	仮親子関係の民俗学的研究	9900	2018.09

	著者	書名	本体価	刊行月年
823	倉石　忠彦	身体伝承論	6900	2013.09
840	倉石　忠彦	道祖神と性器形態神	7900	2013.12
898	倉石　忠彦	民俗地図方法論	11800	2015.02
＜都市民俗基本論文集＞				
572	倉石　忠彦	都市民俗研究の方法＜１＞	14800	2009.09
680	内田　忠賢	都市と都市化＜２＞	18800	2011.03
672	小林　忠雄	都市生活の諸相＜３＞	18800	2011.02
715	有末　　賢	都市民俗の周辺領域＜４＞	18800	2011.10
652	八木橋伸浩	都市民俗文献目録＜別冊1＞	4800	2010.10
748	内田　忠賢	都市民俗生活誌文献目録＜別２＞	4800	2012.04